LE VENT DU DIABLE

DU MÊME AUTEUR

TRADUCTIONS FRANÇAISES

La Fureur du Gange, Éditions du Rocher, « Terres étrangères », 2004.
Les hommes qui tuèrent Gandhi, Éditions du Cerf, 1998.
La Fin des princes, Presses de la Cité, 1964 (épuisé).
Combat contre des ombres, Presses de la Cité, 1963 (épuisé).

MANOHAR MALGONKAR

LE VENT DU DIABLE

L'histoire du prince Nana Sahib

Roman

Traduit de l'anglais (Inde)
par Patrice Ghirardi

Terres étrangères

ÉDITIONS DU
ROCHER

Collection « Terres étrangères »
dirigée par Olivier Delavault

Déjà parus

Erémeï Aïpine, *L'Étoile de l'Aube*
Alai, *Les Pavots rouges*
Linda Hogan, *Le Sang noir de la terre*
Lehnne Howe, *Équinoxes rouges*
Manohar Malgonkar, *La Fureur du Gange*
Donna Meehan, *Mon enfance volée, Une vie d'Aborigène*
S.P. Somtow, *L'Année du Caméléon*
Tahsin Yücel, *Vatandas*

Cet ouvrage a été traduit avec le concours du Centre national du livre.

Titre original : *The Devil's Wind.*

Première publication : Hamish Hamilton, Londres, 1972.

ISBN 2 268 05680 5

À Sunita,
en mémoire du jour où nous avons ramené le chien
et des autres aventures que nous avons partagées.

PROLÉGOMÈNES

Un point de vue britannique :

« Dans les annales du crime, rares sont les noms qui se distinguent davantage que celui de Nana Sahib ; son infâme perfidie et cruauté à Cawnpore [Kanpur] lui ont valu l'immortalité. »

The Indian Mutiny, A. Miles et A. Pattle, Londres, 1885.

Un point de vue français :

« Un sybarite parfumé, qui lisait Balzac et jouait Chopin au piano ; vautré sur un divan, tandis que l'éventaient de ravissantes odalisques venues du Cachemire, il se faisait apporter, de temps à autre, un enfant anglais rôti à la broche, dont il vérifiait la cuisson du bout de son pince-nez. »

Archives nationales de l'Inde.

Un point de vue américain :

« *Révolte des cipayes*, 1857-1858 : mutinerie des soldats indigènes qui servaient dans l'armée du Bengale de la Compagnie orientale des Indes. La crainte de se voir confisquer leurs terres par le général Dalhousie a peut-être incité la cour moghole et les princes indiens à exacerber le ressentiment à la fois des hindous et des musulmans... La révolte, qui éclata en février 1857, gagna rapidement les régions centrales de l'Inde du Nord. Lucknow fut assiégé, Cawnpore [Kanpur] et Delhi, capturés ; à Cawnpore, Nana Sahib fit massacrer toute la colonie britannique... On appelle aussi parfois cet événement la *Mutinerie indienne*. »

Extrait d'un ouvrage de référence, 1968.

NOTE DE L'AUTEUR

L'homme qui s'attira une réputation de terrifiante cruauté durant la Grande Révolte de 1857-1858 – « un monstre à terroriser les enfants » – s'appelait Dhondu Pant Nana Sahib. Il était l'héritier du dernier des *peshwa* – ces anciens dirigeants de la jadis puissante Confédération marathe –, lequel avait été destitué en 1818 par les troupes de la Compagnie britannique des Indes orientales, avant d'être exilé de Poona à Bithoor.

Sur la page précédente, le lecteur a pris connaissance de quelques jugements, toujours d'actualité, émis sur la personnalité de Nana. Du simple soldat au général, du plus obscur des ronds-de-cuir au préfet de district, qu'ils soient négociants, planteurs, instituteurs ou missionnaires, tous les Britanniques présents en Inde à l'époque semblent avoir écrit leurs mémoires. Inspirés par la colère, ces ouvrages désignent Nana Sahib comme le croque-mitaine du tragique soulèvement : Nana l'infâme, l'ignoble, le méprisable, le démon perfide, le boucher barbare, l'impitoyable assassin. En Angleterre, son nom remplaça celui de Napoléon Bonaparte comme objet de la haine de toute une nation.

Rares étaient les Indiens qui partageaient ce point de vue. Dans les villages, on chantait des ballades louant son patriotisme ; en privé, les parents indiens prévenaient leurs enfants qu'il ne fallait surtout pas croire la version de l'histoire qu'on leur enseignait à l'école. La révolte, que les Britanniques se sont efforcés de minimiser en la faisant passer pour une simple mutinerie, fut, aux yeux du peuple indien, un soulèvement national en vue d'obtenir leur indépendance. Et, comme de juste, quand sonna l'heure de la liberté, l'Inde acclama

Nana Sahib comme un héros. À Bithoor, un mémorial fut dressé à sa mémoire, porteur de l'inscription suivante :

BRAVANT LES DANGERS
IL EMBRASSA UNE RÉVOLTE
LA FLAMME ÉTERNELLE DE SON SACRIFICE
ÉCLAIRERA NOTRE ROUTE.

Les archives contiennent des témoignages contradictoires sur Nana Sahib. Mon grand-père, P. Baburao, qui était ministre à la cour de Gwalior, m'a rapporté à son sujet un certain nombre de récits qui circulaient encore de bouche à oreille au début du siècle.

Le sort de cet homme à la personnalité ambiguë m'a toujours fasciné. J'ai découvert que l'histoire de Nana Sahib et le récit de la révolte n'avaient jamais été contés d'un point de vue indien. Voici donc l'histoire de Nana telle que, j'imagine, il aurait pu l'écrire lui-même. Il s'agit bien entendu d'une fiction, mais une fiction qui ne s'éloigne jamais des faits vérifiables, voire de certaines probabilités.

MANOHAR MALGONKAR
Burbusa, le 8 mars 1971

PERSONNAGES PRINCIPAUX

À Bithoor :

- Nana Sahib, héritier de Bajirao, le dernier des *peshwas*
- Kashi, son épouse
- Champa, sa première concubine
- Gangamala, leur fille
- Azijan, sa seconde concubine
- Mani, son amie d'enfance, reine de Jhansi et chef rebelle
- Baba et Balarao, ses frères cadets
- Kusuma, sa sœur cadette
- Raosahib, son neveu
- Azim, son secrétaire
- Tantya Topi, son régisseur
- Waghu, son garde du corps
- Todd, son précepteur d'anglais eurasien

À Kanpur :

- Sir Hugh Wheeler, dit « Hamlah », général commandant de la garnison britannique
- Janaki, « Lady Wheeler », son épouse indienne
- George, leur fils
- Eliza et Emily, leurs filles
- Michael Palmer, un aventurier eurasien
- Charles Hillersdon, haut fonctionnaire britannique
- Margaret, son épouse
- Docteur Tessider, médecin privé de Nana Sahib
- Nanak Chand, espion

– Hulas Singh, maire de la ville

À la tête des troupes de Nana Sahib :

– Tika Singh, commandant de la cavalerie
– Nane Nawab d'Oudh, commandant de l'artillerie
– Jwala Prasad, commandant de l'infanterie
– Nizam Ali, commandant d'une patrouille montée

Personnages historiques :

– Jayaji Scindia, maharaja de Gwalior
– Hazrat Mahal, reine d'Oudh
– Bahadur Shah, dernier empereur moghol de Delhi
– Zeenat Mahal, sa favorite devenue reine moghole
– Le « Mollah fou », conspirateur et chef rebelle
– Jung Bahadur, souverain népalais
– Balbhadra Singh, son représentant

Gouverneurs généraux de la Compagnie des Indes orientales :

– Lord Hardinge (1844-1847)
– Lord Dalhousie (1848-1856)
– Lord Canning (1856-1858), premier vice-roi (1858-1862)

Commandants en chef britanniques :

– Sir Charles Napier (1849-1850)
– Sir George Anson (1850-1857)
– Sir Patrick Grant (mai-août 1857)
– Sir Colin Campbell, « lord Clyde » (1857-1860)

(On trouvera un glossaire des termes indiens en fin d'ouvrage.)

PREMIÈRE PARTIE

Bithoor

Chapitre 1

Parmi les papiers de mon père, à Bithoor, se trouvait une copie de la supplique adressée par le maharaja Pratap à lord Hardinge, le gouverneur général de la Compagnie orientale des Indes. Cette pétition se présentait comme un livre imprimé ; sur la page de garde, Pratap avait apposé, à l'intention de mon père, la dédicace suivante :

De la part d'un monarque déchu et exilé
À son Premier ministre déchu et exilé

– Monarques ! ricanait mon père, disons plutôt des veaux postiches, oui !

Je suppose que l'emploi du « veau postiche » n'existe qu'en Inde où, quand décède un veau, on tend sa peau sur un cadre de bambou que l'on place devant la mère à l'heure de la traite.

– Voilà ce qu'étaient nos rois, poursuivait mon père : des peaux tendues sur des pieux pour que la vache grasse du peuple les contemple, le mufle bavant d'adoration, tout en se laissant traire jusqu'à la dernière goutte de lait.

Mon père disait vrai. Cela faisait des lustres que Pratap et ses royaux prédécesseurs avaient cessé de gouverner. Ils étaient devenus les otages de leurs *peshwa*, ou Premiers ministres, autrement dit de mon père et de ses aïeux. Depuis un bon siècle, le souverain des Marathes n'était plus qu'une relique momifiée que l'on continuait à exposer en vitrine afin de se ménager la loyauté du bon peuple. Claquemuré dans la forteresse de Satara, le prétendu roi était assujetti à un strict protocole et faisait régulièrement l'objet de contrôles budgétaires tatillons.

En ce lieu, Pratap et ses ancêtres menaient une existence de grenouilles barbotant dans un puits caverneux, tout en maudissant le *peshwa* en exercice et en complotant sa chute.

Avant l'arrivée des Britanniques, la Confédération marathe dominait la majeure partie de l'Inde ; un *peshwa* l'administrait. Affublé du patronyme réputé de Bajirao, en 1796, mon père devint à son tour *peshwa*. Il fallait être suprêmement doué en matière de perversité pour réussir, comme il l'a fait, à dilapider en un temps aussi bref un héritage aussi fabuleux, à déshonorer de façon aussi définitive un nom aussi prestigieux. Mon père était méchant, cruel, vindicatif, avare, prodigieusement instruit, roué en affaires, et il vouait à la religion une obsession morbide. Mais, surtout, moralement et physiquement, c'était un lâche. De tous les *peshwa*, il fut le seul qui s'attira le mépris de ses sujets.

Une ballade populaire chantait ceci à son propos :

On a vidé les puits et asséché la terre,
Pour abreuver un buisson d'épines :
Bajirao « le Fuyard » !

Je pourrais, en vain, tenter de me consoler avec l'argument que Bajirao II n'était pas mon vrai père, qu'il ne m'avait adopté que pour lui servir d'héritier ; ce serait en vain, en effet, car cet homme a exercé sur mon existence une influence bien plus grande que celle qu'aurait pu avoir n'importe quel véritable géniteur. Ses ignobles méfaits m'ont avili et meurtri à jamais ; mon impuissance à conjurer le mal qu'il a commis m'a marqué au fer rouge dès ma naissance.

En outre, chez nous autres, hindous, un fils adopté selon les stricts préceptes du rituel religieux ne diffère en rien d'un fils naturel ; il est jugé digne d'allumer le bûcher funéraire de son père, lui permettant ainsi de gagner le paradis, et d'hériter de ses biens matériels. Mais il hérite aussi des fautes accumulées par son père. Il ne peut choisir : n'accepter que les avantages et rejeter les inconvénients. Le fardeau entier lui est dévolu : maison, terres, bétail, divinités familiales, mais aussi honte, mépris et déshonneur.

Pourtant, je me dois à moi-même d'établir la distinction : je n'étais pas le fils naturel de Bajirao, mais seulement son héritier par adoption. Sur les onze épouses de Bajirao, une seule lui donna un fils, lequel mourut en bas âge. Ensuite, ne vinrent que des filles. Or, chez nous, les filles ne peuvent succéder.

En 1818, à Poona, les Britanniques avaient démis Bajirao II de ses fonctions et de son titre de *peshwa* avant de le bannir à Bithoor. Mes malavisés parents faisaient partie des milliers de loyaux sujets qui l'avaient accompagné dans son exil.

Mon vrai père avait pour nom Madhav Bhat. Mon père et ma mère m'avaient appelé Dhondu, ce qui signifie « caillou ». Contrairement à ce que d'aucuns ont affirmé, cela ne correspondait pas, de leur part, à une expression de dégoût devant ma laideur ou mon manque d'intelligence. Sans prétendre avoir hérité du physique avantageux des *peshwa*, j'étais loin d'être laid et je ne manquais pas de perspicacité. Une tout autre raison m'avait valu un nom d'une élégance aussi douteuse : les trois premiers rejetons de ma mère étaient morts en bas âge ; mes parents en avaient déduit qu'un sort funeste les avait frappés. Désireux de l'exorciser, ils s'étaient rendus en pèlerinage au temple d'Amba, à Hardwar. Là, après les repentirs et les invocations d'usage, ils avaient prononcé le vœu solennel que, pour éviter que la mort ne leur arrachât leur prochain enfant, ils donneraient à ce dernier le nom de l'objet le plus humble qui leur viendrait à l'esprit. Leur pèlerinage répondit d'ailleurs à leur expectative puisque leur progéniture ultérieure survécut. Après moi, deux autres fils vinrent bénir leur union, Baba et Balarao.

Ce fut donc à la suite d'un vœu que l'on me prénomma Dhondu. Comme il se devait, en pratique, un suffixe plus respectueux atténuait l'effet de ce nom peu flatteur. On m'appelait donc Dhondu Pant, ou « Messire Caillou ».

Mes parents avaient de bonnes raisons de se réjouir de ma naissance : « Il sera couronné roi et sa renommée gagnera des terres lointaines », prédisait en effet mon horoscope.

Ce présage sans nuance a-t-il incité Bajirao à m'adopter comme héritier ? Lui serais-je apparu comme celui qui était destiné à reconquérir le trône qu'il avait perdu ?

Quoi qu'il en soit, cette prophétie pesait son poids d'ironie : je devins roi, en effet, et mon nom, je le crains, est aujourd'hui plus connu que celui de bien des vivants.

En 1827, l'année de mon adoption, j'avais trois ans. Bajirao en avait cinquante-deux. Dorénavant, décréta-t-il, je porterai le nom d'un de ses ancêtres *peshwa*, Nana Sahib. C'est ainsi que, ma vie durant, on me désigna sous les doubles noms de Dhondu Pant et de Nana Sahib.

Je devins donc l'héritier du *peshwa*. Sans mon adoption, le fardeau que j'étais destiné à porter dans la vie aurait été plus léger car mes parents étaient de braves gens, dénués de malveillance. En revanche, l'ensemble des péchés de Bajirao formait un amoncellement aussi énorme que celui de ses richesses. Or, les deux allaient m'incomber.

À ce qu'on raconte, une centaine de prêtres présidaient à la cérémonie de mon adoption. Je le crois volontiers, la religion ayant été la première obsession de Bajirao, immédiatement suivie du sexe. Ses largesses au bénéfice du clergé frisaient la démence. Un jour, j'en fus moi-même le témoin, on lui apporta de Kanpur le montant trimestriel de sa pension qu'on lui remit alors qu'il était occupé à prier au bord du Gange : avec ostentation, il donna l'ordre de tout distribuer aux prêtres qui l'accompagnaient.

– Ce qui, une fois, a été apporté à notre Mère le Gange ne peut être remporté, avait-il solennellement déclaré, sacrifiant ainsi vingt-cinq mille livres.

Mon adoption se déroula donc sous les auspices d'une centaine de prêtres, psalmodiant des *sloka* et coassant à tue-tête comme une assemblée de grenouilles durant la mousson. L'invité d'honneur, confortablement assis à proximité immédiate de l'espace sacré, devait être le Résident britannique ; à l'époque, Bithoor avait encore une « cour » indienne, surveillée de près par un « Résident ».

En revanche, aucun prince marathe n'y assistait. Les Anglais avaient interdit à Bajirao le moindre contact avec ses anciens feudataires. De toute façon, eussent-ils joui de la liberté d'y participer qu'aucun d'eux ne se serait déplacé : ils haïssaient Bajirao encore plus qu'ils ne détestaient les Britanniques. Dans sa fonction de *peshwa*, il avait fait un déplorable souverain, prenant plaisir à humilier ses vassaux, à s'emparer de leurs terres au moindre prétexte ou, pire, à se comporter comme s'il jouissait d'un droit de cuissage sur les femmes de leur maisonnée. Il lui arrivait de rançonner un chef de grande famille en exigeant de lui qu'il lui envoie en otage son épouse, sa sœur ou sa fille, contraignant ensuite les malheureuses à prendre part à ses orgies. Ceux d'entre eux qui avaient le courage de refuser subissaient le poids de sa vengeance.

L'une des manies de Bajirao consistait à épier de jolies femmes en train de se dévêtir et de se pomponner. Il avait transformé en boudoir l'un des *aïnemahal*, ou galeries des glaces, de son palais et y avait remisé une riche collection de superbes saris de soies lamées d'or, ainsi que des fioles et des pots remplis de crèmes de beauté, de lotions et de parfums. Après avoir poliment convié ses invitées de marque à s'y enfermer pour y essayer la tenue de leur choix, il les guignait par les trous qu'il avait fait percer à travers les miroirs.

Mais les obsessions de Bajirao n'étaient pas toutes aussi discrètes. Il incitait ses gigolos à se comporter avec les dames de l'aristocratie comme si elles étaient des prostituées en provenance du bordel local. Il lui arrivait d'enfermer des hommes et des femmes d'âges variés dans une pièce qu'il plongeait ensuite dans le noir le plus profond. On colportait d'ailleurs le récit de la vengeance qu'il avait tirée de l'un de ses meilleurs *sardar*, ou capitaines, qui avait séduit l'une de ses favorites. Ayant convié ce gentilhomme à l'une de ses ténébreuses orgies, après quelque temps, Bajirao avait soudain ordonné qu'on éclairât la pièce : son fringant invité eut alors la surprise de découvrir qu'il venait de faire l'amour à sa propre mère.

Comme on peut s'y attendre, de tels méfaits avaient pour résultat que les puissants chefs de guerre héréditaires, piliers sur lesquels reposait son royaume, prenaient souvent les armes contre lui ; il ne devait qu'à son charme, à son don de persuasion, ainsi qu'à son habileté à semer la zizanie entre ses vassaux d'avoir accompli l'exploit de jouir de la position de *peshwa* pendant vingt-deux longues années. Car, par ailleurs, il n'avait aucune des qualités d'un chef et il manquait totalement de bravoure. Il avait coutume d'observer les batailles à prudente distance ; quand, d'aventure, le vacarme de la mitraille se rapprochait un peu trop à son goût, il prenait la fuite, ce qui lui valut le sobriquet de Bajirao « le Fuyard ».

C'est précisément ce qu'il advint, durant l'hiver 1802 : une fois de plus, Bajirao avait fui. Sa tentative de mater la rébellion de l'un de ses feudataires, le Holkar, ayant échoué, il avait déserté le champ de bataille pour courir se jeter dans les bras des Britanniques. Ces derniers n'attendaient que ça : la trappe qu'ils gardaient grande ouverte pour cette occasion se referma aussitôt sur le poltron.

Ravis de l'aubaine, les Britanniques se répandirent en promesses d'assistance. La source du pouvoir marathe, le plus formidable du sous-continent, ne venait-elle pas de se jeter à leurs pieds pour implorer leur aide ? Après l'avoir réconforté et comblé de présents, ils raccompagnèrent

Bajirao à Poona sous la protection d'une puissante escorte et le rétablirent solennellement sur le trône des *peshwa*. Dorénavant, un contingent britannique permanent serait maintenu en garnison à Poona pour protéger leur nouvel allié de la colère de ses propres généraux : six mille tirailleurs, fortement armés et commandés par des officiers européens. Pour couvrir les frais de son « escorte », Bajirao céda à la Compagnie des Indes orientales une portion non négligeable du littoral occidental, que les Britanniques convoitaient en vain depuis près d'un siècle.

Voilà donc Bajirao de retour à Poona, réinstallé sur le trône par ses nouveaux et dévoués amis, les marchands blancs de la Compagnie des Indes orientales. Il resta le *peshwa* pendant seize ans de plus.

Comment se fait-il que les Britanniques lui aient permis de conserver le pouvoir aussi longtemps ? Ceux qui connaissent bien les Anglais devinent la réponse : avant de crever un abcès, ils attendent qu'il soit bien mûr, prêt à éclater. Ayant isolé le *peshwa* de ses vassaux, ils se concentrèrent sur ces derniers et les sapèrent un par un avec une ténacité de taupes. Les acculant à tour de rôle, les Anglais les achevèrent les uns après les autres.

Bien entendu, durant ces années fastes, l'homme de paille des Britanniques qu'était devenu mon père s'attira plus d'ennemis que jamais. Son appétit d'argent se fit insatiable. Il vendit aux enchères les revenus de ses fiefs, contraignant les franchisés à saigner leurs sujets à blanc. Il passait le plus clair de son temps en orgies. Nul ne pouvait l'approcher sans passer par l'intermédiaire de ses favoris, des malappris et des illettrés, issus de la lie de la société : eunuques, crapules, intrigants, bouffons, proxénètes, prêtres dévoyés et autres parasites.

En 1817, l'abcès était mûr, prêt à éclater. Après avoir démembré la Confédération marathe, la Compagnie anglaise des Indes orientales se préparait à la décapiter : le *peshwa*, objet du mépris de ses sujets, ne pouvait plus compter sur le moindre support.

Les Britanniques adoptèrent pour l'occasion la tactique classique de tous les conquérants : ils se présentèrent en libérateurs. Du jour au lendemain, ils se firent les champions du roi marathe, Pratap. Ils proclamèrent que, s'ils déposaient le *peshwa*, lequel n'était après tout qu'un vulgaire usurpateur, c'était à seule fin de restituer le pouvoir à son héritier légitime, le roi Pratap. Pendant ce temps, ils concentraient leur énergie et leur talent à rassembler des charges à l'encontre de Bajirao pour justifier leur désaveu.

– Ce pauvre Pratap a été assez naïf pour les croire, aimait à répéter mon père. Personne d'autre que lui n'aurait mordu à l'hameçon.

Je me gardais bien de lui rappeler qu'il avait été lui-même la première victime des manigances britanniques.

– L'abruti était persuadé que les Britanniques allaient le désigner comme unique dirigeant de l'ensemble de la Confédération marathe.

Les Anglais le savaient bien : Pratap ne représentait pas un obstacle ; à la première injonction de leur part, il plierait bagage sans se faire prier. C'est d'ailleurs ce qu'ils firent : ils le congédièrent et l'envoyèrent finir ses jours en exil. En revanche, le *peshwa*, même une fois abandonné par ses alliés et ramolli par des années d'inaction, n'était pas une proie aussi facile à gober : impossible de le supplanter sans lui déclarer la guerre.

Aussi lui déclarèrent-ils la guerre. Ils invoquèrent un prétexte d'une inconsistance affligeante, accusant Bajirao d'avoir donné refuge à un noble marathe soupçonné d'avoir assassiné l'un de leurs agents. Le 5 novembre 1817, le jour de Diwali, la fête indienne de la lumière, l'escorte censée « protéger » mon père et dont il versait la solde de ses propres deniers révéla au grand jour sa finalité première : elle fit feu sans sommation sur la garde personnelle de Bajirao. Fidèle à sa réputation, le poltron contempla le désastre du sommet d'un mont avant de s'enfuir quand la fusillade se fit plus pressante.

Cinq colonnes anglaises se lancèrent alors à ses trousses. Leurs officiers salivaient déjà à l'idée de la prime généreuse qui les attendait à l'issue de la chasse à courre ; quant à mon père, il faisait la navette de fort en fort. Des ballades d'une cruauté sarcastique circulèrent bientôt dans le pays, contant la légendaire rapidité de sa fuite et les ruses de renard qu'il concoctait pour échapper à ses poursuivants. L'homme qui avait hérité de l'alliance de princes la plus puissante de l'Inde était devenu un objet de ridicule, et nul ne s'en souciait.

– Bien fait pour lui ! disait-on avec amertume. Il a couru pour mendier l'aide des « hommes-chapeaux », qu'il coure encore un peu, ça lui fera les pieds !

Pendant cinq mois, il réussit à semer ses traqueurs avant de comprendre qu'il avait perdu la partie. Il lui restait, bien sûr, une dernière chance de se racheter, de se montrer digne de l'illustre ancêtre dont il portait le nom, l'un des meilleurs stratèges que l'Inde avait jamais produite[1]. Pour peu que, dans un sursaut désespéré de dignité, livrant son dernier combat, il eût péri sur le champ de bataille, son sacrifice aurait secoué le pays, conjurant cette résignation abjecte qui le poussait inexorablement à subir l'esclavage d'une compagnie marchande étrangère. Son geste héroïque aurait couvert de honte ses anciens et encore puissants vassaux, les Scindia, les Holkar, et les autres, les contraignant à se porter à son secours. Dieu sait que nul ne souhaitait la domination des Britanniques ! Quiconque aurait eu l'audace et la bravoure de montrer la voie du patriotisme et de fouetter la léthargie collective aurait été assuré du soutien du peuple.

Mais la moindre notion de sacrifice étant absente de l'esprit de mon père, il se préoccupa avant tout de sauver sa peau et, avec elle, ce qui lui restait de sa considérable fortune. Il choisit avec le plus grand soin celui des cinq généraux ennemis à qui il convenait de se livrer. Ayant jeté son dévolu sur sir John Malcolm, surnommé le « Gamin », il lui envoya un émissaire porteur d'un drapeau blanc.

Bajirao avait bien choisi. Malcolm était dur, certes, mais il n'était ni pingre ni vindicatif. Les généraux Doveton ou Adams se seraient montrés impitoyables, alors que le « Gamin » rêvait avant tout de gloire militaire. Malcolm accorda à Bajirao la jouissance de ses titres princiers et de sa fortune personnelle. Il le contraignit néanmoins à renoncer à tout jamais à son héritage et à s'engager à ne jamais remettre les pieds sur ses anciens territoires. En contrepartie, Malcolm consentit à ce qu'il lui soit permis de vivre avec sa suite dans un lieu que les Britanniques lui indiqueraient ; une rente annuelle de cent mille livres lui serait versée ; Bajirao devrait cesser de se comporter en *peshwa* ; il porterait dorénavant le titre de maharaja et, pour s'adresser à lui, les Britanniques useraient du « Son Altesse ». Un petit fief lui serait attribué sur lequel il pourrait régner.

Ces termes, pourtant drastiques, déplurent vivement au gouverneur général de la Compagnie, lord Hastings. S'il n'avait tenu qu'à lui, il aurait fait pendre mon père sans autre forme de procès et se serait emparé de toute sa fortune comme d'un tribut de guerre bien mérité. Il n'en ratifia pas moins le traité, convaincu que mon débauché de père, malade et affaibli, n'en avait plus pour longtemps. Il avait déjà quarante ans et aucun de ses ancêtres n'avait passé le cap de cet âge.

---

1. Bajirao Ier (1720-1740). *(N.d.T.)*

Les Britanniques l'exilèrent à Bithoor. Baignée par le Gange, cette modeste localité n'était éloignée que d'une vingtaine de kilomètres de Kanpur, siège de la garnison anglaise la plus importante. Bithoor avait donc paru le lieu idéal pour garder un œil sur Bajirao. Son nouveau domaine couvrait une quinzaine de kilomètres carrés. L'adjonction de sa suite porta la population à quinze mille habitants. Peu de temps auparavant, il régnait encore sur cinquante millions d'âmes.

Nous étions en 1818. Je naquis six ans plus tard.

Apparemment, Bajirao II avait accepté sa chute de bonne grâce. À Bithoor, non content d'ajouter cinq épouses à son zénana, il avait coutume de passer la nuit en compagnie de jeunes femmes enlevées dans la rue par ses gigolos. Jouissant encore, grâce à la générosité du « Gamin » Malcolm, d'une fortune considérable, il n'avait en rien modifié son train de vie. Comme jadis à Poona, aspergés à intervalles réguliers d'eau de rose, ses éléphants recevaient quotidiennement leur ration d'amandes et de sucre, et le harnachement des montures de sa garde d'honneur était toujours bordé de perles. Aussi incroyable que cela puisse paraître, j'ai toujours pensé que mon père était bien plus heureux à présent qu'il ne l'avait jamais été quand il était *peshwa*. Envolées les lourdes responsabilités, les vassaux querelleurs, les armées de mercenaires exigeant le versement de leur solde ! Il jouissait enfin à loisir de l'existence et sa fortune mettait tout ce qu'il convoitait à portée de sa bourse..., tout, hormis la liberté ! Mais il n'en avait cure.

La honte ou le repentir lui étaient étrangers. Venant de perdre un empire, il se sentait comme soulagé, libre enfin de lâcher la bride à ses perversités. Le Gange, qui offre le précieux avantage de pouvoir laver tous les péchés du monde, ne coulait-il pas au pied de son palais ? Bajirao ne manquait jamais son bain quotidien.

Bien que vide de sens, l'existence qu'il menait n'était pas de tout repos : une activité sexuelle fébrile meublait ses nuits et les bigoteries occupaient ses jours. Contrairement au pronostic du gouverneur général, il vécut trente-trois ans de plus.

Bajirao décéda en 1851, à l'âge de soixante-seize ans. J'en avais vingt-sept.

Les Britanniques ne cachèrent rien de leur soulagement. Jugeant que la stupidité de Malcolm leur avait déjà trop coûté, ils s'empressèrent de déclarer que la rente annuelle de Bajirao ne serait plus versée à son successeur. Pire, ils récupérèrent la parcelle de territoire qu'ils lui avaient attribuée, ainsi que son titre de maharaja. L'héritier du dernier des *peshwa* que j'étais démarra donc dans la vie comme un citoyen ordinaire de l'Inde, d'une Inde qui était devenue la propriété privée de la Compagnie anglaise des Indes orientales, et dont les richesses étaient cotées à la Bourse de Londres.

Si les Britanniques se réjouirent d'apprendre la mort de Bajirao, les Indiens ne portèrent pas pour autant son deuil. Une nouvelle génération était parvenue à maturité : la mienne, une génération qui avait grandi sous la domination britannique. Comme des animaux nés dans un zoo, nous ignorions tout de l'étendue sauvage de la jungle, de l'ivresse de la liberté. À sa mort, plus personne ne se souvenait de Bajirao II, le dernier des *peshwa*.

Chapitre 2

Durant mon enfance, à la cour de Bithoor, je ne manquais de rien. Je n'étais ni battu ni réprimandé. Un essaim de serviteurs s'empressait de répondre au moindre de mes besoins. Pourtant, je ne pense pas avoir été ni dorloté ni gâté. Bajirao, dont l'érudition était grande, tenait à ce que je maîtrise le sanskrit afin de pouvoir lire nos Écritures dans l'original. Un religieux de Bénarès fut donc chargé de me l'enseigner. Palliant sans doute aux valeurs martiales qui lui faisaient défaut, Bajirao veilla à me faire apprendre l'escrime et l'équitation.

Le long du fleuve, il fit construire un *paga*, ou centre équestre, avec un rond de longe et une carrière d'obstacles attenante. Mes dimanches, mardis et jeudis étaient consacrés à l'équitation. Réveillé avant l'aube, avant de me rendre au *paga*, je devais avaler un verre plein d'un tonique terriblement amer, composé d'une décoction de racines de gentiane, qui avait bouilli toute la nuit dans un récipient en cuivre. Les trois autres jours étaient réservés à l'apprentissage des arts martiaux ; à cette fin, un ring avait été installé derrière le palais. J'y pratiquais des heures durant les parades et esquives de l'escrime marathe traditionnelle, d'abord avec un bâton, puis avec un sabre émoussé.

La personnalité de mon maître d'armes, Tantya Bhat, était de nature à inspirer et alimenter les légendes. À l'extérieur comme à l'intérieur, il ne se séparait jamais de son sabre. De haute taille, mince, élégant, son allure altière lui attirait le respect des hommes et l'admiration des femmes ; c'était pourtant un homme simple et timide, qui prenait la vie terriblement au sérieux. On racontait qu'il avait tué un tigre d'un seul coup de lance, étranglé un voleur à l'aide d'un foulard de soie et délivré une princesse des griffes de brigands qui l'avaient enlevée ; on disait aussi qu'une seule cartouche lui suffisait pour abattre une antilope en plein galop et une seule pierre pour assommer un homme en pleine course ; on murmurait enfin qu'il maniait si bien le sabre qu'il pouvait tailler en deux une plume flottant dans l'air.

Désireux de vérifier par lui-même le secret de l'apparente invincibilité anglaise, Tantya Bhat s'était engagé pour six mois dans les rangs de la cavalerie de la Compagnie. Il en était revenu avec la conviction que les Britanniques n'étaient pas invincibles. Il en avait également rapporté un casque colonial, ou *topi*. Délaissant le turban, il avait coutume de coiffer son casque à chaque fois qu'il montait à cheval, d'où le surnom sous lequel il devint célèbre : Tantya Topi.

Bajirao avait encouragé quelques enfants de ses courtisans à venir s'entraîner avec moi au centre équestre et à l'école d'escrime, et à me tenir compagnie quand je nageais dans le fleuve. L'un d'eux était une fille, mais à l'époque, nous ne la considérions pas vraiment comme une fille. Elle s'appelait Mani. Elle était la filleule de Bajirao qui me la destinait comme épouse.

Aujourd'hui encore, il me suffit de fermer les yeux pour me remémorer notre école d'escrime, à l'arrière du *wada*, comme nous avions coutume d'appeler le palais. Je nous revois tous, Mani, moi-même et les autres, petits, minces et agiles, en train de porter une botte, ou de nous écarter d'un bond, ou de virevolter pour parer à la dernière fraction de seconde une attaque venue dans le dos ; j'entends encore le bruit mat de nos sabres d'entraînement frappant les boucliers levés en défense. Parfois, nous étions déséquilibrés ou pris à contre-pied. Alors, à la sanction cuisante de la douleur succédait la colère, les lèvres pincées, les narines dilatées et les injures qui fusaient, aussitôt interrompues par le retentissement d'un gong impérieux. Nous nous figions, la respiration haletante, dans la position dans laquelle nous nous trouvions. Tantya nous sermonnait un moment, en nous ordonnant de baisser nos armes, de sourire, et de nous saluer avec courtoisie entre adversaires.

Parfois, tombait d'en haut une voix de stentor lançant un « stop ! » retentissant. Du balcon, Bajirao nous contemplait, l'air vaguement contrarié, en se balançant lentement sur ses jambes comme un éléphant assailli par des mouches. Nous nous tournions alors vers lui en portant au front la garde de nos sabres et nous attendions, sachant d'avance ce qu'il allait nous dire :

– Gardez en mémoire qu'il s'agit seulement de vous défendre, pas de tuer. Vous êtes des brahmanes, ne l'oubliez pas. Vous n'avez pas le droit d'ôter la vie. Vous pouvez tuer un ennemi, mais seulement au cours d'une bataille. Mais, comme il est bien entendu que nous n'avons plus d'ennemis, gardez le sourire et ne jurez plus.

Nous portions encore une fois la garde du sabre à notre front et nous reprenions nos assauts en affichant un sourire crispé.

Soit dit en passant, la seule fois où je fus contraint d'utiliser mon sabre pour ôter une vie, ce ne fut ni pour me défendre ni au cours d'une bataille. Qui plus est, ma victime était une femme âgée, aux formes rebondies comme une citrouille. Sans me préoccuper de mon jeu de jambe et des bottes savantes auxquelles j'avais été initié, je l'ai frappée en aveugle, lui portant un coup d'une orthodoxie douteuse mais qui l'a coupée net, en deux parties, au niveau de l'estomac.

Durant mes heures d'études, nul ne me tenait compagnie. J'étais alors seul avec le pandit Umashankar que j'appelais Guruji. Nous étions assis à même le sol sur une natte placée au pied d'un tableau représentant Saraswati, la déesse du savoir. Le pandit et moi n'avions pas de langage commun. Je m'exprimais en marathe et mon maître, qui pratiquait pourtant cinq langues, ne le parlait pas. Il jura pourtant à Bajirao qu'il ferait de moi un savant. Écartant d'emblée l'arithmétique et l'algèbre, matières peu nobles à ses yeux et qu'il estimait ne pouvoir servir qu'aux fils de commerçants, il concentra son enseignement sur le sanskrit, le persan et l'urdu. Il me transmettait son savoir par le biais du hindi que je dus assimiler sur le tas, au fur et à mesure de mes leçons. La méthode fonctionna à merveille, surtout pour le hindi, que je maîtrisais vite au point de pouvoir passer pour un authentique Kanuji, un brahmane natif de Kanaj où l'on emploie l'hindi le plus chaste.

Le lundi était réservé aux dévotions. Je devais me rendre, avec Bajirao, au bord du Gange. Un groupe de prêtres, en *dhoti* immaculés, nous attendait sur les degrés du *ghat*. Vêtu avec simplicité, Bajirao s'asseyait parmi eux, les mains jointes, les paupières closes, le visage nimbé de piété ostentatoire. Je me demandais parfois à qui il adressait ses prières car ses lèvres n'émettaient aucun son. À moins qu'il ne se fût résigné au fait qu'ayant épuisé toute possibilité de rédemption, aucune prière ne pouvait plus l'absoudre.

Au cours des ans, Bajirao s'était adapté au rôle qu'on lui avait imposé, celui d'un prince captif; comme une femme qui ne provoque plus le désir, il en était réduit à mendier la bonne volonté de ses geôliers. Il n'attendait d'ailleurs rien de plus de l'existence : ne possédait-il pas tout ce que les autres ambitionnent sans pouvoir l'obtenir ? Il vivait dans le luxe, à la tête d'un fief sans problèmes et dont la protection incombait à d'autres que lui-même ; il jouissait d'une santé et d'une virilité sans faille ; l'argent et les femmes abondaient. À Bithoor, Bajirao baignait dans l'opulence comme une carpe géante dans un bassin ; il semblait ignorer qu'un monde existait au-delà du Gange ; aucun remords ne le tenaillait ; en apparence, l'immonde gâchis de son existence le comblait.

En apparence, seulement, car un fantôme le tourmentait.

Combien de fois ne l'ai-je pas entendu hurler en pleine nuit ? D'étranges mugissements, comme ceux d'un animal, sortaient de l'aile du palais qui dominait le fleuve. Une nuit, m'étant précipité dans sa chambre, je le vis, le visage blême, les yeux hagards, qui désignait d'un doigt tremblant une flaque de clarté lunaire traversant le voile des rideaux. Il émettait en haletant des jappements de chien qui rêve. Une femme partageait son lit, ou plutôt une fille car elle ne devait pas avoir plus de quinze ans ; transie, elle fixait la direction où pointait le doigt de Bajirao. À la vue de la fille, la honte m'envahit, d'autant que je m'aperçus qu'elle était entièrement nue ; dans la pénombre, son corps à peine nubile paraissait transparent. Je m'enfuis en courant sur la pointe des pieds, la main sur la bouche pour éviter d'émettre un son. Je ne pense pas que ni l'un ni l'autre ait remarqué ma présence.

Les efforts désespérés de Bajirao pour conjurer ces apparitions mirent beaucoup de monde au courant. Le fantôme s'était manifesté la première fois peu de temps après qu'il avait été nommé *peshwa*. Le spectre était celui du cinquième *peshwa*, Narayan, que les parents de Bajirao avaient fait assassiner. Narayan, dont les mains ensanglantées serraient ses entrailles béantes, surgissait dans les rêves de Bajirao et le maudissait d'avoir vendu son royaume et d'être devenu le *hurja*, le valet de chambre des étrangers. Les apparitions se succédant, Bajirao s'était précipité à Pandharpur pour supplier le clergé du temple de l'exorciser. Les adjurations des prêtres aidant, le *peshwa* assassiné avait cessé de l'importuner. En gratitude envers la cité de Pandharpur, Bajirao y fit bâtir le long du fleuve un quai et un appontement qui portent encore son nom.

Mais, à Bithoor, le spectre avait refait son apparition. Les Britanniques l'ayant banni de ses terres ancestrales, Bajirao leur avait demandé la permission de se rendre en pèlerinage à Bénarès. Dans la ville sainte, il accomplit les rites de pénitence et distribua quantités d'aumônes, mais le fantôme n'en eut cure. À son retour, Bajirao fit planter des arbres, construire des temples et des *ghats* sacrés, se montra d'une extravagante générosité envers la veuve et l'orphelin, entreprit des jeûnes spectaculaires et d'incessantes dévotions, se jeta aux pieds de *saddhu* couverts de cendres, de nécromanciens, d'astrologues... Mais le spectre ne voulut rien savoir et le hanta jusqu'à la fin de ses jours. Il lui tint compagnie, m'a-t-on dit, jusque sur son lit de mort.

– Ta maison sera réduite en cendres et ton clan disparaîtra ! menaçait le fantôme. Tes nouveaux protecteurs incendieront ton palais et ta lignée finira avec ton successeur !

– Pourquoi devrait-elle finir ainsi ? hurlait Bajirao. Nana aura de nombreux fils ! Je lui trouverai des femmes dans les meilleures familles. J'ai déjà choisi la fille qu'il épousera !

En réponse, un rire sardonique proche de l'aboiement du chacal retentissait aux oreilles de Bajirao :

– Qu'il épousera ? Il pourra épouser plus de femmes encore que tu n'en as jamais possédées... À peine l'union sera-t-elle consommée que son épouse périra... Aucune de ses femmes ne vivra assez de temps pour lui donner un fils !

À ces mots, Bajirao se réveillait, inondé de sueur.

Je n'ai personnellement jamais vu le moindre fantôme mais je n'en ai pas moins subi les effets de la malédiction. La suite des événements obéit en effet à l'oracle. Mes deux premières épouses n'ont pas survécu à la consommation de nos mariages. Quant à la troisième, si elle est toujours en vie, elle le doit seulement, j'en suis convaincu, au fait que je lui ai fermement refusé l'accès de ma couche, sachant que notre union la tuerait.

En 1841, cependant, la malédiction n'avait pas encore eu l'occasion de se manifester. La crainte poussa Bajirao à consulter les prélats les plus savants, lesquels ne manquèrent pas de lui proposer leur solution.

– Cette prophétie a connu un précédent, lui révélèrent-ils, avant de lui conter l'histoire de Pataliputra. Une malédiction du même genre le frappait. Aussi l'avait-on marié à une plante, le *patali*, avant de lui faire épouser la fille que ses parents lui avaient dévolue. Le stratagème porta fruit puisque sa progéniture fonda une grande dynastie.

C'était donc cela, leur solution.

– Que Nana Sahib épouse d'abord un *patali* ; sacrifiez la plante à la place de la femme...

Dans l'état de désespoir où il se trouvait, Bajirao était prêt à faire n'importe quoi. Il ne lui vint pas à l'idée que le maléfice ne concernait pas tant le rituel du mariage que sa consommation, et qu'il menaçait en outre toutes les femmes que je viendrai à épouser.

Toujours est-il que, peu de jours avant mon dix-septième anniversaire, eut lieu mon premier mariage, un vrai, dans la plus pure tradition védique, au cours duquel j'épousai une plante en pot. Lors de la cérémonie, le *patali* resplendissait, avec ses feuilles aux pointes un peu rosées et ses nœuds de bourgeons d'un jaune pâle. La nuit venue, après avoir aspergé ma végétale épouse de quelques gouttes de mon sperme, on proclama la consommation de notre union.

Chaque matin, j'inspectais la plante. Celle-ci reposait sur un piédestal dans la cour intérieure du palais, où elle bénéficiait de conditions idéales de protection et d'ensoleillement. Je l'arrosais tous les soirs ; une fois par semaine, je binais la terre et mélangeais une poignée de fumier autour des racines. Pendant un mois, le *patali* prospéra. Ses feuilles prirent une belle teinte vert sombre et les bourgeons donnèrent de jolies fleurs orangées. Mais un jour, sans avertissement, les fleurs se fanèrent, les feuilles se flétrirent et la tige s'affaissa. Rien n'y fit, ni les crottes de chèvres ajoutées au terreau ni les incantations forcenées des prêtres qui avaient célébré la cérémonie. Quarante-neuf jours exactement après les noces, on annonça le décès officiel de la plante. Il se révéla plus tard qu'elle survécut à notre union plus longtemps que mes deux épouses humaines.

Les prêtres se félicitèrent ouvertement du succès de leur stratagème : les dieux avaient accepté qu'une plante fût sacrifiée au lieu d'une femme. Mais Bajirao n'était pas convaincu : pensif, il contemplait ce qui restait du *patali* avec un hochement de tête dubitatif. Le soir même, il renonça à me faire épouser Mani, la fille qu'il avait toujours considérée comme m'étant destinée. En guise de compensation, il me choisit pour concubine une robuste jeune femme répondant au nom de Champa, dont il avait fait l'acquisition dans un établissement de courtisanes de Lucknow.

C'est ainsi que Mani, que j'avais toujours considérée comme ma future moitié, sortit soudain de mon existence au profit d'une autre, Champa, que je n'avais jamais vue auparavant, et qui s'installa dans la pièce voisine de ma chambre à coucher. Pour être honnête, je dois reconnaître que Champa était ce qui pouvait m'arriver de mieux à l'époque ; je n'en ai pas moins toujours voulu à Bajirao de m'avoir privé de la compagnie de Mani.

Mani était la fille de Moropant Tambe. Ce dernier, à l'instar de mon vrai géniteur, avait suivi Bajirao à Bhitoor. À l'époque de mon adoption, pour peu que Mani se fût trouvée dans les parages et qu'elle eût été de sexe masculin, Bajirao l'aurait choisie sans l'ombre d'une hésitation comme héritier. Elle évoquait davantage une héroïne de conte qu'une fillette ordinaire ; altière, inébranlable, audacieuse, elle était en même temps d'une tendresse toute féminine ; d'un sang-froid à toute épreuve, en dépit d'un tempérament de feu, elle n'en restait pas moins espiègle et spontanée ; cette créature du vent et du soleil, au corps souple et athlétique, à la silhouette mince et sensuelle qui la faisait ressembler à une déesse de bronze, avait le pouvoir de faire fondre les cœurs d'un simple regard.

Enfants, nous étions inséparables. Ma fierté m'interdit d'admettre qu'elle me surpassait non seulement en équitation, mais même en escrime et en natation, mais j'avoue volontiers que l'élan et l'enthousiasme qu'elle manifestait dans la pratique de ces activités physiques étaient tels qu'elle paraissait bien meilleure. Bajirao, qui l'adorait, veilla à ce qu'elle soit élevée comme une vraie princesse.

Naturellement, en grandissant, j'en vins quasiment à la détester, sans me douter que ce que je prenais pour de l'antipathie n'était que la manifestation d'une tendresse refoulée. En réalité, je la jalousais un peu, tout en veillant à dissimuler mon puéril dépit. Parfois, mon ressentiment à son égard faisait brusquement surface, comme par exemple ce jour où je menais l'un de nos éléphants au fleuve.

Cet éléphant nommé Airawat devait aller prendre un bain ; j'avais réussi à convaincre son gardien qu'il pouvait me laisser le monter ; Airawat était d'une docilité telle qu'un enfant pouvait le mener. L'animal déambulait paisiblement derrière son dresseur, nullement préoccupé du poids de ma juvénile personne juchée à califourchon sur son cou ; j'entendis soudain derrière moi des cris d'appel et des bruits de pas de quelqu'un qui courrait.

– Stop ! stop ! je veux le monter moi aussi…

C'était Mani !

Je ne sais ce qui m'a pris :

– La monte des éléphants est réservée aux princes de sang, pas aux filles de courtisans, lui rétorquai-je par-dessus l'épaule.

Puis, pour que Mani ne puisse nous rattraper, j'enfonçai mon pied dans la partie sensible derrière les oreilles d'Airawat pour lui faire accélérer la cadence.

Le silence qui suivit m'incita à me retourner. Mani n'attendait que ça. Immobile, le visage sombre, tendue comme un arc, elle restait plantée dans le sable comme un noir pilier de bronze.

– Attendez, Prince Nana ! Pour chacun de vos éléphants, j'en posséderai dix, vous verrez ! me lança-t-elle.

Le léger trémolo dans sa voix m'indiqua qu'elle retenait ses larmes. J'allai lui demander pardon, mais elle me tourna le dos et partit en courant.

De combien d'éléphants Mani disposait-elle quand elle devint la rani de Jhansi ? Je l'ignore, mais certainement bien plus que je n'en ai jamais eus...

Mais, lors de mes dix-sept ans, Mani ne régnait pas encore sur Jhansi. Enfant mutine, prompte à la taquinerie, un brin arrogante, elle prenait un malin plaisir à me démontrer à quel point j'étais lent, balourd, un tantinet ridicule. Ma main me démangeait parfois de la gifler. Pourtant, quand Bajirao m'informa que notre mariage était annulé, j'éprouvai instantanément une sensation de vide, une impression de perte irréparable, comme si on me coupait un membre, laissant à la place une blessure béante qui ne cicatriserait jamais. Il ne fait aucun doute à mes yeux qu'avec Mani pour épouse, ma vie eût gagné en richesse, en intensité. Bien sûr, Mani ne représentait pas le modèle idéal de femme hindoue, vertueuse, docile et effacée ; mais ensemble, elle et moi, quelle équipe formidable nous eussions formé ! Nos différences de tempéraments s'estompant, les plus et les moins de nos personnalités se seraient complétés.

Outre le tort qu'il me faisait, Bajirao aurait dû épargner Mani, dont la vie brûla comme un météore, alors qu'il prétendait la prolonger. Certes, il lui choisit pour époux un prince régnant qui jouissait d'une fortune considérable. Mais, et cela Bajirao l'ignorait, ce vieillard sénile souffrait en secret d'une sorte d'aberration mentale qui le poussait à se déguiser en femme, poussant le grotesque jusqu'à prétendre souffrir de menstruations douloureuses. Prisonnière de ses liens matrimoniaux avec cette chiffe molle, Mani se comporta pourtant en épouse dévouée et fidèle. Par je ne sais quel stratagème sexuel, elle réussit à éveiller en lui une étincelle de virilité qui la mit enceinte. Un fils leur naquit, qui mourut en bas âge. Sa mort précéda de peu celle de son anémique géniteur, lequel avait eu juste le temps d'adopter un héritier. Mani assuma son nouveau rôle avec son élan coutumier, le double rôle de mère adoptive et de régente du trône de son époux.

Alors se leva le Vent du Diable. Mani lui ouvrit grand les bras, devenant, de nous tous, la plus formidable et la plus flamboyante des rebelles.

– Dorénavant, il te faudra la considérer comme ta petite sœur, me dit Bajirao, le jour des fiançailles de Mani.

Je regardais ma « sœur », drapée de pourpre nuptiale, parée des joyaux de perles et de diamants que Bajirao, comme pour se faire pardonner, lui avait offert en cadeau de noces. Elle était aussi sage qu'une image. L'envie impérieuse me saisit de la prendre dans mes bras, de la couvrir de baisers, de défier Bajirao et son spectre grotesque, de défier le monde entier. Nos yeux se sont rencontrés. Mani me sourit. Son visage s'empourpra. Elle détourna le regard.

Je ne l'ai plus jamais revue.

À la place de Mani, j'avais une concubine. Champa portait un nom de fleur délicate et veloutée alors qu'elle était une créature de la terre, à la peau cuivrée et soyeuse, au corps ferme et musclé, aux membres ronds et pleins de danseuse professionnelle.

La première nuit, je lui ordonnai de sortir de ma chambre et de n'y plus jamais remettre les pieds. Elle ne pipa mot. À peine m'étais-je glissé dans le lit que je l'entendis revenir. Je l'injuriai copieusement. Calme et sûre de son fait, elle patientait, les doigts serrant les montants de mon lit. Furieux, je me levai, lui flanquai une gifle et l'expulsai. J'éteignis la lumière. Je l'entendis qui se glissait de nouveau dans la pièce. Comme pour épuiser ma colère, je déchirai ses vêtements et me mit à boxer son corps robuste ; loin de me fuir, elle guidait d'une main experte mes assauts maladroits ; ses lèvres brûlantes se collèrent aux miennes, ses doigts me parcoururent le corps de caresses savantes, ses jambes lisses et fermes me prirent à leur piège, m'enserrant comme les puissants anneaux d'un python ; la pointe humide et affolante de ses seins me titillait la peau, me donnant la chair de poule. Furieux d'être devenu la victime impuissante de sa luxure, mais incapable de lutter contre l'irrésistible montée du désir, je n'eus plus conscience que d'une vague répulsion éprouvée à respirer l'odeur vinaigrée de sa peau et à entendre ses lèvres, après avoir fouillé mon intimité dans leur quête licencieuse, émettre en haletant des obscénités en mauvais anglais quelques secondes avant les derniers spasmes.

Je compris vite qu'il eût été vain de ma part de prétendre égaler Champa en matière de transports amoureux. Je m'abandonnai dès lors à son initiative, mon abdication se trouvant amplement récompensée. Avec Champa, je découvrais le plaisir comme si j'étais le premier homme sur terre et elle, la dernière femme. Très vite, j'en vins à désirer ardemment tout ce qui, la première fois, avait provoqué ma répulsion : la pression contrôlée et précise de ses doigts, les odeurs lourdes et musquées de son corps, ses ronronnements félins se muant en incantations obscènes au moment de toucher au but, et ses spasmes convulsifs ponctuant le dénouement.

Combien de temps m'a-t-il fallu avant de prendre conscience du fait que Champa était bien davantage qu'une femme qui avait vendu sa vie au profit d'une place secondaire dans la mienne ? Certes, notre relation ne reposait pas sur un amour mutuel, mais la tromperie n'en faisait pas davantage partie. Champa était ma première maîtresse et elle comprenait très bien ce que cela signifiait. Elle faisait son travail à la perfection, le succès étant son unique récompense. Elle se montrait dévouée sans rien exiger en retour, tendre sans mièvrerie, et totalement désintéressée. Disponible à chaque fois que j'avais besoin d'elle, elle ne fit jamais intrusion dans ma vie, sauf dans ma chambre à coucher. Et le jour où je lui révélai que Bajirao m'avait trouvé une femme, la nouvelle l'enthousiasma beaucoup plus que moi.

Il me fallait quelque chose comme Champa à l'époque ; sa présence m'a considérablement aidé.

Inconsciemment, aurais-je châtié ma première femme de n'être point Mani ou bien l'aurais-je sottement confondue avec une athlète du sexe comme Champa ? Toujours est-il que le souvenir de ma première nuit de noces me hante encore ; notre lit sentait la rose tant on y avait répandu de pétales ; de loin, nous parvenait le son nasillard des *shehnai* ; pétrifiée, la fille qu'on venait de me faire épouser me fixait comme si j'étais un animal sauvage sur le point de la dévorer.

Elle ne résista pas. Elle ne poussa pas un cri. À la place de l'extase anticipée, l'exercice se révéla fastidieux ; de toute évidence, je n'avais pas affaire à une Champa, pour qui le sexe était un acte aussi naturel que pour un animal de la jungle, mais à une enfant transie par l'ignorance. Mes caresses lui donnaient la chair de poule et sa nervosité posa un sérieux défi à ma juvénile virilité. Je ne pris pas garde à la rupture de son hymen ; tard dans la nuit, je l'entendis qui sanglotait, le visage enfoui dans l'oreiller ; je me levai aussitôt et j'allumai une grosse lampe Birmingham : les draps étaient maculés de sang. Nullement surpris, je tentai, le plus tendrement possible, de la rassurer. Mais l'hémorragie ne cessa point. Au lever du jour, elle était brûlante de fièvre. Deux jours après, elle décédait.

Pendant de longs jours, je refusai de toucher une femme. Puis je finis par retrouver Champa.

Quelques semaines plus tard, Bajirao envoya aux quatre coins du pays des émissaires chargés de me dénicher une nouvelle épouse. Une récompense d'une *lakh* de roupies était promise au père de la fille.

– Le maharaj aurait dû attendre un peu, me confia Champa. Cela leur aurait donné le temps d'oublier.

– Oublier quoi ?

– Eh bien ! la malédiction..., qu'il vous suffit d'épouser une fille pour la tuer...

La nouvelle s'était donc répandue. Dans toute l'immensité de la plaine gangétique où pullulaient pourtant les brahmanes indigents, il ne s'en trouva pas un qui se résolût à donner sa fille à l'héritier du *peshwa*, même contre cent mille roupies.

Pas pour longtemps. L'avidité des brahmanes est aussi proverbiale que leur pauvreté et l'odeur alléchante d'une somme aussi somptueuse devait chatouiller bien des narines. Deux mois à peine après leur départ, les émissaires revinrent au palais en ramenant avec eux trois palanquins transportant une famille au grand complet : le père, la mère, et la fille en âge d'être mariée. En fait, à dix-sept ans, elle avait déjà passé l'âge, le dénuement du père ayant découragé les prétendants. Avec l'approbation de Bajirao, le mariage fut rapidement conclu. Sitôt après avoir reçu la prime, les parents s'évanouirent dans la nature, comme s'ils avaient peur qu'on se lance à leurs trousses.

Ma nouvelle épouse se nommait Girja. Lors de la cérémonie, les prêtres avaient décrété qu'avant de se donner à moi, Girja allait devoir se rendre en pèlerinage à Ujjain lors de la pleine lune du mois de

Magh. Je suppose qu'ils avaient inventé cette obligation pour lui épargner le sort funeste de ma précédente épouse. De mon côté, je ne demandai pas mieux que de respecter l'interdit, cette attente ne me posant pas de problème particulier.

Pendant quatre mois, Girja partagea chastement mon lit. Nous discutions, lisions, jouions aux échecs ; elle chantait en s'accompagnant du sitar. Nous apprîmes à nous connaître et à nous estimer. Avec le temps, nous aurions fini par nous aimer.

Girja était une fille mature et robuste. Ma froideur physique à son égard devait la perturber. Souvent, la nuit, elle me réveillait en se collant à moi dans un élan désespéré tout en prétendant être assoupie. Faisant semblant, de mon côté, de me retourner dans mon sommeil, je desserrais doucement son étreinte et me glissais hors de sa portée.

Vint Pusa, le mois qui précède Magh. Les pluies se raréfient et les nuits tiédissent ; l'orbe de la lune commence à se dessiner dans un ciel limpide, lavé par les trombes d'eau. Allongée à côté de moi, Girja soupirait bruyamment, attirant mon attention sur le fait que son départ pour le pèlerinage approchait. La veille au soir, je décidai de tout lui dire sur la malédiction. Elle me regarda avec effronterie, se colla contre moi et m'embrassa sur la bouche en pouffant de rire.

– Ce n'est pas une plaisanterie ! lui dis-je, indigné.

– Oh, que si ! Il n'y a que les peuplades primitives tapies dans les forêts profondes pour croire à ces balivernes... Les habitants des palais qui possèdent la sagesse des livres n'en ont cure !

Et, en marmonnant quelque chose à propos de ma naïveté, elle éteignit la lumière.

À l'âge de dix-neuf ans, on rougit aisément de ses superstitions ; sans compter qu'une jeune fille voluptueuse, une belle et tendre épouse qui vous désire et vous supplie de faire l'amour avec elle possède des arguments propres à faire céder la plus ferme des résolutions. Cette nuit-là, ce qui devait arriver arriva. Ensuite, Girja s'étant assoupie la tête sur mon épaule, je m'aperçus que ses joues étaient baignées de larmes. La tendresse me submergea. Mon étreinte l'éveilla et nous fîmes de nouveau l'amour.

Le lendemain, Girja s'en allait en pèlerinage.

Une douzaine de suivantes et une nièce âgée de Bajirao l'accompagnaient, ainsi qu'une escorte de cinquante soldats. Il n'était pas question que je parte avec elle : les Britanniques ne m'auraient jamais permis de me rendre à Ujjain, territoire d'un ancien vassal de mon père, le Scindia. Du haut de la tour du palais, je vis s'éloigner le cortège et ne le quittai pas des yeux jusqu'au moment où, devenu aussi ténu qu'une procession de fourmis, il disparut, englouti par la forêt qui coiffait la colline.

Qui n'a pas entendu parler de la *maghmela* d'Ujjain, où se rassemble une foule de saints hommes venus des quatre coins de l'Inde en quête de mérites spirituels, ainsi que quantité de malades et de paralytiques cherchant la guérison ? La nuit de la pleine lune, tous se plongent dans les flots de la Sipra pour y laver leurs fautes et conjurer leurs maux. Ayant accompli ses ablutions, Girja avait repris la route en direction du retour. Trois jours après, le choléra frappait neuf membres de sa suite. Le cortège fit halte et campa dans une mangueraie. Le lendemain, les neuf avaient péri. La contagion en gagna d'autres, dont Girja. C'est là qu'elle mourut, au bord de la route, dans une hutte, parmi les manguiers. À Bithoor, je n'ai revu que ses cendres. Fou de douleur, je les ai répandues dans le Gange.

Des années plus tard, mon médecin, le docteur Tessider, me révéla que l'ingestion de l'eau de la Sipra devait leur avoir été fatale. D'après de nombreux savants, l'eau contaminée serait à l'origine du choléra. Si cela est vrai, cela voudrait dire que ma deuxième épouse n'est pas morte par ma faute, ce qui serait une sorte de consolation.

Pour faire échec aux efforts de Bajirao de me trouver une autre femme, je lui déclarai que je n'étais plus candidat au mariage.

– Vraiment ? fit-il d'un ton faussement badin. Pour combien de temps ?

– Jamais plus.

– Mais qui va te succéder ?

N'osant lui répondre que toute succession était devenue inutile puisqu'il avait gaspillé l'héritage des *peshwa*, je suggérai :

– J'adopterai un fils.

– Je crains qu'ils ne fassent des difficultés, murmura-t-il en hochant lentement la tête.

« Ils », dans ce genre de conversation, signifiait toujours les Britanniques de la Compagnie des Indes orientales.

– Mais ils vous ont bien laissé m'adopter.

– Je n'en sais fichtre rien ! Ils m'ont laissé adopter un fils, pas un successeur…

Pour la première fois, je compris que le jour où il s'était engagé à renoncer à ses vastes possessions, Bajirao n'avait pas eu le courage de négocier une contrepartie et d'obtenir des Britanniques une principauté héréditaire comme celles qu'ils avaient accordées aux plus humbles de ses vassaux.

– Bien sûr, ils m'ont promis, le jour venu, de considérer la question, m'expliqua mon père. Dans leur langue, il faut traduire « le jour venu » par « le jour de mon décès »…

– Inutile de vous tracasser pour la succession, en ce cas…

– Ah, pardon ! ils n'ont rien dit de définitif ; tout repose sur leur bonne volonté…

« Leur bonne volonté »… formule magique à laquelle les Indiens de l'époque se cramponnaient désespérément, tels des naufragés agrippés aux flancs d'un radeau. Nous vivions avec elle, nous dormions avec elle, nous la bercions tendrement dans nos pensées les plus secrètes. Ces trois mots résumaient à eux seuls la préoccupation essentielle de Bajirao, durant ses derniers jours, et la mienne, à mes débuts. Pour nous concilier leur « bonne volonté », nous étions prêts à ramper, à courber l'échine en affichant un sourire servile, à souffrir le martyre. Obnubilés par cet évanescent mirage, nous intriguions, nous nous inclinions devant le plus obscur des ronds-de-cuir britanniques, nous le flattions, nous l'entretenions, nous le soudoyions, sans cesser pour autant de nous faire exploiter.

– De toute manière, pourquoi compliquer les choses ? Avec un fils naturel, tes arguments n'en seront que plus convaincants.

Donc, comme « ils » avaient laissé les choses en suspens, il m'appartenait de préparer soigneusement mes « arguments » ; en attendant, je devais tout faire pour mériter leur « bonne volonté ». Sans compter qu'elle nous coûtait cher, leur « bonne volonté » ! Tapis persans, rivières de diamants, caisses de cognac, voitures à cheval avec attelages complets importés d'Angleterre, sabres dits « orientaux », autrement dit sertis de pierres précieuses, et j'en passe…

– Je ne veux pas me remarier.

– Mais pourquoi ?

– Parce que mes femmes décèdent.

– L'une d'elles finira bien par te donner un fils avant de mourir.

Dans la logique de Bajirao, dès lors que mon épouse m'avait pondu un héritier, je n'avais plus à me préoccuper de son sort. Mais j'avais une réponse toute prête pour contrer cet argument :

– L'idée de coucher avec une femme me révulse !

– Oh ! tu m'en diras tant..., mais ça va te passer.

– Quand ça me passera, on reparlera de mariage.

– Oh, que non ! dit-il en riant. Il t'en faut une en réserve, une jolie vierge qui se tiendra prête à fêter le jour de ta guérison.

– Au train où vont les choses, elle restera vierge toute sa vie.

– Que veux-tu dire ? Serais-tu devenu impuissant ?

– C'est ce que j'essaie de vous faire comprendre.

– Mais... et Champa ?

– Champa est ma maîtresse, pas ma femme. Si je l'épousais, je n'arriverais plus à coucher avec elle. Ce serait comme faire l'amour à un cadavre, ou à une femme sur son lit de mort.

Incrédule, Bajirao secouait la tête. L'argument ne lui paraissait pas convaincant. En outre, il n'aurait pas hésité, lui, à faire l'amour à une femme sur son lit de mort, ne serait-ce que pour vérifier si cette copulation macabre n'était pas source de sensations inédites. Ses paupières se plissèrent.

– Bon, reprit-il, mais peut-être devrais-tu attendre un peu, te donner le temps de sortir de ce mauvais pas. Il n'en demeure pas moins qu'une nouvelle femme est le meilleur remède pour ton état. Prends une autre maîtresse. Il paraît que les Chinoises sont expertes dans l'art de... ranimer l'élan assoupi ; on en trouve à Calcutta.

– Oh, non ! Champa me suffit !

– Alors comment expliques-tu ton piètre état ? Si elle est impuissante à y remédier, débarrasse-toi d'elle et prends-en une plus jeune. Quel âge a-t-elle ?

Je gardai le silence, sachant que Bajirao se gaussait de moi parce que je gardais la même maîtresse depuis des années. Lui-même en changeait chaque trimestre. De peur d'en manquer, il en conservait toujours une ou deux en réserve. Pour l'instant, ma révélation lui avait donné le choc désiré. Son visage avait pâli, la peau de ses pommettes s'était tendue et les commissures de ses lèvres s'étaient affaissées.

– Surtout, par pitié, ne mentionne plus jamais ton petit... problème à quiconque, me supplia-t-il. Ce genre de détail est capital pour « eux ». Et ils ont des oreilles partout...

– Certainement pas chez nous !
– Ici aussi, bien sûr. Que fait Todd d'après toi ?
– Todd ? le « Crapaud » ! Vous voulez dire que cette boursouflure nous espionne pendant qu'il m'enseigne l'anglais ? Mais il est à votre service, pas au leur…
– Je lui verse son salaire, en effet, mais c'est eux qu'il sert. Ces gens-là n'ont de loyauté qu'envers ceux de leur propre race. Et ne l'appelle plus jamais « Crapaud », pour l'amour de Dieu !
Todd, mon professeur d'anglais, était un Eurasien. Le fait de ne pas faire intégralement partie de la race supérieure le mortifiait profondément. Pompeux, grassouillet, vêtu de façon alambiquée, il traitait de haut nos serviteurs comme s'ils étaient des intouchables. De leur côté, ils se vengeaient de son mépris en l'appelant le « Crapaud ». Je l'avais affublé de ce surnom le jour où j'avais appris que son homonyme anglais *toad* signifiait crapaud.
Ainsi, ce Todd était en fait une taupe de la Compagnie. Je comprenais enfin pourquoi Bajirao, pour le flatter, nous avait ordonné de lui accorder le titre honorifique de « *Guru Sahib* », et pourquoi il le choyait de façon aussi ostensible.
– Et ce rat d'égout de Nanak Chand… un espion lui aussi ! ajouta Bajirao en reniflant d'un air dégoûté.
À Kanpur, ce nom n'allait pas tarder à devenir un objet de mépris, synonyme de trahison. Pour l'instant, ce Nanak Chand était déjà assez répugnant, avec sa tête énorme qui le faisait ressembler à un fœtus géant, sa moustache effilée, objet de sa fierté, ses mains spongieuses, sa peau jaunâtre et huileuse, couleur de melon pourri. Il travaillait comme représentant de la firme anglaise Bathgate & Potter, à Kanpur. Ses employeurs nous l'envoyaient souvent à Bithoor pour nous proposer des selles anglaises et des caisses de madère ou de bordeaux. Il avait coutume de rôder dans les couloirs ; je l'ai souvent surpris qui écoutait attentivement les cancans de nos serviteurs tout en partageant leur houka. Leur tirait-il les vers du nez ? Cherchait-il à savoir combien de maîtresses entretenait Bajirao en comparaison de moi ? Qu'y avait-il d'autre à espionner à Bithoor ?
– Nanak Chand ? répétai-je, incrédule.
– Lui, au moins, on le connaît… mais il y en a d'autres. Tu dois toujours rester sur tes gardes.

Je saluai Bajirao et le quittai, sans davantage me préoccuper de Todd ou de Nanak Chand. Ces cancrelats étaient son problème, pas le mien. J'avais au moins obtenu un délai d'un an ou deux, c'était déjà ça. Ensuite, je ne pourrai faire autrement que de me remarier. Bajirao reprendrait sa chasse aux épouses, de peur que la lignée des *peshwa* ne s'éteigne. De toute façon, je savais déjà comment y remédier.

En 1846, j'avais vingt-deux ans. Champa accoucha d'une fille.

– C'est une bénédiction de notre Mère le Gange ! déclara Bajirao. Elle s'appellera Gangamala, la « Guirlande du Gange ».

Ma fille était celle de ma concubine. Ce détail n'a pas empêché Bajirao d'ordonner une fête publique, une cérémonie de dénomination en grande pompe, se terminant, pour ses invités d'honneur, par une soirée de gala, avec feu d'artifice au bord du fleuve, suivi d'un récital de danses. Il y convia tous les officiels anglais de Kanpur, avec leurs épouses. Il offrit aux hommes des tabatières en or, et aux femmes des coffrets à maquillage en or, sur lesquels étaient gravée l'inscription :

En souvenir de la cérémonie de dénomination
de Gangamala,
Fille de Dondhu Pant Nana Sahib,
Le 28 octobre 1846.

Ces coffrets en or ne visaient pas simplement à bâtir la « bonne volonté » ; en les offrant, Bajirao entendait proclamer que j'étais en mesure d'engendrer un fils, pour le cas où l'un de leurs espions ait rapporté mes imprudents propos aux Britanniques. Ce cérémonial grandiose, ces présents somptueux étaient destinés à occuper le centre des conversations ; un rapport écrit en serait nécessairement établi qui aboutirait dans les archives de la Compagnie anglaise des Indes orientales, à Calcutta ; il importait que ce rapport nous fût favorable.

Chapitre 3

Le choix d'une nourrice pour ma fille se fit sans mon intervention, ni celle de Champa du reste. Bajirao envoya ses émissaires en chercher à Lucknow et à Kanpur. Ils ramenèrent cinq ou six femmes en état d'allaiter ; dans le lot, la première épouse de Bajirao opta pour Azijan. Apparemment, l'homme qui l'avait engrossée ayant disparu, Azijan avait abandonné le nouveau-né à la porte d'un temple. À l'en croire, elle ignorait même si c'était une fille ou un garçon.

Les médecins de la cour ayant déclaré que son lait était riche et abondant, la nourrice fut installée dans un petit bungalow derrière les étables, celui-là même qu'occupait Champa depuis sa grossesse.

J'avais rendu plusieurs visites à Champa depuis la naissance de ma fille ; ce faisant, j'avais dû croiser sans le savoir la nourrice, mais je ne lui ai prêté aucune attention particulière avant ce jour de décembre, deux mois après la cérémonie de dénomination de ma fille.

Champa somnolait. Allongé à côté d'elle, je regardais négligemment à travers la porte-fenêtre qui donnait sur une véranda. C'est alors que j'aperçus Azijan. J'ignorais jusqu'à son nom ; je n'en ai d'ailleurs pris connaissance que plusieurs semaines plus tard.

Je vis une jeune maman épanouie qui donnait le sein à un nourrisson ; son visage affichait une expression de ravissement, comme si l'allaitement lui procurait une sensation intense de plaisir, mêlée d'un peu de souffrance. Elle ne se rendait pas compte que je la regardais. Après quelque temps, elle offrit son autre sein à la bouche goulue du nouveau-né. Sous le soleil, ses épaules découvertes luisaient comme une bille de teck bien huilée. Les lèvres entrouvertes, elle se penchait légèrement en avant, peut-être pour faciliter la coulée du lait ; fermes comme des mangues, ses seins, aux tétons rougis pointés vers l'extérieur, étaient de la même teinte que ses épaules, alors que chez la plupart des femmes, ils sont plus clairs.

Je ne sais combien de temps je la contemplai avant de prendre conscience que Champa s'était redressée, curieuse de vérifier ce qui captivait mon regard. Posant la tête sur mon épaule, elle me dit, d'une voix pâteuse et comblée :

– Elle est belle, n'est-ce pas ?

– Pas autant que toi.

– Vous ne la trouvez pas adorable ?

En haussant les épaules, je citai un proverbe :

– À dix-sept ans, même une imbécile paraît ravissante.

Le tressaillement subit du corps pressé contre le mien et le chuintement de dépit émis par les lèvres serrées de Champa me fit aussitôt comprendre ma méprise : c'était notre fille, Gangamala, qui faisait l'unique objet de son admiration.

– Hé ! toi, tas de fumier au rebut ! s'écria-t-elle à l'adresse d'Azijan. Ne vois-tu pas que ma fille s'est endormie ? Va la remettre immédiatement dans son berceau. Allez, ouste !

Par la suite, j'eus beau me rendre chaque après-midi au bungalow, Azijan ne parut plus devant la véranda. Au bout d'une semaine, alors que Champa somnolait, je pénétrai dans la pièce voisine où l'on gardait le berceau et j'y réclamai un verre d'eau.

Ce fut Azijan qui me l'apporta dans un gobelet de cuivre rempli à ras bord ; quand je lui pris des mains, un peu d'eau se renversa. Pendant que je buvais, elle se colla contre moi. Son haleine tiède me caressait la poitrine et je respirais l'odeur animale de son jeune corps. Je vidai d'un trait la moitié du gobelet et le lui tendis. Nos doigts se rencontrèrent. Son sourire et son regard se firent si provocants que je retirai ma main d'un geste brusque, lui éclaboussant le visage et le buste. Elle se retourna en faisant une moue faussement dépitée et sortit, avec cette démarche d'une nonchalance animale propre aux femmes qui sont accoutumées à porter de lourds fardeaux sur la tête.

Champa était allongée sur le ventre ; un bourrelet se dessinait autour de son bassin ; ses fesses s'étaient alourdies. La comparaison entre sa silhouette à celle d'Azijan me vint automatiquement à l'esprit. Je me rendis alors compte que, sous ses paupières encore lourdes de sommeil, Champa me regardait fixement.

– Quand reviendras-tu vivre au *wada* ? lui demandai-je.

– Bientôt.

– Cela fait longtemps, maintenant, des mois…

– Il faut du temps pour recouvrer un état… normal après un accouchement. Ça bouscule tout, à l'intérieur et à l'extérieur.

– Tu n'as pourtant jamais été aussi séduisante, la rassurai-je.

Champa s'étira en baillant. Elle appela pour qu'on lui apporte un verre d'eau. Azijan entra avec le même gobelet, le sari encore humide de l'eau que j'avais renversée. Tandis que Champa buvait, l'air modeste, les yeux baissés, Azijan se tenait debout à côté d'elle.

Soudain, Champa fit la grimace et jeta le gobelet à terre. Attrapant Azijan par les cheveux, elle l'attira contre elle. Elle se mit alors à la renifler bruyamment entre les seins et sous les aisselles. Ayant ramassé sur le sol l'une de ses mules, elle en frappa la fille au visage :

– Vagin ambulant ! lui cria-t-elle. Comment oses-tu allaiter mon bébé avec tes tétons crasseux qui puent le mauvais tabac des valets d'écurie ? Je vais te faire fouetter si tu ne te nettoies pas à grande eau au moins une fois par jour ! Une fois par jour, tu entends ? Avant le lever du soleil ! Avorton de truie, va prendre un bain complet, sur-le-champ, et reviens me voir que je vérifie ta propreté !

La colère embellit parfois les femmes ; la haine en revanche les enlaidit. Je me détournais pour ne pas voir à quel point l'aversion de Champa la défigurait. Elle se détestait et elle tentait, en s'en prenant à une autre, de détruire ce qu'elle n'aimait plus chez elle : ses hanches lourdes, son double menton, les taches noires autour des mamelons, ses cuisses avachies. Quant à Azijan, elle triomphait ! Droite comme une sentinelle, elle affichait un air condescendant, consciente de faire souffrir sa maîtresse simplement en étant ce qu'elle était, et ce que Champa ne serait plus jamais. Azijan ne protesta pas, ne se protégea même pas des coups, mais ses yeux en disaient long : l'ironie dédaigneuse de son regard était infiniment plus cruelle et douloureuse que les coups de pantoufle de Champa.

Le surlendemain, j'allai voir Champa. Assise sous la véranda, une nouvelle nourrice allaitait ma fille.

Vêtue d'un sari rouge vif, des fleurs ornant sa chevelure, Champa dégageait une odeur si capiteuse qu'on aurait dit qu'elle s'était plongée dans une baignoire pleine de parfum. Elle me déclara d'emblée que je ne devais plus venir la voir au bungalow.

– Et pourquoi diantre ?
– Parce que je vais revenir vivre au *wada*.
– Bonne nouvelle ! Et quand ?
– Pas avant la nouvelle lune.
– Mais… c'est dans un mois ?
– Armez-vous de patience.
– J'ai été assez patient comme ça… des mois de célibat !
– Pauvre chou !
– Pourquoi attendre la nouvelle lune ?
– Parce que c'est de bon augure.
– Quels bénéfices particuliers peut-on attendre d'une nuit sans lune ?
– Eh bien… c'est un secret !
– Hum… bon ou mauvais ?

Elle fit la moue, fronça le nez, secoua la tête, et sourit d'un air mystérieux suggérant que cela dépendait…

– Dis toujours ! insistai-je.
– D'accord. Sentez-moi ça ! me dit-elle, en me collant son poignet aux narines.
– Oh ! une bien curieuse odeur ! Si c'est un parfum, il est beaucoup trop lourd.
– C'est de la pâte de jouvence…

Passant la main sous le lit, elle en tira un récipient de cuivre dont elle ouvrit le couvercle : une substance sombre et visqueuse, émaillée de mouchetures brillantes, l'emplissait.

– Perles concassées en poudre, graisse de paon, mélange ultra-secret d'herbes diverses… Un *hakeem* me l'a rapportée de Damas.
– Bigre, ça vient de loin !
– Cette pâte a été spécialement préparée pour la reine Zeenat : un massage régulier pendant un mois redonne toute sa jeunesse au corps.
– Et… ça a marché… pour la reine ?

Champa ne me prêtait pas l'oreille. Elle poursuivit d'une voix rêveuse :

– À dix-sept ans, mon corps était comme un fouet, souple et puissant. À l'école de danse, on me confiait toujours le premier rôle, toujours… Les hommes payaient double pour me voir danser… et ils se battaient pour obtenir mes faveurs. J'avais la réputation de ressembler à une *apsara*, une danseuse céleste.

Je me sentis tout contrit de voir à quel point mon petit flirt avec la nourrice avait affecté Champa. Mais elle prenait tellement à cœur son projet de rajeunissement que je me gardai bien de me gausser d'elle. Je lui promis de ne pas revenir au bungalow et de ne pas chercher à la revoir avant son retour au *wada*.

C'est alors qu'elle m'imposa d'autres conditions. Toutes lampes éteintes, je devrai l'attendre dans le noir le plus complet. Elle se glisserait dans mon lit à minuit pile. Elle ne m'adresserait pas la parole la nuit durant. Interdiction d'allumer la moindre lampe.

– Mais, alors, je ne pourrai pas te regarder, protestai-je.

– Vous le ferez ensuite à loisir.

– À part garder le silence et ne pas allumer la lumière, y a-t-il d'autres interdits ?

– Non !

– À la bonne heure ! parce que... un peu plus, et cela ne valait plus la peine de t'avoir dans mon lit... après ces mois d'abstinence.

– Ne soyez pas vulgaire ! protesta-t-elle

Et elle se mit à bouder.

Pour quelqu'un qui avait été élevée dans une école de danse, autrement dit un bordel de luxe, Champa réagissait parfois avec une pudibonderie inattendue.

Allongé nu sur mon lit, dans l'obscurité la plus complète, j'attendais l'heure. Un léger tremblement m'agitait, malgré le vin que j'avais bu pour prévenir tout excès d'empressement. Minuit sonna aux horloges du palais. Champa entra dans ma chambre et vint s'allonger à côté de moi. Sa prévision disait juste ; le miracle s'était produit ; elle était redevenue ce qu'elle était à dix-sept ans, souple et ferme comme un fouet. La finesse de ses membres, le grain de sa peau, les réactions de son corps, ses halètements, ses gémissements, tout semblait différent, jusqu'aux mouvements rythmiques et compulsifs annonciateurs de l'extase finale. Je ne reconnaissais d'elle que l'odeur puissante de la pâte de jouvence et le juron anglais qu'elle répétait en haletant au moment où le plaisir atteignait son point culminant.

Je la couvris de compliments dithyrambiques, lui affirmant qu'elle n'avait jamais été aussi parfaite, même le jour où nous avions fait l'amour la première fois, six ans auparavant. Je la comparai à une tigresse affamée d'amour ; je m'abandonnai à une pléthore de propos amoureux, y compris les plus obscènes. Quand je la suppliai de me permettre d'allumer une chandelle pour me réjouir du spectacle de son corps rajeuni, elle me cloua le bec par un baiser qui me laissa pantois. Emmitouflés dans la douceur veloutée de la nuit, nous fîmes et refîmes l'amour, comme si nous nous découvrions l'un l'autre pour la première fois. Je finis par m'endormir comme un bébé repu, la tête reposant sur son épaule aux senteurs capiteuses.

Je dormis longtemps d'un sommeil profond et béat. Au réveil, je me tournai vers Champa en lui tendant langoureusement les bras. Avant même d'ouvrir les yeux, j'eus sans doute une réaction de recul ou de déception; en la voyant au grand jour, le choc que j'éprouvai ne lui a pas échappé; je poussai même un petit cri.

En effet, inchangée, Champa était pareille à elle-même: une solide matrone, bien en chair, la trentaine bien entamée, à la physionomie avenante, n'ayant rien à voir avec la mince et souple odalisque que j'avais comparée à une tigresse.

– Ce n'était donc pas toi? bégayai-je d'une voix éraillée.

Elle grimaça en remuant la tête.

– Mais alors, qui était-ce?

– Patience, vous la verrez...

– Quand?

Trop tard pour me rattraper! Mon impatience avait dû la blesser car le sourire avait déserté son visage.

– Vous la verrez toutes les nuits dorénavant, me dit-elle. Elle sera votre nouvelle concubine, alors... trêve d'impatience!

– Je ne suis pas impatient, tentai-je de me racheter, et je ne veux pas d'une autre concubine. C'est toi que je veux.

– Moi? Mais j'ai trente-deux ans maintenant, et encore... parce que j'en soustrais trois. Vous, vous en avez à peine vingt-deux!

– Cela m'est égal.

– Trente-cinq ans, c'est trop âgé pour une maîtresse.

– Mais je t'aime.

– Moi aussi je vous aime; c'est pourquoi je vous ai trouvé quelqu'un de votre âge, qui vous comblera de plaisirs.

– Tu as toujours comblé mes plaisirs.

– On ne doit pas mentir avant le lever du soleil.

– Mais c'est la vérité!

– Ce n'est pas ce que vous disiez cette nuit...

– Quoi ? tu veux dire que tu étais ici même… dans la chambre ?
– Ici même… dans la chambre !
Champa ne dissimulait pas le plaisir ironique que lui procurait mon profond embarras.
– Vous ne me croyez tout de même pas assez sotte pour faire confiance à votre « tigresse affamée d'amour », sachant qu'elle est incapable de vous interdire d'allumer une lampe pour que vous puissiez vous extasier sur la forme insolite de ses fabuleux tétons…
– La plaisanterie est cruelle…
– Mais, mon chéri, je ne plaisante pas. Je veux vous offrir ce qu'il y a de mieux avant de me retirer, pour vous faciliter les choses.
– Mais tu ne vas pas partir !
– Bien sûr que si…
– Où ça ?
– Oh, pas bien loin… Je retourne au bungalow. Je suis une maman maintenant, ajouta-t-elle avec un brin de fierté, plus une concubine.
– Je te promets de venir te voir tous les jours.
– Je sais que vous tiendrez votre promesse : pas un seul père ne peut résister au bonheur de s'entendre appeler « Papa ».
– Crois-tu que Ganga sera capable de le dire bientôt ?
Champa ne répondit pas. Un sourire espiègle se dessina sur ses lèvres. Elle se leva et sortit.
Elle revint en serrant Azijan par le coude :
– Salue ton maître ! lui ordonna-t-elle.
Azijan se courba et se toucha trois fois le front du bout des doigts.
– Comment s'appelle-t-elle ? demandai-je à Champa.
Azijan me répondit :
– L'esclave se nomme Azijan.
– D'où vient-elle ?
Azijan me répondit de nouveau :
– Le méprisable lieu de naissance de l'esclave s'appelle Fattepur.
– Qu'est-ce qui lui prend de parler ainsi ? fis-je à Champa.
– Protocole ! m'expliqua-t-elle. Je lui ai appris à s'exprimer comme une concubine bien éduquée.
Il me revint alors en mémoire qu'au début, Champa aussi se montrait très pointilleuse dans l'observance des manières de la cour.
– C'est une bonne élève, commentai-je, en me souvenant soudain qu'elle avait aussi été initiée à mes penchants les plus intimes.

– Cela m'a pris un mois entier. Je lui ai appris à bien se laver ; mes suivantes l'ont passée à la pierre ponce pour la décrasser et lui adoucir la peau. Sauvage et vulgaire, elle puait le caniveau et elle se laissait culbuter par le premier venu. Par miracle, elle n'a pas attrapé de maladies : je l'ai faite examiner. Maintenant, elle est digne de partager la couche d'un roi.

– Merci beaucoup.

– Mais ça ne durera pas, ajouta Champa d'un ton acide. Elle n'arrête pas de bâfrer ; c'est comme si elle n'avait jamais vu de nourriture de sa vie. Elle ne va pas tarder à devenir un tas de saindoux ; vous allez la renvoyer et il lui faudra réapprendre le parler vulgaire des valets d'écurie, car personne d'autre ne s'intéressera à une truie dont les mamelles traîneront à terre…

Sur cette remarque peu amène, Champa sortit.

Resté seul avec ma nouvelle maîtresse, je la pris aussitôt par la main et l'attirai dans mon lit.

Une malédiction s'accompagne-t-elle de compensations ? En effet, condamné à la malchance avec mes épouses, je fus singulièrement chanceux avec mes concubines. Azijan avait beau avaler des sucreries toute la journée, elle n'en conserva pas moins sa sveltesse ; elle me fut vite aussi dévouée que Champa, ce qui n'est pas un mince compliment. Certes, la fidélité n'était pas son point fort – il ne fallait pas trop lui en demander –, mais ses écarts étaient si rares et d'une telle discrétion qu'ils se faisaient vite oublier.

Avant de poursuivre, peut-être serait-il bon que je m'incline, les mains jointes, en geste de gratitude envers les dieux, pour les remercier de m'avoir donné Champa. J'ai lu quelque part que, au sein de l'aristocratie chinoise, il arrive que certaines concubines à la retraite soient admises dans le giron de la famille de leur maître, dont elles sont devenues à la longue un élément indispensable et honoré. En Inde, Champa eût mérité l'équivalent de cette tradition. Elle aussi avait su se rendre indispensable ; personne n'était plus respecté qu'elle au sein de mon cercle familial. Nous n'étions pas mariés mais elle n'en partageait pas moins mes joies et mes peines ; elle me soignait quand j'étais souffrant ; elle riait quand j'étais de bonne humeur ; elle composait nos menus, supervisait le nettoyage des fenêtres et des sols, veillait sur le confort de mes invités. N'étant plus la maîtresse de mon lit, elle n'en restait pas moins la maîtresse de ma maisonnée, la gardienne des clefs de mes coffres, armoires et magasins, veillant à éviter tout gaspillage. Quand ils s'adressaient à elle, mes frères l'appelaient *Tai*, ou « Grande Sœur » ; ils lui confiaient leurs problèmes ; ni Tantya ni Azim, mon secrétaire, ne se seraient permis de rester assis ou de tenir des propos salaces en sa présence.

En Chine, une Champa aurait eu droit à une place dans un coin du sanctuaire familial. Le moins que je puisse faire pour elle aujourd'hui est de reconnaître ma dette à son égard.

À peine Bajirao avait-il eu vent de la grossesse de Champa qu'il avait envoyé ses agents à la recherche d'une nouvelle épouse. Ma prétendue impuissance ne pouvait plus me servir d'excuse. Heureusement, dans tout le nord de l'Inde, la malédiction qui me frappait était un fait connu de tous. Les agents de mon père durent descendre beaucoup plus au sud. Des mois passèrent, puis une année. Enfin, un chamelier revint, porteur de nouvelles. On venait de me dénicher une fiancée dans un trou perdu du Deccan, un hameau nommé Sangli, à quelques mille six cents kilomètres de Bithoor.

L'infortunée fut transportée de son village natal pour m'épouser. Elle s'appelait Kashi. La rumeur disait qu'elle avait à peine dix ans. Je vis son visage pour la première fois durant la cérémonie des noces, quand se baissa le rideau tendu entre nous, au moment où les célébrants chantaient le dernier verset du rituel du mariage : « Attention, l'instant béni approche ». Les yeux pétrifiés d'une créature blafarde, à la chevelure d'un noir de corbeau, me fixaient. Elle me fit penser à un oisillon qu'on aurait introduit dans un vivarium pour y servir de repas au python. Je fermai les yeux et concentrai mes pensées sur Azijan qui devait, je le savais, m'attendre dans le lit.

– Kashi sera élevée comme une reine, déclara Bajirao.

Pour parfaire son éducation, il engagea sur le champ des précepteurs et l'entoura de compagnes de jeu triées sur le volet.

Kashi et moi-même n'avons jamais partagé le même lit. Elle résidait dans une aile éloignée du *wada* où je ne me rendais que très rarement, aussi ne la voyais-je qu'à de rares occasions. Cependant, aux fêtes et aux cérémonies, nous étions assis côte à côte, priant ensemble comme de parfaits époux ; dans ma famille, les conventions étaient inviolables. Une épouse devait se comporter comme une épouse, et un mari comme un mari ; le lien qui nous unissait ne pouvait être dénoué que par la mort. C'était quasiment une relation de maître à esclave. Dieu sait que je n'ai rien fait pour remplir mes devoirs de maître ; de son côté, Kashi s'est comportée comme une parfaite esclave, travailleuse, empressée et, surtout, loyale. Sa trop parfaite loyauté me fait honte, mais je me demande parfois si elle ne correspondait pas, chez elle, à un besoin secret et inconscient de me punir, comme une forme de vengeance subtile et féminine.

Chapitre 4

J'étais dans ma salle de billard en train de pratiquer des carambolages quand, masquant le carillon des pendules de la galerie des glaces, j'entendis s'élever du *zenana*, l'aile réservée aux femmes, une lamentation stridente, annonciatrice de la mort de Bajirao. J'en fus surpris car mon père adoptif n'était souffrant que depuis une semaine. Les prêtres qui veillaient sur son lit de mort entonnèrent aussitôt leur mélopée funèbre : *Wasansi jeernani yatha wihaya...* – « de même que nous nous débarrassons de nos vêtements usagés, de même l'âme immortelle... ». Bajirao avait soixante-seize ans. L'âme de cet homme venait de se débarrasser d'une guenille dont il avait trop usé.

La bille rouge s'arrêta à quelques millimètres de la bande opposée, près du centre ; la blanche se trouvait à une trentaine de centimètres de la blouse de la bande de droite : le coup était délicat à négocier ; indécis, je fis le tour de la table pour mieux déterminer mon angle d'attaque. J'étais occupé à frotter de bleu mon procédé quand j'entendis des hurlements monter de la rive. Laghu, mon valet de chambre, entra en trombe en bredouillant des propos incohérents, d'où je finis par comprendre que Tantya Topi s'était jeté à l'eau de désespoir et qu'il était en train de se noyer. Je courus au *ghat*. Une demi-douzaine de bateliers avaient plongé à la suite de Tantya pour le repêcher, mais il les repoussait de toutes ses forces. Je leur lançai ma queue de billard et plongeai à mon tour en leur criant :

– Assommez-le ! Tant pis si vous lui brisez le crâne...

De la rive, d'autres bâtons volèrent en direction des sauveteurs qui s'approchèrent de Tantya et le frappèrent jusqu'à ce qu'il cesse de se débattre. Ils le tirèrent sur la berge, inconscient et dégoulinant de sang.

Quand il revint à lui, on me l'amena. Des plaques de sang coagulé lui collaient aux tempes et aux joues; il avait le regard vacant d'un opiomane; ses larges épaules se levaient et retombaient comme un piston dans son effort herculéen pour recouvrer sa respiration.

– Vous ne comprenez pas! protestait-il entre deux convulsions. Le maître nous a quittés... La vie n'a plus de sens.

Que n'avais-je donc pas compris que lui, Tantya, aurait mieux compris que moi? Il n'était même pas un parent éloigné, mais un simple employé. Sa douleur ostentatoire, alors que je n'en ressentais aucune, me mit hors de moi:

– Tu entends ces bonnes femmes en train de se lamenter? lui criai-je. Il n'y en pas une qui verse une larme. Tu es pire qu'elles. Tu déshonores ton sexe. Rase-toi la moustache et porte des bracelets!

J'ordonnai à mon médecin de lui administrer de l'opium. Tantya s'enfonça dans un sommeil de plomb d'où il ne sortit qu'après une nuit et un jour complets.

En dépit du fait que je n'éprouvais pas la moindre affliction, je ne me pliais pas moins au rituel coutumier du deuil. Tête et moustache rasées, je me tins pour impur pendant treize jours. J'entretins une flopée de brahmanes et ordonnai la récitation d'interminables prières pour apaiser l'âme de Bajirao. Je poussai le zèle jusqu'à commander une *mahadana*, une grande distribution d'aumônes que l'héritier d'un roi se devait de faire après le décès de son prédécesseur; la cérémonie prévoyait le don de cinq éléphants, de cinq chevaux, de cinq perles, de cinq *seers* d'or – soit environ dix livres – et de cinq *kroshi* de terres – soit environ cinq hectares. Je me refusai, dans la mort, à priver cet homme qui était né sous une mauvaise étoile du peu d'aura de souveraineté qui restait encore attaché à son nom.

Quelle ne fut pas ma surprise, le jour de la cérémonie, de découvrir que, si je disposais bien des moyens de distribuer les quatre premières aumônes, il m'était interdit de sacrifier le moindre bout de terre pour la simple raison que je n'en possédais pas! Même le terrain sur lequel étaient construits le *wada* et ses dépendances, me déclara sans ambages le préfet britannique, ne m'appartenait pas: la Compagnie, qui en était le propriétaire, les avait seulement mis à ma disposition jusqu'à la fin de mes jours.

Raghunath Vinchurkar, le chef du clan Vinchurkar, un ancien vassal du *peshwa*, se trouvait à Bithoor à ce moment-là; ayant eu vent de mes problèmes, il me fit don d'un bout de terrain pris sur ses propriétés personnelles dans le sud du pays.

– Le rituel du *mahadana* ne souffre pas la moindre imperfection, insista-t-il.

– Mais je dois sacrifier quelque chose qui m'appartient en propre, lui fis-je observer.

– Vos ancêtres nous ont donné tout ce que nous possédons ; ces terres sont encore vôtres.

Raghunat se trompait. La Compagnie s'était approprié aussi le plus gros du territoire des Vinchurkar. Le modeste domaine que le clan occupait à présent était un cadeau des Britanniques, ou plus exactement de lord Elphinstone ; l'avis de ce dernier avait en effet prévalu sur celui de ses supérieurs qu'il avait réussi à convaincre de ne pas pénaliser les membres de cette famille en raison de leur indéfectible loyauté envers le *peshwa*. Mû par sa propre loyauté envers ses supérieurs, Elphinstone, qui avait été l'un des instruments de l'annexion forcée du royaume des *peshwa*, avait reconnu cette même vertu chez ses anciens ennemis. C'est pourquoi, de mauvaise grâce, la Compagnie avait rendu au clan une minuscule portion de ce qu'elle venait de lui confisquer ; aujourd'hui, le chef de ce même clan m'offrait cinq hectares pris sur son embryon de possession pour me permettre de rendre un digne hommage au dernier des *peshwa*.

Je regardai cet homme, ce fantôme d'un temps révolu venu participer aux funérailles du passé. Il portait le deuil, vêtu de blanc de la tête aux pieds, moustache et crâne rasés, comme s'il pleurait la perte d'un proche parent ; une confondante vénération éclairait son visage glabre et mince ; il tendait vers moi ses mains jointes comme s'il me suppliait au lieu de me faire une faveur. Cet homme, que Bajirao avait appauvri davantage qu'enrichi, humilié plus souvent qu'honoré, s'était déplacé en personne pour lui rendre un dernier hommage. Une façon un peu méprisable de se rabaisser, me dira-t-on ; qu'importe, sa noble générosité me fit venir les larmes aux yeux. Moi qui n'avait qu'une vague idée de ce que fuyait Bajirao quand il s'était jeté aux pieds des marchands britanniques pour implorer leur protection, j'entrevis soudain quelque chose de cette autre Inde, une Inde qui, en dépit de ses tourments et misères présentes, avait été jadis une terre infiniment plus digne et plus riche. Devant moi se tenait un citoyen de ce monde oublié, le visage empourpré par la colère de ne pouvoir se sacrifier encore davantage pour un maître indigne.

Je refusai son offre. Au lieu de terre, je distribuai une grosse somme aux brahmanes, qui l'acceptèrent avec empressement. Mais la proposition de Vinchurkar et la douleur de Tantya ébranlèrent mon indifférence ; elles me marquèrent à jamais. Plus tard, il m'arrivera de me demander si la colère qui m'habitait ne résultait pas d'un sentiment d'impuissance et de culpabilité de n'avoir pas su incarner de façon plus poignante l'héritage des *peshwa*.

Les années qui suivirent ont été surtout marquées par les prévisibles et humiliantes querelles qui m'opposèrent aux officiels de la Compagnie des Indes orientales à propos de ma pension et de mes privilèges, outre de sordides disputes avec certains membres de ma propre famille. Bajirao avait entretenu un grand nombre d'épouses, lesquelles avaient mis au monde une nombreuse progéniture. Flairant l'aubaine, d'astucieux avocats britanniques en avaient encouragé certaines à réclamer leur part de la fortune de Bajirao ; ces vautours étaient pourtant bien placés pour savoir que le testament de Bajirao avait été formulé de manière à ne laisser planer aucune ambiguïté ; ils se sont d'ailleurs enrichis sans gagner un seul procès.

Dès les premières phrases, le testament mettait les choses au clair : « Ceci est écrit afin de faire connaître à Sa Majesté la reine d'Angleterre, à l'Honorable Compagnie des Indes orientales et à tous les hommes ici présents que, à ma suite, mon fils aîné, Dhondu Pant Nana Sahib... héritera du *guddi* du *peshwa*, de ses domaines, de sa fortune, du *deshmukhi*, des biens familiaux, du trésor, et de toutes mes propriétés personnelles, dont il sera le seul maître. Et c'est lui, Dhondu Pant Nana Sahib, qui héritera également du titre de *peshwa*. »

La lecture de ce texte était déprimante car, à part la fortune, Bajirao n'avait rien d'autre à m'offrir. Le titre de *peshwa*, qu'il prétendait me transmettre, ne lui appartenait plus, les Britanniques le lui ayant retiré ; le *guddi*, ou trône des *peshwa*, était parti en fumée, détruit et brûlé par Elphinstone pendant le sac du palais de Poona. Le *deshmukhi*, ou droit de prélever l'impôt sur ses vassaux, s'était envolé en même temps que les vassaux. Quant aux « domaines », ils avaient rétréci comme peau de chagrin, se limitant à la quinzaine de kilomètres carrés qui entouraient Bithoor, lopin que lui avaient généreusement « prêté » ses maîtres anglais.

À l'époque, j'ignorais encore ce que je n'allais pas tarder à savoir : dès 1841, soit dix ans avant la mort de Bajirao, ces damnés Britanniques étaient déjà déterminés à ne rien me laisser. Leur assurance que le problème serait considéré « le jour venu », à laquelle Bajirao accordait une importance qu'elle n'avait jamais eue, n'avait été qu'une promesse creuse destinée à endormir sa méfiance et à le mettre hors d'état de nuire. Entre-temps, les Britanniques s'étant rendu compte qu'il était parvenu à conserver une part non négligeable de la fortune du *peshwa*, ils en avaient conclu que son fils héritier n'aurait nul besoin d'une pension.

Peut-être n'était-ce qu'une question de points de vue : le point de vue occidental contre l'oriental, le point de vue réaliste contre l'émotionnel. Pour être honnête, la pension n'avait qu'une importance secondaire pour moi ; huit cent mille roupies de plus ou de moins ne changeaient pas grand-chose à mon train de vie. Ce que mes deux conseillers, Tantya et Azim, voulaient à tout prix me voir conserver étaient le titre de maharaja et ce qui en découlait, en particulier le droit de régner sur Bithoor. La pension et le titre étant inséparables – c'est du moins ce que nous croyions –, nous étions persuadés qu'il fallait réclamer l'un et l'autre. Plus tard, trop tard, je compris que si je m'étais limité à exiger l'essentiel, les Britanniques me l'auraient peut-être concédé : ils n'attachaient aucune importance aux titres ronflants ; l'argent, en revanche, les faisait renâcler.

– Pourquoi les *bahadur* de la Compagnie refuseraient-il, Malik ? insistait Azim. Ce sont des hommes d'honneur : ils tiendront parole ! Ne se font-ils pas appeler l'Honorable Compagnie ? Même l'empereur moghol reçoit une pension d'eux, alors qu'il ne leur rapporte rien puisqu'il ne possède plus rien. Votre père a tout de même conclu avec eux un traité qui leur accordait la moitié de l'Inde. Tous mes amis britanniques m'assurent que c'est votre dû.

C'était aussi ce que me certifiaient mes propres amis britanniques.

– Les visages blêmes n'ont pas d'autre option, Malik, ajoutait Tantya. Certes, ce sont des brigands, mais ce sont avant tout des commerçants, trop malins pour contrarier l'opinion publique.

À partir de points de vue opposés, Azim et Tantya parvenaient à la même conclusion. Azim, persuasif, astucieux, diplomate, admirait les Britanniques. Il singeait leurs manières et revêtait souvent leurs habits ; il avait même appris leurs danses virevoltantes, dont il nous faisait parfois la démonstration, à notre grand amusement. Tantya, loyal, fier jusqu'à l'arrogance, franc et direct, brahmane de tradition et soldat de profession, méprisait les agents de la Compagnie, dont il se méfiait comme de la peste. Conscient qu'il me faudrait garder, ma vie entière, une relation de bonne intelligence avec nos maîtres, j'avais prudemment confié à Azim le poste de *dewan*, ou secrétaire-ambassadeur. Quant à Tantya, la confiance et le respect que je lui vouais m'avaient encouragé à le nommer régisseur de mon domaine. L'un et l'autre me prodiguaient le même conseil.

L'idée ne nous avait même pas effleurés que les Britanniques risquaient de faire des difficultés. N'avaient-ils pas autorisé six cents dirigeants indiens de moindre importance à conserver leurs titres et leurs territoires? Or, tout en héritant d'un titre plus prestigieux que celui de la plupart d'entre eux, je me montrais moins gourmand. En outre, mon amitié personnelle avec les officiels de la Compagnie était bien connue; de tous les princes indiens, j'étais celui qui entretenait les meilleures relations avec les Britanniques. Nous tenions pour certain que, sans qu'il fût besoin d'une requête formelle de ma part, le gouverneur général de la Compagnie maintiendrait en ma faveur ce qu'il avait jadis accordé à Bajirao. Lord Hardinge, dont nous nous méfiions, avait quitté l'Inde, remplacé à son poste par lord Dalhousie; nous pensions que, sans posséder la magnanimité d'un Elphinstone ou d'un Malcolm, ce dernier se montrerait cependant soucieux de justice. J'adressai donc une lettre fort courtoise à Dalhousie, l'informant que, dans la mesure où Bajirao s'introduisait lui-même comme «Son Altesse Maharaja Bajirao», j'avais commandé mes propres sceaux frappés d'une mention identique.

La réponse de Dalhousie fut aussi prompte que cinglante: «Le gouverneur général du Conseil de la Compagnie ne reconnaît personne du nom de Maharaja Dhondu Pant Nana Sahib.»

– Dalhousie est un nouveau venu, commenta sans se démonter Azim. Il ne connaît pas l'historique…

Pour expliquer «l'historique», nous envoyâmes une ambassade à Calcutta chargée de rappeler que les prédécesseurs du gouverneur général nous avaient encouragé à croire qu'une requête à cet effet ne nous serait pas refusée. La réponse de Dalhousie m'est restée gravée en mémoire:

«En trente-trois ans, le *peshwa* a reçu la somme démesurée de plus de deux millions et demi de livres sterling… Ses héritiers ne peuvent en aucun cas prétendre à la reconnaissance du Gouvernement britannique, et encore moins à sa charité. »

Tantya devint livide :

– Que pouvions-nous espérer de mieux de la part de vulgaires marchands ? grommela-t-il. Pour eux, il n'y a pas de petit profit.

Azim lui-même en fut désarçonné :

– On ne mendie pas la « charité » mais ce qui nous appartient en droit. Ce Dalhousie est encore pire que Hardinge. Si seulement Malcolm était encore ici !...

– Ce sont tous les mêmes, fit Tantya. Des gredins ! ils ne pensent qu'à grappiller, grappiller, grappiller...

Tantya vivait dans un monde à part, un monde entièrement pur, qui ne contenait pas un seul homme blanc. Chaque fois qu'il serrait la main de l'un d'entre eux, il courait se laver la sienne comme si elle avait été contaminée. Il haïssait Dalhousie par principe, le gouverneur général de la Compagnie étant le plus important des Blancs. Cela dit, Dalhousie semblait éprouver un plaisir pervers à susciter la haine. Dans notre imaginaire collectif, cet homme finit par atteindre les dimensions d'un ogre gigantesque et monstrueux, qui crachait le feu et émettait des beuglements terrifiants tout en engloutissant royaume sur royaume comme s'ils étaient son mets de prédilection. L'ambition avouée de Dalhousie était de débarrasser l'Inde de tous ses dirigeants indiens. Il y parvint avec sa stupéfiante doctrine du « Lapse ».

Instrument arbitraire de confiscation, cette doctrine était tellement simpliste qu'un enfant aurait pu l'inventer, et tellement tyrannique qu'elle ressemblait à un jugement de Dieu. Il suffisait qu'un seigneur indien décède sans avoir engendré un fils pour que Dalhousie « annexe » purement et simplement son territoire.

Durant l'hiver de 1851, le maharaja Holkar m'avait fait présent d'un bébé tigre pour mon zoo personnel. D'adorable chaton qu'il était à son arrivée, Sheroo – c'est ainsi que je l'avais baptisé – était devenu un fauve énorme qui avait coutume de me suivre partout comme un toutou de salon ; nombre de mes visiteurs ont décrit dans leurs lettres les farces hilarantes de la brute. Si je mentionne la venue de Sheroo, c'est pour mieux préciser l'époque à laquelle, alors que l'écuyer de Holkar qui m'avait livré le bébé tigre était encore dans les parages, j'employais, pour décrire Dalhousie, l'expression « le dieu qui chevauche un buffle ».

En Inde, Yama, notre dieu de la mort, est « celui qui chevauche un buffle ». L'écuyer avait dû rapporter ma boutade à son maître ; amusé, ce dernier avait dû la répéter à ses amis ; toujours est-il que, très vite, dans la plupart des cours princières de l'Inde, Dalhousie finit par devenir « le dieu qui chevauche un buffle ». Quel ne fut pas mon émoi d'apprendre de la bouche de Todd que ma boutade était parvenue à l'oreille de Dalhousie, lequel avait failli s'étrangler de rire ! Par contraste, la légèreté avec laquelle le gouverneur général avait réagi à la plaisanterie avait terriblement vexé mon précepteur :

– Sa Seigneurie a le bonheur de posséder un sens de l'humour typiquement anglais, commenta-t-il, en plongeant le nez dans son verre de porto.

J'aurais volontiers rappelé à Todd que Dalhousie n'était pas anglais mais écossais ; je préférais néanmoins garder le silence, notant en passant que les boursouflures violacées qui meublaient son appendice nasal devenaient plus sombres que son porto.

– N'importe qui d'autre dans sa position aurait désigné une commission d'enquête pour savoir qui avait eu l'audace d'affubler le chef de gouvernement d'un sobriquet aussi injurieux.

Le nez replongea dans le verre. Le niveau de porto descendit d'un cran. Les propos fielleux reprirent :

– On a anéanti des royaumes entiers pour moins que ça... Et dire que vos rajas ont le culot de pleurnicher au nom de la justice et de l'honneur !

Le nez se trémoussa de dégoût en émettant un reniflement sonore.

Mes épaules tremblèrent de la rage rentrée des esclaves, mais je gardai mon calme, sans me départir d'un sourire désarmant. Azim s'était levé d'un bond... pour se ressaisir aussitôt et remettre du porto dans le verre de Todd. Afin de signifier au précepteur que je ne le retenais pas, j'ordonnai que son palanquin fût amené sous le porche. Todd finissait d'ingurgiter son porto quand il s'étrangla : un de nos serviteurs venait de lancer à la cantonade :

– Le palanquin de « Crapaud Sahib » est avancé !

Cela faisait des années que quelqu'un ne l'avait pas appelé ainsi, du moins en sa présence. Bouffi de colère, Todd jeta ce qui restait du contenu de son verre au visage du valet et sortit sans nous regarder.

Pendant un moment, le silence s'imposa.

Azim finit par le rompre :

– Il n'y a que ce porc à la peau jaune qui ait pu le rapporter ; personne d'autre ne le savait.

– N'y a-t-il aucun moyen de s'en débarrasser, Malik ? demanda Tantya.

– S'il y en avait un, je l'aurais fait depuis longtemps. Mais un Indien n'a pas le pouvoir de virer un Blanc.

– Donnez-lui de l'argent, me suggéra Azim, assez d'argent pour lui permettre d'aller s'établir en Angleterre. Il saisira cette chance au bond puisqu'il n'a jamais vu la terre qu'il prétend être la sienne.

– Les « autres » nous verront venir, dis-je en secouant la tête.

– Mais il ne fait strictement rien depuis qu'il a cessé d'enseigner, protesta Tantya.

– Malik parle beaucoup mieux l'anglais que lui ! ajouta Azim.

– Un accident est vite survenu à un homme ivre..., bougonna Tantya.

– Non ! dis-je d'une voix ferme, j'interdis les « accidents ».

– On pourrait tenter une combine..., suggéra Azim, les yeux mi-clos, comme s'il concoctait un plan.

– Quelle sorte de combine ?

– Si Malik adressait une lettre discrète au roi d'Oudh, je suis bien certain de Sa Majesté trouverait... un stratagème.

Le lendemain, j'envoyai Azim à Lucknow avec pour mission d'exposer mon problème au nabab. Au bout d'une semaine, Azim revint, porteur d'un message disant que le nabab avait déjà entamé une démarche, mais qu'elle prendrait quelque temps avant de porter fruit. En effet, il fallut attendre un an, plus exactement l'automne de 1852, avant que Todd en personne ne vienne me trouver. Après avoir tourné autour du pot, il finit par me prier de lui faire une lettre de recommandation auprès du roi d'Oudh, lequel, avait-il ouï dire, cherchait un précepteur d'anglais pour ses enfants. Je m'empressai de remettre à Todd une lettre qui le couvrait de louanges. Quand il revint me dire qu'il avait obtenu l'emploi, je lui fis présent d'un attelage à deux chevaux en guise de cadeau d'adieu.

Mais, comme je le disais, cette « combine » mit du temps à se concrétiser. Dans l'intervalle, mes affaires n'avaient cessé d'empirer. Todd avait peut-être tout simplement décidé qu'il n'y avait aucune perspective d'avenir à demeurer mon employé.

En effet, comme pour mieux me faire comprendre à quel point j'étais éloigné de la réalité d'avoir osé prétendre aux titres et à la pension de Bajirao, outre sa réponse, Dalhousie avait ordonné l'annulation pure et simple d'un privilège dont tous les citoyens de Bithoor, qu'ils soient membres de la famille de Bajirao ou simples employés, bénéficiaient depuis trente-trois ans: l'exemption de la juridiction des tribunaux de la Compagnie. Il en résulta un déluge de procès humiliants qui me croula sur la tête, intentés par tous ceux qui estimaient avoir un droit quelconque sur les biens de Bajirao.

Pour protester contre cette mesure arbitraire, je fis appel à Londres auprès des directeurs de la Compagnie, mais ceux-ci entérinèrent aveuglément les décisions de Dalhousie. En dernier ressort, j'envoyai Azim en personne plaider ma cause à Londres. Il essuya rebuffades et insultes de la part des rares directeurs qu'il parvint à rencontrer et il se fit plumer par des filous qui se vantaient d'avoir leurs entrées auprès des gens de pouvoir. Infatigable, plus grand seigneur que jamais, il réussit à obtenir une audience auprès de la reine Victoria, laquelle sympathisa après avoir prêté une oreille fort courtoise à ses doléances. Mais, semble-t-il, en Angleterre, le Parlement est plus puissant que la monarchie, et la Compagnie des Indes orientales l'est encore plus que le Parlement.

Azim revint d'Angleterre les mains vides. Son voyage l'avait changé. Il traversait des phases de mutisme prolongé, interrompues par des accès de colère. On ne l'entendit plus jamais se vanter de sa familiarité avec les Sahib et leurs coutumes; il cessa d'admirer leur ponctualité et de singer leurs manies. Pendant plusieurs jours, il m'évita; je finis par le mander. Il se tint devant moi, la tête baissée, les paumes pressées l'une contre l'autre, dans l'attitude classique du courtisan qui s'attend à une réprimande. Il était sobrement vêtu. Il n'avait plus rien de l'émir fanfaron et parfumé, couvert de brocart de Lucknow et scintillant de pierreries. La barbe demeurait le seul détail singulier de sa physionomie: taillée en pointe, formant un triangle parfait, elle était teintée d'orange profond.

– C'est la barbe la plus originale que j'aie jamais vue, lui dis-je, comme entrée en matière.

Il sourit d'un air vaguement peiné et garda le silence.

– Elle est colorée à la turque et taillée à la française, m'expliqua Tantya.

– Il s'est donc rendu aussi en France et en Turquie?

– Et en Italie, en Russie…

– Je n'ai pas vu grand-chose de la Russie, l'interrompit Azim. Seulement l'armée russe…

Soucieux de ne pas l'embarrasser en l'interrogeant sur le résultat incertain de sa mission, je me contentai de lui demander s'il avait pu faire tous les achats qui figuraient sur la liste que je lui avais remise.

– Oui, Malik, me répondit-il, visiblement soulagé de la diversion.

Et en effet, pendant les mois qui suivirent, caisses après caisses ne cessèrent d'arriver. Elles contenaient des chandeliers, des statues, un piano à queue, une table de billard, une machine à fabriquer de la glace, des fusils de chasse à deux canons de chez Westley Richards & Jeffery, des selles anglaises, de la porcelaine française, des tapisseries comme je n'en avais jamais vues auparavant, hormis en peinture, et même quatre tableaux de Claude Lorrain.

– J'étais déterminé à acquérir pour Votre Altesse ce qui se fait de mieux en Europe, m'expliqua Azim, des objets bien plus beaux que ceux du palais du gouverneur général.

Nous évitâmes d'aborder le chapitre de sa mission. Elle appartenait au passé. Nous savions qu'elle avait été un échec. Ne plus y penser nous soulageait presque.

Rassuré, enfin détendu, Azim consentit à nous conter les péripéties de son expérience européenne. Tantya, Champa et moi-même étions pendus à ses lèvres comme des gamins à l'écoute d'un conte de fées : il était en effet le seul Indien que nous connaissions qui avait franchi le vaste océan et vu l'homme blanc dans son propre pays. Il nous révéla que, chez eux, les Européens n'étaient pas tous, loin s'en faut, comme ceux de la Compagnie. De prime abord, nous confia-t-il, ils conservent leur distance. Mais, une fois qu'on a fait connaissance, ils se révèlent accueillants, voire généreux. En tout cas, leur comportement n'est ni arrogant ni brutal.

Tantya m'ayant mis dans la confidence, je lui demandai :

– Et les femmes, comme les as-tu trouvées ?

Azim rougit, regarda Champa à la dérobée, et me répondit avec un air de léger reproche :

– Permettez-moi plutôt de vous conter mon voyage à travers le grand Empire ottoman.

– Il garde les femmes pour plus tard, commenta Tantya d'un ton goguenard.

Azim nous parla alors de son séjour à Constantinople et de l'excursion qu'il avait faite en Crimée, où les Britanniques et les Russes se font la guerre.

– Pourquoi se battent-ils ? lui demandai-je.

– Depuis quand les Britanniques ont-ils besoin d'un prétexte pour faire la guerre à quelqu'un ? demanda Tantya.

– Apparemment, ils ne voulaient pas de celle-là, précisa Azim. On m'a affirmé, à Londres, que c'est la pression de la populace qui les a contraint de la déclarer.

– La populace ?

– Oui, les gens de la rue. Enflammés par le comportement insultant des Russes envers les Turcs, le peuple anglais aurait obligé ses dirigeants à entrer en guerre contre la Russie.

– Insulter les autres nations étant, comme chacun sait, la prérogative des seuls Anglais, quel culot de la part de ces Russes d'avoir osé l'usurper ! fit Tantya.

– J'ai assisté à des batailles, fit Azim en bombant le torse.

– Dans un bordel turc ?

– *Toba-toba*, Malik ! murmura-t-il en se giflant doucement les joues en signe de protestation devant un aussi injuste soupçon.

– Il s'est aussi rendu dans le camp opposé, dit Tantya.

– En effet, j'ai vu la bataille des deux côtés.

– Des deux côtés ?

À Constantinople, Azim avait fait la connaissance d'un journaliste britannique, sir William Russel, qui l'avait beaucoup impressionné.

– Oh, quel *shareef* ! un vrai gentleman… courtois, cultivé, raffiné. Ici, un demi-solde anglais s'estime insulté si vous oubliez de refermer votre parapluie quand vous le croisez dans la rue. Cet homme, qui est un véritable « Sir », m'a, lui, traité comme son égal. Nous prenions nos repas à la même table.

– Où as-tu rencontré ce « Sir » ?

– Il avait pris une chambre dans le même hôtel que moi.

– Allons donc ! Jamais un Anglais de la classe supérieure ne prendra une chambre dans un hôtel qui accepte les Indiens…

– Pfft ! pouffa Azim. Au royaume du grand sultan, les Anglais ne jouissent d'aucun privilège particulier, et on ne leur en accorde aucun.

– Était-il un vrai « Sir » ou nous racontes-tu des blagues ?

– Un véritable aristocrate… les Turcs l'appelaient « Milord ».

– Et toi, comment t'appelaient-ils ?

Azim fit la grimace.

Tantya hasarda une réponse :

– Apparemment, ils l'appelaient le « Prince d'Orient »...

– Mazette ! Donc, le Prince et le Milord mangeaient et s'abreuvaient ensemble. Mais ensuite, que faisaient-ils ? Ils partaient à la chasse aux filles, aux *bibis* ?

– Nous bavardions..., protesta Azim. Nous bavardions parfois jusque tard dans la nuit. Sir William est journaliste. Il se rendait au front pour couvrir l'événement. Je l'ai prié de me permettre de l'accompagner et il a accepté.

– Jusque dans les lignes britanniques ?

– Parfaitement ! et même les lignes françaises... Là-bas, les Français et les Anglais sont des alliés.

Cette alliance me surprit. Ici, en Inde, Français et Anglais étaient comme chiens et chats, toujours prêts à se sauter mutuellement à la gorge. D'ailleurs, la première délégation britannique qui rendit visite à la cour du *peshwa* avait pour mission de veiller à interdire aux Français la possibilité de s'attirer les faveurs du puissant régent.

– Sir William est intervenu auprès du général britannique qui m'a accordé un laissez-passer me permettant de passer les lignes et de me rendre du côté russe.

– Ton Milord doit être un homme très influent.

– Les journalistes ont beaucoup de pouvoir en Europe.

– Comment sont-ils, les Russes ?

– Les Russes ? Ah, les Moscovites ! s'exclama Azim en se caressant amoureusement la barbe. Beaucoup plus grands et plus forts que les Britanniques ou les Français. Leurs officiers jurent comme des dieux et boivent comme des titans. Ils bombardaient les Britanniques à grands coups de canons... et quels canons ! puissants et fiables à la fois... Chaque fois qu'ils les rechargeaient, les Russes riaient aux éclats en se tapant sur les cuisses, alors que les Anglais et les Français n'arrêtaient pas de pester et de jurer... Ils juraient contre tout, la nourriture, la pluie, la boue...

– Maudire le temps qu'il fait est une manie nationale chez eux, fit remarquer Champa.

– En tout cas, j'ai vu et compris que même les Britanniques pouvaient être battus... parfaitement ! écrasés... sur le champ de bataille ! affirma Azim d'une voix aussi grinçante qu'une vieille porte aux gonds rouillés.

– Nous allons les battre, nous aussi ! déclara Tantya.

– C'est la seule solution ! ponctua Azim. La guerre !

Je pris la mesure du changement radical qui s'était opéré en lui. Il s'était embarqué pour l'Angleterre en admirateur éperdu des Britanniques. Aujourd'hui, il brûlait de guerroyer contre eux.

– Les Britanniques sont finis ! poursuivit-il d'une voix sombre. Les Russes vont les tailler en pièces. Alors, ici, nous pourrons nous soulever à notre tour et en finir avec eux... Révolte !

Le mot retentit comme un coup de feu dans la forêt. Nous observâmes un long silence. Nos pensées les plus refoulées faisaient surface. L'idée nous captivait. En imagination, je vis les bataillons de la Compagnie des Indes orientales se diriger vers l'océan, où mouillaient leurs navires de ligne pour les ramener chez eux ; leurs fanfares jouaient des marches funèbres ; l'horizon recula, s'ouvrant en direction du Ponant ; le Gange devint le Godavari, puis le Krishna, à des milliers de kilomètres d'ici.

Un coassement abrasif me tira de ma rêverie.

– À Bombay, grommelait Azim, j'ai tendu la main à un agent du port, un Blanc : il a refusé de me la serrer...

Mon rêve s'évanouit comme un mirage. Loin de faire retraite, les Britanniques étaient installés à demeure, tellement puissants qu'un petit gratte-papier anglais du port pouvait se permettre de refuser de serrer la main d'un authentique aristocrate indien comme Azim, le même qui, en Turquie, avait été traité en égal par un milord.

– Ce ne serait pas arrivé au royaume du sultan, dit-il d'une voix brisée.

– Ni sur le territoire du *peshwa* il y a quarante ans, ajouta Tantya.

Quarante ans, déjà ! Qu'avaient-ils fait de nous ? Brûlant de colère, je me surpris à répéter les mots d'Azim : « Au royaume du grand sultan, les Anglais ne jouissent d'aucun privilège particulier, et on ne leur en accorde aucun. » Quel bien cela me fit d'apprendre qu'un tel endroit existait quelque part sur la terre !

Alors, comme pour alléger notre sombre humeur, Azim aborda le chapitre des femmes.

– En Europe, je ne me souviens pas d'avoir visité une seule ville dans laquelle je n'ai pas eu une femme, se vanta-t-il.

– Ce qui veut dire qu'il y a un bordel dans chaque ville d'Europe, fis-je.

Azim joua les offensés.

– En payant ? Jamais de la vie ! Pas une seule fois. Et certaines venaient des meilleures familles. J'ai même eu droit à une comtesse, la femme d'un milord.

Il faut dire qu'Azim portait beau, comme ses ancêtres afghans ; il s'habillait toujours en grand style, comme un nabab qui se rend à une réception ; alors que ses parents possédaient à peine un âne, il se comportait en toutes circonstances en grand seigneur de Lucknow et sa présence suffisait à donner un surcroît de cachet à la réunion mondaine la plus brillante. Il parlait à la perfection le persan, le français et l'anglais, et la chaleur communicative de son timbre de voix ajoutait à la richesse et à l'élégance naturelle de ces langues. Dans son natif environnement, il était réputé pour être quasiment irrésistible auprès des femmes ; je me refusai néanmoins de croire que son succès avait été le même avec les femmes blanches.

– *Hi-toba*, Malik ! protesta-t-il. Chez elles, elles ne sont pas comme ici. Là-bas, elles ne sont plus des « femmes blanches », mais des femmes, tout bonnement. D'emblée, leur curiosité s'éveille : émoustillées, elles vous dévorent des yeux, elles vous dénudent en pensée, elles brûlent d'impatience de découvrir quel effet ça fait de coucher avec un homme de couleur. C'est la curiosité du poisson pour l'hameçon : elles n'y résistent pas. J'ai reçu un nombre incroyable de propositions en mariage… absolument ! et de la part de femmes superbes ! Douces comme des fleurs de champak et, oh ! brûlantes de passion… ahhhh !

Azim fit rouler ses yeux et claquer ses lèvres pour ajouter du poids à cette évocation torride. Sur le moment, ses vantardises, auxquelles nous ne prêtions pas foi, nous firent rire aux larmes. Mais assez vite, cependant, survint un événement qui remit nos doutes en question. En effet, durant l'automne de l'année 1855, venue tout droit d'un lieu nommé Houndsditch, débarqua une certaine miss Sylvia Bolten ; une malle la suivait, qui contenait, claironnait-elle partout à la ronde, le dernier cri en matière de robe de mariée. D'après ses dires, Azim lui avait promis de l'épouser. Elle avait donc entrepris le voyage jusqu'à Kanpur, bien décidée à devenir sa bégum. Un jour, elle vint me voir pour quérir mon intervention.

C'était une grande femme, aux cheveux roux, bâtie comme un lutteur professionnel, aux lourdes chevilles, aux poignets épais et aux mains de lavandière. Son allure n'évoquait pas vraiment la fleur de champak. Quand je la vis arriver, je compris pourquoi Azim fuyait ses responsabilités. J'invitai la « miss » à boire un thé avec moi et lui promit d'user de persuasion pour plaider sa cause.

Azim avait déjà deux bégums. Sa religion l'autorisait à en prendre deux autres, mais il ne s'empressait nullement à remplir son quota : son prestige social ayant grimpé en flèche, il entendait choisir ses épouses avec grand soin, profitant de la circonstance pour arracher à leurs parents des dots exorbitantes. L'ayant envoyé quérir, je lui demandai quelles étaient ses intentions à propos de miss Bolten.

– Mais elle est tellement… ordinaire, Malik ! protesta-t-il. Autrement, j'aurais volontiers proposé un arrangement…

– C'est le mariage, qu'elle veut, pas un « arrangement ». Elle se dit en possession d'une lettre prouvant que tu le lui as promis. Si les Britanniques t'obligent à tenir parole, je ne pourrai rien pour toi.

– Si toutes les femmes à qui j'ai promis le mariage se mettent à rappliquer…

– Sauf que cette femme a engagé un avocat, l'interrompis-je d'un ton sec. Et pas des moindres : Jonas Pilchard en personne !

La nouvelle fit sur Azim l'effet d'un coup de massue :

– Pilchard ! *Hi-toba !*

– Tu risques la potence avec ton imprudence…

Impey, un juge anglais, venait de faire pendre le plus riche banquier indien de Calcutta parce qu'il s'était plaint de la corruption du gouverneur général, l'accusant de toucher des pots-de-vin. Depuis, la simple évocation d'un juge blanc imposant la justice de la Compagnie suffisait à faire pâlir l'Indien le plus intrépide.

– *Toba !* répéta Azim, en se tire-bouchonnant nerveusement la barbe.

– Existe-t-il réellement un lieu nommé Houndsditch ?

– Oui, Malik.

– Et… qu'y faisais-tu exactement ? lui demandai-je.

Voyant qu'il ne répondait pas, j'ajoutai :

– Va trouver cette femme et parle-lui. Tu trouveras, j'en suis convaincu, un compromis. Propose-lui au moins un dédommagement financier. Je t'aiderai pour le paiement…

Sur mes conseils, Azim se rendit donc à Kanpur pour voir miss Bolten. Mais quand il se présenta à la porte de l'hôtel Watson où elle avait pris pension, il trouva porte close : une sentinelle en armes avait reçu l'ordre de n'admettre aucun visiteur indigène.

Il fit la tournée de ses amis pour se faire expliquer ce qui se tramait. Il se trouve que la communauté britannique était très remontée, mais pas contre Azim. Scandalisés d'apprendre qu'une femme blanche venait de faire le voyage jusqu'en Inde pour épouser un « indigène », les Anglais avaient décidé de l'en empêcher à tout prix. Le prestige de la race dominante était en jeu. Une délégation de femmes de la bonne société de Kanpur était venue trouver miss Bolten afin de lui exposer l'inconvenance choquante d'une telle mésalliance.

– Moi, mais je « leur » interdis la porte d'entrée de mon bungalow, la sermonna Mme Scobie. Ils doivent se présenter à l'entrée de service et m'attendre sous la véranda de derrière.

Mme Scobie, l'épouse du magistrat local, était la plus ancienne Britannique de la garnison.

Mais miss Bolten s'était entêtée au point de se montrer insultante envers Mme Scobie. Le soir même, une réunion expresse de la communauté britannique fut convoquée de toute urgence dans le hall de l'assemblée. Quelqu'un suggéra que le chirurgien de la garnison pourrait certifier que miss Bolten était frappée de démence, mais quelqu'un d'autre intervint, précisant qu'elle avait pris Jonas Pilchard comme avocat. À l'unanimité, l'assemblée décida que, dans ces circonstances, il serait plus prudent de la faire expulser pour simple offense à la morale. Si le magistrat pouvait déclarer qu'elle était une « personne indésirable » (formule légale généralement invoquée pour évacuer les prostituées atteintes de maladie vénérienne), il serait aisé de la renvoyer de force à Calcutta, puis en Angleterre.

– La formule est on ne peut plus appropriée ! avait prononcé Mme Scobie, son mari opinant du chef.

Mais Jonas Pilchard fit preuve de plus de vélocité que le magistrat. Il fit transférer discrètement sa cliente dans le royaume voisin d'Oudh. Encore gouverné par son nabab, les lois de la Compagnie ne s'y appliquaient pas. C'est ainsi que miss Bolten s'installa à Lucknow, dans un bungalow qu'un ami de son avocat, un certain capitaine Frazer, avait mis à sa disposition. Deux semaines plus tard, elle épousait Frazer. Comme nous le verrons, après la démobilisation de l'armée d'Oudh, cette fière moitié de militaire, devenue l'égale en importance sociale de Mme Scobie, reviendra s'installer à Kanpur, bien déterminée à préserver à son tour la pureté de la race.

Chapitre 5

En février 1856, un événement bouleversa notre monde. Un royaume sombra sous nos yeux. Dalhousie avait «annexé» Oudh ! Annexé sous un prétexte tellement inconsistant que le naufrage parut résulter de cause naturelle. Il n'y eut ni déclaration de guerre ni acte de belligérance ; quant au roi d'Oudh, Wajid Ali, sa réaction se borna à la plus abjecte soumission. Il eût d'ailleurs été difficile de trouver quelqu'un de moins pugnace que Wajid Ali. Ses ancêtres et lui-même avaient déjà dépouillé Oudh au profit du «grand ami» britannique ; en effet, pour provoquer ce royaume à l'insoumission, un prétexte idéal pour lui faire la guerre, les gouverneurs généraux successifs de la Compagnie n'avaient cessé d'augmenter le tribut que devait leur verser Oudh. Mais lord Dalhousie n'était pas du genre à s'embarrasser de subtilités ni à respecter un traité. Il se contenta de «signifier» au souverain que son royaume était saisi.

À la lecture de la sentence de mort, Wajid Ali s'effondra ; ses sujets prirent le deuil, comme s'ils pleuraient l'un de leur proche. Celui qui, la veille encore, se faisait appeler Sa Majesté le Nabab d'Oudh, se laissait expédier, le lendemain, à Calcutta, comme un simple quidam. Les larbins de Dalhousie firent alors une entrée triomphale, profanant, pillant, détruisant, démobilisant à loisir.

Certes, il y avait eu des précédents. Mais cette fois-ci, le choc fut plus dévastateur, d'une part parce qu'Oudh était le dernier royaume véritablement indien et, d'autre part, parce que ce royaume faisait partie de notre voisinage immédiat : de l'autre côté du fleuve commençait Oudh. C'était comme si les flammes venaient de réduire en cendres la maison voisine. L'éclipse était maintenant totale : les «avaleurs de lune» avaient accompli leur tâche.

D'après les hindous, une éclipse survient quand les démons Rahu et Ketu dévorent la lune ou le soleil ; ensuite, ils ne dégurgitent leur proie qu'après moult offrandes et invocations propitiatoires. On s'interdit alors d'allumer le moindre feu ou de consommer de la nourriture ; hommes et femmes se rassemblent dans les lieux saints pour supplier les démons de régurgiter leur butin. Mais les Dalhousie de la Compagnie étaient plus démoniaques que nos conciliables mangeurs de lune car rien ne pouvait leur faire rendre ce qu'ils avaient englouti. Prières, jeûnes ou offrandes n'avaient aucun effet sur eux.

L'annexion d'Oudh nous mit brutalement en face de la dure réalité de l'emprise dévorante de la Compagnie. Nous dûmes relever la tête, plongée jusqu'ici dans notre mare aux grenouilles, et regarder alentour. Soudain, comme une équation qui ne révélerait qu'en fin de calcul la limpide simplicité de la réponse, émergea l'unique solution, résumée en un mot : « Révolte ! »

Les forces étaient déjà en branle.

Un conglomérat de marchands, à l'appétit vorace de chenilles processionnaires, à la conscience aussi blindée qu'une carapace de tortue, osant se parer du titre d'« Honorable Compagnie », avait décidé de s'approprier la totalité de l'Inde. Par précaution, ils préservaient la fiction rassurante que les véritables maîtres du pays étaient encore les souverains moghols. Je dois confesser qu'ils suivaient en ceci notre exemple, à nous autres, Marathes. Que nous combattions les armées mogholes ou rétablissions un empereur déchu sur son trône, que nous taillions en pièces les derniers bastions de l'Empire ou soumettions nos ennemis moghols, nous ne remettions jamais en cause leur souveraineté et, surtout, nous ne manquions jamais de respect à la personne de l'empereur. En cela, les Britanniques marchaient plus ou moins sur nos traces. « Alamgir » – autrement dit « le seigneur de l'univers » – résidait encore dans son fastueux palais de Delhi, où il recevait chaque jour ses courtisans dans un hall de marbre dont les murs portaient l'inscription suivante : « S'il y a un paradis sur terre, c'est bien ici, c'est bien ici, c'est bien ici ! » Sa Majesté Bahadur Shah, un octogénaire momifié et décati, se glorifiait à la fois du titre de *padishah* – empereur –, et de celui de *gazi* – chef de la guerre sainte. Quand il s'asseyait sur son trône, tout le monde, y compris les puissants marchands blancs, devaient attendre humblement, pieds nus et tête baissée, avant de se voir, de fort mauvaise grâce, accorder une brève audience.

Mais ce veau postiche, comme l'aurait appelé mon père, avait perdu son utilité ; le temps était venu d'abolir cette cour impériale fantoche. Les nouveaux maîtres pouvaient se permettre de baisser le masque. Faire évacuer le palais et exiler l'empereur dans quelque lointain et obscur village prouverait au peuple indien que le nouveau *padishah* n'était plus moghol, mais britannique.

Livré à lui-même, Dalhousie se serait fait une joie d'expulser l'empereur, et sa suite, de sa demeure ancestrale du Fort-Rouge. Mais, à Londres, les directeurs de la Compagnie, rendus nerveux par le tumulte de protestations que soulevait, au Parlement et dans la presse anglaise, la boulimie frénétique de Dalhousie, mettaient un frein à l'explosive impétuosité de leur gouverneur général. Ils ne tenaient pas à offrir à leurs concurrents et détracteurs le malin plaisir que leur aurait procuré un scandale supplémentaire en Inde.

Dalhousie, à qui toute notion de tact et de prudence était étrangère, conçut alors un plan de rechange. En 1849, l'héritier en titre décéda ; le gouverneur général, qui devait déjà avoir une idée derrière la tête, refusa de désigner un successeur. Le prétexte invoqué était que, parmi tant de princes de sang issus de mères aussi nombreuses, il était quasiment impossible de déterminer qui était l'aîné. En secret, Dalhousie avait conclu un pacte avec l'un des prétendants, Fakiruddin : il était prêt à le reconnaître comme héritier du trône à la condition que, dès sa succession, il s'engage à évacuer le Fort-Rouge et à renoncer aux titres que les Moghols s'étaient attribués.

Qui avait vendu la mèche ? Fakiruddin lui-même, un opiomane... ou bien un officiel de la Compagnie qui se serait fait graisser la patte ? Toujours est-il que, quelques mois plus tard, il était devenu de notoriété publique que la monarchie allait être abolie et que, à la mort de Bahadur Shah, sa famille se ferait expulser de son dernier refuge, le Fort-Rouge, la demeure ancestrale des Grands Moghols.

Quelqu'un lança une contre-offensive. À l'abri des douves profondes et des hautes murailles roses, derrière le treillage des baies marbrées de la cour intérieure du palais impérial, un complot s'ourdit. Au centre de la conjuration, parmi les bassins à lotus et les fontaines dispersant des embruns d'eau de rose, se tenait, aussi incroyable que cela puisse paraître, une femme. Une femme grasse, molle, flétrie, au ventre tellement distendu qu'elle devait marcher les jambes écartées, comme si elle montait à cheval. Comme la reine des termites, cette femme avait acquis la réputation d'être en état permanent de grossesse. On comparait Zeenat Mahal tantôt à un scorpion, tantôt à une panthère. Ce personnage diabolique, égocentrique, sans scrupule, n'en était pas moins une impératrice moghole, bénéficiant à ce titre de la vénération aveugle de millions de sujets moghols. Ils prirent son parti. La vengeance de Zeenat allait servir de point de ralliement.

À son côté, surgi de l'enfer, se dressait la silhouette sinistre et satanique d'Ahmadullah Shah, le *maulvi* de Fyzabad, ce patriote enflammé qui allait devenir célèbre sous le surnom de « Mollah fou ». Son ombre s'étendait partout à la ronde.

Pour le monde extérieur, Zeenat, quel que fût par ailleurs son talent pour l'intrigue et la duplicité, n'était qu'une voix derrière un voile ; mais cette voix vous donnait la chair de poule ; d'après ceux qui l'avaient entendu, elle ressemblait au piaulement du cacatoès de Singapour : un son aigu, strident comme un signal d'alarme. Cette fille de harem qu'un eunuque avait choisie au hasard pour aller réchauffer, au cours d'une nuit sans lune, la couche de l'empereur squelettique et drogué, lui avait offert une surprise ineffable autant qu'inespérée en donnant naissance à son dernier fils. L'événement remontait déjà à 1838, c'est-à-dire à dix-huit ans. Mais Zeenat menait toujours le vieux roi par le bout du nez, sa grossesse permanente et simulée témoignant publiquement de la virilité recouvrée du souverain. Malgré une quantité anormale de fausses couches et d'alertes infondées, Bahardur Shah se cramponnait à l'espoir d'engendrer un fils supplémentaire grâce à la fécondité miraculeuse de cette femme. Il bavait d'admiration devant elle, geignant comme un gamin puni quand elle lui refusait ses faveurs. Comme le pêcheur à la mouche qui épuise une truite prise à l'hameçon, Zeenat tourmentait le vieux roi, le contraignant à céder à ses caprices les plus extravagants.

Zeenat n'avait que faire du passé glorieux de l'Empire moghol ; la conquête de l'Inde par les « hommes-chapeaux » ne la préoccupait pas davantage. Elle haïssait les Britanniques uniquement parce qu'ils refusaient de reconnaître son fils, Jawan Bakht, comme héritier du trône. L'auraient-ils fait que Zeenat n'aurait pas hésité à leur concéder tout ce qu'ils lui auraient demandé, et bien plus encore. N'avait-elle pas forcé son impérial époux à protester auprès du Résident de la Compagnie, sir Theophilus Metcalfe, affirmant que Fakiruddin n'était pas digne de régner parce qu'il était circoncis ?

– La tradition moghole interdit à un homme dont le corps a subi une mutilation quelconque de monter sur le trône, s'était plaint le vieux roi. De tous mes fils, seul Jawan Bakht n'a pas été circoncis.

Cette étrange revendication nous avait éberlués. Cela voulait-il dire que les six Grands Moghols, de Babur à Aurangzeb, tous de pieux musulmans, certains plutôt fanatiques même, n'étaient pas circoncis ? Si tel avait été le cas, l'argument de Zeenat aurait pesé d'un grand poids, encore que sa validité n'aurait convaincu les Britanniques que si elle avait servi leurs intérêts. Mais une difficulté pratique finit par prévaloir : Jawan Bakht étant le benjamin de plus d'une vingtaine de prétendants, Metcalfe dut rejeter la requête impériale. Cette nuit-là, Zeenat jura de tirer vengeance de la Compagnie.

La crise qui avait bouleversé le harem royal se mua en une détermination farouche à résister contre l'usurpation du palais par les « hommes-chapeaux ». Ensuite, la compréhension de la futilité d'une résistance tant que ces derniers tenaient le pouvoir suscita l'ambition d'engager la lutte pour l'expulsion de tous les commerçants étrangers, et pour la restauration de l'Empire moghol.

C'est alors que le Mollah fou, Ahmadullah, prit les choses en main en devenant le guide spirituel de Zeenat Mahal.

Ce mystérieux fakir, cerveau de la révolte, qui allait prêchant la mort et la destruction au nom de l'empereur, était le *maulvi* de Fyzabad. Dans son sillage, les gens du peuple prenaient soudain conscience de présages funestes auxquels ils n'avaient pas prêté attention auparavant : les eaux du Gange s'étaient teintes de rouge sang... un arc-en-ciel avait formé un halo autour de la lune... à Bombay, le clocher de la plus haute église des « hommes-chapeaux » s'était effondré. De sinistres rumeurs sur des fraudes abominables, commises sur une vaste échelle, se répandaient : de la poudre d'ossements de vache avait été mélangée à la farine distribuée par le service d'intendance de la Compagnie ; du sang de porc servait à blanchir le sucre. Le Mollah fou déléguait aux quatre coins de l'Inde ses messagers porteurs de *chapatis* – la galette de blé traditionnelle qui compose l'essentiel du repas des petites gens – et, avec les *chapatis*, circulaient les rumeurs.

Le *maulvi* fixa même la date du soulèvement : le 23 juin 1857 ! Cette date fatidique provoquait un effet terrifiant sur chaque Indien. C'était celle du centenaire de la bataille de Plassey, où la victoire de Clive avait marqué le début de la domination britannique.

Le jour où Oudh fut liquidé, le Mollah avait déjà laissé tomber le masque. L'homme de religion qu'il était avait cessé de prêcher la religion. Au contraire, haranguant son auditoire, il l'invitait à « tuer tous les *firanghis* comme s'ils étaient des cobras ou des chiens enragés... à exterminer leur race... ». Ce n'était plus, nous le pressentions, qu'une question de temps avant qu'un officiel britannique ne le fasse arrêter et ne le condamne à la potence.

Comme je l'ai dit plus haut, les Britanniques patientaient dans l'attente du décès de l'empereur avant de prononcer la dissolution de l'Empire moribond. Leurs espions, qui fourmillaient à la cour, leur transmettaient quotidiennement les bulletins de santé de Bahadur Shah. Tout le monde savait que le vieillard n'en avait plus pour longtemps, ce qui expliquait l'indolence britannique. En attendant sa mort, les occasions ne manquaient pas de tirer le canard et la perdrix, ou de passer une semaine dans la jungle à chasser le gros gibier ; à Metcalfe Park, le palais du Résident de Delhi, les rutilantes réceptions se succédaient ; les premières fraises cultivées en Inde faisaient leur apparition sur la table à manger du Résident et, à l'usage, le mausolée en marbre de Safdar Jang faisait une somptueuse salle de bal.

D'autres, cependant, se montraient plus empressés, désespérés même d'avancer leur pion avant la mort de Bahadur Shah. En effet, un empereur à leur solde était indispensable à leur projet.

Au début de 1856, Fakiruddin, le prince héritier choisi par Dalhousie, décéda. Un soir, au sortir d'un banquet, un violent mal de ventre le terrassa ; malgré l'intervention de deux officiels importants, l'un médecin, l'autre, exorciste, qui se précipitèrent à son chevet, en moins d'une heure il décéda.

C'était un assassinat. Le médecin et l'exorciste étaient en réalité des agents à la solde de Zeenat. La mise en scène ne trompa aucun d'entre nous, familiarisés depuis longtemps avec les méthodes mogholes d'élimination d'un rival. La formule utilisée était d'ailleurs des plus conventionnelles : une femme de cuisine reçoit l'ordre d'ajouter quelques graines de datura dans la nourriture de la victime ; puis, tandis que le malheureux se tord dans les affres de la douleur, deux agents interviennent pour lui administrer davantage de poison en guise d'antidote, quand ils ne l'étranglent pas tout simplement.

Les Britanniques, qui avaient pourtant leurs espions à l'intérieur du Fort-Rouge et un Résident à proximité, ne firent pas le rapprochement entre Zeenat et la mort de leur héritier favori. J'ai ouï dire que le Résident n'avait même pas pris la peine de décommander la semaine de chasse au sanglier prévue à Najafgarh. À son retour, il se contenta de commander un rapport complet sur chaque prince afin d'être mieux à même de choisir le nouvel héritier. Zeenat et l'empereur en profitèrent pour renouveler leur pressante revendication concernant Jawan Bakht. Sir Theophilus la repoussa sèchement, sans prendre de gants. On ne saura jamais le nom du prince qu'il avait prévu de recommander au gouverneur général : sans attendre l'annonce des Britanniques, la révolte avait commencé.

Ensuite, la question du successeur des Moghols cessa de se poser faute d'héritiers : un certain Hodson avait supprimé trois d'entre eux ; sir Theophilus Metcalfe avait veillé personnellement à anéantir les autres, au nombre de vingt et un.

Ainsi, au début de 1856, les signes annonciateurs se profilaient déjà à l'horizon. Des forces s'étaient mises en branle, déterminées à plonger le pays dans la guerre. Mais nous détournions le regard, prétendant ne rien voir, ne rien entendre. De leur côté, les Britanniques faisaient comme si « avaler des lunes » était une activité de routine qui ne méritait pas de bousculer leur train-train quotidien. Nous étions contraints, nous aussi, de participer à ce jeu pervers ; quelle que fût la gravité de leurs insultes, nous devions faire comme si nous prenions plaisir à les recevoir, comme si, loin de songer à nous venger, nous en réclamions davantage.

Chapitre 6

Ce jour-là, le ciel, qu'un printemps précoce bariolait d'éclats vert et or, était étrangement vide de présage. L'air charriait de lourdes senteurs de fleurs de moutarde et de mélasses en ébullition.

J'allais à Kanpur rendre ma première visite officielle au nouveau commandant de la garnison, le général sir Hugh Wheeler, Chevalier Commandeur de l'Ordre du Bain. Hormis le fait que c'était un vieil homme, avec soixante-dix ans bien tassés, que sa ravissante épouse indienne était beaucoup plus jeune que lui, qu'à part un séjour de deux ans en Angleterre à la tête d'une colonne britannique, il n'avait jamais quitté l'Inde depuis son arrivée dans le pays à l'âge de dix-sept ans – ce qui faisait de lui un Indien davantage qu'un Britannique – et, enfin, que son nom était tenu en haute estime par les soldats indiens, je ne savais pas grand-chose de Hugh Wheeler.

Conscient que ces rencontres officielles avec les représentants civils et militaires de la Compagnie n'étaient que pure formalité, dans la mesure où ni eux ni moi ne brûlions vraiment d'envie de faire connaissance, j'avais omis de demander à mon astrologue de m'éclairer sur le moment le plus propice à cette entrevue. Si seulement j'avais éprouvé l'ombre d'un pressentiment de l'impact qu'elle était destinée à avoir sur les Wheeler et sur moi-même, j'aurais fait demi-tour et attendu une heure moins fatidique. Mais rien ne m'a alerté : aucun chat n'a croisé mes pas au moment où je franchissais mon porche, aucun vautour n'était perché sur un montant de mon portail… Rien ! pas le moindre présage.

Une fastidieuse routine présidait à ces rencontres officielles. Invariablement, le général ou le préfet de police anglais me recevait en haut des marches de son perron avant de m'introduire dans le hall de réception où nous attendait une rangée de fauteuils sagement disposés en demi-cercle. Mon hôte prenait celui du milieu et m'invitait à m'asseoir à sa droite. Nous nous interrogions mutuellement sur l'état de nos santés respectives avant de parler du temps qu'il faisait et de commenter l'abondance des récoltes. À peine la conversation s'enlisait-elle qu'un aide de camp intervenait pour nous distribuer des petits paquets de noix de bétel et nous asperger d'eau de rose. Ensuite, nous nous dirigions à pas mesurés vers le porche, où nous formulions nos dernières civilités avant de nous séparer. Voilà pour la première moitié du cérémonial. La seconde moitié se déroulait une semaine plus tard, à Bithoor, quand le général ou le préfet répondait à son tour à mon invitation. Une fois les présentations faites, nous ne cherchions pas spécialement à nous revoir.

Tout fut différent cette fois-ci. Hugh Wheeler m'attendait en personne devant le portail de sa résidence. Au lieu de courbettes empesées et de sèches poignées de mains, il m'ouvrit les bras pour une chaleureuse accolade à l'indienne. Au lieu de la pantomime ridicule des noix de bétel et de l'eau de rose, j'eus droit à un concert de musique. À ma grande surprise, avant de nous asseoir, le général me présenta à son épouse et à ses enfants. Lady Wheeler me pria de l'appeler Janaki avant de m'informer qu'elle avait commandé un dîner spécialement préparé à mon intention par des cuisiniers brahmanes. Je passais donc la soirée en leur compagnie. Avant de nous séparer, tard dans la nuit, nous fûmes convenus qu'en retour, la famille viendrait séjourner le week-end suivant à Bithoor.

Cela faisait cinquante-quatre ans que sir Hugh Wheeler, Chevalier Commandeur de l'Ordre du Bain, faisait carrière dans l'armée. Le souvenir que j'en ai conservé est celui d'un vieux cheval de bataille, caparaçonné d'un somptueux harnais, comme pour un défilé, martelant d'impatience le sol de ses sabots à l'appel du clairon dans le lointain, tout en ahanant poussivement. Il était le plus ancien général de toute l'armée britannique ; ses états de service faisaient penser à la liste des victoires brodée sur l'étendard d'un régiment d'élite. Chez les cipayes, ou soldats indiens, sa combativité lui avait valu le sobriquet admiratif de « Hamlah ! », ce qui signifie « à l'attaque ! » en urdu.

Lorsque, six ans auparavant, pour s'être violemment opposé à Dalhousie, sir Charles Napier avait dû démissionner de son poste de commandant en chef, il était évident pour tout le monde que Wheeler devait lui succéder. Mais Dalhousie avait refusé de confier la responsabilité du commandement de l'armée à un homme comme Wheeler qui, d'après lui, penchait trop en faveur des « indigènes ».

Wheeler n'avait jamais pardonné à Dalhousie.

– Comparé à Napier, ce type était une punaise, un parasite, me confia-t-il. Napier, lui, était un véritable *shareef*, un gentleman. Je suis surpris que le duc de Wellington ait pu soutenir cette ordure de Dalhousie alors qu'il savait que tout le monde, ici, le détestait, les Britanniques tout autant que les Indiens.

– Dalhousie a pourtant obtenu un marquisat, lui rappelai-je, et la Compagnie lui a octroyé une rente annuelle de cinq mille livres.

– Ouais, ouais, je sais bien !... Les dirigeants de la Compagnie ont bien été obligés de se montrer généreux ; après tout, il leur a rapporté cinq millions de plus en impôts. Cinq mille livres par an, ce n'est pas cher payer l'homme qui a gobé Oudh et détrôné pas moins de sept de vos rajas ! Savez-vous ce qui consumait Dalhousie, quelle était sa véritable motivation derrière sa doctrine du « Lapse » ?

– Je n'en ai pas la moindre idée, lui affirmai-je, me gardant bien de lui avouer que nous connaissions tous la réponse.

– Dalhousie n'avait pas de fils, pas d'héritier mâle. D'après les lois anglaises, ses domaines et ses titres n'étaient donc pas transmissibles. Il se vengeait sur vous, tout simplement.

– Une vengeance qui rapporte tout de même cinq millions de livres par an de plus à la Compagnie...

– Certes, mais aussi cinquante millions d'ennemis en plus ! Napier estimait que Dalhousie était « une chiffe molle, aussi prétentieux qu'une jolie femme... ou qu'un homme laid ».

Mis au rebut par Dalhousie, Wheeler prenait son mal en patience, convaincu qu'une fois Dalhousie parti, quand le poste serait de nouveau vacant, les directeurs ne pourraient ignorer ses droits. C'est pourtant ce qu'ils ont fait quand, en 1856, le nouveau gouverneur général, lord Canning, avait promu le général Anson au titre de commandant en chef des armées du Bengale.

À présent, posté à Kanpur, âgé de plus de soixante-dix ans, Wheeler persistait néanmoins à caresser l'espoir de voir se concrétiser le rêve de sa vie : devenir le commandant en chef, le *Jangi Laat*.

Un jour, il me confia, avec un sérieux imperturbable :

– La nomination de George Anson était purement politique. Lui, commandant en chef, laissez-moi rire ! Il n'a jamais mené un escadron sur le champ de bataille, ni même une compagnie... Que sait-il de la guerre, ce blanc-bec ? À peu près autant qu'une vieille fille... Ce sont les termes d'un article de l'*Englishman* de Calcutta : « Guère plus qu'une vieille fille ». Ils ne le garderont qu'un an ou deux, au maximum. En outre... en outre, le poids de sa santé se mesure en grains plutôt qu'en onces...

Les yeux bleus de Wheeler se mirent à briller, comme éclairés par une vision intérieure de quelque gloire future. Quand il s'adressait à moi, Wheeler recourait volontiers au hindi, d'où l'expression employée pour décrire l'état chancelant de la santé d'Anson.

– Ensuite, reprit-il, entre moi et le poste de *Jangi Laat*, il ne restera plus qu'un seul obstacle : Patrick Grant ! Grant... c'est lui que je dois craindre à cause de ses relations : il est marié à la fille de lord Gough. Mais je protesterai, je vous assure ; je ne me laisserai pas manœuvrer. Je leur enverrai immédiatement mon dossier avec mes états de service et je porterai plainte auprès du Conseil des directeurs.

La perspective de se faire une fois de plus doubler suffisait à ébranler de fureur sa grande carcasse.

– Comment serait-ce possible ? tonnait-il. Grant ! de quinze ans mon junior... J'étais déjà capitaine et je commandais un escadron quand il s'est engagé. Comment oseraient-ils ? Après Anson, ce sera mon tour !

Le vieil Hamlah vivait donc dans l'attente anxieuse soit du décès d'Anson, soit de son départ à la retraite. Il faisait tout pour dissimuler son âge, persuadé à tort que le poids des années constituait son handicap majeur. À défaut, il tentait au moins de prouver qu'il avait conservé la vigueur physique et l'énergie mentale de la jeunesse. Il teignait d'un châtain discret sa chevelure léonine et ses énormes favoris, se sanglait le ventre dans une large ceinture de toile enroulée sous sa culotte de cavalier, jurait et buvait comme un hussard, et chassait à courre régulièrement.

Wheeler ignorait – ou faisait-il semblant d'ignorer ? – que son handicap majeur n'était pas son âge mais l'opinion que la haute société britannique se faisait de lui : il était devenu un « indigène ». Son affectation à Kanpur aurait dû suffire à lui faire comprendre qu'il avait fait son temps. À présent que le territoire de la Compagnie s'étendait bien au-delà de Delhi, Kanpur avait perdu de son importance ; le poste ne pouvait plus servir de tremplin à la fonction prestigieuse de *Jangi Laat*, quel que soit le nombre de décès ou de départ à la retraite des *Jangi Laat* successifs.

Cinquante-quatre canicules indiennes avaient tanné la peau du général ; mousson sur mousson avait affecté ses habitudes et son comportement ; il ne restait plus grand-chose du gamin à la face rougeaude, sorti d'un misérable presbytère de Cornouailles, et qui avait dû apprendre très tôt à se débrouiller par lui-même. Il pouvait se briser les reins à chasser à courre, s'étrangler à faire disparaître la proéminence de son estomac sous la veste écarlate de son uniforme, il n'avait aucune chance d'être désigné Grand Veneur, comme ses prédécesseurs, ni d'être élu président du Doab Club. En effet, il était de notoriété publique qu'à peine rentré chez lui le « sahib » se transformait en « nabab », tombant la veste pour revêtir une ample *kurta* de mousseline blanche sur de larges pyjamas. Assis en tailleur sur un matelas posé à même le sol, le coude reposant sur un épais traversin, il s'adonnait aux délices voluptueux du houka. Dans son bungalow, baptisé Flagstaff House, au fronton duquel flottait l'Union Jack, trois fois par jour, il osait se régaler de viande au curry, en mangeant avec les doigts, et converser avec les membres de sa famille en hindi. Parfois, le passionné de musique indigène qu'il était devenu commandait un orchestre local pour qu'il vienne se produire chez lui. Pire ! Il osait – outrage suprême ! – inviter des indigènes à venir dîner à Flagstaff House. La nouvelle était même parvenue aux oreilles du gouverneur général que, pour distraire ses invités, son épouse se produisait devant eux, n'hésitant pas à exécuter l'une de ces indécentes danses indiennes, accompagnée du tabla.

– Est-il vrai qu'elle s'habille comme une danseuse de bazar, en montrant son nombril ? me demanda un jour Mme Scobie, d'un ton outragé.

C'était tout ce qu'il y avait de plus vrai. Si les décennies passées en Inde avaient déteint sur Wheeler au point d'en faire un Indien davantage qu'un Britannique, sa femme, elle, était irrémédiablement une Indienne, une « native du pays » selon la formule consacrée. Elle avait appris très tôt à danser. À l'époque, j'étais moi-même considéré comme un expert en la matière, et je puis attester qu'elle dansait remarquablement bien. Quand je l'ai connue, elle frisait déjà la quarantaine, mais c'était merveille de la voir évoluer. Sa vigueur, son élan, sa fluidité exceptionnelle de mouvements compensaient la simplicité rustique de son style et son répertoire limité. Son *tandav* faisait l'effet d'une tornade emportant la scène.

Non contente de danser au son du tabla, Janaki Wheeler se promenait pieds nus chez elle, ne portait que le sari, mâchait du *paan*, ce qui lui rougissait la bouche, et se teignait les pieds et les paumes de safran. En outre, détail aggravant pour les « ladies » du Doab Club, elle était ravissante, au point de pouvoir se permettre, à son âge, de porter sans rougir la tenue de danse qui dévoile aux regards toute la partie du buste comprise entre la poitrine et l'articulation de la hanche. Sans compter qu'elle était aussi fière d'être indienne que ces dames l'étaient d'être britanniques.

– Elle prend de ces airs, pour une « native du pays » ! commentaient avec mépris et indignation Mme Scobie et ses consœurs en commérages.

« Native du pays » désignait une Indienne ; « élevée dans le pays » eût désigné une femme issue d'une mère indienne engrossée par un Anglais. Ce vocabulaire, d'usage courant dans l'Inde britannique, s'appliquait à la fois aux chevaux et aux êtres humains.

Même chez les brahmanes de Tanjavur, tenus pour les plus farouchement orthodoxes de toute l'Inde, les préjugés de caste n'avaient jamais atteint le degré de rigidité qui prévalait dans les cantonnements de la Compagnie britannique. Le plus fraîchement débarqué des *griffins* – sobriquet appliqué aux nouveaux arrivants venus directement d'Angleterre – était socialement plus acceptable qu'un Palmer ou un Skinner, « élevé dans le pays », autrement dit métissé. La prospère famille Palmer possédait pourtant des chaînes de magasins ; quant aux Skinner, peu de temps auparavant, ils commandaient encore des régiments d'élite. Quant aux « natifs du pays », ils étaient carrément hors caste, intouchables, interdits de séjour, même dans le salon privé d'un Anglais.

– J'ai appris à danser dans un camp de Pindari pour éviter d'être vendue comme esclave, me confia un jour Janaki Wheeler. On m'avait appris à traire les buffles, à nettoyer les écuries, à panser les chevaux, à distiller de l'arak, afin de tirer de moi un meilleur prix. Je suis encore capable de traire un buffle de mes propres mains.

Il était difficile d'imaginer une personne aussi délicate et raffinée que lady Wheeler sous les traits d'une fille de ferme.

Son père exerçait jadis la profession de prêteur sur gages dans un village proche de Saugar. Un jour, le village avait subi l'attaque d'une troupe de brigands pindaris. Après avoir tué le père de Janaki et massacré tous les anciens du village, ils avaient mis le feu à leurs maisons. Ensuite, le chef de bande, le célèbre Jamal, avait parcouru à cheval la rue principale en criant le montant de la rançon que chaque famille allait devoir lui verser.

– J'étais campée au milieu de la rue, une hachette à la main, me raconta Janaki. Après avoir craché sur son cheval, je lui ai lancé mon arme qui a tailladé une jambe de l'animal.

Jamal la fit prisonnière et l'enferma dans son camp. Après lui avoir administré une correction, on l'avait mise au travail. Janaki passa deux ans à traire les buffles et à malaxer des pains de bouse pour les mettre à sécher. Pendant ce temps, une danseuse sacrée que Jamal avait enlevée dans un temple pour en faire sa maîtresse lui avait transmis les rudiments de son art. Ce ne fut pas facile car il n'y avait qu'un seul musicien dans le camp, un joueur de tabla. Un jour, Jamal entra dans la tente de sa maîtresse; celle-ci n'y était pas mais il y surprit l'esclave Janaki en train de danser. Il la prit sur-le-champ comme deuxième concubine.

Vers cette époque, lord Bentinck s'était lancé dans une campagne d'éradication des Pindaris. Le capitaine Wheeler commandait une colonne formée de deux compagnies britanniques; il devait patrouiller dans la vallée du Chambal pour y débusquer Jamal. Pendant huit longs mois, d'octobre à mai, Wheeler parcourut en tous sens un paysage qui semble avoir été labouré par une charrue géante; sur des kilomètres et des kilomètres, des épineux rachitiques dissimulent de profondes crevasses qui serpentent dans toutes les directions, formant comme un gigantesque et infernal dédale.

On leur signalait régulièrement le passage récent de brigands qu'ils avaient manqué de peu; souvent, Wheeler tombait sur des traces de pas sur le fond sablonneux d'un torrent à sec; à l'examen, ces traces se révélaient être celles de leurs propres pieds. Jamais ils n'aperçurent le moindre Pindari.

Wheeler finit par comprendre que, dans une contrée pareille, impropre à la chevauchée, parcourue d'un labyrinthe de ravines aussi dense que les veines d'une feuille de teck, sa quête était sans espoir et la capture de Jamal, un impossible exploit. En outre, le temps lui était compté. En juin, il allait devoir interrompre les opérations et trouver un lieu propice où passer les quatre mois de mousson.

Vers la fin de mai, en début d'après-midi, la colonne avait fait halte pour déjeuner de rations froides. Le *loo*, le vent d'été, s'était levé, cet invisible brasier dont le souffle de forge vrille les feuilles des buissons de *ber* et soulève des rafales de sable brûlant. Une femme avait soudain fait irruption au milieu de la troupe, brandissant une hache ensanglantée et hurlant des propos incohérents.

– J'avais tué ce salaud pendant qu'il cuvait son thé à l'opium, me confia Janaki avec fierté, et je m'étais enfuie.

Le même jour, privée de chef, la bande se rendait. Janaki assista le capitaine Wheeler, l'aidant à trier ceux qui devaient être fusillé sur-le-champ et ceux qui devaient être envoyés sous bonne escorte au fort d'Agra. Le soir même, elle dansait pour Wheeler et partageait son lit. Pendant les quatre mois d'interruption due à la mousson, puis pendant les huit autres où la colonne finissait de passer la vallée au peigne fin, Janaki vécut dans la tente voisine de celle de Wheeler, faisant quasiment partie de ses bagages, prête, au moindre appel, à aller rejoindre le sahib sous sa tente. Au début, cela n'arrivait pas toutes les nuits ; Wheeler, à l'instar de tous les vieux officiers de l'armée de la Compagnie, ne partait jamais en campagne sans emmener avec lui quelques-unes de ses *bibis*. Mais, bien avant son retour au camp de base d'Allahabad, à l'issue de sa campagne, Janaki avait pris possession de la tente principale, les autres *bibis* ayant disparu. À Allahabad, Wheeler, promu général, annonça sa décision d'épouser Janaki. Elle fut pour lui une femme tendre, dévouée et, pour autant que je sache, fidèle, alors qu'elle avait trente ans de moins que lui.

À Allahabad, Wheeler avait engagé un tuteur, un métis sorti de l'école de La Martinière, chargé d'enseigner l'anglais à son épouse ; il ne tarda guère à découvrir que l'hindi du tuteur s'était perfectionné alors que, de son côté, Janaki ne savait toujours pas trois phrases d'anglais. Le vieil Hamlah comprit que le combat était inégal. Il renvoya le tuteur et se résigna, sous son toit, à s'exprimer en hindi. Bien que les trois enfants du général, George, Eliza et Emily, parlassent un parfait anglais, ils se sentaient plus à l'aise en hindi et, m'ont-ils dit, penser en hindi leur paraissait plus naturel.

Si les portes du Doab Club et des autres clubs britanniques étaient fermées à Janaki, dès qu'elle devint la maîtresse de Wheeler, celles de

Flagstaff House restèrent closes pour les membres de la colonie britannique. Hormis lors de réceptions purement officielles, ils n'étaient jamais invités chez le général; quand cela arrivait, Janaki commentait à voix haute l'épaisseur des chevilles des Anglaises, leur nez trop long ou la quantité de jupons qu'elles avaient coutume d'enfiler l'un sur l'autre comme des pelures d'oignon. De leur côté, celles-ci se détournaient quand elles la croisaient dans la rue et, hormis en présence du général, ne la mentionnaient jamais sous le nom de «lady Wheeler».

«Élevés dans le pays», autrement dit métissés, les enfants Wheeler, bien que présumés appartenir à une caste supérieure à leur mère, n'en étaient pas pour autant *pucca*, de sang pur. Ils appartenaient à la caste «intermédiaire» des Anglo-Indiens. Un certain nombre de services subalternes leur étaient ouverts, mais une récente directive de Londres leur interdisait de postuler pour l'armée ou l'administration civile. En conséquence, George, le fils du général, ne pouvait devenir militaire, en dépit des longues années de service de son père qui caressait l'espoir d'en devenir le chef suprême. Usant de son influence auprès des anciens de la Compagnie, Wheeler était parvenu, deux ans auparavant, à faire admettre son fils comme cornette dans l'armée du roi d'Oudh, un corps militaire considéré comme la chasse gardée des «métisses»; les uniformes y étaient plus rutilants que ceux des régiments britanniques et leur solde était plus généreuse que celle des officiers de la Compagnie. Malheureusement, l'annexion du royaume d'Oudh entraîna la démobilisation de son armée: un millier d'officiers anglo-indiens et cinquante mille cipayes se retrouvèrent privés d'emploi. Heureusement pour George, son père était encore capable de veiller sur lui. Il le fit venir à Kanpur pour être son aide de camp, une sinécure qui ne faisait pas partie des privilèges réservés aux officiers appartenant au cadre permanent de la Compagnie.

– Que vais-je devenir quand mon vieux père sera mis à la retraite? s'inquiétait souvent George Wheeler.

Les deux filles du général, Eliza et Emily, allaient régulièrement danser au bal du Doab Club, mais leurs cavaliers étaient généralement métissés. Lady Wheeler n'avait bien entendu pas accès au club, sauf lors de réceptions militaires qui s'y tenaient parfois. Assise en bout de table, elle s'enfermait dans un mutisme insolent, en picorant sa nourriture du bout de la fourchette car elle détestait le mouton bouilli et la fadeur des légumes non épicés. Elle mâchait ouvertement son *paan* pendant que les autres buvaient leur café.

Dieu sait que Hugh Wheeler portait encore bien le poids de ses soixante-dix et quelques années ! C'était un homme d'une vigueur remarquable, un soldat admiré des cipayes, et son palmarès militaire avait de quoi faire pâlir celui de tous les autres généraux qui aspiraient à devenir le prochain commandant en chef. Il n'était évidemment plus de la première jeunesse, mais l'âge ne faisait pas partie des critères d'accès aux grades les plus élevés de l'armée de la Compagnie. Certains généraux étaient plus âgés que lui ; nul n'ignorait qu'il fallait deux hommes pour aider le général Perkins à monter en selle. Mais le vieil Hamlah, bien qu'appartenant à la race supérieure, s'était disqualifié en épousant cette « sale petite danseuse sortie du harem d'un brigand ». Aux yeux des nouvelles recrues du corps d'officiers de la Compagnie et, surtout, de leurs épouses, il eût paru inacceptable qu'une « indigène » joue les maîtresses de maison dans le resplendissant palais du *Jangi Laat*, à Simla.

Arriva la fête de Holi. La terre se para de ses plus beaux atours. Ensuite, ce fut la canicule de l'été. De lourdes nattes de joncs odoriférants occultaient portes et fenêtres. Nul ne mettait le nez dehors avant la tombée de la nuit. Ce fut vers cette époque, entre la fin mai et le début juin, que l'occasion longtemps attendue se présenta enfin de me débarrasser de Nanak Chand, la taupe de la Compagnie.

Un jour, il vint me trouver pour un entretien en tête à tête. Il faisait une chaleur torride. Assis sur une natte fine posée à même le sol, je portais, pour tout vêtement, un court *dhoti*. Les persiennes closes plongeaient la pièce dans la pénombre. Il entra d'un pas furtif et s'accroupit sur la même natte que moi, beaucoup trop près à mon goût car un parfum écœurant émanait de sa personne. Il se pencha et commença à me chuchoter son message. Il me soufflait dans l'oreille son haleine fétide et une pluie de postillons me tombait sur l'épaule.

– Je suis porteur d'un message, un message secret. C'est votre dernière chance et je suis le seul à pouvoir vous aider…

Je le repoussai en m'éventant vigoureusement le visage.

– Dites ce que vous avez à dire, mais à distance. Je vous accorde une minute.

Il me révéla sur le ton de la conspiration qu'ayant ses entrées chez le préfet britannique, Moreland, il était en mesure d'intercéder en ma faveur auprès de lui pour m'aider à récupérer mon titre de maharaja. Il ne m'en coûterait que la modique somme de cent mille roupies.

– Votre pension, ils ne veulent pas en entendre parler. Le titre, en revanche… ils changeraient volontiers d'avis pourvu que vous soyez prêt à payer. Seulement, vous devrez passer par mon intermédiaire. Je suis le seul à pouvoir vous aider.

Il se rengorgea comme un pigeon, sa bouche béant sur un sourire d'intense satisfaction. Des filaments de salive gluante s'attachaient à ses lèvres. Il lissa sa fine moustache.

J'ai évoqué la retenue que je m'efforçais de conserver en toute circonstance. Mais, ce jour-là, je perdis sottement mon sang-froid et me fis un ennemi mortel. Saisissant Nanak Chand par le col, je le secouai violemment, faisant branler en tous sens sa lourde tête. J'appelai Laghu pour qu'il mande mon barbier. Pendant que Laghu et moi-même maintenions fermement Nanak au sol, le barbier lui rasa la moitié droite de la moustache.

Est-il besoin de préciser que Nanak Chand ne remit plus les pieds à Bithoor ? J'espérais m'en être débarrassé à jamais, mais je me trompais. Il se vengea dès que l'occasion se présenta. Il montra, ce faisant, son vrai visage. Cet individu que j'avais confondu avec un ver de terre se révéla d'une dangerosité de cobra.

Chapitre 7

Un jour qu'obscurcissaient les nuées plombées de la mousson, je reçus la visite d'un envoyé du Mollah fou. Il me remit une lettre frappée du sceau de la reine. Zeenat, disait la missive, organisait une cérémonie de commémoration de la mort de l'héritier du trône. Les anciens vassaux des Moghols étaient conviés à Delhi pour présenter leurs condoléances à l'empereur.

– Sa Majesté ne pouvait-elle invoquer un motif plus crédible pour cette réunion ? demandai-je à l'envoyé. La mort du prince remonte déjà à six mois…

– C'est un rituel coutumier, m'expliqua l'homme. Nombre de princes y participeront…

Et il me déclina leurs noms.

Je ne demandais pas mieux que de m'y rendre. Mais, si j'en demandais la permission, les Anglais m'imposeraient la présence d'un ou deux de leurs espions chargés de leur rapporter ce qui s'y tramerait. En revanche, déléguer mon représentant ne risquait pas d'éveiller les soupçons. J'envoyais donc Azim, porteur des présents habituels destinés à l'empereur et à sa favorite, sans oublier cinq *seer* du meilleur tabac de Lucknow à l'intention du Mollah.

Au cours de cette entrevue, une stratégie globale de la révolte s'esquissa. Derrière le voile lavande masquant le visage de la reine, le timbre grinçant de sa voix de cacatoès décréta que son sceau personnel, le lotus blanc, servirait à la fois de symbole de la rébellion et de signal de reconnaissance entre les chefs. Le Mollah expliqua ensuite comment il comptait s'y prendre pour répandre la graine du ressentiment par le biais de la distribution de *chapatis*.

– Le Mollah est un type très impressionnant, me confia Azim à son retour, un peu effrayant même…

– À quoi ressemble-t-il ?

– Longiligne et osseux, un visage de faucon, des yeux mi-clos, comme éblouis par la lumière, la barbe couleur feu… Partout où il se rend, la foule se rassemble pour l'entendre. Sa voix fait penser au jacassement de la pie-grièche.

– Et les *chapatis* ?

– Ils passeront de main en main et de village en village. Il est prévu que chaque village qui en réceptionnera un en cuira quatre autres qu'il transmettra à quatre villages, et ainsi de suite. Ces *chapatis* sont investis de grâces spéciales, de La Mecque et de Bénarès, valables pour les hindous et pour les musulmans. Ceux qui refuseront de les faire passer seront maudits, eux et leur famille.

– Quel message feront-ils passer ?

– « Le signal vous sera donné : un événement grandiose se prépare ! »

– Mais, d'habitude, une distribution de *chapatis* ne vise-t-elle pas à repousser une épidémie comme la variole ?

– D'après le Mollah fou, les « hommes-chapeaux » sont pires que la variole.

– Je doute que le peuple en saisisse la signification…

– Malik, le Mollah est convaincu que son message fera le tour du pays à une vitesse supérieure à celle du télégraphe des Blancs. « L'essence d'une rumeur réside dans son ambiguïté », répète-t-il.

Sa méthode fonctionna à la perfection. Par son côté vague et mystérieux, elle suscita la curiosité générale. Évitant l'apparence dogmatique d'un impératif religieux déterminé, elle toucha à la fois les hindous et les musulmans.

– Bon, mais, au signal, que devront faire les gens ?

– Dans toute l'Inde, il n'y a que cent mille Blancs ! me répondit Azim d'un ton docte et définitif, comme s'il citait la phrase d'un autre.

Le plan était donc tracé, la date choisie.

« Dans toute l'Inde, il n'y a que cent mille Blancs ! »

Ces mots sonnaient avec la plénitude d'un cor de chasse. Ce chiffre rond évoquait la vulnérable nudité d'une famille de lézards se prélassant sur un énorme rocher. Cent mille… cent mille parmi cent millions… une infime quantité de zéros tout blancs au milieu d'une multitude de zéros tout bruns, prêts à se faire submerger.

Élevé dans un végétarisme tout brahmanique, ayant appris à respecter le savoir et la culture, à penser que toute vie – qu'elle soit humaine ou animale – fait partie de l'unique divinité et doit être tenue pour sacrée, je répugnais d'instinct à répandre le sang. La simple pensée des brutalités à venir me faisait frémir. Tout en sachant que de nombreux Anglais allaient périr et qu'un nombre encore plus considérable de gens de mon propre peuple devraient aussi y laisser la vie, j'espérais néanmoins que le carnage se limiterait à de raisonnables proportions ; que, par miracle, la mort d'un petit nombre de Blancs suffirait à convaincre les autres qu'il valait mieux qu'ils regagnassent leur pays. En outre, j'étais loin de souhaiter le départ de certains Anglais : par exemple les Wheeler, les Hillersdon, les Moreland, ou des sangs mêlés comme les Skinner et les Hersey. Ma loyauté était partagée, ma détermination chancelante.

Je ne cherche pas d'excuse. Que l'on ne s'y méprenne pas. J'étais, à l'époque aussi bien qu'aujourd'hui, profondément convaincu de notre bon droit. Nous allions nous soulever contre l'oppression ; nous nous préparions à renvoyer chez eux des hommes qui avaient débarqué chez nous déguisés en marchands, sous le prétexte de commercer, mais qui, tels les pirates des *Mille et Une Nuits*, avaient sorti les armes qu'ils dissimulaient sous leur manteau pour les retourner contre leurs hôtes et les massacrer ou les asservir. Dans notre lutte pour recouvrer la liberté perdue, il n'était pas question d'éprouver la moindre culpabilité. À tout prendre, devrions-nous tuer tous les Blancs présents en Inde, femmes et enfants compris, que la morale serait encore de notre côté. Si la situation était renversée, tous les Anglais penseraient exactement comme moi, et je suis bien certain qu'ils n'hésiteraient pas à mettre cette idée en pratique.

Par conséquent, mon hésitation relevait d'un excès de sentimentalisme, d'un relent d'esprit chevaleresque suranné, d'un humanitarisme naïf et sottement brahmanique. Ma velléité trouva son juste châtiment dans le fait que, dans cette histoire, l'ironie a voulu que j'y gagnasse la réputation d'un monstre dont le nom suffisait pour instiller la peur au cœur des enfants.

Par bonheur, du côté de nos adversaires, il s'en trouvait aussi quelques-uns qui partageaient mon incertitude. Leur existence prolongée en milieu indien avait émoussé leur arrogance insulaire et leurs préjugés raciaux. L'Inde était devenue leur terre d'exil, sinon d'adoption; d'une façon détournée, ils avaient appris à l'aimer, voire, pour certains d'entre eux, à s'attacher à ses habitants. Des hommes comme Hillersdon et Wheeler me faisaient en quelque sorte pendant. Quelque résolue qu'ait été leur détermination à briser notre révolte, ils ne purent se résoudre à manifester les niveaux de haine des Cooper ou des Hodson; comme si, au tréfonds de leur cœur, ils ne pouvaient se libérer totalement de la pensée qu'ils combattaient pour perpétrer une immense injustice: l'asservissement d'un peuple naïf et hospitalier.

– La reine et le Mollah sont certains que le peuple suivra aveuglément ses anciens maîtres, poursuivait Azim. Il appartient aux princes de s'engager à présent.

Les princes régnants étaient les maharajas qui avaient été autorisés à demeurer les vassaux de la Compagnie. À présent, ils se terraient comme des bêtes de la jungle dans l'attente anxieuse d'une battue de chasse: la peur les paralysait. Devant leurs yeux, les royaumes du Carnatique, de Nagpur, de Satara, de Jhansi avaient été liquidés au prétexte que leurs souverains n'avaient pu engendrer un fils; quant à Oudh, dont le roi avait pourtant de nombreux fils, Dalhousie l'avait annexé avec la conviction que, ce faisant, il accomplissait la volonté de Dieu. Par conséquent, quand l'incapacité de produire un fils ne suffisait pas, les Anglais pouvaient toujours compter sur Dieu comme prétexte à l'annexion d'un royaume. Le tour des princes régnants n'était donc plus qu'une question de temps. Que se lève un autre Dalhousie, et plus un seul roi indien ne gouvernerait le pays! Aux yeux des princes, les cent mille Anglais n'apparaissaient pas sous la forme de minuscules points blancs perdus dans une masse de brun, mais sous celle de la titanesque silhouette d'un prédateur monstrueux prêt à bondir sur eux du sommet des Himalaya: Dalhousie!

Zeenat et le Mollah n'avaient-ils pas compris que les princes étaient beaucoup trop démoralisés pour être d'une quelconque utilité, dans l'un ou l'autre camp?

Certes, ces princes descendaient de Shivaji, de Bajirao, de Tipou. Mais là où jadis feulaient des tigres paissaient à présent des moutons, des brebis dodues, parqués dans de coquettes petites bergeries à l'anglaise, observant, d'un œil exorbité par l'anxiété, sur qui allait s'acharner le coutelas du boucher britannique, priant pour qu'il les épargne encore une fois, tout en complotant en secret leur vengeance de moutons dans l'espoir que d'autres, appartenant à un autre troupeau, se soulèvent et piétinent l'effrayant boucher, armé du sanglant coutelas.

– Sa Majesté vous prie de lui rendre un service particulier, ajouta Azim. Elle souhaite que vous rendiez visite aux princes marathes pour les préparer. Le Mollah a demandé à peu près la même chose…

– À peu près ? Qu'a-t-il dit exactement ?

– Eh bien… il a dit que… en fait… il voulait justement que je vous répète ses paroles exactes…

– Eh bien, vas-y ! Qu'attends-tu ?

– Il a dit que… hum… que si vous ne vous soulevez pas, plutôt que de porter le nom de *peshwa*, vous feriez mieux d'annoncer publiquement que vous avez été engendré par une mouche à merde…

– Charmant !

– Le Mollah ne mâche pas ses mots, même pas devant la reine.

– Pourquoi la reine ne leur écrit-elle pas elle-même, aux princes marathes, ou bien ton fou furieux de Mollah ?

– Ils écrivent aux musulmans et aux Rajpoutes ; ils écrivent même aux rois de Perse, de Kabul et de Russie. Mais ils ont l'impression – que nous partagions tous – qu'auprès des Marathes, vos paroles auraient plus de poids.

Une logique irréfutable. Nombre de princes marathes avaient été anoblis par mes ancêtres. Ayant tous accepté d'avoir un *peshwa* à la tête de la Confédération marathe, même si cette même Confédération avait à son tour reconnu une vague suprématie moghole, ils n'avaient jamais pris leurs ordres directement des Moghols. La plupart d'entre eux persistaient à respecter les liens traditionnels ; la tradition a le don de survivre quasiment intacte chez ceux qui sont voués à vivre dans le passé. Il était donc exact que j'aurais davantage de chances de convaincre les princes marathes que la reine ou le Mollah.

Mais que vaut la logique aux yeux d'un mouton ?

Je n'en écrivis pas moins une lettre à Zeenat Mahal dans laquelle je m'engageais à aller voir autant de princes marathes qu'il me serait permis et à envoyer des messagers à tous ceux auxquels je ne pourrai pas rendre visite. J'adressai dans le même temps quelques présents discrets à certains officiels britanniques avant de soumettre une requête officielle pour que me soit accordée la permission de me rendre en pèlerinage afin qu'un fils me soit donné. Le nouveau Collecteur,

Hilldersdon, de nature plutôt amicale, m'assura que ma requête avait été transmise à lord Canning avec une recommandation favorable. Ensuite, il n'y avait plus qu'à attendre.

Dans l'attente, je tombai amoureux… comme un adolescent, d'un amour romantique et désespéré. Ce que je ressentais ressemblait à l'ivresse de l'opium, qui associe le froid et le chaud, et qui provoque un délicieux tremblement, à la fois de plaisir et de douleur.

Chapitre 8

On continuait à faire semblant. La vie poursuivait son cours, comme si de rien n'était. Les pluies avaient été abondantes ; l'été était d'une douceur exceptionnelle ; les moissons emplissaient les greniers. La Mère des fleuves[1], aux eaux limoneuses gonflées au ras des berges, coulait entre les champs de moutarde et de canne à sucre.

À trente-deux ans, je m'étais résigné à mon existence de rentier, riche et oisif, même si la rente s'accompagnait d'innombrables procès intentés par les multiples prétendants à la fortune du *peshwa*. J'avais engagé deux avocats, l'un à Kanpur, Jonas Pilchard, et l'autre à Calcutta, David Little, sur lesquels je m'étais déchargé de ces contentieux. Pour le reste, j'occupai mes loisirs à la littérature anglaise et à nos Écritures. En souvenir de Bajirao, j'avais fait bâtir un quai de marbre le long du fleuve. À part ça, j'achetais de nouvelles recrues pour mon zoo et j'attendais l'autorisation de me rendre en pèlerinage.

Je tenais porte ouverte pour les Européens de Kanpur et de Lucknow. La plupart attendaient de moi une invitation formelle avant de venir à Bithoor ; d'autres s'y présentaient en groupes plus ou moins importants, pour y passer la journée, visiter les temples, les *ghats* sacrés et mon zoo, lequel était réputé pour être le mieux tenu de toute l'Inde.

Ceux qui venaient y passer les week-ends incluaient mon médecin, le docteur Tessider, le *Collector*, M. Hillersdon, un certain M. Lang, un avocat arrivé d'Angleterre pour plaider dans un procès intenté à la Compagnie et qui allait jouer un rôle des plus inattendus dans ma vie

1. La Mère des fleuves, le Gange. *(N.d.T.)*

ultérieure ; venaient aussi monsieur Martin, le sous-préfet, et M. Potter, de Bathgate & Potter. Lang et Martin ont l'un et l'autre publié des écrits relatant leurs visites chez moi.

Mes invités les plus fréquents restaient les Wheeler, devenus des amis intimes. Janaki Wheeler et ma Champa frisaient l'une et l'autre la quarantaine ; après le minimum d'échanges courtois exigés par les conventions, ayant décrétés qu'elles étaient des sœurs, elles se comportèrent comme des tantes d'âge mûr, conspirant autour de mes liaisons amoureuses et de celles du général. Elles bavardaient jusque tard dans la nuit, en mâchonnant des pignons et des pistaches, pendant que le général, affalé au milieu des traversins sur son balcon favori, tirait des bouffées de son houka et lampait du cognac versé sur de la glace pilée. Je jouais au billard avec son fils George ; nous étions convenus qu'après la retraite de son père, George remplacerait Tantya Topi comme régisseur de mon domaine. Quant aux deux jeunes filles, accompagnées de leurs cavaliers, elles faisaient vibrer la demeure de bruits et de chansons ; soit elles jouaient du piano, soit elles inventaient des jeux qui donnaient lieu à des cavalcades précipitées à travers de sombres corridors, interrompues soudain par des éclats de rires suraigus.

Oh ! que j'aurais aimé participer à ces jeux ! Je ne pouvais m'empêcher de tendre l'oreille aux sons qu'ils provoquaient, d'échafauder mille et une situations romanesques autour d'Eliza et d'Emily, d'éprouver les pincements de la jalousie.

Il y a un certain type de femme qui a le don, dès la première rencontre, de vous briser le cœur. Ce n'est pas tant son charme physique qui vous captive qu'une certaine attraction magnétique qui n'a de signification pour personne d'autre que pour vous. Cela tient à des petits riens : les fossettes qui plissent ses joues quand elle rit, un éclat de lumière dans son regard, l'ourlet de ses lèvres quand elle fait la moue, la souple retombée de ses cheveux sur ses épaules, ses pieds qui battent la cadence, sa cambrure quand elle se pomponne en se regardant dans un miroir. Quoi qu'elle fasse, vous ne pouvez vous retenir de la contempler ; si elle est absente, vous ne pouvez détacher vos pensées d'elle.

C'est ce qui m'est arrivé dès que j'ai fait la connaissance d'Eliza. Mes sentiments étaient tellement intimes que je ne les ai jamais révélés à quiconque, prenant mille précautions pour les masquer, en premier lieu à l'intéressée. Les Wheeler ont dû séjourner à Bithoor au moins une douzaine de fois sans que je trahisse une seule fois mon inclination. D'infranchissables montagnes, d'insondables océans nous séparaient, Eliza et moi : religions, races, conventions, préjugés. Au point que, sachant lady Wheeler en quête de maris convenables pour ses deux filles, je lui ai proposé d'inviter leurs petits amis à se joindre à la famille pendant leurs visites.

Michael Palmer faisait partie du lot. Il se présenta comme le petit-fils du célèbre William Palmer de Lucknow qui s'était rendu populaire sous le nom de « Roi » Palmer. Il chevauchait dur, buvait, jouait et jurait à l'excès ; ses manières étaient abrasives et sa moralité exécrable. Sa physionomie faisait l'impression d'un mélange mal assorti d'Orient et d'Occident : une peau bourbeuse, un visage aux traits anguleux et trop prononcés, des yeux délavés, d'épaisses veines bleu sombre qui sinuaient sous son épiderme et une pomme d'Adam tellement proéminente qu'on aurait dit qu'on lui avait enfoncé un noyau de mangue dans la gorge.

Le tout était sanglé dans l'uniforme criard d'une armée défunte : serré comme un bandage herniaire, rutilant de galons dorés, caparaçonné de rembourrages divers, avec un haut col de velours bleu roi aux revers jaune citron, un étroit gilet passepoilé d'écarlate, des boutons en argent à l'effigie d'un nabab déposé et d'interminables bottines, polies comme un miroir.

Pourtant, il n'était pas laid. Ses excentricités s'imposaient au point qu'il était difficile d'oublier leur détenteur. Le royaume d'Oudh grouillait d'olibrius de cet acabit. Il n'avait pas le sou, ayant perdu son emploi lors de la démobilisation de l'armée d'Oudh, dans laquelle il servait comme officier. Venu à Kanpur pour y monter une école d'équitation, sa mauvaise étoile l'y avait suivi : le feu avait pris à son écurie et ses trois chevaux d'entraînement, son unique possession, avaient péri dans l'incendie. Déjà lourdement endetté, il ne pouvait plus emprunter pour racheter une monture et repartir à zéro. Privé de cheval, il se sentait aussi handicapé qu'un cul-de-jatte.

Aujourd'hui, Michael Palmer faisait partie de mes invités. Il avait passé la soirée à jouer aux cartes avec M. Potter. À jouer… disons plutôt à se faire plumer. À ma connaissance, Bob Potter n'avait jamais perdu d'argent, ni aux cartes ni d'une autre façon.

Mais j'appris tout cela plus tard. Aujourd'hui, tout ce que je savais de Michael Palmer se résumait au fait qu'il faisait partie du groupe de jeunes gens qui faisaient la cour aux filles Wheeler et que lady Wheeler l'avait invité chez moi.

Ce soir-là, une douzaine d'invités partageaient ma table. Je leur tins compagnie pendant le repas, puis, les laissant à leur billard, à leurs cartes, à leur houka et à leur cognac, je me retirai pour dîner en famille. J'avais presque fini de manger quand Azim vint m'informer que la fille aînée des Wheeler désirait me voir. Surpris, je levai les yeux : dans le couloir, Eliza, le visage défait, me faisait signe de venir de toute urgence.

– Michael est sur le point de se faire sauter la cervelle, me dit-elle d'une voix tremblante.

– Michael ?

– Oui, le jeune homme colérique… Il est dehors, dans le jardin, près du *tulsi*. S'il vous plaît, faites vite !

Une réponse désinvolte me monta aux lèvres, que je réprimai en voyant son regard. Une lueur de désespoir éclairait ses yeux, comme un appel d'urgence. J'avais vu ce même regard dans les yeux d'un animal blessé à mort ou d'une femme amoureuse.

Je partis en courant, attrapant au passage un vase posé sur une table. À l'autre bout de la cour intérieure, je distinguai comme une silhouette sombre qui se détachait sur le marbre clair du piédestal à *tulsi* ; un objet luisait dans la pénombre. À mon approche, les zones d'ombre se précisèrent et je vis un homme qui pointait le canon d'un pistolet sur sa tempe.

Je m'arrêtai net, dans l'immobilité la plus totale. Je craignais qu'au moindre bruit de ma part, son doigt n'actionne la détente. J'attendis un bon moment, en retenant ma respiration, interdit, ne sachant que faire. Une seconde passa, puis une autre. Lentement, je comptai jusqu'à dix. Tenant le vase le plus haut possible, je répétai le mantra *Gayatri*, ce qui me prit cinq secondes de plus. Je lâchai le vase. L'homme vrilla brusquement sur lui-même, comme mû par un ressort.

– Désolé de vous avoir fait peur ! m'excusai-je.

– Peur ? Fi donc ! aboya-t-il, embarrassé, en cachant son pistolet. Foutaise, mon bon monsieur ! Foutaise, vous dis-je !

Je lui laissai le temps de reprendre ses esprits avant de m'approcher, et de lui poser une main sur l'épaule.

– Un cadavre sur mon piédestal à *tulsi* aurait été du plus mauvais effet, lui murmurai-je à l'oreille. Dans la demeure d'un brahmane, le *tulsi* est aussi sacré que le sanctuaire familial.

– Cadavre ? Foutaise, monsieur, encore une fois ! Je voulais seulement me soulager la vessie.

– Pour cela aussi, je puis vous indiquer un lieu plus approprié. Puis-je vous inviter à boire un verre en ma compagnie ?

– Votre bordeaux est beaucoup trop bon pour que je refuse.

– Que diriez-vous d'une partie de cartes, juste quelques mains, en attendant la danseuse ?

– Je suis désolé, me répondit Michael Palmer d'une voix grave, mais je ne joue pas avec un inconnu.

– J'accepte les reconnaissances de dettes postdatées d'une année, insistai-je.

Je sentis les muscles de ses épaules se raidir sous ma main. Il se détendit aussitôt et me suivit à l'intérieur. Nous jouâmes aux cartes sur le balcon voisin de ma chambre à coucher. Après une demi-douzaine de jeux, je suggérai de doubler la mise ; il hésita un moment avant d'accepter. Mais à peine eut-il pris la main qu'il jeta violemment les cartes sur la table et me fixa d'un regard courroucé, en respirant bruyamment à travers ses narines pincées.

– Je sais lire l'hindi, dit-il d'une voix sèche.

Nullement surpris, je gardai le silence.

– Ces cartes sont biseautées : des chiffres en hindi ont été mélangés aux dessins du dos.

– Elles le sont, en effet… Je n'aurais pas dû les essayer sur vous.

Il resta assis, la respiration toujours aussi bruyante.

– C'est miss Wheeler qui vous l'a demandé ? m'interrogea-t-il.

– Quelle miss Wheeler ? lui répliquai-je en restant de marbre.

– Alors, pourquoi… pourquoi vous donner tant de peine ?

– Purement par soucis d'économie. Un cadavre sur mon piédestal à *tulsi* aurait nécessité une fort coûteuse cérémonie de purification. J'en aurais eu au moins pour… disons deux mille roupies…

– Il m'en faut trois, avoua-t-il, la tête basse.

– Oh ! avec ces prêtres de Bénarès… ils sont tellement pingres qu'ils m'auraient peut-être demandé cette somme. En plus, un suicide aurait gâté ma soirée : j'ai prévu une danseuse… de tout premier plan.

– Je n'accepte pas la charité ! proféra-t-il d'un ton de défi, en secouant énergiquement la tête. Jamais !

Je secouai la tête aussi vigoureusement que lui.

– Mais je ne fais jamais la charité ! Au contraire, on me crédite du don de faire d'excellents placements.

Il se mit à rire, dévoilant des dents jaunes et inégales. Avant qu'il ne rentrât dans sa coquille, je commandai une bouteille de bon vin et commençai à mélanger les cartes.

– Qui le saura ? me demanda-t-il.

– Personne, sauf si vous parlez...

Il ramassa sa main.

– Quelque chose vous amuse ? me lança-t-il, l'air soupçonneux.

– Non, rien.

– Alors pourquoi souriez-vous ?

– Je souris toujours quand je joue aux cartes. C'est pour cacher mon jeu.

Ensuite, nous jouâmes en silence, en affichant le masque impassible des joueurs professionnels. Au rez-de-chaussée, les musiciens accordaient leurs instruments. Deux ou trois personnes nous rejoignirent sur le balcon pour observer la partie, impressionnés par le montant des enjeux. Sous leurs yeux, je perdis la somme de trois mille quatre cents roupies en faveur de l'ex-lieutenant Palmer.

Ce soir-là, la danseuse venait de Tellicherry[1]. Sa peau avait la teinte pourpre et chatoyante d'une baie de *jamun*. Elle parlait une langue inconnue de tous, mais ses pieds et ses mains, ses doigts et ses orteils s'exprimaient avec une éloquence rare. Ils contaient des histoires de braves guerriers et de femmes audacieuses, de dieux éclatants et de démons terrifiants. De simples spectateurs, nous devenions participants. Ravis, mes invités ne cessaient d'applaudir. Même Wheeler qui, d'habitude, se mettait à ronfler dès la fin du *nandi*, l'hymne d'introduction, garda les yeux grands ouverts.

Eliza et Palmer sortirent l'un après l'autre. Le *tandav*, le morceau sur lequel se termine un récital, battait son plein quand ils rentrèrent, par des portes opposées. Ils regagnèrent leurs places sans se regarder.

Minuit avait sonné depuis longtemps. La danse finie, mes invités étaient montés se coucher. Avant de me glisser à mon tour dans les draps, debout sur ma véranda, je contemplais les lumières du temple qui se miroitaient dans le fleuve tout en songeant à la petite mise en

1. Tellicherry, petite ville côtière du Kerala. *(N.d.T.)*

scène de Palmer. Un détail m'intriguait : comment pouvait-il être sûr que je me précipiterais à son secours sur une simple requête d'Eliza ?

J'entendis un bruit derrière moi. Me retournant, je vis Eliza émerger de l'ombre. Elle tenait la tête droite comme une somnambule. Elle m'enlaça soudain et se serra contre moi. L'odeur grisante de sa peau et de ses vêtements m'envahit ; son corps fluet, pressé contre le mien, palpitait comme celui d'un oiseau. Ses lèvres humides se posèrent un court instant sur les miennes. Puis, sans un mot, elle disparut. J'eus l'impression d'avoir rêvé.

Nous venions d'échanger notre premier baiser, comme une juste rétribution pour ma complicité dans le mélodrame joué par Michael Palmer pour ratisser un petit capital. Je n'ai jamais révélé à Eliza qu'il n'avait jamais eu l'intention de se tirer dessus. Mais, au vu des événements ultérieurs, je crois avoir réussi à laisser entendre à Palmer lui-même que je n'avais pas été dupe.

Parieur, buveur, bonimenteur..., ces attributs s'appliquent rarement à quelqu'un de stable. Pourtant, ma surprise fut grande quand, quelques semaines plus tard, j'appris de la bouche du docteur Tessider que Palmer avait pris la fuite.

– L'oiseau s'est envolé, me dit Tessider d'un ton mystérieux. Disparu dans la nature.

Le docteur n'en savait pas davantage, ou ne voulait pas m'en dire davantage.

Cela m'intrigua. Ce ne pouvait être une question d'argent. J'avais des intérêts dans la plupart des banques de Kanpur et j'aurais su s'il y avait laissé des dettes. Avait-il incité quelque raja à se plaindre des taxes que lui imposaient le Résident britannique ? Avait-il séduit la femme d'un haut fonctionnaire ? Sous le *raaj* de la Compagnie, c'était à peu près tout ce qui pouvait forcer quelqu'un à prendre le large.

Une semaine plus tard, Azim m'en révéla davantage :

– Monsieur Scobie a provoqué Palmer en duel, alors ce dernier s'est fait expulser.

– Scobie ? Le magistrat du Résident ?

– Palmer a séduit Mme Scobie et l'a emmenée à l'hôtel Noor. Le magistrat a fait enfoncer la porte et les a pris sur le fait.

Quelle histoire incroyable ! Comment un parangon de vertu comme Mme Scobie, l'ange gardien de la bonne conscience de Kanpur, avait-elle pu commettre la folie de se laisser entraîner dans un lieu d'aussi mauvaise réputation que l'hôtel Noor ?

– Je n'en crois pas un mot... Tu le crois, vraiment ?

– M. Scobie a demandé son transfert et Mme Scobie est partie à Calcutta.

C'était donc vrai ! Dans mon for intérieur, je remerciais Mme Scobie de nous avoir débarrassé de Michael Palmer et j'espérais ne plus jamais revoir cet aigrefin. Dorénavant, peu importe avec qui les Wheeler viendraient à Bithoor, au moins cet individu ne ferait plus partie de leur entourage. Peut-être parviendrai-je à créer des occasions de rencontrer Eliza en tête à tête, pour lui montrer une nouvelle pendule, un châle ancien, un faon ou un bébé panthère qui viendrait à naître dans mon parc animalier ; peut-être me sera-t-il accordé le privilège de voir le ravissement se peindre sur le visage de ma bien-aimée, comme avant la venue de Palmer.

Mais j'étais destiné à rencontrer de nouveau Michael Palmer, chevauchant un étalon noir, sanglé dans un autre uniforme, et arborant des insignes de capitaine.

En octobre, on célébra Diwali, la fête de la lumière. À cette occasion, une *pooja* fut organisée, en grande pompe, pour remercier la déesse de l'abondance de ses dons. Assis, les mains jointes, parmi les lampes à huile et la fumée d'encens, je tentais en vain de rester concentré sur l'aspect technique du rituel, en marmonnant des prières et en lançant des fleurs, qui s'ajoutaient à la pyramide déjà bien haute, à chaque fois que le prêtre me l'indiquait. En dépit de mes efforts, mes yeux ne cessaient de s'égarer.

Une idole de bronze était dissimulée sous un amoncellement d'offrandes, mais la véritable déesse, en chair et en os, était assise à côté de moi, drapée dans sa dignité, sur une planchette de bois voisine de la mienne. La tradition voulait en effet que, pour cette *pooja*, le mari et la femme soient assis côte à côte, l'époux offrant des fleurs et l'épouse, des feuilles de *tulsi*, à tour de rôle. Pas une seule fois le regard de ma femme ne s'est posé sur moi, mais quand, d'aventure, nos mains – la mienne tenant la fleur et la sienne, la feuille de tulsi – se touchaient, un sourire lui montait aux lèvres et son visage s'empourprait.

Aujourd'hui, mariée depuis dix ans et, pour autant que je sache, sans doute encore pucelle, la fluette enfant qu'elle était à son arrivée s'était muée en une femme d'une époustouflante beauté. En outre, grâce à l'éducation que Bajirao lui avait imparti, je la savais capable de tenir une conversation intelligente sur n'importe quel sujet susceptible d'intéresser les gens cultivés, de monter à cheval, de tirer au pistolet, de jouer du sitar, de chanter à ravir et, ainsi que je l'avais observé, de se montrer très séduisante ou d'une froideur inabordable au gré des circonstances. Menaka, l'ensorceleuse céleste envoyée par les dieux pour induire les grands saints en tentation, devait avoir l'allure et le comportement de Kashi pour être en mesure de se jouer aussi aisément de leur vertu.

Ce jour de Diwali de l'an 1856, je songeais à quel point la surprenante beauté de mon épouse ajoutait du poids à la validité de la malédiction qui me frappait ; loin de n'être qu'une simple mention lourdement soulignée dans mon horoscope, elle constituait un défi permanent, comme si quelque diablotin facétieux ne cessait de me tourmenter pour voir combien de temps j'allais tenir avant d'offrir mon épouse en sacrifice sur l'autel de ma luxure.

La malédiction héritée de Bajirao était à double tranchant. Je ne voyais aucune solution au problème qu'elle posait. Je ne cessais de m'interroger, en me demandant ce que j'allais bien pouvoir faire de cette femme que j'avais épousée mais dont j'étais séparé. Si mon refus de coucher avec elle la sauvait d'une mort certaine, en revanche, ma continence tuait par la même occasion sa part légitime de féminité. D'autant plus que Kashi était faite pour être une maîtresse, pas une épouse ; une maîtresse ou, plus précisément, une séductrice professionnelle chargée de susciter et de soulager l'appétit sexuel réprimé des saints.

« Tu es le père et la mère, le savoir et l'abondance... », psalmodiait le prêtre. La main qui tenait la fleur rencontra la main qui tenait la feuille. Ma femme serra les mâchoires, afficha son air inabordable et redressa les épaules. La vertu du plus pieux des saints aurait fondu à sa vue. Les yeux clos, je me concentrai intérieurement sur la courbe des lèvres d'Eliza quand elle souriait, sur les fossettes qui lui plissaient les joues quand elle riait.

La dernière visite des Wheeler eut lieu à la fin du mois de novembre 1856. En cette saison, la température aurait dû être assez fraîche pour nous inviter à faire un feu de cheminée, mais un plafond d'épais nuages bas maintenait une chaleur de serre. J'annulais les divertissements prévus à l'intérieur du palais, préférant emmener mes invités pique-niquer en bateau.

Le plaisir du week-end fut gâché par la présence d'un jeune homme que Janaki avait emmené avec eux, un certain lieutenant Delafosse, du 2e régiment de cavalerie. Ce garçon bénéficiait d'une santé robuste, de bonnes manières et d'un vif esprit de répartie ; il se lança à l'assaut d'Eliza avec l'enthousiasme d'un moineau mâle à la saison des amours. De son côté, Eliza semblait encourager ses avances, comme si Palmer n'avait jamais existé. Ils grimpèrent dans la même embarcation, un esquif étroit et à deux places ; pendant la soirée, ils chantèrent en duo en s'accompagnant au piano. Tout au long du week-end, il me fut impossible de m'entretenir avec Eliza tant ce Delafosse la serrait de près ; j'étais désespéré car je savais que je n'allais plus la revoir pendant au moins deux mois.

– Les grandes manœuvres débutent la semaine prochaine, avait en effet déclaré Wheeler. Ensuite, nous fêterons Noël, puis le Nouvel An. Mais nous reviendrons sûrement en janvier, soit le 9 soit, plus certainement, le 16, *inch Allah !*

Le lundi soir, les Wheeler partis, Delafosse, qui m'avait prié de lui permettre de rester un jour de plus, était toujours mon invité. Il s'était retiré immédiatement après le dîner car, avait-il marmonné d'une voix peu intelligible, il souhaitait pratiquer son hindi en vue d'un examen.

Il régnait l'atmosphère détendue qui suit immédiatement le départ de nombreux invités. Langoureusement allongé à plat ventre sur une natte étendue sur le balcon de ma chambre à coucher, je me laissais masser le dos par Champa. L'air vibrionnait de moustiques, le Gange roulait des eaux sales et cuivrées.

– Ce nouveau jeune homme..., commença Champa. Janaki tentait de pousser Emily dans ses bras mais ça n'a pas marché.

Les raisons de l'échec n'étaient que trop évidentes.

– Il est tombé amoureux d'Eliza, lui répondis-je.

– Il ne cessait de roucouler, de la renifler, de tenter de l'attirer dans les coins obscurs...

– Elle y prenait plaisir apparemment, commentai-je.

– À son âge, Eliza a besoin d'un homme, pas d'un blanc-bec.

– Pauvre Delafosse ! dis-je d'un ton le plus détaché possible. Il vient tout juste de faire ses classes. Cela fait des mois qu'il n'a pas vu une femme. Il se précipite sur ce qu'il peut voir à l'œil nu...

– Que voulez-vous dire par là ?

– Comment savoir ce que vaut Emily sous l'amas de mousseline dans laquelle les Anglaises se drapent ? Alors qu'Eliza, quand elle vient ici, porte toujours un sari. Au moins, avec elle, on sait à quoi s'attendre... Elle est comme un beau fruit sous une cloche de verre.

– Que dites-vous ? me demanda Champa.

J'avais dû souligner mon appréciation avec un bruit de bouche.

– Rien de spécial, lui répondis-je. En fait, la silhouette d'Eliza me fait penser à la tienne quand je t'ai vue la première fois.

Ma remarque l'avait peut-être vexée car les doigts experts qui me pétrissaient le dos perdirent de leur énergie.

– Et tu crois qu'ils tombent amoureux de cette silhouette parce qu'elle est... sous verre ?

Le bourdonnement des moustiques, le plaisir du massage, mes articulations qui craquaient, tout se combinait pour me pousser à la somnolence. Les yeux mi-clos, j'imaginais Eliza.

– Disons qu'ils tombent en arrêt... Ce qu'ils voient leur fait penser à l'une de ces sculptures de pierre de Sarnath : le corps d'une femme qui n'a jamais porté de vêtements. La silhouette a du relief...

– Du « relief » ?

– Hum... une sorte d'élasticité. Les animaux, qui grandissent sans corset ni bouton, la possèdent également. Et sa peau, elle luit comme un bois bien ciré. On a envie de la caresser du bout des doigts.

– Mais elle est tellement brune, fit remarquer Champa d'un ton désapprobateur.

La femme que je contemplais en imagination, les yeux mi-clos, avait la peau trop sombre d'après les critères de beauté de l'Inde du Nord où l'on préfère les peaux blanches. La sienne avait les reflets de bronze qu'ont les femmes de nos campagnes à force de travailler à demi nues sous le soleil tout au long de leur vie. Chez Eliza, bien sûr, c'était l'effet du métissage, comme ses yeux bleu saphir.

– Les Blancs ne sont pas aveugles, fis-je remarquer. Ils savent aussi bien que nous que cette teinte est la mieux adaptée à la silhouette, comme un beau bois de rose.

– Janaki serait ravie qu'Eliza épouse un Indien, objecta Champa.

Je me tus. Le ton de Champa indiquait que la remarque n'était qu'un prélude et que la suite n'allait pas tarder à venir.

– Pourquoi pas vous ? ajouta-t-elle.

– Pourquoi pas moi quoi ?
– Pourquoi n'épouseriez-vous pas Eliza ?
– Ne dis pas de sottises !
– Elle ne cesse de vous faire les yeux doux. Elle se moule dans un sari aguicheur à chacune de ses venues ici et vous regarde à la dérobée comme si vous partagiez quelque secret.
– Nous en partageons un : j'ai tiré Michael Palmer d'embarras. Tu sais, ce garçon un peu fou ? Eliza en était tombée amoureuse...
– Oh ! Ce lézard lubrique... Comment peut-on en tomber amoureuse ? De toute façon, il serait difficile au bellâtre de continuer à jouer les soupirants : il vient d'épouser la veuve Bellamy.
La nouvelle me fit sursauter.
– Quoi ? Palmer est marié ?
– À une femme qui pourrait être sa mère, d'après Janaki. Il faut dire que la dot incluait une plantation d'indigo...
Quelque chose se libéra dans ma tête, comme si une artère obstruée qui m'empêchait de penser venait de se débloquer. Enfin, la suggestion de Champa paraissait plausible. Restait Delafosse...
– Alors, que dois-je répondre à Janaki ?
– De qui vient l'idée, d'elle ou de toi ?
– De moi, mais quand je la lui ai suggérée, Janaki a bondi de joie.
– Oui, mais son mari, lui, voudra me faire la peau. Ce mariage ruinerait ses chances de devenir le commandant en chef.
– Oh ! Hamlah ! Pourquoi se préoccuper de ce vieux gâteux ?
– C'est tout de même son père ! Il voudra qu'elle épouse un Anglais, comme ce Delafosse.
– Que ferait-elle de ce blanc-bec ? dit Champa en riant. De toute façon, elle a déjà informé ses parents qu'elle n'épouserait pas un Blanc.
Mon cœur se mit à palpiter ; la lune fit une apparition furtive entre deux nuages ; ses reflets d'argent miroitèrent sur le Gange.
– Mais... pourquoi ? demandai-je.
Champa l'ignorait. L'explication était pourtant simple : c'était une question de couleur. Eliza avait la peau noire, ce qui faisait d'elle une Indienne. Ses pensées et ses sentiments ressemblaient aussi aux nôtres. Elle tenait de Janaki beaucoup plus que de Hamlah. N'étaient ses yeux clairs, héritage partagé par les trois enfants Wheeler, j'aurais parié que son géniteur était un Indien.

– Ce n'est pas bon pour vous de rester sans femme, me dit Champa.

Cette phrase me fit l'effet d'une douche froide.

– Une femme ? Mais j'en ai déjà une, une femme aussi belle qu'un cytise en fleurs.

– J'entends une femme avec laquelle vous pourrez avoir des enfants.

– Ben voyons ! Pour qu'elle meure, et que j'en prenne une autre, qui mourra à son tour, et ainsi de suite…

– Il ne va rien lui arriver à celle-là. Eliza est comme sa mère : fluette, mais aussi forte qu'un buffle.

– Une puissante malédiction peut tuer un buffle.

– Mais une malédiction hindoue n'a aucun pouvoir dans leur religion : les *issahie* ne croient pas en nos superstitions.

– Ils ont les leur. Tu devrais les voir se signer quand, par accident, ils aperçoivent le reflet de la nouvelle lune dans un miroir ! Ne sais-tu pas que le vieil Hamlah, chaque fois qu'il vient ici, consulte en secret notre astrologue pour savoir ce que l'avenir lui réserve ?

– Hamlah s'agite comme un singe piqué par un scorpion. L'idée qu'ils ne vont pas le nommer *Jangi Laat* le rend fou.

La brise se mit à souffler, chassant les moustiques. J'inspirais l'air frais à pleins poumons en attendant que Champa veuille bien en revenir au thème central.

– Que dois-je répondre à Janaki ? reprit-elle.

J'avais préparé ma réponse.

– Rien pour l'instant. Je souhaite en parler d'abord à Eliza.

– Quelle drôle d'idée !

– Je veux lui parler de la malédiction.

– Ce n'est pas ça qui la fera reculer.

– Peut-être, mais j'y tiens. Je me refuse de tenter le hasard, de fonder une relation durable sur une tromperie. Je veux qu'Eliza… fasse son choix… librement, les yeux grands ouverts.

Champa eut un rire rauque.

– Quand la vache remue la queue sur le côté, c'est le moment d'aller chercher le taureau, pas celui de lui conter fleurette, dit-elle en citant un dicton de fermiers.

– Oh ! arrête, avec tes vulgarités de bouvier !

– Mais la fille meurt d'envie de sauter dans votre lit. Qu'attendez-vous pour l'y inviter ? Pourquoi rester bouche bée devant elle comme devant une apparition ?

– Que veux-tu dire par « bouche bée » ? lui demandai-je passablement vexé.

– C'est un peu dégoûtant la manière dont vous parlez de sa « silhouette », en la décrivant comme si… comme si vous la mettiez toute nue en lui enlevant ses vêtements les uns après les autres…

S'ensuivit l'une de ces querelles au cours de laquelle nous échangions des propos les plus blessants possibles, jusqu'au moment où je me levai, et regagnai ma chambre d'un pas furieux, en faisant claquer la porte derrière moi. Je venais de me changer et de me glisser dans les draps quand j'entendis le tintement délibéré des bracelets de Champa. Debout sur le seuil, un doigt sur les lèvres, elle me faisait signe avec l'autre main de la suivre. Je me tournai sur le côté en faisant semblant de l'ignorer. Elle s'approcha sur la pointe des pieds, étendit le bras et me tira du lit. Ce n'était pas pour ce que je croyais.

– Venez voir… il se passe quelque chose, me chuchota-t-elle. Vite !

À l'autre bout du corridor qui reliait le salon de style indien aux appartements des hôtes de marque que venaient de quitter les Wheeler, un peu plus loin, à l'arrière, se trouvaient deux chambres de célibataires avec des balconnets sur lesquels, les nuits d'été, mes invités dormaient dans des lits de cordes. Delafosse occupait l'une de ces chambres d'amis. Champa me prit par la main et me conduisit, par l'escalier, jusque sur la terrasse du palais, d'où l'on avait une vue plongeante sur ces balconnets.

Sur l'un d'eux, Delafosse et Azijan étaient allongés, nus, sur un tapis posé à même le sol. Leurs membres étaient tellement entremêlés qu'ils ressemblaient à quelque animal des abysses, aux tentacules bicolores, avorté par un monstre sous-marin échoué sur la plage. Ils dormaient d'un sommeil profond. La clarté lunaire faisait apparaître la différence de ton de leur peau : le garçon, grand, maigre et blanc ; la fille, mince, voluptueuse et noire. Ses jambes, sa tête et ses bras reposaient sur le corps du garçon, dans un geste d'abandon protecteur. Ils paraissaient repus, innocents, sereins.

Un peu honteux, nous nous retirâmes. Revenus dans ma chambre, assis sur le lit, ma main tenant encore celle de Champa, j'éclatais d'un grand rire de soulagement. Ainsi, Delafosse ne se pâmait nullement devant Eliza. Tout ce qu'il voulait, c'était une femme.

– C'est ce qu'il appelle « pratiquer son hindi », commenta Champa d'une voix sifflante.

– C'est le meilleur moyen d'apprendre une langue, fis-je en riant aux larmes. En faisant l'amour…

– Elle est restée ici trop longtemps, la chienne ! Dix ans ! Vous auriez dû la chasser il y a belle lurette.

Dix ans, déjà ? Cela faisait-il vraiment dix ans qu'Azijan s'était glissée dans mon lit, cette nuit de nouvelle lune, en rampant comme une panthère noire en quête de partenaire ?

– Quelle dévergondée ! Elle ne peut voir un homme sans lui sauter dessus. Une vraie mouche à merde…

Cela me peinait de voir quelqu'un d'aussi dénué de méchanceté que Champa alimenter une rancune aussi tenace dix ans de suite.

– Il faut la virer, sur-le-champ ! La tirer de sa débauche, la disgracier et la virer !

Je restai coi.

– Et vous devez chercher quelqu'un d'autre. J'ai déjà une fille en tête, une métisse…

– Oh ! arrête de parler de ça !

Champa réagit comme si je l'avais giflée.

– Je ne voulais pas dire Eliza, me fit-elle d'une voix contrite. Il y en a une autre, à Lucknow, une des maîtresses du roi.

– Mais qu'allons-nous faire de la pauvre Azijan ?

– « La pauvre… », tst, tst, tst ! La faire fouetter, oui !

– Non ! répondis-je d'une voix ferme. On lui trouvera un mari.

Champa me regarda, l'air furieux. Mais nous nous étions déjà querellés et nous renonçâmes à renouveler l'expérience.

Le lendemain matin, quand Azijan fut mise devant les faits, elle écarta l'idée du mariage. Si je pouvais lui donner un petit capital, me dit-elle, elle aimerait ouvrir une école de danse à Kanpur.

– J'ai déjà repéré une maison derrière le bazar de Gulaghat, précisa-t-elle.

– Seras-tu la *bibi* de Delafosse ? lui demandais-je.

– Comment pourrais-je être la *bibi* de quiconque après être restée avec Malik pendant dix ans ?

Ne sachant si je devais prendre cela pour un compliment, je lui demandai, d'un ton sarcastique :

– Elle sera proche des terrains d'entraînement de la cavalerie, ton école de danse, n'est-ce pas ?

– Bien sûr ! me répondit Azijan d'une voix égale. Les soldats sont les meilleurs clients des écoles de danse, surtout les cavaliers.

Une femme qui avait été ma maîtresse pendant dix ans avait droit à certains égards. À l'insu de Champa, j'offris dix mille roupies à Azijan en guise de cadeau d'adieu. Ils se révéleront plus tard avoir été un excellent investissement.

Ainsi se déroula une excellente année, sans la moindre anicroche apparente. Pourtant, sous la surface, se préparaient des événements dramatiques. Les indices ne pouvaient tromper. Les Wheeler et les autres familles blanches cessèrent brusquement de venir à Bithoor. Je ne pus donc rien révéler à Eliza de ce que j'avais sur le cœur.

Cependant, il me faut mentionner un petit incident qui survint en fin d'année ; pour aussi anodin qu'il puisse paraître, il n'en changea pas moins le cours de mon existence.

Jayaji Scindia, le maharaja de Gwalior, s'était rendu à Calcutta pour présenter ses respects au nouveau gouverneur général, Canning. Sur le chemin de l'aller, il avait soigneusement évité Bithoor. Sur celui du retour, au contraire, il me rendit visite, ce qui signifiait qu'il avait obtenu l'autorisation du gouverneur général de venir me voir.

Le premier Scindia servait comme domestique à la cour de mon arrière-grand-père, le premier Bajirao. L'ascension fulgurante de la famille Scindia devait tout aux encouragements et à la générosité de ce Bajirao. Au cours du dernier siècle, les descendants de Bajirao avaient tout perdu tandis que les Scindia, bien que privés de liberté, avaient conservé leur richesse et leur influence. Ils gouvernaient un vaste territoire et maintenaient une puissante armée.

Je ne faisais pas confiance à Scindia. Rares étaient d'ailleurs ceux qui se fiaient à lui. Il était beaucoup trop proche des Britanniques. Ceux-ci ne cessaient de le couvrir de louanges et d'honneurs, lui ayant récemment décerné le qualificatif d'« éternel allié ». La permission de venir me voir le rendait doublement suspect à mes yeux. En effet, les Britanniques interdisaient le moindre contact entre les anciens dirigeants de l'Inde. Qui sait ? Peut-être agissait-il comme leur agent.

Aussi me gardai-je bien de l'interroger sur ce qui devait pourtant nous préoccuper le plus l'un et l'autre ; de son côté, il ne laissa rien paraître qui puisse suggérer qu'il était au courant de quoi que ce fût. Pour Jayaji Scindia, ni l'année qui se présentait, ni le mois de juin de cette même année, ni le vingt-troisième jour de ce même mois n'étaient chargés d'une signification particulière.

Cependant, le dernier jour de sa visite, je crois qu'il esquissa le comportement qu'il avait l'intention d'adopter dans le conflit à venir. Il m'avait apporté un *sasanpatta*, un sabre d'une forme particulière que, selon la tradition, un chef militaire doit présenter à son suzerain. En cadeau de retour, je lui avais offert les robes d'honneur de commandant en chef, prévues par la coutume. Nous nous invitâmes l'un l'autre à d'interminables banquets et à des récitals de danses qui duraient toute la nuit. Assis sur un même matelas, nous nous passions des noix de bétel, en contemplant le Gange et en échangeant des propos anodins. Le dernier soir, alors que je venais de congédier les porteurs de houka, indiquant par là que nous nous disposions à nous retirer dans nos appartements, Jayaji me demanda s'il y avait quoi que ce soit qu'il puisse faire pour mon service.

Je ris, ne pouvant résister à la tentation de le taquiner.

– Votre Altesse aurait dû au préalable demander à lord Canning quel service elle a le droit de me rendre ; il est, après tout, votre maître.

– Vous aussi, vous êtes mon maître.

– Oh, un maître émasculé, un maître qui n'a plus le pouvoir de demander quoi que ce soit.

– Qu'il demande… notre Mère le Gange nous écoute. Il existe une tradition, des liens de loyauté…

– Nos nouveaux maîtres ne les respectent pas. Dites-moi, vous avez bien demandé l'autorisation à Canning de me rendre visite, n'est-ce pas, à moi que vous appelez votre maître ?

– Oui, et j'ai eu bien du mal à le persuader.

– Nous y voilà ! Lord Canning est donc votre maître. Pas moi.

Il fut assez poli pour ne pas me rappeler que lord Canning était également mon maître. Dans mon aigreur, je ne lui sus même pas gré de sa courtoisie. Je me mis de nouveau à rire.

– Vous ne pouvez servir deux maîtres à la fois, lui dis-je. Vous ne vous déciderez jamais à faire quelque chose qui déplairait aux Britanniques.

Ma question revenait presque à lui demander de quel côté il allait se ranger.

Avant de me répondre, il tira de longues bouffées de son houka, comme s'il pesait ses mots. Puis il me révéla de quel côté il serait.

– Personne ne les aime, ces hommes… personne n'en veut. Mais il faut bien admettre qu'ils sont à la fois puissants et vigilants. Nous qui vivons isolés dans nos campagnes arriérées, nous ignorons tout de leur pouvoir, de leurs ressources. À Calcutta, on m'a montré une voiture aussi grande qu'une maison mais qui roulait plus vite qu'un cheval… et qui se mouvait à l'eau bouillante. Ils m'ont fait visiter l'une de leurs filatures : les balles de coton entrent d'un côté et le tissu sort de l'autre, déjà plié et emballé. Dans leurs usines, une seule machine fait le travail d'une centaine d'hommes. C'est incroyable ! C'est aussi effrayant…

– Et leurs arsenaux ? Ils vous ont sûrement montré aussi leurs arsenaux, puisque vous êtes leur meilleur allié.

– Bien sûr, leurs arsenaux aussi, pleins de munitions destinées à leurs soldats qui s'entraînent jour et nuit à livrer bataille.

– Des soldats indiens…

– Mais n'ont-ils pas remportés toutes leurs victoires avec leurs cipayes indiens ? Non, non, ce serait un suicide de les affronter ouvertement. Je ne m'y résoudrai jamais… et je ferai tout pour persuader mes amis de ne pas s'y risquer…

Il me fixa un moment par-dessus la pipe de son houka avant de poursuivre.

– Celui qui combat ouvertement les Britanniques ne peut en réchapper. Pourtant, ils sont plutôt crédules. Ils ne peuvent lire dans nos pensées. Je n'éprouve aucune difficulté à les satisfaire tout en faisant ce qu'il me plaît.

C'était donc ce qu'il se préparait à faire. Il n'allait pas s'opposer aux Britanniques sans pour autant les soutenir activement ; et il allait nous aider du mieux qu'il pourrait sans le faire paraître.

Je me souviens de cette nuit-là comme si c'était hier. Jayaji et moi partagions le même matelas, assis sur mon balcon qui dominait le Gange. J'avais la sensation que nous étions conscients, l'un et l'autre, du fait que le fleuve sacré était témoin de nos pensées et de nos paroles. J'étais déçu et amer de voir qu'un prince aussi puissant et influent ait pu se laisser intimider par les démonstrations de pouvoir des Britanniques ; mais son intelligence politique m'impressionnait aussi. Quel que soit le vainqueur, Scindia ne serait pas perdant. Autrement, comment expliquer ce que je lui ai demandé, sur l'inspiration du moment ?

– Oui, après tout, peut-être pourriez-vous m'aider…

Il se redressa, soudain sur le qui-vive.

– N'importe quoi, je serais prêt à faire n'importe quoi pour vous !

– J'aimerais que vous conserviez quelque chose pour moi.

– Certainement, me répondit-il, en courbant légèrement la tête.

– Un éléphant chargé d'or…

Il tira une longue bouffée et la souffla lentement.

– Et qu'est-ce que le maître souhaite que j'en fasse ?

– Rien. Gardez cet or avec vous pour le cas où les choses tourneraient mal.

Il hocha la tête à plusieurs reprises, avant de poursuivre.

– Vous êtes très avisé. Mais j'ai toujours admiré votre clairvoyance dans ce domaine, pour tout ce qui touche à l'argent.

– Et moi la vôtre, dans tous les domaines… Vous ne direz rien aux Britanniques, j'espère ?

Il fronça les sourcils et me jeta un regard de reproche, indiquant que ma question était discourtoise.

– Deux cents éléphants accompagnaient mon arrivée ici, précisa-t-il. Qui remarquera que je repartirai avec deux cent un pachydermes ?

Jayaji s'en est donc allé en emmenant dans son cortège l'un de mes éléphants, chargé de quelques-unes des plus lourdes pièces en or du trésor de Bajirao. Elles étaient destinées à être remisées dans les coffres-forts souterrains du palais des Scindia, à Gwalior.

Chapitre 9

Au Nouvel An se répandit une première bouffée nauséabonde ; ensuite, chaque jour apporta son lot de funestes présages.

La Compagnie anglaise venait d'introduire dans ses armées un nouveau fusil, armé de nouvelles cartouches. Leur enveloppe de papier fort était enduite de graisse. Avant de les charger, les soldats devaient la déchirer en y mordant à pleines dents.

Dans les baraquements de Dum Dum[1], quelqu'un confia à quelqu'un d'autre que ces nouvelles cartouches étaient lubrifiées avec un mélange de graisse de porc et de vache. Une vague d'indignation et de panique souleva le pays.

– *Toba !* C'est une trahison ! vitupéra Azim.

– Les cartouches sont un instrument de conversion ! proclama Tantya, d'un ton d'absolue conviction. Après avoir conquis le pays, les « hommes-chapeau » s'apprêtent à faire de nous des chrétiens. Bientôt, nous serons tous des *issahies* !

Pour un hindou, la vache est un animal sacré, symbolisant la Mère de l'univers ; pour un musulman, le porc est la plus méprisable des créatures. Un hindou préférera jeûner jusqu'à la mort plutôt que de manger du bœuf; un musulman préférera périr que d'avaler du porc. Un musulman qui consomme du porc ne peut entrer au paradis ; un hindou qui mange du bœuf perd sa caste, un sort pire que la mort. Et voilà que les hindous et les musulmans qui servaient dans l'armée de la Compagnie allaient devoir mordre à pleines dents dans des cartouches dégoulinantes de graisse de porc et de vache !

1. Localité proche de Calcutta, siège d'un important arsenal et d'une garnison britannique. *(N.d.T.)*

Les cipayes étaient des mercenaires ; contre une pitance, ils servaient dans une armée commandée par des étrangers. Cela ne les aurait nullement dérangés de travailler pour d'autres étrangers, fussent-ils chinois ou africains. Le métier des armes était pour eux un moyen comme un autre de gagner leur vie. Ils travaillaient pour « le pain et le sel », selon leurs propres termes. En échange d'une certaine quantité de pain et de sel, ils offraient une quantité équivalente de loyauté. Leur allégeance s'arrêtait là.

Et voilà que l'homme blanc venait d'inventer un habile stratagème pour les forcer à se convertir au christianisme ; travailler pour la solde ne suffisait plus ; la soumission à leurs nouveaux maîtres devait être totale et irrévocable. Aussi, surmontant leur crainte, les cipayes protestèrent-ils, de façon fort courtoise.

« Insubordination intolérable ! » hurlèrent leurs officiers blancs. Pour terroriser leurs camarades et les forcer à la soumission, les porte-parole des cipayes furent dégradés, humiliés en public et emprisonnés à vie. Ordre fut donné d'accepter les nouvelles cartouches.

Ce n'était pas la première fois que les Britanniques bousculaient nos tabous religieux. Les fois précédentes, leur sévérité à l'égard des protestataires avait été tout aussi impitoyable. Mais, par la suite, ils avaient discrètement annulé les ordres litigieux. Aujourd'hui, devenus nos maîtres absolus, il n'était plus question pour eux de faire la moindre concession.

Cinquante et un ans auparavant, George Barlow avait introduit des réformes tout aussi malavisées à propos des uniformes. Des cocardes de cuir devraient être fixées aux turbans, les marques de castes étaient interdites, ainsi que le port de la barbe. Un hindou tient la marque qui lui barre le front pour un signe sacré d'appartenance à un clan ; un musulman considère le port de la barbe comme un symbole de virilité. Quant aux cocardes, qui pourrait jurer que leur cuir n'était pas en peau de vache ou de cochon ? Les cipayes avaient protesté, avec discrétion. En représailles, les Britanniques avaient fait parader les protestataires avant de les faucher sous la mitraille. Les ordres concernant les réformes n'en avaient pas moins été annulés.

Recrutés en Inde, les cipayes étaient présumés ne servir qu'en Inde. Les termes de leur engagement ne prévoyaient pas qu'ils allassent planter et défendre le drapeau de la Compagnie à l'autre bout du monde. Pour autant, en 1824, lorsque la Compagnie décida d'envahir la

Birmanie, les cipayes reçurent l'ordre d'embarquer. Ceux du 47e régiment d'infanterie firent observer à leur commandement que le franchissement de l'océan allait leur faire perdre leur caste ; ils proposèrent de se rendre en Birmanie par la voie terrestre. On les contraignit eux aussi à parader ; on fusilla les fortes têtes et on condamna les autres à de lourdes peines de prison. Mais, en 1852, quand Dalhousie déclara à son tour la guerre à la Birmanie, pas un seul cipaye ne fut contraint de franchir l'océan, à moins de s'être porté volontaire. Une fois de plus, leurs préjugés avaient été respectés.

Mais pas cette fois-ci. Cette fois, les Britanniques décidèrent de passer en force. Le Dharma Sabha de Calcutta, vigilant gardien de l'intégrité de la religion hindoue, se montra tout aussi obstiné que les Britanniques. Il adressa une circulaire à toutes les organisations religieuses hindoues du pays, déclarant qu'un cipaye pris à utiliser les nouvelles cartouches serait déclaré hors caste.

– Enfin, le Dharma Sabha se réveille ! applaudit Tantya. C'est pas trop tôt ! On avait fini par les croire sourds et muets. Des milliers de missionnaires, à la solde de la Compagnie, parcourent nos campagnes en prêchant le christianisme. Nous autres, hindous, pratiquons notre religion dans nos foyers et dans nos temples, les musulmans pratiquent la leur dans leurs mosquées, tandis que les missionnaires chrétiens montent sur des estrades installées au milieu de nos places publiques pour y dénoncer nos fois respectives en des termes d'une violence insupportable.

– « Tu vas rôtir en enfer, entonna Azim, en imitant l'hindi des missionnaires et la voix d'un prêcheur, si tu continues à adorer tes dieux de pierre et à confondre tes charlatans nus avec nos saints ! »

– Partout, les missionnaires ouvrent des écoles…

– Mais c'est pour enseigner l'anglais, leur fis-je observer. Ainsi ils pourront disposer de nombreux employés qui sauront l'anglais.

– Dans toutes ces écoles, objecta Azim, l'étude de la Bible est obligatoire. Chaque matin, les enfants doivent répondre à la question : « Qui est ton Dieu ? Qui est ton Sauveur ? » Tous les matins ! Nos enfants voient passer sous leur nez les promesses d'embauche et les paquets de sucreries qui sont distribués en même temps que la Bible. Leurs petits voisins sont récompensés parce qu'ils donnent la bonne réponse. Ils apprennent vite à leur tour à donner la bonne réponse…

– Ils les convertissent par milliers, par milliers ! renchérit Tantya. C'est effrayant !

– « Par milliers »… N'est-ce point un peu exagéré ? protestai-je.

– Malik, partout où sévit la famine, ils recueillent les orphelins affamés et les nourrissent après les avoir baptisés…

– Au moins, ils les nourrissent, leur rétorquai-je. C'est le principal ! Vous ne préférez tout de même pas que ces malheureux meurent de faim plutôt que de devenir chrétiens ?

Le visage de marbre que tournèrent vers moi mes deux conseillers m'indiqua que c'était précisément ce qu'ils auraient préféré.

Une semaine ne s'était pas déroulée depuis cette conversation que le général Wheeler me rendit une visite impromptue. Il avait longuement chevauché « derrière sa meute », m'expliqua-t-il. Il avait l'air épuisé, à bout de souffle ; la poussière lui roussissait la moustache ; ses chiens ayant cerné leur proie plus près de Bithoor que de Kanpur, il s'était invité chez moi pour la nuit.

– Un bain chaud et un verre de remontant seront tout ce qu'il me faudra, me dit-il en conclusion.

Son explication trop élaborée me laissa entendre qu'il n'était pas seulement en quête d'un bain et d'un verre. J'avais deviné juste car, un peu plus tard, dans la soirée, il vint me demander si j'avais entendu parler des rumeurs en provenance de Dum Dum.

Nonchalamment étendu sur un matelas, vêtu d'un pyjama et d'une *kurta* que je lui avais prêtés, il dégustait son cognac en fumant un houka. Il ressemblait davantage à un nabab opiomane qu'à un général britannique au repos.

– Tout le monde en parle, lui répondis-je. Ainsi, il paraît que vous forcez les cipayes à perdre leur caste…

– *Bakhwaz !* s'exclama-t-il. Foutaise ! Pourquoi ferions-nous une chose pareille ?

Damc ! pour les convertir au christianisme…

– Vous ne le croyez pas vous-mêmes, le croyez-vous ?

– À vrai dire, non.

– Alors !

Wheeler émit un rot. Les touffes de poil qui lui sortaient des narines frémissaient d'indignation.

– Personne ne songe à faire perdre sa caste à Jack le Cipaye. Mais, au nom d'Allah, qui ira le lui expliquer ? Le problème est que nos soldats indiens ne font plus confiance aux nouveaux sahibs. Cela ne serait jamais arrivé au temps du duc ou de Bentick. Mais quel cipaye aguerri ira respecter ces petits morveux? *Dammit!* monsieur, je ne les respecte pas moi-même!

– D'après vous, les cipayes ne font plus confiance à leurs nouveaux officiers?

– Ils n'ont plus rien en commun. Ils vivent dans des mondes à part, me répondit Wheeler, le visage empourpré de colère. Ils se méfient les uns des autres. Il suffirait d'un rien pour transformer cette méfiance en haine... tenez, les cartouches, par exemple!

– Sont-elles aussi repoussantes qu'on le dit?

Wheeler expulsa une bouffée de fumée.

– Horribles! Répugnantes! Dégoulinantes de graisse rance...

– De vache ou de porc?

Il me jeta un regard belliqueux.

– L'intendance achète la graisse à la tonne. Je défie quiconque de me dire qu'elle est la proportion exacte de vache, de chèvre ou de cochon. C'est le grand mélange... mais lc tout fait de la merde!

Il vida son verre avant d'ajouter:

– Le diable m'emporte si je les fais distribuer à mes hommes!

– Vous ne le ferez pas?

– Nous sommes nombreux à avoir écrit à George Anson pour lui dire que les cartouches doivent être retirées ou, à tout le moins, qu'il faut modifier le mode de chargement: déchirer l'enveloppe avec les doigts plutôt qu'avec les dents. Quant à moi, je préfère démissionner que d'ordonner à mes cipayes de mordre dans cette saloperie.

– Et vos officiers?

Un rot sonore retentit en guise de réponse. Le général ferma les paupières et se remit à fumer.

C'était toujours bon à savoir. Au moins, sous son commandement, les cipayes ne seraient pas contraints d'accepter les nouvelles cartouches sous peine d'être condamnés à être pulvérisés par la bouche d'un canon anglais. Sur ce point, au moins, le vieil Hamlah était davantage du côté des cipayes que des nouveaux officiers. Il dédaignait d'ailleurs l'arrogance raciste de la majorité des employés de la Compagnie.

– Le problème, poursuivit-il, le problème est qu'ils n'ont pas combattu ensemble. Que savent-ils, ces blancs-becs, de Jack le Cipaye, de tout ce qu'il a fait pour eux?

Pour ma part, je n'avais que mépris pour ce que Jack le Cipaye avait accompli au service de ses maîtres. C'était Jack le Cipaye qui avait vaincu les *peshwas*, les Scindia, Tipu Sultan, les Holkar, planté le drapeau de la Compagnie britannique aux quatre extrémités de l'Inde. Mais je me gardais bien de le lui dire.

– Le contact entre l'officier et ses hommes se limite aujourd'hui au champ de manœuvre, reprit Wheeler. Des cargaisons de femelles blanches au museau poudré ont débarqué d'Angleterre ; les officiers ont dû renvoyer dare-dare leurs *bibis* et renoncer à leur petit harem. Or, c'est bien connu, la *bibi* faisait le lien entre le *sahib* et le cipaye.

Il lampa son cognac et s'essuya la moustache du revers de la main. Ses paupières s'alourdirent ; le bec du houka lui glissa des doigts.

– Vous ne m'avez encore rien dit, murmura-t-il, les yeux mi-clos.

– Que voulez-vous que je vous dise que vous ne sachiez déjà ? Vos espions furètent partout.

– Je veux savoir ce qui se prépare du côté des cipayes. Seront-ils loyaux à leur sel ?

Après avoir hésité un moment, je finis par décider en faveur d'une réponse franche. De toute façon, le général ne cherchait qu'à corroborer ce qu'il savait déjà.

– La loyauté du cipaye envers son sel se mesurera à la quantité de sel, ni plus ni moins, j'en ai bien peur.

– Hum ! grommela Hamlah.

– D'après les cipayes, la Compagnie n'est en droit d'espérer d'eux qu'un douzième de la loyauté qu'elle exige de ses soldats britanniques.

– Qu'est-ce que ça signifie ? s'exclama Wheeler, en se redressant, les sourcils froncés.

– Cela signifie que la Compagnie dispose de trois cent mille cipayes pour seulement quarante mille soldats anglais. Or, elle dépense pour ses soldats blancs deux fois plus que pour l'ensemble de ses soldats de couleur ; autrement dit, un seul Blanc lui coûte autant qu'une douzaine de Noirs : c'est exactement la proportion de loyauté qu'elle peut exiger de ces derniers.

– Diable ! Mais Jack le Cipaye n'a jamais mesuré sa loyauté en roupies ! tempêta Wheeler, les favoris tremblant d'indignation.

– Maintenant, si...

Un grondement colérique sortit de la gorge du général.

– Les cipayes oublient qu'ils sont bien mieux payés avec nous qu'ils ne l'ont jamais été, dit-il d'un ton railleur. Vos rajas ne leur ont jamais versé de solde régulière.

Piqué au vif, je ne pouvais laisser passer cette contrevérité.

– Quand on traite avec des mercenaires, il faut bien penser en termes de roupies, lui dis-je, réalisant soudain que ma voix tremblait. Avec nous, Jack le Cipaye ne recevait peut-être pas une solde régulière, mais nous lui accordions des *jagirs*, des lopins de terres cultivables. En outre, nous ne mettions pas de limites à sa montée en grade. Suivant sa valeur au combat, il pouvait espérer un jour commander des bataillons, voire des armées. Aujourd'hui, sous vos ordres, le plus valeureux de vos cipayes, un homme qui ferait un commandant aussi remarquable qu'un Bajirao ou un Hyder, ne peut dépasser le grade de sous-officier, de sergent. Je parle du soldat indien le mieux rémunéré. Le plus brave, le plus compétent de vos vétérans indiens est contraint d'obéir aux ordres d'un petit Blanc fraîchement promu, à la face poupine et aux dents de lait.

– Ils n'auraient jamais dû abolir les *jagirs*, admit Wheeler.

– La Compagnie a condamné tous les Indiens à une vie de servitude, poursuivais-je. De même qu'un cipaye ne peut dépasser le grade de sergent, un civil indien ne peut espérer s'élever au-dessus du dernier débarqué de vos *griffins*. Il y a à peine quarante ans, le père de cet Indien était peut-être ministre ou gouverneur, alors qu'aujourd'hui, le fils doit se contenter d'un emploi de gratte-papier.

Je me tus, prenant conscience que Wheeler m'avait fait dire des choses que je m'étais entraîné à ne jamais exprimer en présence d'un Blanc. Mais il était difficile d'imaginer le vieil Hamlah autrement que comme un Indien.

Il vida le fond de la bouteille de cognac dans son verre et se mit à aspirer par le bec de son houka avec une telle conviction que le récipient commença à rougeoyer.

– Attention, vous allez vous roussir la moustache, lui dis-je.

Il recula la tête.

– Y a-t-il quoi que ce soit d'autre que vous voudriez me faire savoir ? me demanda-t-il.

– Ce que je vous ai dit, vous le saviez déjà. Et je vous en ai dit plus que je n'aurais dû…

– J'espérais que vous me diriez quelque chose à propos du 23 juin. Tout le monde se tait…

Mon cœur battit à se rompre. Je pris une inspiration profonde pour calmer mon agitation.

– Le 23 juin ? répétais-je, en prenant un air niais. Que se passe-t-il, le 23 juin ?

– C'est justement ce que je voudrais savoir. Souvenez-vous, vous parlez en présence de notre Mère le Gange.

Je ris, soulagé. Combien de mensonges n'avais-je pas proférés en présence de *Ganga-mayi*, notre Mère le Gange ? Moi, qui suis un brahmane du quatrième degré, versé dans les Veda, il y avait belle lurette que je ne me sentais plus lié par le moindre serment sous prétexte que la Mère des fleuves entendait mes paroles. J'aurais préféré mentir un millier de fois que de révéler à un général britannique ce que représentait, pour nous, Indiens, le 23 juin 1857.

– C'est l'anniversaire de Plassey, me dit Wheeler, le centenaire plus exactement…

Qui aurait pu l'ignorer ? Dans notre firmament, cette date fatidique brûlait en lettres de feu plus larges que les Himalaya.

Plassey ! Un siècle de deuil…

Nous le savions… nous le savions jusqu'à la moelle de nos os ; nous l'avions entendu murmurer par les lèvres de nos satis, ces veuves qui se sacrifiaient sur le bûcher de leur époux ; nos saints nous l'avaient proclamé :

« Quand cent années seront écoulées,
Le règne de la Compagnie prendra fin…
Alors, se lèvera le Vent du Diable
Qui libérera Mother India ! »

Beaucoup d'entre nous, qui ne prêtions foi ni aux prophéties ni aux miracles, savions que le Vent du Diable ne serait pas un doux zéphyr mais une tornade infernale. Et nous étions nombreux qui, à commencer par moi-même, hésitions sur le seuil de la révolution, craignant que nos sacrifices ne soient en vain.

– Plassey… fis-je en haussant les épaules et en réprimant un bâillement, vous en avez de la mémoire, vous autres, Anglais ! Les Indiens ne célèbrent pas les centenaires. Nous nous contentons de nos fêtes annuelles. La plupart des Indiens ne sauraient même pas où situer Plassey sur une carte.

Le général Wheeler ferma un œil, puis le rouvrit, puis il ferma l'autre, après avoir roté bruyamment.

– Que diriez-vous d'un autre verre de cognac ? lui demandai-je.

– Il m'a semblé que mon vieil ami Azim a déposé une bouteille pleine sur ma table de nuit, me répondit-il. Regardez le fleuve : *Gangamayi* ! Si placide, en cette période de l'année, à croire qu'un oiseau pourrait marcher dessus. À pareil moment, il est tentant d'identifier le fleuve à un être humain, à une femme sacrée, empreinte de paix et de dignité, à l'épouse du Seigneur Shiva, plongée dans un sommeil confiant, oublieuse des péchés de ses enfants.

Il en savait un brin, sur notre religion, le vieil Hamlah ! J'avais la nette impression qu'il tentait de nouveau de me lier à mon serment. Aussi ai-je jugé plus prudent de prendre congé de lui, le laissant seul avec son cognac.

Le lendemain, je n'étais pas encore réveillé que Wheeler nous avait déjà quittés.

Azim me révéla qu'après mon départ, Wheeler avait enfilé une robe de chambre pour aller rendre visite à Dassaba, mon astrologue. J'en ai déduit que Wheeler voulait savoir ce que prédisaient les astres pour la date anniversaire de Plassey. Mais je me trompais. Sa promotion faisait, semble-t-il, l'essentiel de sa préoccupation. Il est vrai que la question était devenue d'une actualité brûlante : le bruit courait que le général Anson s'était de nouveau alité.

Chapitre 10

En mars 1857, la permission de voyager me fut octroyée. M. Hillersdon, le *Collector* de Kanpur, me l'adressa avec une petite note écrite de sa main me souhaitant le succès. Il voulait dire par là qu'il espérait que je réussirai à avoir un fils.

Cette autorisation venait trop tard. Ce n'était plus le moment de parcourir le pays pour rendre visite aux princes marathes et sonder leurs intentions. La rumeur que les Britanniques s'apprêtaient à convertir leur armée par le biais des nouvelles cartouches s'était répandue avec la vélocité des vents de mousson. Les dés avaient été lancés trop tôt. Alertés, les Britanniques se tenaient sur leur garde, humant l'air ambiant avec la nervosité d'un animal aux aguets. Il devenait malavisé de rendre visite aux princes.

Comme pour confirmer mon pressentiment, un messager envoyé par la reine vint me signifier de ne pas me lancer dans un long voyage qui risquait de me retenir loin de mon poste quand éclaterait la tempête. Le Mollah fou pressentait qu'il n'était pas impossible que nous soyons appelés à assumer nos rôles respectifs dans la révolte plus tôt qu'il ne l'avait prévu. Il valait mieux me rendre simplement à Lucknow, à une soixantaine de kilomètres de Bithoor, pour constater la tournure que prenaient les choses en ce lieu.

Je me rendis donc à Lucknow. J'avais malgré tout l'impression de me lancer dans quelque aventureux périple. Depuis ma naissance, c'était en effet la première fois que je dépassais les limites extérieures de Kanpur, distant d'une petite vingtaine de kilomètres.

Lucknow… Un an plus tôt, cette capitale abritait une cour princière renommée pour son éclat, son libertinage, ses richesses, sa décadence, sa somptuosité, ses musiciens, ses danseuses, ses artisans, ses peintres, la beauté de ses femmes et l'élégance de ses hommes. Maintenant, devenue la propriété de commerçants étrangers, Lucknow était une cité sans âme. Son roi avait été exilé sans cérémonie à Calcutta et sa cour dispersée. Ne restaient à Lucknow que la reine Hazrat Mahal et quelques vieilles douairières de la famille royale, parmi lesquelles pas moins d'une douzaine d'anciennes reines, veuves des prédécesseurs de Wajid Ali. Elles survivaient à grand-peine en vendant leurs bijoux à des marchands arméniens rapaces ; privées de leurs somptueuses pensions, ce commerce leur assurait le minimum vital. On y trouvait également nombre d'anciens courtisans, bourdonnant alentour comme des abeilles autour d'une ruche enfumée, des administrateurs privés de poste et des aristocrates expulsés de leurs fiefs ancestraux.

Hazrat Mahal, la reine déchue d'Oudh, venait de Faizabad. Elle était l'une des protégées du Mollah fou. On avait attribué son ascension fulgurante à la position de favorite en titre aux machinations et à la protection du saint homme. Le Mollah m'avait d'ailleurs chargé de lui remettre un message confidentiel pour lui signifier que sa place était à Lucknow, et non pas aux côtés de son royal époux exilé.

Ainsi, deux reines fomentaient la révolte : à Delhi, Zeenat, et à Lucknow, Hazrat, l'une et l'autre conseillées par le Mollah. Par la suite, la reine de Delhi ne quittera pas le Fort-Rouge tandis que la reine d'Oudh, Hazrat, prendra une part active aux combats.

Lucknow ne portait pas de marques apparentes de destruction. La saisie du royaume s'était faite « en douceur » ; Oudh avait été « annexé », selon les termes employés par Dalhousie pour qualifier un vol sans effraction. Lucknow n'en était pas moins une plaie vive et béante. Tous ceux que je rencontrais, depuis la reine déchue jusqu'à l'homme qui balayait ma chambre, nourrissaient des griefs. Ils se sentaient bernés, avilis, humiliés. Non contents de s'emparer de leur royaume, les marchands blancs anéantissaient leur mode de vie par la destruction systématique de son cadre. Les anciens ministres et chefs d'établissements avaient été remplacés par les gratte-papier et les sous-fifres de la Compagnie ; les *talukdars*, anciens propriétaires d'importants domaines, étaient sommés d'obéir aux ordres de petits blancs-becs britanniques, ignorants et ambitieux ; leurs châteaux étaient rasés et leurs régisseurs expulsés.

Chaque jour, des incidents éclataient. Un soldat blanc avait roué de coups le conservateur indien du musée parce qu'il avait omis de refermer son parapluie en le croisant dans la rue ; un petit employé blanc avait cravaché en public un banquier indien venu réclamer le remboursement d'un prêt. Les soldats britanniques déambulaient comme des nababs ivres, en roulant des épaules, cherchant querelle ; quant à leurs épouses, elles se déplaçaient dans les voitures d'apparat qui avaient appartenu à l'ancien roi, en exigeant que les rues soient évacuées devant leur passage. Tous les éléphants du roi avaient été abattus pour leur ivoire, les daims de son parc pour leur viande, les tigres et les ours de son zoo pour leur fourrure.

Tout le monde murmurait en sourdine, vilipendant la brutalité inconvenante dont avait fait preuve le préfet britannique, Coverley Jackson, en réquisitionnant le palais des reines douairières. Ce malappris les avait fait évacuer de force par sa soldatesque car il convoitait le bâtiment pour sa propre résidence.

– Il y a un an, ce Jackson n'aurait même pas obtenu une audience privée avec la reine mère, fulminait Sharfuddin, l'ex-président de la Haute Cour de justice. Aujourd'hui, il la fait expulser de chez elle.

Et puis, il y avait l'affaire du *Kadam Rossool*, les « Empreintes de Pieds du Prophète ». Ce sanctuaire, vénéré par les musulmans du monde entier, avait été converti par les nouveaux maîtres en entrepôt militaire dans lequel ils remisaient leurs bottes, leurs selles et leurs caisses de munitions.

– Que diraient-ils si des marchands étrangers transformaient leur cathédrale Saint-Paul en tannerie ? me demanda Sharfuddin, visiblement outragé.

Ayant déporté le roi et pris tout ce qui lui appartenait, la Compagnie déclinait la responsabilité de l'entretien de ses dépendants.

– Les princes de sang, les cousins, les oncles de mon mari, ils meurent tous de faim, me confia Hazrat Mahal, d'une voix pathétique. Tous les jours, j'entends leurs enfants sous-alimentés qui hurlent comme des chacals lunatiques. Tenez, écoutez !

La lettre du Mollah m'ayant introduit, la reine m'avait reçu à visage découvert, comme un membre de la famille, sans son *bourka*.

Parfumée, voluptueuse, coquette, Hazrat Mahal était née et avait grandi dans le badinage ; ses lèvres ourlées de séductrice suçotaient en permanence un grain de raisin imaginaire ; son regard perçant et ses cils papillotant appartenaient à une courtisane en quête de clients. Quand je la vis pour la première fois, elle me fit penser à un beau fruit, mûr et juteux, cueilli dans une serre, mais qu'il aurait fallu consommer la veille. Sa peau satinée avait cette teinte or pâle propre aux pensionnaires de harems, où la lumière solaire ne pénètre jamais ; sous cette peau d'albâtre, il était difficile d'imaginer quelque chose d'aussi dur qu'un squelette, rien d'autre que le duvet le plus ouaté.

Pourtant, avant de quitter Lucknow, je découvris que cette langueur dolente et blafarde, cette apparence trompeuse de féminité désarmée cachaient une fermeté de silex, décuplée par le fanatisme incendiaire du Mollah. Malgré mon aversion instinctive pour ce type de beauté d'alcôve, je fus conquis. Je repartis, persuadé que cette femme saurait garder son sang-froid au cœur de la crise, que rien ne la détournerait de son objectif, quoi qu'il advienne.

Lucknow fut vraiment une révélation. La ville ressemblait à une femme prostrée qui venait d'être victime d'un viol. Bien sûr, avant Lucknow, d'autres cités, comme Allahabad, Delhi, le Poona de mes ancêtres, avaient subi le même sort. Mais je n'avais jamais mis les pieds dans aucune de ces villes et, de toute façon, c'était de l'histoire ancienne : les plaies avaient eu le temps de cicatriser. Ici, j'étais le témoin direct de la manière dont les Britanniques s'emparaient du pouvoir, de la façon froide et systématique dont ils détruisaient un mode raffiné de civilisation, qui avait mis des siècles à croître, à évoluer, pour le remplacer par quelque chose d'une laideur telle que seules des mentalités étrangères pouvaient l'avoir inventé dans le but de concrétiser une ambition mercantile de philistins. Tout ce qui nous était familier, le bon et le moins bon, le précieux et le méprisable, tout ce que nous avions intégré, entretenu, honoré, vénéré, était avili et jeté en pâture aux vautours : des arts millénaires, des artisanats exquis, d'anciennes coutumes, toute une structure sociale des plus complexes avaient été anéantis. Le plus stupide, le plus ignare des boutiquiers anglais pouvait se permettre de regarder de haut les plus fins lettrés et les plus grands savants de Lucknow. Ce n'était pas tant le spectacle du remplacement d'un gouvernement par un autre que celui du déracinement de toute une civilisation.

– Ils sont d'une rapacité insatiable, effrayante, me chuchota Hazrat. Ils ont tout raflé : les palais, les parcs, les ménageries, les musées, les antiquités. Ils ont jeté à la rue une collection entière de livres rares, deux cent mille volumes !

C'était affligeant. Mais, d'un autre côté, c'était encourageant. Ici, au moins, les conditions remplissaient idéalement notre objectif, mieux que nulle part ailleurs en Inde. Ici, le ressentiment n'avait pas eu le temps de refroidir. Ici, surtout, la direction des opérations se trouvait entre les mains expertes de l'ancienne reine.

Sir Henry Lawrence, le préfet qui avait remplacé Coverley Jackson, venait de joindre son poste quelques semaines auparavant. Ayant lu des rapports favorables à son sujet, j'envoyai un messager à sir Henry pour lui exprimer mon désir de le rencontrer.

«Monsieur le préfet est trop occupé pour vous recevoir», me fut-il répondu; je n'en crus pas un mot: je le voyais chaque jour se promener à cheval dans les parcs de la ville; il prit même sur son précieux temps pour décerner une coupe au vainqueur d'une course hippique à laquelle j'assistais. Ses amis britanniques confièrent à Azim que la dimension de mon cortège et la flamboyance de mon équipage l'avaient offensé, sans parler de l'enthousiasme avec lequel j'avais été reçu partout où je me rendais.

Mon cortège n'avait pourtant rien d'exceptionnel: en comptant les *mahouts*, les porte-flambeaux, les palefreniers, les musiciens, les porteurs de palanquin, les serviteurs et ma garde personnelle, le tout ne devait pas excéder deux cents personnes. Mon équipage se résumait à une douzaine d'éléphants et une cinquantaine de cavaliers. L'année précédente, une cavalcade de deux mille hommes et de deux cents éléphants accompagnait Jayaji Scindia en visite à Calcutta; personne n'avait trouvé à redire à cette extravagance.

La vraie raison était que, peu avant mon arrivée, quand sir Henry Lawrence avait fait son entrée officielle, en grandes pompes, dans la capitale, les rues de Lucknow étaient restées vides, et tous les volets clos. Même les mendiants, que l'on n'arrive pas à éloigner d'une procession funèbre tant ils espèrent qu'une personne charitable leur lancera une poignée de piécettes, s'étaient volatilisés.

C'est cela qui avait humilié sir Henry Lawrence. En effet, quand je fis mon entrée, les rues étaient noires de monde, les gens battaient du tambour sur mon passage, on jetait des fleurs sur mon chemin.

À la place de la visite de courtoisie que j'avais espéré pouvoir rendre à sir Henry, j'obtins une entrevue avec le contrôleur financier de la Compagnie, Martin Gubbins. C'était un petit homme à la face émaciée, aux yeux de fouine, au nez tellement effilé qu'on aurait dit qu'il était resté coincé entre les pages de son livre de comptes. Son strabisme divergent et sa manie de tourner constamment la tête de part et d'autre me firent penser à un lézard lorgnant deux mouches en même temps, posées sur des murs diamétralement opposés. On détectait chez lui les signes de nervosité qui commençaient à gagner les Britanniques. Pendant toute la durée de notre entretien, il me garda à distance comme si j'allais bondir sur son bureau pour y exécuter une danse de guerre marathe. Ses yeux n'ont cessé de fuir les miens.

La manière dont la tête de Gubbins dodelinait de part et d'autre, comme mue par une sorte de mécanisme à ressort, me fascinait tellement que je n'ai prêté aucune attention à ses propos. Plus tard, j'appris qu'il m'avait haï d'emblée, que je ne lui avais pas inspiré confiance, qu'il m'avait trouvé « arrogant et impertinent ». Il est vrai que, devant un individu aussi pâle et insignifiant, il était difficile de ne pas éprouver un sentiment inconscient de supériorité. De mon côté, j'estimais que la corvée de notre entrevue avait été aussi pénible pour moi que pour lui. Mais si j'avais omis de prendre rendez-vous de façon formelle avec le directeur régional de la Compagnie, j'aurais été d'emblée fiché comme « arrogant et impertinent ».

Un incident abrégea ma visite à Lucknow. Pendant mon séjour, un quidam avait lancé une motte de terre en direction de sir Henry Lawrence alors qu'il passait à cheval devant son palais. Le petit monde des marchands britanniques fut immédiatement sur le pied de guerre, hurlant vengeance. Que la cité les reçoive en portant le deuil, passe ! Mais qu'un citoyen anonyme, un seul parmi les centaines de milliers de sujets de Wajid Ali, ait pu avoir l'audace d'exprimer son ressentiment par un geste d'une violence aussi barbare était à leurs yeux un acte inqualifiable qui méritait un châtiment exemplaire. Ils envisagèrent de saisir des otages, de les faire fusiller et d'imposer des amendes collectives.

Le soir même, je recevais un petit mot sec du contrôleur Gubbins m'avisant qu'il serait préférable que je retourne à Bithoor.

De mauvaises nouvelles m'y attendaient : le Mollah fou venait d'être arrêté.

– L'ont-ils déjà exécuté ? demandai-je.

– Non, mais ils l'ont condamné à mort.

Nous guettions des nouvelles de son exécution, prêts à offrir des prières pour le repos de son âme. Quelques jours plus tard, nous apprîmes qu'il avait été arrêté alors qu'il se trouvait à Faizabad, sa ville natale. Naturellement, lors de son incarcération, dans la prison où il devait attendre son exécution, il avait demandé qu'on lui apporte un houka et de l'eau de rose. Le directeur et les gardes du pénitencier se mirent en quatre pour répondre au moindre de ses désirs, le traitant comme un invité de marque. Ils inventèrent toutes sortes de prétextes pour repousser la date de l'exécution, gagnant ainsi du temps pour préparer son évasion.

Deux mois plus tard, le Mollah réapparut en public, libre comme l'air. Son incandescence décupla : ne lui attribuait-on pas en effet de véritables pouvoirs magiques ? Devant lui, les murs des prisons britanniques s'écroulaient, les barreaux fondaient, les portes s'ouvraient à deux battants. Ayant survécu à une condamnation à mort, il fut déclaré indestructible. Il devint le « Calife », l'héritier du Prophète ; dans ses prêches inflammatoires, il ordonnait ouvertement à la foule de « tuer tous les *firanghi*, comme des cobras ou des chiens enragés, d'exterminer leur race ». Jusqu'ici, le Mollah s'était contenté de houspiller et d'insulter son auditoire. Maintenant, il était devenu la Voix de Dieu.

Existe-t-il ailleurs dans le monde une saison aussi torride que nos étés, quand la chaleur est si intense qu'à moins de s'enrouler une serviette humide autour de la tête, il devient impossible de respirer, quand nos mains et nos chevilles sont criblés de millions de grains de sable brûlants, fouettés par le *loo*, notre terrible vent d'été ?

Nous étions en mai. Il faisait vraiment très chaud. Le *loo* calcinait les jeunes pousses des arbres ; les oiseaux ouvraient grand leur bec sans pouvoir émettre un son ; parfois, ils tombaient sur le sol, immobiles, paralysés, dans la poussière ; des chiens hallucinés décrivaient de grands cercles, la tête basse, les babines retroussées.

Imaginez le zénith de la saison chaude et l'effet d'une canicule féroce sur le cerveau de ceux à qui leur religion interdit de boire la moindre goutte d'eau. Nous étions en effet en plein ramadan : les musulmans ne pouvaient rien boire ni manger avant la nuit tombée. Cette année, le hasard du calendrier lunaire avait combiné le *loo* au ramadan ; à ce mélange déjà explosif, nos dirigeants étrangers n'avaient rien trouvé de mieux que d'ajouter les nouvelles cartouches.

Nos dirigeants faisaient d'ailleurs montre d'une indolence éléphantesque, comme si les tensions croissantes qui les environnaient ne les concernaient en rien. Le porc et la vache, la soif et le ramadan, les préjugés de caste, tout cela faisait partie des aberrations d'une race primitive qu'il convenait de ne pas trop prendre au sérieux. La canicule était plus difficile à ignorer ; mais, après tout, si leur porteur d'eau humidifiait régulièrement leurs stores de *khas* parfumé, suspendus devant les entrées et les fenêtres de leurs bungalows, la chaleur devenait supportable. Commencée avant l'aube, la journée de travail des sahibs s'achevait vers neuf heures du matin ; ils rentraient alors se claquemurer chez eux. Ils n'en émergeaient qu'en fin d'après-midi, en tenue d'apparat, pour se rendre au club ou au mess. La canicule ne faisait pas obstacle aux plaisirs de la vie en société. Au contraire, plus chaudes étaient les nuits, plus excitantes et romantiques les rencontres. On bâclait les manœuvres ou le travail de bureau avant que la course de l'astre solaire ne soit trop entamée, et on passait le reste de la journée à l'intérieur, à lire des romans, à jouer aux cartes, ou à somnoler. Les soirées étaient consacrées à la musique, à la danse, au flirt, à l'amour et aux rires, sous le ciel étoilé.

Tout le monde avait été navré d'apprendre que les bals costumés de Bithoor, au bord du Gange, qui comptaient parmi les réjouissances estivales traditionnelles de Kanpur, avaient été interdits en raison d'une rumeur en provenance de Dum Dum ; au début de l'année, Bithoor avait été rayée du calendrier de la vie sociale de Kanpur.

Interrompant les danses, les jeux, les rires et les flirts, arriva un télégramme tapé par un employé terrorisé de Delhi :

LES CIPAYES SONT VENUS DE MEERUT
ILS BRÛLENT TOUT
PLUSIEURS EUROPÉENS TUÉS
NOUS DEVONS FERMER.

Ce télégramme alerta Kanpur le 14 mai 1857. La révolte avait éclaté quatre jours plus tôt à Meerut, une ville de garnison située à quelque trois cent vingt kilomètres au nord-ouest de Kanpur.

Les cipayes du 3e régiment de Native Cavalry s'étaient mutinés. Dieu sait qu'ils en avaient subi, des provocations ! Comme si leurs officiers anglais avaient décidé de les soumettre à une sorte de test pour vérifier jusqu'où il était possible de plier le matériau humain avant qu'il ne se brisât.

Meerut abritait environ cinq mille hommes de troupe, en majorité des Indiens. Les éléments britanniques se résumaient à un bataillon, le 60e Rifles, et à une batterie d'artillerie; quant aux soldats indiens, ils formaient deux bataillons d'infanterie et un régiment de cavalerie. En temps habituels, les armes et les munitions de la garnison étaient entreposées dans l'armurerie centrale: hors situation de combat, les unités, qu'elles soient britanniques ou indiennes, n'étaient pas armées.

Le 23 avril, Carmichael Smyth, le colonel de la cavalerie, ordonna la tenue d'un exercice visant à entraîner ses hommes à charger les nouvelles cartouches sans les mordre. Il choisit quatre-vingt-dix de ses meilleurs éléments pour cette démonstration. Au moment d'exécuter la manœuvre, hormis cinq hommes, tous les autres refusèrent poliment mais fermement de manipuler les nouvelles cartouches, craignant d'être souillés par leur seul contact.

« Rébellion ! » s'exclama Carmichael Smyth, qui fit traduire les coupables en cour martiale. Le tribunal militaire siégea pendant une semaine à l'issue de laquelle il prononça une sentence collective de dix ans d'emprisonnement. Le mécanisme de la justice militaire exigeait qu'avant d'être expédiés au bagne pour accomplir leur peine, les cipayes fautifs devaient être publiquement dégradés, ou « brisés » selon la formule consacrée. À cet effet, la garnison fut rassemblée pour une grande parade à laquelle était convié le public.

Le 9 mai, sous un soleil de plomb, par une chaleur trop intense pour pouvoir rester pieds nus sur la place d'armes, l'entière garnison de Meerut, soldats britanniques et indiens réunis, dut former les rangs pour assister au spectacle de leurs camarades en train de se faire « briser ». Après avoir été dépouillés de leur uniforme et de leur équipement, les condamnés, en sous-vêtements, durent rester au garde-à-vous pendant des heures, le temps que les forgerons de la ville leur enchaînent les poignets et les chevilles.

La mise aux fers des prisonniers dura de longues heures. D'après ce qu'on m'a rapporté, le spectacle s'est déroulé au milieu des cris et des grondements de honte de l'assistance; dans les rangs des victimes retentirent des jurons et des serments de vengeance; des larmes ruisselaient sur bien des visages. Enfin, la cérémonie prit fin. On rompit les rangs. Les condamnés, anciens soldats devenus des criminels, furent menés à la prison locale.

Pendant tout le reste de la journée et la nuit durant, les officiers britanniques délibérèrent ; ils décidèrent de démobiliser les bataillons indiens et de disperser les cipayes à la pointe des baïonnettes. Il existait un précédent : le lieu-dit Barrackpore. Deux bataillons indiens, le 19e et le 34e, avaient refusé les nouvelles cartouches. Les fauteurs de troubles – autrement dit, les porte-parole des cipayes – furent condamnés à la réclusion à perpétuité ; quant aux cipayes des bataillons, rassemblés pour la parade, ils furent tous démobilisés sous la menace des fusiliers et des artilleurs britanniques qui les tenaient en joue, prêts à les abattre au moindre signe d'insubordination. Nombre d'officiers et de commandants zélés se vantaient d'ailleurs des châtiments exemplaires qu'ils avaient infligés à leurs cipayes coupables d'avoir seulement « parlé » des nouvelles cartouches.

Mais ici, à Meerut, les troupes indiennes étaient trois fois plus nombreuses que les européennes ; la tenue d'une parade pour démobiliser une brigade avait dû paraître hasardeuse. Un subterfuge fut concocté. Le général et ses commandants de bataillons élaborèrent un plan. Le lendemain étant un dimanche, il paraîtrait normal, ce jour-là, qu'ait lieu, aux abords de l'église, un défilé religieux exécuté uniquement par les seules troupes européennes. La ruse était qu'au lieu de se rendre à l'église les soldats britanniques se dirigeraient droit sur l'armurerie pour sécuriser les fusils et les munitions de la garnison. Les cipayes cesseraient alors d'être en position de force.

Le défilé prévu n'eut jamais lieu. Quand le bataillon britannique, le 60e Rifles, se rassembla devant leurs baraques avec les chevaux d'artillerie avant de marcher sur l'armurerie, un garçon de cuisine dévala à toute jambe en direction des lignes de cavalerie indienne en hurlant que les armes des régiments allaient être confisquées.

De leur côté, les cipayes avaient eux aussi passé une nuit blanche, se doutant que quelque chose de louche se tramait : toute la nuit, venant de la ville, avaient retenti des bruits de marteaux battant des enclumes. La rumeur disait que « les forgerons avaient reçu l'ordre de fabriquer trois mille paires de menottes » !

À peine le garçon de cuisine eut-il donné l'alarme que les cipayes de la cavalerie se lancèrent dans une course éperdue, dans la tenue où l'alerte les avait surpris, c'est-à-dire nus, hormis leur cache-sexe. Certains coururent à la prison pour délivrer leurs camarades, d'autres se dirigèrent vers les bungalows de leurs officiers pour tirer vengeance, quelques-uns se mirent à piller les boutiques du bazar. Plus disciplinés, les cipayes du 20e bataillon d'infanterie se ruèrent vers l'armurerie qu'ils atteignirent quelques secondes avant les soldats anglais du défilé religieux. Les cipayes du 11e d'infanterie, formant la troisième unité indienne, restèrent à leur poste en attendant les ordres de leurs officiers. Vaine fut leur attente. Ceux parmi leurs officiers qui n'avaient pas été tués étaient occupés à former une ligne de défense purement britannique ; d'autres avaient pris la fuite.

C'est ainsi que, le dimanche 10 mai 1857, éclata la révolte.

Les mutins se comportèrent comme un troupeau de buffles sauvages à la débandade, certains d'entre eux comme des chiens enragés. Avec leurs chaînes, ils rejetèrent aussi toute notion de décence. Ce qu'ils commirent n'avait ni rime ni raison : ils pillèrent le bazar de Meerut et incendièrent les boutiques ; ils traquèrent leurs officiers anglais comme s'ils étaient du gibier ; certains, devenus fous, enfoncèrent les portes des bungalows britanniques et y massacrèrent femmes et enfants. Vers huit heures du soir, l'ivresse de la furie commença à retomber. Ils décidèrent alors de marcher sur Delhi, une ville distante de quatre-vingts kilomètres.

À Delhi, toute la garnison était indienne ; seuls les officiers étaient blancs. Ici comme ailleurs, les cipayes ne songeaient qu'à se soulever et n'attendaient qu'un signal. En dépit de leur imprécision, les rapports venus de Meerut firent office de signal. Les cipayes de Delhi s'en prirent d'abord à leurs officiers, tuant tous ceux qui leur tombaient sous la main ; puis ils s'attaquèrent aux chrétiens de la ville. Ces derniers étaient des hindous convertis ; ils étaient donc aussi indiens que les mutins ; ils n'échappèrent pas pour autant au massacre. Ensuite, les mutins attendirent sur les bords du fleuve Yamuna l'arrivée de leurs camarades de Meerut. Là, sur une vaste étendue de sable brûlant, les deux garnisons se rencontrèrent ; leur troupe se dirigea alors vers le Fort-Rouge en quête d'un chef.

Tout à la composition de son poème quotidien, le vieil empereur reçut les révoltés en clignotant des yeux d'un air fort contrarié.

– Un royaume vous attend, ô Seigneur de l'Univers ! scandaient à tue-tête les mutins.

L'empereur pâlit. Tremblant comme de la gelée, comprenant qu'il ne s'agissait nullement d'une invitation mais d'un ultimatum, il s'inclina devant la fatalité. Le soir même, les crieurs publics proclamèrent le retour au pouvoir des souverains moghols :

– La terre est rendue à Allah ! Le gouvernement à Bahadur Shah !

Au reçu de la nouvelle, ma première réaction fut une sorte d'abattement mêlé d'inquiétude. Quelque chose d'irrévocable venait de se passer. Il était trop tard pour reculer. Maintenant, il allait falloir combattre jusqu'à la victoire finale.

Les événements de Meerut me consternaient ; pour moi, en effet, la question était loin d'être tranchée. J'avais du mal à choisir entre le combat pour libérer ma patrie et mes engagements personnels. J'entretenais d'excellents rapports avec plusieurs familles britanniques et eurasiennes ; il était même de notoriété publique que je comptais davantage d'amis parmi les Blancs que parmi mes frères de race. À cause de ma naissance princière, mes compatriotes me traitaient de façon trop conformiste, tandis que les Anglais, à quelques exceptions près, me considéraient comme l'un des leurs. Comment pourrais-je regarder froidement ces hommes et ces femmes, qui avaient égayé ma demeure de leurs chants, de leurs danses et de leurs rires, se faire massacrer par des foules en furie ? Ces gens ne m'avaient fait aucun mal ; ils n'avaient pas davantage porté tort à l'Inde ; pourquoi devraient-ils être sacrifiés pour venger les injustices accumulées depuis un siècle par la Compagnie anglaise des Indes orientales ?

Les cipayes de Meerut avaient enfoncé la porte avec une brutalité destructrice à laquelle nous n'étions pas préparés. Dorénavant, à tout moment, la tempête pouvait éclater à Kanpur, à Lucknow. Alors, je serai contraint de choisir mon camp. Je ne pourrai plus jouer les arbitres, distribuer des conseils de sagesse, donner mon opinion à propos de qui avait tort ou raison, en entretenant inconsciemment l'espoir que le jour des comptes fût sans cesse repoussé.

Mes griefs, pour aussi légitimes fussent-ils, avaient eu le temps de refroidir ; les hommes coupables d'injustice à mon égard, Dalhousie et ses collègues, arrogants et hypocrites, étaient retournés dans leur pays. Mes contacts avec le nouveau gouverneur général, lord Canning, étaient trop épisodiques pour avoir généré des frictions ; pour ce qui me concernait, les « mangeurs de lune » se résumaient à une poignée de fonctionnaires britanniques, amusants et bons vivants, postés à Kanpur. Je n'étais pas un cipaye, autrement dit un mercenaire mal famé, vivant dans la terreur quotidienne qu'on le contraigne à se convertir au christianisme. Je m'étais créé une petite niche douillette, forgé une réputation de fin lettré qui, bien que respecté par les siens, n'en préférait pas moins la société des Britanniques, auxquels il offrait volontiers l'hospitalité ; avec ça, cultivé et tolérant, bien qu'un peu excentrique ; en effet, je servais de la viande et du vin à mes invités, je leur tenais compagnie à table, mais je ne prenais jamais mes repas avec eux, allant jusqu'à décliner leurs invitations ; ma réputation en fait collait bien à l'image type du potentat indien, généreux et libéral, qui prêtait volontiers ses équipages, ne comptait pas ses bouteilles de cognac, pouvait se targuer du nombre et de la variété des danseuses dont il louait les services et de la rareté des spécimens d'animaux sauvages qu'il abritait dans son zoo privé. Toujours est-il qu'à part les gens qui me servaient, je n'entretenais de relations suivies qu'avec les Anglais. Autant dire que je ne leur voulais aucun mal.

Loin d'être une déclaration de guerre, Meerut avait été un plongeon dans la barbarie ; l'événement ressemblait à l'évasion de masse des forcenés d'un asile d'aliénés. On se doutait bien que la révolte ne se résumerait pas à quelques cipayes canardant copieusement un nombre équivalent de *tommies* jusqu'à ce que l'un des adversaires crie grâce et demande une trêve. Mais les horreurs de Meerut ne risquaient-elles pas de servir de modèle aux événements futurs ? L'idée me fit frémir. « Ne cède pas à la faiblesse, nous exhorte la Guîta, car à la guerre, les hommes doivent mourir. » D'accord, mais est-ce céder à la faiblesse que de vouloir protéger des femmes et des enfants d'une ignoble boucherie ? Et que faire devant le spectacle d'une populace poursuivant Eliza ou Emily, ou matraquant les enfants Hillersdon, qui m'appelaient « Oncle Nana » ?

L'homme dont les enfants me considéraient comme leur « oncle » vint précisément me trouver, deux jours plus tard. Il souhaitait placer les siens entre mes mains, ainsi que d'autres enfants européens, avec leurs mères.

– Nous avons décidé de placer les femmes et les enfants sous votre protection, me dit-il.

Si Charles Hillersdon n'avait pas été le *Collector* de Kanpur et moi l'héritier du *peshwa*, nous aurions pu être les meilleurs amis du monde ; je me sentais plus proche de lui que de n'importe quel autre homme, qu'il fût blanc ou noir. J'aimais à penser qu'il était un peu mon pendant, une sorte de brahmane anglais cultivé, moins intéressé par la chasse ou le tir à la carabine que par les sciences abstraites, un dirigeant qui préférait comprendre ses administrés plutôt que les gouverner – encore moins jouer les démiurges avec eux –, le genre d'homme qui rêve et qui a l'audace de croire en ses rêves. Dans la trentaine, âgé peut-être de deux ans de plus que moi, Hillersdon s'était déjà taillé une petite réputation d'« orientaliste » qui le rendait fort suspect aux yeux de ses compatriotes.

Nous nous étions mutuellement invités à son arrivée, comme c'était l'usage, mais la relation n'avait pas fini là, contrairement à ce qui s'était passé avec ses prédécesseurs. Il consacrait ses temps libres à l'étude de la dramaturgie de Kalidasa[1]. Après avoir vaincu mes réticences, je lui avais offert de venir à Bithoor emprunter tous les ouvrages dont il pouvait avoir besoin. Il vint me voir avec sa femme et ses deux enfants : une fillette du même âge que ma propre fille, Gangamala, et un garçonnet beaucoup plus jeune. Plutôt que de passer la journée claquemurés dans ma bibliothèque, j'avais emmené toute la famille faire une promenade en bateau. Comme je l'ai précisé, s'il n'avait pas été le gardien officiel des dossiers secrets que les Anglais conservaient sur mes activités, nous aurions été libres de devenir plus intimes. En dépit de cela – autrement dit malgré la relation tendue, du type juge d'instruction-prévenu, qui gouvernait nos comportements respectifs –, nous étions en excellents termes.

Ma pensée initiale fut pour Eliza : apparemment, les événements nous rapprochaient, elle et moi. Mais, très vite, cette joyeuse pensée fut balayée par la prise de conscience d'un total renversement de situation, comme si les plateaux de la balance penchaient soudain du côté opposé, ce qui d'ailleurs ne paraissait affecter en rien l'homme qui était assis sur la chaise opposée à la mienne. Hillersdon était parfaitement détendu, d'une franchise désarmante. D'autres que lui auraient tourné autour du pot, à l'affût de la moindre gaffe de ma part qui leur aurait permis de sonder mes intentions réelles, ou bien ils auraient cherché à m'intimider, ou à m'acheter contre la promesse de m'accorder une faveur que je réclamais depuis la mort de Bajirao, par

1. Kalidasa : poète et dramaturge indien (Ier s. av. ou IVe-Ve s. ap. J.-C.), auteur en sanskrit de *Shakuntala*, *la Naissance de Kumara*, le *Raghuvança*, *le Nuage messager*. *(N.d.T.)*

exemple. Mais cela ne ressemblait pas à Hillersdon, lequel se comportait avec la même simplicité que s'il était venu m'emprunter un livre. Il me faisait confiance. Le fait que j'étais un Indien, par conséquent quelqu'un dont les sympathies étaient présumées devoir pencher du côté de ses ennemis potentiels, ne modifiait pas son comportement.

– L'idée vient de qui ? lui demandai-je.

– D'un comité présidé par Wheeler. Nous, j'en fais aussi partie, nous avons tous pressenti que c'était la décision la plus sage.

– Avez-vous la liberté de me dire ce qui a induit votre comité à prendre cette décision ?

– En ai-je la liberté ? Je l'ignore, mais je la prends. Nous ne voulons pas reproduire ici la situation qui a conduit au drame de Meerut, où les femmes et les enfants étaient dispersés dans des bungalows isolés, à la merci des hooligans. Nous voulons les placer tout de suite en lieu sûr.

– Un lieu… comme Bithoor, par exemple.

– Comme Bithoor, en effet ! Je regrette d'ailleurs que nous ne disposions pas davantage d'endroits comme celui-ci. Comme vous vous en doutez, tous les hommes blancs que nous serons en mesure de rassembler devront subir l'impact des premiers assauts. Nous ne voulons pas y ajouter la protection de femmes et d'enfants. Or, où seraient-ils mieux en sécurité qu'ici ? Voyez-vous un autre endroit ?

– Franchement, non. La question que je me pose est la suivante : qu'est-ce qui vous fait croire qu'ils seront plus en sécurité ici ?

– Mais… vous, tout simplement ! Si vous les prenez ouvertement et personnellement sous votre protection, aucun cipaye n'osera toucher un cheveu de leur tête. C'est tout !

– Est-ce vraiment tout ? insistai-je.

Il sourit. Ses paupières se rétrécirent.

– Écoutez. Je sais qu'ici, je suis le *Collector* ; mon devoir est de vous surveiller, une situation qui ne vous encourage guère à me confier vos intentions. Je vais donc les formuler pour vous. Nous savons que, si les choses tournent au vinaigre, votre escorte ne restera pas neutre. Vous ne serez donc pas en mesure de protéger ces familles avec vos troupes. En dernier ressort, ce sera vous, en tant qu'individu, votre propre personne – votre renom, celui de vos ancêtres, votre influence – qui assurera la protection de ces familles. Si vous déclarez ouvertement que vous garantissez la sauvegarde des femmes et des enfants britanniques, leur sécurité sera mieux préservée ici que n'importe où ailleurs dans le pays.

– Et c'est bien tout ?

– Mais... naturellement !

– J'ai l'impression que vous oubliez la question essentielle.

– Quelle question ?

– Vais-je ou ne vais-je point me déclarer ouvertement de votre côté ?

– Ne dites pas de sottises, répondit-il en riant. Pour le moment, la question ne se pose même pas. D'ailleurs, elle ne nous avance en rien. Parlons franchement. Dans le cas où nos cipayes se mutineraient, si vous prenez ouvertement notre parti, pourquoi respecteraient-ils l'engagement que vous aurez pris en notre faveur ? Ils ne le respecteront que si vous restez neutre, voire si vous vous joignez à eux. Et, naturellement, quoi qu'il advienne, nous partons du principe que vous veillerez à ce que rien de fâcheux n'arrive ici.

La confiance de Hillersdon me toucha : un minimum de décence serait donc préservée grâce à moi ; d'après lui, l'importance de mon nom, la renommée de mes ancêtres devraient suffire à protéger les familles britanniques contre la barbarie. La clarté de son raisonnement me frappa. Il me révéla de façon brutale que je leur étais moins utile en tant qu'allié qu'en tant qu'adversaire. En tant qu'allié, je ne pourrai pas assurer la sécurité des femmes et des enfants, alors que si je restais neutre, voire si je me rangeais contre eux, j'y parviendrai.

– Nous vous ferons parvenir un message, termina Hillersdon, vous priant de venir à Kanpur avec votre escorte pour ramener les femmes et les enfants. Vous prendrez aussi vos canons : mieux vaut faire en sorte que l'événement paraisse le plus impressionnant possible. Il faut que les habitants de Kanpur voient que Nana Sahib s'est déplacé en personne pour escorter les familles britanniques à Bithoor. Vous me promettez de venir vous-même, n'est-ce pas ?

– Oui, je vous donne ma parole, je viendrai moi-même.

– Bien.

Il se leva, coiffa son casque colonial.

– J'étais sûr de pouvoir compter sur vous, me dit-il en me serrant la main.

– Saluez Margaret pour moi, voulez-vous ?

– Je n'y manquerai pas. Elle devrait accoucher vers le mois de septembre, après que tout ce tumulte se sera apaisé, *inch Allah !* Au moins, en voilà une qui se réjouira d'apprendre qu'elle va venir séjourner un moment à Bithoor.

DEUXIÈME PARTIE

KANPUR

Chapitre 11

Hillersdon parti, j'envoyai mes hommes louer une douzaine de maisons situées en bordure du fleuve ; les propriétaires m'en demandèrent un loyer exorbitant. Après avoir fait évacuer ces demeures, je les fis nettoyer et meubler. Ensuite, j'attendis les instructions en provenance de Kanpur.

Le 19 mai, le Gange charriait deux cadavres à la peau blanche ; mutilés, gonflés par l'immersion prolongée, ils étaient déformés au point d'être méconnaissables ; cependant, leur nudité permettait d'identifier leur sexe : un homme et une femme. Paresseux, obscènes, leurs corps flottaient lentement, comme des outres abandonnées, en tressaillant à chaque fois qu'un poisson les mordillait. Quelque part en amont, un massacre avait eu lieu. Tard dans la nuit, je reçus un message de Hillersdon.

Le lendemain matin, à cinq heures, je quittai Bithoor. La timide fraîcheur qui précède l'aube était déjà passée ; le ciel avait pris une teinte cuivrée, comme si un incendie brûlait dans le lointain. Tôt levés, si tant est qu'ils aient fermé l'œil de la nuit, les citoyens de Kanpur s'étaient rassemblés sur les toits en terrasse de leurs demeures, surveillant d'un regard anxieux le nuage de poussière de plus d'un kilomètre de long qui approchait de leur cité, en direction de l'ouest.

Le nuage de poussières, c'était nous, ou plutôt la colonne qui m'escortait, éparpillée, délibérément étirée en longueur pour créer une impression de nombre alors qu'elle se résumait aux deux cents cavaliers et aux six cents fantassins de ma garde personnelle. À un kilomètre de Kanpur retentirent les canons de la garnison britannique, suivis des sonneries de clairon du réveil. Ces sons familiers nous réconfortèrent :

ils indiquaient qu'après une nuit calme, le cantonnement se préparait à passer une journée ordinaire.

La route de Bithoor, qui est aussi celle de Delhi, aborde Kanpur par l'ouest au niveau de Nawabganj ; les premiers bâtiments aperçus appartiennent à l'administration locale : le tribunal, la trésorerie, la prison. À partir de là, la route se perd dans le méandre des ruelles du quartier civil, parsemé de bungalows peints à la chaux, occupés par les fonctionnaires les plus gradés. Quand les arbres sont en pleine feuillaison, on distingue difficilement un bungalow d'un autre.

Ayant ordonné à ma colonne de faire halte à Nawabganj, je chevauchai en compagnie de Tantya jusqu'au bungalow de Hillersdon. Le *Collector* était absent mais il avait laissé un message m'informant qu'il emmenait sa famille au Retranchement et qu'il serait de retour à onze heures. En attendant, il m'invitait à faire usage du confort de sa demeure comme si j'étais chez moi.

Quelque chose ne tournait pas rond, mais je ne pouvais mettre le doigt dessus.

– Où le *sahib* a-t-il emmené la *memsahib* et les *babas* ? demandai-je aux domestiques.

Ils agitèrent les mains en indiquant la direction de l'est.

– Vers le champ de courses, me répondirent-ils.

La chaleur commençait à s'imposer et la lumière trop crue nous brûlait les yeux. Nos chevaux se blottissaient l'un contre l'autre en détournant la tête pour se protéger des rafales chargées de sable. Nous entrâmes et nous nous installâmes dans le salon. Rassurés par notre présence, les serviteurs reprirent leur routine. Ils aspergèrent d'eau les persiennes de roseaux. Quelques secondes plus tard, une brise fraîche les traversait, séchant la transpiration dont nous étions inondés. Nous eûmes beau avaler verre sur verre de petit lait que nous servit le maître d'hôtel de Hillersdon, le liquide ressortait aussi vite qu'il était bu par chaque pore de notre peau.

Hillersdon revint avec une ponctualité typiquement britannique. Nous l'entendîmes frapper des pieds le sol de la véranda pour faire tomber la poussière maculant ses bottes de cavalerie ; il entra ; ses yeux mirent quelques secondes à s'accoutumer à la pénombre. En dépit de la chaleur, il paraissait à son affaire ; sous une ligne formée par la visière de son casque colonial, le rose pâle de son visage avait pris une teinte rouge brique. Il nous salua et commanda une bière. Puis, d'un ton un peu emprunté, il me remercia pour mes troupes et m'informa qu'un changement était survenu dans leurs plans.

– Maintenant, nous aurons besoin de vos hommes pour garder la trésorerie. Il y a pour cent mille livres là-dedans !

Sur le moment, je crus avoir mal entendu ; puis, soudain, tout se clarifia : « ils » ne me faisaient plus confiance. Hillersdon s'efforçait de me le faire comprendre en douceur. Une question me vint aussitôt à l'esprit : « leur » manœuvre consistait-elle à me séparer de mes soldats ?

– L'or serait-il devenu plus précieux pour vous que les femmes et les enfants ? lui demandai-je.

– Sir Hugh a décidé d'installer les familles à l'intérieur du Retranchement.

– Et Janaki ?... Que pense-t-elle de ce changement ?

– Lady Wheeler respectera naturellement... ce que les autorités décideront pour les autres familles, répondit Hillersdon d'un ton sec.

C'était bien la première fois que Hillersdon – ou n'importe qui de son camp – faisait honneur à Janaki en la gratifiant d'un « lady Wheeler » ! Elle venait donc d'être intégrée dans le monde exclusif des femmes britanniques. D'une certaine manière, ce détail était à la mesure du changement surprenant que l'effet de Meerut avait produit sur leur communauté : ils serraient les rangs. Les « natifs du pays » et ceux qui étaient nés en Angleterre ne faisaient plus qu'un ; même la maîtresse indienne d'un bandit local, blanchie par le mariage, cessait d'être frappée d'ostracisme. Était-ce l'effet de Meerut ou celui de la découverte des deux cadavres que charriait le Gange ?

Des pensées agitées m'assaillirent ; des ombres prirent l'apparence de démons. Sentant la colère monter en moi, je fixai Hillersdon : cet homme chauve, au visage bicolore, philosophe et érudit, qui ne pouvait penser à mal, cessait soudain d'être un ami. Nous avions discuté des heures durant des subtilités d'interprétation du Rig-Veda, de l'origine raciale des Rajpout ; il avait envoyé ses enfants faire du bateau avec moi. Mais aujourd'hui, la méfiance l'emportait.

Les Anglais auraient-ils pensé que les deux cadavres venaient de Bithoor ? Me soupçonnaient-ils d'être responsable du drame affreux qui avait dû se dérouler quelque part en amont ?

En temps ordinaire, j'aurais posé la question à Hillersdon. Mais pas aujourd'hui. Il n'était pas sincère. Toute familiarité de ma part aurait été jugée déplacée.

En tout cas, il ne se départit pas de sa courtoisie.
– Margaret vous a préparé des fruits, me dit-il, sachant que vous ne mangeriez pas la cuisine préparée par nos cuisiniers. Une sorte de repas froid vous attend. Elle a commandé spécialement pour vous des *karboosa* de Lucknow et des mangues *langra*. Je l'avais prévenue que vous resteriez peut-être à déjeuner.
– Qu'est-ce qui vous fait penser que je vais rester ?
– J'ai cru que vous aimeriez rester à proximité de vos hommes, au moins jusqu'à ce qu'ils se soient installés. Votre présence nous aiderait à avoir quelque autorité sur eux.
Il lança un ordre à son maître d'hôtel pour qu'il apporte les fruits avant de reprendre la conversation.
– Margaret, pour sa part, se serait sentie davantage chez elle à Bithoor, ajouta-t-il, tout sourire.
– Davantage en sécurité, aussi, peut-être, fis-je observer.
– Peut-être, mais la protection des familles a été confiée au général.
– Hamlah doit être furieux…
– Furieux ?
– Qu'on lui confie la garde des familles au lieu de… commander des armées sur le champ de bataille.
– Il conserve le commandement du district.
– Du district, certes, mais d'un district démembré. N'est-il pas vrai que sir Henry Lawrence a pris en charge la défense de Lucknow, ville qui n'est donc plus sous l'autorité de Wheeler ?
Hillersdon s'essuya le front avec un mouchoir.
– Le fait est, répondit-il d'une voix hésitante, que sir Henry Lawrence souhaitait avoir les pleins pouvoirs à Lucknow. Le gouverneur général a donné son accord. Mais il n'y a pas de division au niveau du commandement.
– Ce n'est pas l'avis du cipaye, de Jack le Cipaye, dis-je avec un haussement d'épaules. Et ce n'est pas dans vos habitudes de réduire l'autorité des généraux à la veille d'une guerre, de les dégrader.
Le visage de Hillersdon s'empourpra.
– Sir Hugh est un soldat. Il s'inclinera toujours devant ses supérieurs, quels que soient ses sentiments personnels. Son devoir actuel est de protéger Kanpur. Il estime que les femmes et les enfants seront plus en sécurité dans le Retranchement, sous la protection de nos propres troupes, que n'importe où ailleurs.

Il parlait enfin franchement, en me regardant fixement comme s'il guettait mes réactions.

– Vous en prenez la responsabilité, lui dis-je, vous et Wheeler... Je suis personnellement convaincu que c'est une erreur.

– Mais nous attendons des renforts, un régiment entier de cavalerie. Leurs quartiers sont déjà prévus. Vous ne le saviez pas ? Leur avant-garde est déjà arrivée.

– Cinquante hommes du 32e régiment de la Reine et deux cents irréguliers d'Oudh, précisa Tantya Topi.

– Vous voyez bien !

Ces renforts en provenance de Lucknow étaient déjà arrivés. On les avait fait parader dans Kanpur, escortés par une douzaine de trompettistes vêtus de tenues criardes et soufflant avec entrain dans leurs instruments pour qu'un maximum de citoyens les voient défiler.

– Le reste des troupes sera ici avant la fin de la semaine, ajouta Hillersdon. En attendant, vos hommes nous seront d'un précieux secours pour garder la trésorerie.

– Ils sont à votre disposition, pour ce qu'ils valent. Ils ne sont pas entraînés au combat et leurs armes sont... disons primitives. Quant à mon artillerie, vous le savez aussi bien que moi, ce sont des canons de salut, tout juste bons à faire du boucan. Néanmoins, d'accord ! Gardez mes soldats pour protéger votre or, mais, à votre place, je ne compterais pas trop sur eux.

– Je comprends, répondit Hillersdon en souriant. Vous voulez dire que vos hommes ne se mettront pas de notre côté si les choses se gâtent ici aussi. Vont-ils se révolter le jour de Id ?

Id, pour les musulmans, est le premier jour qui suit le mois du Ramadan. Cette année, Id tombait le 24 mai.

– Vos espions vous ont-ils rapporté ce bruit ? lui demandai-je.

– Ragots de bazar, me dit-il en riant. De toute façon, vous ne le sauriez pas, n'est-ce pas ?

– Non.

– C'est bien ce que je pensais, et c'est ce que j'ai dit à Hamlah.

Encore aujourd'hui, je ne sais ce qui m'a pris. Était-ce le ton méprisant de sa voix camouflé derrière son rire bien élevé, ou bien la supposition provocante de sa part qu'il m'était impossible de savoir ce que fomentait mon propre peuple ? Toujours est-il que je me demande encore ce qui m'a poussé à me vanter, à vouloir prouver que j'en savais beaucoup plus que je n'en laissais paraître...

Ou encore était-ce le choc en retour des événements de la matinée, la déception d'être privé du rôle que je m'étais imaginé pouvoir jouer dans le conflit à venir ? La séquence des événements que j'avais prévue s'effondrait avant même que la révolte n'ait commencé. J'avais sincèrement cru pouvoir être la voix de la raison, jouer le rôle de l'homme providentiel respecté par les deux camps, être à la fois le médiateur et le négociateur, celui dont l'histoire retiendrait le nom pour avoir calmé la révolte, pour avoir aidé son peuple à se libérer du joug de conquérants étrangers avec un minimum de sang versé, celui aussi qui incarnait les anciennes valeurs chevaleresques : n'avait-il pas accordé l'asile aux femmes et aux enfants de l'ennemi ?

J'ignore encore ce qui m'a poussé à prononcer ces mots fatidiques :

– Dites à Hamlah de ma part que je vous préviendrai. Ça, je vous le promets !

J'entends encore le sifflement de surprise émit par Tantya Topi ; je vois encore se soulever les sourcils empoussiérés de Hillersdon, la pâleur envahir ses joues.

– Oui ? se hâta-t-il de répondre. Je transmettrai sans faute le message à sir Hugh.

– Mais il est possible que mon maître ne soit pas en mesure de prévoir les événements, précisa Tantya, d'un ton qui cachait un avertissement qui m'était destiné.

– Oh, oui, je saurai les prévoir. Je vais profiter de ma présence à Kanpur pour mener mon enquête.

– Ah, voilà les melons et les mangues ! s'exclama Hillersdon, visiblement soulagé.

Il m'offrit de faire libre usage de sa maison durant mon séjour à Kanpur. J'acceptai son invitation. Il vida son verre de bière et prit congé de nous. Nous entendîmes le tintement de ses éperons et le craquement des harnais lorsqu'il monta en selle ; les bruits de sabots s'accélérèrent quand il passa du trot au petit galop.

Tantya se mit à manger délicatement ses mangues en évitant mon regard. Les domestiques aspergèrent d'eau les persiennes. Le courant d'air humide nous soulagea.

Vers quatre heures, je commandai nos chevaux. Je me rendis avec Tantya au champ de courses. Je voulais jeter un coup d'œil discret sur le Retranchement – discret pour éviter d'être soupçonné de jouer les espions. La distance était longue depuis le quartier résidentiel et la maison de Hillersdon, au moins une douzaine de kilomètres. La pensée me vint que Hillersdon allait devoir chevaucher pendant plus d'une heure pour venir à son bureau.

Les distances, à Kanpur, sont considérables. Avec les porteurs les plus rapides, un palanquin met deux bonnes heures pour aller de l'ancien cantonnement aux lignes indigènes ; la route de Delhi est à cinq kilomètres du fleuve.

En fait, nous aurions pu aisément pénétrer jusqu'au milieu du Retranchement sans nous faire remarquer. Il y régnait un tel désordre que l'endroit rappelait davantage une foire à bestiaux qu'une place forte militaire. Pour chaque Blanc en âge de tenir une arme, il devait y avoir au moins une demi-douzaine de non-combattants : invalides, personnes âgées, femmes, enfants ; et pour chaque Britannique rencontré, il y avait au moins deux fois plus d'Indiens, tous appartenant à la classe servile des *jaswaras*. Convertis au christianisme, ces laissés-pour-compte du système de caste formaient à présent une classe de serfs dont la survie dépendait totalement de leurs maîtres. Comme des oiseaux pique-bœufs sur le dos des buffles, les *jaswaras* vivaient en parasites sur le dos des Blancs. Ils leur servaient de domestiques, de cuisiniers, de nourrices, de porteurs d'eau, et que sais-je encore ? Ils débarrassaient leur table, lavaient leurs latrines, vidaient leurs déchets, promenaient leurs chiens et gardaient leurs enfants. Le Retranchement abritait aussi un assortiment complet de bestiaux et d'animaux de compagnie, ânes, chevaux, chiens, oiseaux en cage, chats renfrognés et silencieux.

Peut-être était-ce à ce moment-là que j'ai baptisé cet enclos « le fort du désespoir ». En tout cas, je me souviens avoir dit à Tantya combien le lieu me paraissait exposé aux dangers et dans quelles conditions chaotiques il se trouverait s'il devait subir un siège.

– Les hommes-chapeaux sont terrifiés, commenta-t-il avec un sourire narquois, complètement paniqués !

Les cipayes des lignes indigènes, qui contemplaient la scène du côté opposé de la piste de course, le constataient également ; le spectacle n'échappait pas non plus à la vue perçante des Goudjars, ces membres des tristement célèbres tribus criminelles du Doab, lesquels, il y avait à peine une trentaine d'années, vivaient encore de rapine. Des bandes éparses de ces malfaiteurs nés s'étaient rassemblés autour de l'enclos comme des vautours autour d'un taureau blessé ; nonchalamment appuyés sur la barrière, ils lançaient de cruelles obscénités aux *jaswaras* qui passaient à leur portée.

Ce Retranchement se présentait comme une sinistre plaisanterie. Non seulement il était mal situé, mais il n'avait surtout rien à faire dans ce pays, au milieu de ces populations, lesquelles, durant toutes ces années, avaient été maintenues à leur place par la force des baïonnettes. Les hommes de la Compagnie avaient vécu comme des conquérants en territoire hostile, isolés au milieu des multitudes. Ayant toujours été maîtres de ces lieux, ils ne pouvaient coexister que dans ce rôle. La seule vertu qui leur avait permis de s'imposer – la force – venait de s'effondrer : ils se sentaient soudain vulnérables.

Quand nous remontâmes en selle, un soleil rouge sang ruisselait à l'horizon ; les cinglants tourbillons d'une tempête de sable empourpraient l'atmosphère. Près de Mogul Serai, nous croisâmes un escadron de cavalerie se dirigeant vers le Retranchement. Je priai Tantya de se renseigner auprès des soldats pour savoir où se trouvait l'école de danse d'Azijan. Il fronça les sourcils et me regarda d'un air réprobateur. Je dus réitérer mon ordre.

– Mais c'est... c'est une maison de mauvaise réputation ! protesta-t-il.

– C'est là que nous passerons la nuit.

Hilares, les cavaliers se firent un plaisir de nous indiquer en détail la direction. En passant par-derrière le bazar de Golaghat, nous parvînmes à l'école de danse. De fait, cette prétendue école de danse était devenue le bordel à soldats le plus populaire de Kanpur.

Tantya dut cogner fort et longtemps contre la porte avec la poignée de son sabre avant que l'huis, protégé par une lourde grille de fer forgé, consentît à s'ouvrir. Une lampe-tempête apparut d'abord, derrière laquelle se dissimulait un visage ridé et renfrogné. Une voix éraillée nous lança des insultes en nous envoyant promener.

– Foutez le camp, soldats ! Cette maison n'ouvre pas aux trouillards ! Tout le bazar est au courant. Pfffft...

La vieille allait refermer la porte quand Tantya racla la grille de la garde de son sabre et se mit à tempêter de sa voix de parade.

– Ferme ton clapet, vieille corneille ! Ouvre immédiatement ! Tu ne reconnais pas qui tu fais attendre ? T'as de la merde dans les yeux ou quoi ? C'est le *peshwa* en personne, Nana Sahib de Bithoor !

L'aïeule nous regarda d'un air ahuri avant de s'éclipser. Quelques secondes après, une ribambelle de visages féminins se pressaient contre la grille, en babillant et en riant avec excitation avant de s'éparpiller comme des moineaux qui ont aperçu l'ombre d'un faucon. La grille s'ouvrit enfin. Azijan parut sur le seuil. Elle s'inclina et nous pria d'entrer.

Précédés par une servante porteuse d'une lanterne, nous traversâmes un vestibule, puis une cour intérieure à ciel ouvert, avant d'être admis dans une grande pièce qui sentait le musc et l'encens. J'appris plus tard qu'il s'agissait du *sheeshmahal*, la chambre aux miroirs. D'épais tapis recouvraient le sol ; des traversins couverts de velours orange étaient alignés sur les côtés. Les murs étaient couverts de grands miroirs encadrés de dorures, sur lesquels se réfléchissait la lumière provenant de deux lampes de cuivre, protégées par des globes roses. Sur l'un des murs pendait une tapisserie qui, à en juger par son lustre, devait être une authentique Heriz. J'eus grand plaisir à constater qu'Azijan avait fait fortune. Après nous être déchaussés, nous nous assîmes sur un matelas. Une servante nous apporta des houkas et une autre des boissons glacées. Après leur sortie, Azijan nous posa une question toute professionnelle.

– Malik souhaite-t-il de la musique ou un *paan* ?

– Il vient pour des renseignements, lui répondis-je.

– Refuserait-il les services d'une *malish* du Malabar ? J'ai une fille à la plante des pieds aussi douce qu'un bouton de champak.

– Une autre fois.

– Puis-je avoir un *paan* ? demanda timidement Tantya.

– Ici, *paan* ne signifie pas une feuille de bétel mais une fille pour la nuit, lui précisai-je.

Son visage s'empourpra.

– Non, je voulais parler d'un vrai *paan*, d'une feuille de bétel.

Ouvrant une boîte en cuivre, Azijan nous prépara les *paans*.

– Dis-moi, qui sont ces « trouillards » dont on parle tant ? lui demandai-je.

– Dame, les cipayes de la Compagnie ! Nous leur fermons la porte au nez.

– Mais il y a assurément d'autres «écoles de danse».

– Certes, mais elles refusent aussi les hommes en uniforme ; les filles leur crachent au visage.

– Et qui sont donc les «héros» ?

– Les cipayes de Meerut, les cipayes de Delhi !

– Et ici ?

– Tous des eunuques ! Ils s'enivrent de *bhang* toute la journée, ils se vautrent comme des porcs ; la nuit tombée, ils déambulent dans le bazar en se lissant la moustache et en lorgnant les filles ; mais devant le *sircar*, ce sont des moutons. Ils vendraient leur propre mère aux hommes-chapeaux contre une poignée de sel.

Il était neuf heures passées. Le *loo* s'était calmé. Le sommeil commençait à me gagner, mais il restait un certain nombre de questions en suspens. J'envoyais Tantya au campement de nos serviteurs pour chercher nos dîners.

– Puis-je masser les pieds de Malik ? me demanda Azijan.

– S'il te plaît, merci.

Étendu sur les traversins, je fumais mon houka tandis qu'Azijan me massait les jambes de ses mains expertes. Quand arriva notre dîner, près de deux heures plus tard, j'étais au courant d'un nombre suffisant de rumeurs pour déclencher une douzaine de révoltes. Il était surprenant que rien ne se soit encore passé.

Les deux camps s'observaient en tentant d'interpréter les signaux ; saisis par la panique, nerveux, soupçonneux, prêts à vendre chèrement leur peau, ils étaient l'un comme l'autre convaincus que le camp opposé complotait leur destruction.

Par exemple, les cipayes avaient gobé l'histoire inventée par Wheeler qu'un régiment additionnel de cavalerie britannique était sur le point d'arriver ; non contents de le croire, en extrapolant, ils étaient arrivés à la conclusion que ce régiment allait être utilisé pour désarmer le 2e de cavalerie.

– Mais, ces abrutis ne savent-ils donc pas que c'est du bluff, *bakhwaz* ? demandai-je à Azijan. Il n'y a pas la moindre troupe – de soldats blancs, j'entends – à mille cinq cents kilomètres à la ronde.

– Oh, mais oui, il y en a ! protesta Azijan. C'est Tika Singh lui-même qui me l'a dit. Il est le *subedar* du 2e de cavalerie.

– Que t'a-t-il dit exactement ?

– Que les *goras*, les soldats blancs qui sont attendus seront logés dans les quartiers du 2e de cavalerie. Ils viendront sans leurs armes ni leurs chevaux.

– Pourquoi cela ?

– Ils n'en auront pas besoin, prononça Azijan d'un ton dramatique, puisqu'ils vont s'emparer des chevaux et des fusils du 2e de cavalerie.

– Et que deviendront les hommes du 2e de cavalerie ?

– Ils subiront le sort de leurs frères de Barrackpore, ou celui des cipayes de Meerut s'ils n'avaient pas réagi à temps. Ils seront désarmés, puis fusillés, mitraillés par les troupes blanches.

– Mais ton Tika Singh et ses *sowars* ne vont tout de même pas se laisser persuader de remettre gentiment leurs armes et leurs chevaux.

– Cette fois, les Britanniques ont été les plus malins. Les baraques indiennes sont déjà dans la ligne de tir de leur artillerie.

– Qui te l'a dit, Tika Singh ?

– Tout le monde le sait. Tout le bazar a vu les habits rouges sortir leurs canons du dépôt.

Les mêmes avaient dû voir, aussi clairement que Tantya et moi-même l'avions constaté, que les canons avaient été placés en position de défense autour du Retranchement, mais, aussi évidente fût-elle, l'explication ne collait pas à ce qu'ils avaient décidé de croire.

– Les cipayes se feront tous massacrer, tous, me chuchota Azijan.

En dépit de l'effet soporifique du massage, je sursautai.

– Mais comment ?

– La place d'armes est bourrée d'explosifs. Ils ordonneront aux cipayes de faire une parade et ils mettront le feu aux poudres. Pas un cipaye n'en réchappera. La grande parade est d'ailleurs déjà prévue. Elle aura lieu le 25, le jour anniversaire de leur reine.

La panique prenait un aspect grotesque. Les Britanniques soupçonnaient les cipayes de vouloir se mutiner le 24 parce que c'était le jour de Id, la fin du ramadan ; quant aux cipayes, ils étaient convaincus que les Britanniques avaient prévu une grande parade dans le seul but de les faire tous sauter.

– Et que comptent-ils faire ? demandai-je à Azijan en tentant de paraître désinvolte. Sachant qu'ils n'ont plus que cinq jours à vivre…

Azijan l'ignorait, ne s'interdisant pas pour autant de les invectiver.

– Ce sont tous des eunuques ! Émasculés. Nous leur crachons au visage. Pfuit…

Lancé de façon experte, son jet de salive atterrit en plein dans le crachoir de cuivre.

– Ce Tika Singh, le *subedar* du 2e de cavalerie, j'aimerais le rencontrer. Peux-tu arranger ça ?

– Moi ?

– Tu es bien la seule à pouvoir le faire.

– Est-ce bien prudent que Malik le rencontre ? Les hommes-chapeaux le surveillent en permanence. Deux espions sont payés pour le suivre partout où il se rend, deux chrétiens.

– Dis-lui seulement que je veux le voir. Maintenant, écoutons un peu de musique.

Les chants étaient plutôt rustiques, mais étrangement apaisants. Mes paupières s'alourdirent et mes pensées se mirent à vagabonder. Deux dates revenaient : Id et l'anniversaire de la reine. Chacune d'elle pouvait servir de déclencheur dans la mesure où chaque camp était persuadé que le camp opposé préparait une fourberie.

Onze heures étaient largement passées à ma montre quand Tantya revint avec les serviteurs qui apportaient nos dîners. Le chef cuisinier était dans tous ses états car il n'avait pu préparer les *chapatis*. La farine vendue à Kanpur était, paraît-il, polluée.

– On raconte que les Anglais y ont mélangé du sang séché et des os broyés de vache et de porc, m'expliqua Tantya.

– Mais c'est vrai ! s'écria Azijan. Tout le monde est au courant. Même qu'ils la vendent au rabais ! Mais qui va acheter cette saloperie ? Personne ! Sauf bien sûr ces maudits *issahis* et les *jaswaras* qui se gavent de porc et de bœuf.

C'était une rumeur de plus, une preuve supplémentaire de la duplicité des Britanniques, comme un rappel de la graisse des cartouches. À présent, voilà que la Compagnie complotait la conversion de masse de cités entières en mélangeant à la farine de blé du sang et des os de cochon et de vache. Les Portugais n'avaient-ils pas utilisé cette méthode, contraignant des villages entiers du territoire de Goa à la conversion en jetant des morceaux de viande de vache dans les puits communaux ? En Inde, ce genre de stratagème faisait partie de l'arsenal du prosélytisme chrétien.

– Plutôt mourir de faim que de manger de cette *atta*, de cette farine avariée ! jura Azijan.

– Heureusement, elle pue ! L'odeur se répand jusque dans la rue, intervint le joueur de tablas. Il faut se boucher le nez quand on passe à proximité… Une puanteur qui rappelle d'ailleurs celle des paniers de détritus entreposés derrière les cuisines des régiments britanniques.

Benjamin Disraeli ne s'était-il pas gaussé de nous autres Indiens, déclarant que la graisse n'avait jamais provoqué de révolution ? On voit qu'il ne connaissait pas l'Orient où, à la faveur des circonstances, une simple odeur peut se transformer en puissant explosif.

Je jetai une poignée de pièces sur le tapis, que le joueur de tablas ramassa. Les musiciens me saluèrent avant de s'en aller. Tantya et moi avons dîné en silence.

Chapitre 12

Nous sortîmes de la maison d'Azijan peu après le salut au canon du matin. À l'embranchement du quartier civil, je me séparai de Tantya. Il poursuivit sa route jusqu'à Nawarganj pour inspecter comment nos hommes s'en sortaient tandis que je m'arrêtai au bungalow du *Collector*. Le soleil se levait à peine quand je franchis le portail, mais Hillersdon était déjà arrivé ; il venait de faire les douze kilomètres qui nous séparaient du Retranchement. Il sortit sous le porche pour me recevoir et m'invita dans son salon. Dès que nous fûmes seuls, il me demanda si j'avais pu collecter des renseignements.

– Je n'ai rencontré personne qui aurait pu me renseigner, lui répondis-je.

– Vous avez passé la nuit dans l'école de danse derrière les lignes de la cavalerie.

– Une soirée musicale.

– Tika Singh fréquente aussi cet endroit.

– Et qui est ce Tika Singh ?

– Le *subedar* du 2ᵉ de cavalerie.

– Une chose est sûre, il n'y était pas hier soir. La maison est fermée aux cipayes.

– J'ai transmis votre message à sir Hugh. Il était très touché. Il m'a prié de vous dire qu'il n'avait jamais douté de vous, qu'il savait que vous feriez tout votre possible pour aider vos amis.

Des amis qui combattent dans des rangs opposés peuvent-ils être encore des amis ? Et y avait-il quoi que ce soit que je puisse faire encore pour eux ? Cette pensée me préoccupait depuis le début de la matinée pendant ma chevauchée en compagnie de Tantya sur le chemin qui longe le Gange ; j'ai toujours eu l'impression d'être à même de mieux clarifier mes pensées assis sur le dos d'un cheval. Le pas balancé du puissant animal me libère des idées parasites ; les fractions s'annulent les unes les autres, et les réponses apparaissent en nombres entiers. Mais aujourd'hui, mes pensées étaient restées aussi confuses qu'auparavant.

– Que se passera-t-il s'il n'y a pas de révolte à Kanpur ? demandai-je à Hillersdon.

– Y a-t-il encore une possibilité ?

– Il reste au moins une chance. Nous trois – vous, Wheeler et moi – pouvons la conserver si nous nous concentrons sur cet objectif : veiller à ce que Kanpur ne soit pas affecté.

Hillersdon eut un hochement de tête dubitatif.

– Je ne vous comprends pas. Vous voulez dire... prétendre qu'il ne se passe rien à Meerut, à Delhi, à Faizabad ? Comment serait-ce possible ?

– Pourquoi pas ?

– Parce que nous ne pouvons pas nous isoler ; que cela se passe à Meerut ou à Delhi, c'est aussi notre affaire.

– Qu'est-ce qui en fait *votre* affaire ?

– Ce sont les affaires de la Compagnie.

– Mais, en tant que loyal serviteur de la Compagnie, n'est-ce pas à votre avantage que Kanpur soit préservé de la violence ?

– Parlons franchement, me dit-il en détachant ses mots. Dites-moi : est-ce que cela veut dire que vous avez décidé de vous joindre ouvertement à nous ?

La question ne me vexa pas. Cet aveuglement était caractéristique de tous ceux qui servaient la Compagnie. Ils se targuaient de leur loyauté indéfectible à leur race, à leur religion et, par dessus tout, à leur employeur. Mais une attitude analogue chez un Indien leur paraissait tout bonnement impensable. Il leur semblait évident, par exemple, qu'en tant que membres de la même religion, les Indiens chrétiens se rangeraient obligatoirement de leur côté ; ils ne pouvaient comprendre qu'une personne qui les avait acceptés comme amis puisse placer l'amour de sa patrie ou la loyauté de race au-dessus des obligations de l'amitié.

Je lui exposai donc ma position aussi crûment qu'il m'était permis de le faire.

– Si les cipayes de Kanpur se rebellent, je n'aurai pas le choix : je me joindrai à eux. Je mettrai l'autorité liée à mon nom à leur service. Mais aussi longtemps qu'il ne se passera rien ici, je resterai neutre. Il me sera donc possible d'aider mes amis. C'est pourquoi, le mieux consisterait à tout faire pour éviter cette échéance ici…

– Oh, mais sir Hugh fait de son mieux pour éviter qu'une mutinerie n'éclate ici.

– Oui, mais le remède qu'il administre a perdu de son efficacité. Les fanfaronnades n'intimident plus les cipayes. D'un côté, pour leur faire peur, vous faites courir le bruit que des milliers de soldats blancs arrivent en renfort ; de l'autre, quand vous versez leur solde à vos hommes, vous leur ordonnez de se mettre en rang sans leurs armes personnelles de crainte qu'ils ne vous attaquent à coups de couteaux. Vous tentez de les terroriser alors qu'ils savent que c'est vous qui avez peur. Vous ne pouvez rester maîtres de la situation tout en vous réfugiant dans un Retranchement. Vous avez toujours imposé votre discipline par la force ; dès lors que vous avez peur et que vous le laissez paraître, l'intimidation de marche plus.

Hillersdon n'a pas dû apprécier ce que je venais de lui dire.

– Vous oubliez la dévotion personnelle de Jack le Cipaye pour sir Hugh, me rappela-t-il.

– C'est effectivement une chose qui aurait pu marcher : le lien affectif entre les cipayes et Hamlah. Mais vous avez coupé ce lien. Les cipayes savent que Wheeler est le général le plus ancien et le plus compétent, celui qui a le plus de mérite. Mais vous l'avez couvert de ridicule en le privant de la moitié de son commandement. Ils ne peuvent continuer à respecter quelqu'un de ridicule, quelqu'un qui a été délaissé par son propre camp.

– « Délaissé » est le mot, admit Hillersdon.

– Vous avez besoin d'un lien, pas de troupes supplémentaires. Et c'est ce que je me propose d'être, votre lien avec le camp opposé. Les cipayes me font confiance. Question : me faites-vous confiance ?

– Difficile à dire, répondit-il doucement, difficile de distinguer entre ami et adversaire…

Je ne prêtai aucune attention au sous-entendu. Il n'exprimait d'ailleurs pas son opinion personnelle mais celle de sa communauté. Je poussai plus loin mon argument.

– Nous pouvons susciter la compréhension, une plus grande tolérance, écarter les causes de la peur.

– En avons-nous encore le temps ?

La question était subtile. Il me sondait pour voir si j'avais appris quelque chose concernant un plan des cipayes pour le 24, le jour de Id, fin du ramadan.

– Oui, nous avons encore du temps devant nous. En fait, je puis vous assurer qu'ils ne se révolteront pas le jour de Id. En outre, nous pourrions prévenir une rébellion pourvu qu'il n'y ait pas la moindre provocation de votre côté, même indirecte.

Je lui parlai alors de la farine vendue à bon marché dans le bazar de Kanpur.

– Grand Dieu ! s'exclama-t-il, en se frappant le front du plat de la main, geste typiquement indien. Mais ce lot de farine n'est absolument pas avarié. Les sacs ont été entreposé au commissariat pendant la dernière mousson, ils ont pris l'humidité et la farine a commencé à sentir. Nous avons donc décidé de la solder au public dans les boutiques du bazar. Vous savez aussi bien que moi que vos marchands abusent les pauvres en spéculant sur la pénurie. Nous pensions faire une bonne action, nous rendre populaire en faisant baisser les prix.

– Votre geste a été mal interprété ; vous feriez mieux de retirer les stocks de farine si vous voulez apaiser les craintes de conversions de masse.

– Je m'en occupe immédiatement, dès que j'arriverai au bureau. Quoi d'autre ?

– La parade prévue pour l'anniversaire de la reine, il faut l'annuler.

– Oh, non ! ça, sir Hugh n'acceptera jamais. Ses officiers l'ont persuadé qu'il fallait faire comme d'habitude, préserver les apparences de la normalité, pour...

– Très bien. Alors c'est ce jour-là que tout va commencer, le 25 ! Vous pouvez l'annoncer à sir Hugh de ma part...

– Vous parlez sérieusement ?

– Absolument ! Vos hommes refuseront de se rassembler sur la place d'armes ; ils sont convaincus que vous allez les mitrailler dès qu'ils seront tous ensemble au garde à vous.

– Mais quelle supposition absurde !

– Pas plus absurde que la vôtre à propos de Id, lui rappelai-je. Pour ma part, j'ai tenu ma promesse : je vous ai prévenu qu'ils ne vont rien entreprendre ni le jour de Id ni, si vous annulez la parade, le 25. La panique se calmera encore plus aisément s'ils apprennent l'interdiction de vente de la farine rance.

– Je transmettrai tout ça à sir Hugh, me promit-il. Je lui rapporterai vos propos exacts.

– Dites-lui aussi que, la chance aidant, peut-être parviendrons-nous à prévenir un soulèvement, ici, à Kanpur, jusqu'à ce que les événements extérieurs décident de l'issue du conflit.

Hillersdon me fixa d'un regard dur, comme pour me rappeler que la nature de nos espoirs sur l'issue du conflit ne serait jamais la même. Il voulait perpétuer le règne de la Compagnie alors que j'aspirais à son extinction. Pourtant, je ne voyais pas pourquoi nous nous priverions de partager un objectif limité mais commun, consistant à épargner à notre environnement immédiat la sauvagerie d'une guerre. Il suffisait de considérer Kanpur comme un lieu où les forces en présence s'annulaient, où une victoire ou une défaite locale n'ajouterait rien à la fortune de l'un ou l'autre camp.

C'était un objectif improbable, passablement égoïste même. Néanmoins, il nous convenait aux uns comme aux autres : Hillersdon et Wheeler feraient bon accueil à un répit qui leur donnerait le temps de souffler ; de mon côté, je caressais l'espoir secret que la révolte atteindrait son but avant la fin de notre trêve.

Hillersdon coiffa son *topi* et héla son palefrenier pour qu'il conduise sa monture devant le porche. Il sortit, les jambes écartées pour ne pas heurter ses éperons, ses bottes de cavalier craquant à chaque pas. Il s'arrêta sur le seuil, et se retourna vers moi.

– Le général Anson est mort, m'annonça-t-il d'une voix blanche.

Je bondis du fauteuil.

– Quoi ? Le commandant en chef est mort ? Mais alors, Hugh Wheeler va devenir le *Jangi Laat* !

– Patrick Grant est le nouveau commandant en chef, précisa Hillersdon, sir Patrick Grant...

Il tourna les talons et sortit.

– Dites à Hamlah combien je suis désolé ! m'écriai-je. Exprimez à sir Hugh l'amère déception de tous ses amis !

Je me laissai retomber dans le fauteuil, surpris par ma réaction paradoxale : notre monde s'effondrait, pourtant ce qui me bouleversait le plus était un incident dans la carrière militaire de Hamlah. Mais c'était un peu comme si le vœu de toute ma vie m'était arraché. Les paroles de Wheeler, prononcées d'une voix angoissée, me revinrent en mémoire : « Comment serait-ce possible ? Grant ! De quinze ans mon junior...

J'étais déjà capitaine et je commandais un escadron quand il s'est engagé… Comment oseraient-ils ? »

« Ils » avaient osé ! Ils avaient privé Wheeler de son commandement légitime, le reléguant à la défense de Kanpur ; et maintenant, ils venaient de nommer son junior, Grant, au poste qui lui revenait de plein droit. Ce doit être dur à supporter, me dis-je, surtout pour quelqu'un de plus de soixante-dix ans.

Dans l'heure qui suivit, les crieurs publics battirent tambour à chaque coin de rue. La vente de farine rance était interdite. Tous les stocks seraient détruits. Les marchands seraient dédommagés.

Vers midi, quand Tantya revint de sa tournée d'inspection, il me fit part de la jubilation des hommes du 56e régiment d'infanterie : la parade prévue pour l'anniversaire de la reine avait été annulée.

– Pourquoi l'ont-ils annulée ? lui demandais-je.

– Apparemment, parce que le *Jangi Laat* est mort.

– Savent-ils qui est le nouveau *Jangi Laat* ?

– Non, mais ils savent que ce n'est pas Hamlah.

– Pauvre Hamlah !

– Oui, les troupes disent que la Compagnie lui a coupé le nez, qu'elle l'a rétrogradé au rang d'un lieutenant forcé d'obéir aux ordres d'un capitaine.

Rien ne me retenant à Kanpur, je décidai de rentrer à Bithoor dans l'après-midi. Vers midi, un chamelier m'apporta une lettre en provenance du Retranchement. Hillersdon et Wheeler m'écrivaient qu'ils seraient reconnaissants envers le raja de Bithoor s'il pouvait s'arranger pour demeurer à Kanpur jusqu'au 26.

Ainsi, ils voulaient que je reste dans les parages jusqu'à ce que Id et l'anniversaire de la reine fussent passés. Je griffonnai une réponse indiquant que j'acceptais de prolonger mon séjour.

Dans la soirée, Tantya et moi-même chevauchâmes à travers le cantonnement et la cité. Le changement était surprenant. Toutes les boutiques du bazar avaient rouvert leur devanture ; les affaires marchaient rondement. Les gens riaient, plaisantaient, chantonnaient des couplets populaires. Il n'y avait plus trace de nervosité.

Sur notre chemin de retour vers le quartier résidentiel, en traversant un bosquet de vieux banians, nous passâmes devant une silhouette tapie, parfaitement immobile, entre deux racines aériennes. Sans le reflet des boutons et des boucles, nous l'aurions confondu avec une souche, ou une termitière.

Tantya cabra son cheval et cria d'une voix puissante :

– Halte là ! Qui es-tu ?

– Tika Singh ! répliqua une voix sèche comme la frappe d'une baguette sur une peau de tambour. Le *subedar* du 2e de cavalerie.

– Que nous veux-tu ?

– Les *sowars* m'ont chargé de voir le *peshwa*.

– Que lui veulent les *sowars* ?

– L'assurance du *peshwa* que, le moment venu, il sera notre roi.

Mon corps a dû involontairement se crisper car mon cheval rua. Un frisson me parcourut, comme sous la caresse d'une main glacée. Est-ce ainsi que les hommes sont appelés à devenir rois ? Tantya, qui, jusqu'ici, avait répondu, me jeta un coup d'œil à la dérobée.

– N'est-il pas trop tard ? demandai-je.

– Pour la cavalerie, il ne sera jamais trop tard !

C'était encore à mon tour de parler.

– Pourquoi ne pas faire comme si de rien n'était, accepter le résultat de ce qui se passe ailleurs dans le pays ?

– C'est la voie des eunuques… des eunuques et de l'infanterie, pas de la cavalerie !

– Mais il n'y a qu'un seul régiment de cavalerie pour trois bataillons d'infanterie.

– Trois mille moutons ! Mais ils suivront… Il suffira d'une provocation.

– Comme la farine ?

– Oui.

– Mais c'est terminé.

– Oui, ils ont su lire les signes… Mais ils feront quelque chose d'autre qui produira l'étincelle. Le temps joue pour nous.

Les feuilles du banian frémirent sous l'effet de la brise. Mes mains dégoulinaient de sueur.

– Quelle est la réponse du *peshwa* ? insista Tika Singh.

– Le *peshwa* n'a pas le choix, répondit Tantya d'une voix claire. Ses ancêtres ont choisi pour lui. Il est des vôtres. Votre roi !

– Votre serviteur, le corrigeai-je d'une voix hésitante.

– Je salue mon roi !

Un claquement de talons se fit entendre. Puis, ce fut le silence. L'arche formée par les blanches racines aériennes du banian redevint un espace vide, un passage obscur à travers les bras entrelacés du grand arbre. Quelqu'un s'était-il tenu ici ? Ou bien avions-nous été victimes d'une hallucination ? Nous éperonnâmes nos montures, pressés de quitter ce lieu hanté.

Le 24 mai se déroula sans incident. Les musulmans célébrèrent Id. Des centaines de chèvres et de moutons furent sacrifiés ; des odeurs de viande épicée et de *chapatis* chauds flottèrent dans le bazar. Selon la tradition, les officiers britanniques partagèrent le repas de leurs hommes. Ils plongeaient maladroitement leurs mains dans la soupière commune pleine de curry brûlant et ils pourléchaient ensuite leurs doigts couverts de sauce épaisse, tout en riant et en plaisantant comme s'ils célébraient une de leurs fêtes.

Puis vint le 25 mai, l'anniversaire de la reine. Repus, les soldats somnolèrent comme des pythons. Au lieu de la parade, on leur avait accordé un jour de congé, pour honorer le deuil de leur commandant en chef. Même le salut coutumier des vingt et un coups de canon avait été annulé pour éviter d'alarmer les cipayes. Le 26, Hillersdon vint me remercier et me dire au revoir.

– Nous avons donc surmonté la crise, me dit-il d'une voix satisfaite. Nous avons même annulé les saluts au canon en l'honneur de la reine.

Je me remémorai les paroles de Tika Singh.

– Quelle garantie avons-nous qu'il n'y aura pas d'autres malentendus, un incident quelconque qui rallumera la mèche ?

– Aucun danger ! me répondit Hillersdon d'un ton assuré. Sir Hugh et moi-même avons personnellement parlé à chaque officier pour leur recommander la plus grande vigilance. Sir Hugh les a prévenus, il les a exhortés à « traiter chaque cipaye comme s'il était un furoncle sur la paume de leur main ».

Je reconnus l'une des formules favorites du vieil Hamlah, directement traduite du hindi.

– Comment va-t-il ?

– Sir Hugh ? En pleine forme ! Oh, le danger lui a servi de remontant. Le vieux soldat se sent de nouveau dans son élément.

– Est-ce la raison pour laquelle il a renvoyé à Lucknow les rares troupes de renforts ? Pense-t-il mieux faire face à la situation en restant seul ?

Ma question interloqua Hillersdon.

– Je ne suis pas supposé être au courant des mouvements de troupes…

– Ou plutôt autorisé à en parler, le corrigeai-je. Mais les troupes ne sont pas des graines de papaye que l'on peut dissimuler dans la paume de la main. Quand une compagnie franchit un pont, on peut voir les soldats, on peut même aisément les compter. Or, tout le monde a vu la cinquantaine de cavaliers du 32ᵉ régiment de la Reine et les deux cents fantassins des irréguliers d'Oudh qui s'en retournaient. Wheeler s'est donc séparé de la moitié de ses forces.

– À peu de choses près…

– À quoi cela rime-t-il ? Son geste est-il purement théâtral ?

– Il y a un peu de ça, je suppose. Il est quasiment certain que sa présence suffira à calmer le jeu. C'est la raison pour laquelle il campe sous la tente, ouvertement, à la vue de tous. Et je dois avouer qu'il y a comme… comment dire ? comme une relation de tuteur à pupille entre lui et les cipayes. Sa plus grande fierté tient dans le fait que, durant ses cinquante-deux ans passés en leur compagnie, il s'est toujours comporté avec eux de façon ferme mais juste, en respectant leurs droits, voire leurs préjugés. Oui, je suis persuadé que le *roab* de Hamlah, son autorité sur les cipayes, les empêchera de commettre l'irréparable, sauf…

Il laissa sa phrase en suspens.

– Sauf si l'un des vôtres les provoque, la terminai-je.

Il hocha la tête d'un signe d'approbation.

– C'est le danger, en effet, et sir Hugh l'a bien mesuré. Il m'a confié qu'il suffirait d'un geste inconsidéré pour mettre le feu aux poudres. Bon. C'est sir Hugh qui commande ; la décision lui appartient ; c'est sa façon de voir la situation.

Peu désireux d'entendre davantage de questions embarrassantes, Hillersdon se leva et coiffa son *topi*.

Peu après, je retournai à Bithoor.

Que Wheeler ait fait preuve de clairvoyance dans son analyse de la situation, les événements n'allaient pas tarder à le démontrer. Mais la manière dont il s'y prit pour résoudre le problème se révéla désastreuse. Tout se passa comme si une moitié de son cerveau fonctionnait avec lucidité tandis que l'autre moitié baignait dans la confusion. Wheeler, le chef militaire, avait brillamment mesuré l'ampleur de la menace. La partie orientale, émotive de sa personnalité fut-elle responsable de son aveuglement? Même s'il n'avait pas pris conscience du fait que son autorité sur les cipayes battait sérieusement de l'aile, qu'aux yeux de Jack le Cipaye, il avait cessé d'être un sujet de vénération pour devenir un objet de ridicule, il aurait dû se douter qu'exiger un comportement circonspect et attentif de la part de ses compatriotes à l'égard de ses soldats indiens allait à l'encontre de leurs préjugés racistes. Comment pouvait-il entretenir l'illusion que pas un seul Blanc ne ferait «un geste inconsidéré»? Ce fol espoir était bâti sur les principes erronés que, suivant son exemple, tous ceux qui se trouvaient sous son commandement allaient se mettre à respecter les droits et les préjugés des cipayes.

Hamlah n'avait-il pas compris qu'il demandait l'impossible, que, par nature et par habitude, les Blancs au pouvoir étaient incapables de traiter les Indiens avec le moindre respect? Accoutumés à considérer le cipaye comme un animal inférieur, un *suar*, un porc, un «nègre», les Anglais étaient persuadés qu'ils devaient en toutes circonstances l'humilier, le remettre à sa place avec une fermeté impitoyable. Comment Hamlah aurait-il pu enseigner à ces brutes de veiller sur le cipaye comme s'il était «un furoncle sur la paume de leur main»? Ce n'était plus qu'une question de temps avant que ne se produise l'incident tant attendu par Tika Singh et ses amis.

Les derniers jours d'un mois de mai caniculaire se déroulèrent sans incident. Le 31, une tempête de sable s'abattit sur la ville, prémices d'une mousson qui ne saurait tarder.

– Encore deux semaines, et les pluies vont tomber, fis-je observer à Azim. Si Kanpur peut tenir jusque-là, nous échapperons peut-être à l'orage.

Azim me regarda froidement, ajoutant d'une voix égale:

– Alors prions pour que la mousson ne vienne pas.

Le soir même, nous apprenions que les cipayes de Lucknow venaient de se mutiner.

L'issue devenait inévitable. Moi-même, qui pesais les chances qu'avaient les Britanniques de pouvoir éviter toute provocation jusqu'à l'arrivée de la mousson, je perdis tout espoir. À présent libérée, la fureur du Vent du Diable était incontrôlable.

Pourtant, le *roab* du vieil Hamlah sur les cipayes parut tenir bon. En dépit des nouvelles de la ville voisine de Lucknow, les soldats indiens de Kanpur poursuivaient leur routine.

Mais la hantise de Hugh Wheeler, ce « geste inconsidéré » de la part d'un officier britannique se produisit quarante-huit heures plus tard, pendant la nuit du 2 juin. Tantya Topi, qui était resté à Kanpur avec mes troupes, chevaucha jusqu'à Bithoor dans l'après-midi du lendemain pour m'en informer.

Chapitre 13

La voix de Tantya reflétait un calme inhabituel, mais la lueur qui brillait dans ses yeux trahissait son excitation.

– Il s'appelle Cox, me dit-il. La nuit dernière, fin saoul, armé de son fusil, il s'est planté au beau milieu de la route qui passe devant son bungalow et il s'est mis à canarder la patrouille de nuit du 2e de cavalerie, qui faisait une ronde. Il a déchargé plusieurs fois son arme dans leur direction en leur lançant des obscénités, en les traitant de vers de terre, de portée de truie…

– Épargne-moi les détails, l'interrompis-je sèchement. Quelqu'un est-il mort ?

– Non, mais une balle a tué le cheval du commandant de patrouille, un certain Nizam Ali que je connais bien ; c'est un *dafadar*, un sergent, et un très bon…

– Oui, oui, passons… Ensuite, que s'est-il passé ?

– La patrouille est retournée se réfugier dans ses quartiers et a porté plainte. Tous les hommes ont vu ce Cox, ils l'ont clairement identifié. La rumeur circule dans le bazar que les hommes-chapeaux ont posté des snipers le long des rues pour tirer sur les cipayes. Les boutiques sont fermées en signe de protestation.

– Et que fait le général Wheeler ?

– Hamlah a annoncé que Cox serait sévèrement puni et il l'a fait traduire en cour martiale. Mais, bien entendu, les cipayes sont bien placés pour savoir que c'est une farce.

– Une farce ?

– S'il y a une chose que les cipayes connaissent bien, ce sont les règlements de l'armée. Or, ce Cox est un ancien officier qui s'est fait virer de l'armée de la Compagnie ; il n'est donc plus soumis aux lois militaires...

– Et qu'ont l'intention de faire les cipayes ?

– Attendre le jugement de la cour martiale. Tika Singh est venu me voir ce matin. Ils vont tenir une réunion chez Azijan.

Cox, me répétais-je, Cox... un minable, dont nul ne semblait se souvenir du nom complet. Ainsi, cette épave à la peau blanche, ce rebut des troupes de la Compagnie – une armée pourtant renommée pour le laxisme accordé à ses officiers européens –, allait plonger Kanpur dans la guerre ?

– Tout dépendra de la décision de la cour martiale, fit Tantya d'une voix dure.

Et tout se déroula bien sûr selon le schéma prévu par Tantya, et tant espéré par Tika Singh. Le tribunal militaire siégea le 4 juin pour une parodie de procès. Il prononça un non-lieu. D'après les juges, Cox étant en état d'ébriété, il n'était pas responsable de ses actes ; quant à son fusil, il s'était « déchargé par accident ».

– Nos armes aussi se déchargeront par accident ! s'écrièrent les cipayes.

– Si un cipaye avait tiré sur une patrouille de tuniques rouges, il aurait été pendu sans jugement !

– « Tiré ? » vitupéra Tika Singh. Le simple refus de mordre dans leurs cartouches répugnantes a valu à nos compagnons d'être mis en pièces après avoir été ligotés devant la bouche de leurs canons !

– Vous êtes tous des eunuques ! Bande de châtrés ! Troupeau de moutons bêlants ! lançait aux malheureux fantassins une voix féminine bien connue.

C'était Azijan ! Vêtue d'une tenue de lancier de carnaval, brandissant un sabre, elle était devenue la mascotte de la cavalerie.

Même Wheeler avait dû sentir passer le souffle brûlant du Vent du Diable, comprendre qu'il allait devoir l'affronter. Il donna ordre aux familles blanches de venir se réfugier dans le Retranchement. Ce que la morgue britannique qualifiait de « charpente d'acier » venait de s'effondrer. Les cipayes de Kanpur étaient livrés à eux-mêmes.

La moitié de la nuit était largement passée quand Tika Singh, à la tête d'une centaine d'hommes, enfonça la porte du commissariat pour s'emparer d'une douzaine d'éléphants de bâts ; ils les menèrent à la trésorerie qui abritait, ils le savaient, une pleine charretée de pièces d'or. Comme on pouvait s'y attendre, mes hommes, qui étaient supposés «garder» la trésorerie, accueillirent les mutins à bras ouverts. Après avoir dévalisé le bâtiment, Tika Singh et ses compagnons marchèrent sur la prison dont ils libérèrent les occupants.

Mais tous les lanciers n'étaient pas encore gagnés à la rébellion, tant s'en fallait, ni d'ailleurs les deux bataillons d'infanterie. Deux des plus anciens soldats indiens de la cavalerie, Bhavani Singh et Zaffar Ali, suivis de cinquante des leurs, allèrent au Retranchement offrir leurs services à Wheeler. La plupart devaient perdre la vie dans la défense du camp retranché ; leur sacrifice ne leur gagna même pas la gratitude de leurs maîtres puisque certains d'entre eux, comme Zaffar Ali, par exemple, injustement condamnés à mort par les Britanniques, allaient être exécutés comme de vulgaires criminels.

Les cipayes de l'infanterie étaient occupés à préparer leur petit déjeuner quand, à dos d'éléphants, survinrent Tika Singh et ses partisans, menés par leur affriolante mascotte, hurlant des obscénités, et faisant tinter leurs poches remplies à craquer de pièces d'or.

– Soulevez-vous ! Soulevez-vous, si vous êtes les vrais fils de vos pères, soulevez-vous ! les exhortait Azijan du haut de l'éléphant de tête. Montrez-nous qui sont les hommes et qui sont les moutons, qui sont les lions et qui sont les chiens !

Trop épuisés et somnolents pour réagir à cet insolent défi, les fantassins tournèrent le dos aux provocateurs ; certains leur retournèrent leurs insultes. C'est alors que Wheeler (ou quelqu'un d'autre qui en aurait pris l'initiative à son insu) commit l'irréparable. Il lui aurait suffi de chevaucher en personne jusqu'aux lignes d'infanterie, comme l'avait fait le général Hearsey, le commandant de Barrackpore, dans une situation identique, pour que les cipayes lui restassent fidèles. Mais ces derniers furent, littéralement, poussés dans le précipice.

En effet, alors que les hommes de l'infanterie étaient sagement alignés devant leurs marmites dans l'attente de leur petit déjeuner, les canons du Retranchement ouvrirent soudain le feu sur eux. C'est exactement ce qu'avait prévu Azijan. Sur le moment, ne comprenant pas ce qui se passait, les cipayes ne bronchèrent pas, quand, tout à coup, un boulet explosa au milieu d'eux.

Ils décampèrent !

Ils décampèrent… et la terreur les rendit fous furieux. Une poignée, pleurnichant comme des enfants perdus appelant leur mère, se dirigèrent vers le Retranchement. La plupart se joignirent à leurs camarades de la cavalerie. Les canons à longue portée de Wheeler avaient détruit la dernière arche d'un pont déjà branlant.

C'est alors que tout a commencé, le 5 juin 1857.

La pénombre et la fraîcheur régnaient dans ma salle de prières, où ne pénétraient pas les sons de l'extérieur. Au milieu de ma *pooja* quotidienne, plongé dans la monotone récitation de l'*arayanakanda*, je vis une ombre se projeter sur la rangée d'idoles qui me faisaient face. Irrité, je me retournai. C'était mon frère, Balarao. Debout sur le seuil, il affichait un air sombre et abattu. Je compris que l'heure était venue. J'expédiai ma *pooja* et je sortis.

Tous les membres de ma maisonnée s'étaient rassemblés sur la terrasse située à l'arrière du palais ; elle offrait une vue plongeante sur la route qui reliait Delhi à Kanpur. Déjà haut dans le firmament, un soleil féroce étincelait d'une lumière aveuglante ; l'air brûlant nous embrasait la peau. De part et d'autre, la route absolument déserte s'étirait à l'infini, interminable ruban de terre disparaissant dans une brume de chaleur ressemblant à une immense flaque d'eau. Les arbrisseaux plantés en bordure par les ingénieurs de la Compagnie jetaient de minces filets d'ombre bleu-noir. Nous attendions, dans un profond silence, le regard fixé sur l'horizon, conscients de ne plus pouvoir échapper à la conflagration.

Longue fut notre attente. Il était midi passé quand s'éleva un nuage de poussière, au loin. Peu après, la tête de la colonne commença à apparaître à travers la brume de chaleur ; des milliers de soldats en uniformes multicolores ne cessaient de se déverser, comme s'ils passaient à travers une ouverture percée dans la voûte céleste, colonne après colonne, au pas cadencé.

La tête de la colonne se rapprochait. Les cris et les sonneries de clairon nous parvenaient déjà. Mes genoux se dérobèrent, je fus pris de tremblements, un nerf sur ma tempe me lançait. Un moment, dans mon angoisse, un fol espoir me traversa l'esprit : et si les mutins se dirigeaient vers Delhi… Mais ils firent volte-face. Je ne sais si la torpeur qui m'envahit, transformant mes membres en balles de coton, résultait du soulagement ou de la déception. Le moment était venu d'affronter ce qui hantait mes rêves depuis des mois.

Ils s'avancèrent vers le palais. Les hommes hurlaient, les clairons sonnaient, les tambours battaient.

– La terre retourne à Dieu ! Le pouvoir revient au *peshwa* !

J'étais debout, les mains cramponnées à la balustrade de marbre de la terrasse ; j'avais tant besoin d'un support.

– Vive notre roi ! Victoire à Nana Sahib ! Vive le *peshwa* !

C'est ainsi que je devins *peshwa*.

La suite se déroula sans tambour ni trompette. La sobriété s'imposait. La cérémonie de remise de pouvoir fut brève, réduite à l'essentiel. Azim m'enfila les robes de *peshwa* et mon frère Baba fixa mon sabre à ma ceinture. Ensuite, je me présentai au balcon en saluant des mains jointes « mon peuple » rassemblé. Pendant ce temps, des prêtres récitaient les lois de Manu relatives aux devoirs d'un roi. La bannière safran des Marathes fut déployée. Champa s'étant discrètement retirée, Kashi se tenait à mon côté, prenant part au rituel. Mon épouse, qui m'était pourtant étrangère, me passa une guirlande de fleurs blanches autour du cou.

Une puissante clameur monta alors de la foule.

Une clameur pareille, il ne me sera plus jamais donné de l'entendre…

Dans la galerie des glaces, nous avons tenu notre premier conseil de guerre pour définir les grandes lignes de notre objectif. Nommés généraux, Tika Singh et Jwala Prasad (l'officier le plus ancien de l'infanterie) furent placés respectivement à la tête de la cavalerie et de l'infanterie. Azim et Tantya furent élevés au grade de général de brigade et firent partie de mon état-major ; mes deux frères, Baba et Bala, devinrent mes conseillers politiques.

En début de soirée, nous nous mîmes en route vers Kanpur. Je pris la tête de la procession sur mon éléphant. J'éprouvais l'angoissante sensation de commettre une intrusion : Kanpur, à mes yeux, avait toujours été territoire britannique. Savda Kothi, un vaste manoir entouré d'un jardin, avait été mis à ma disposition par son propriétaire. Quand nous nous installâmes dans la demeure, on nous informa que les familles blanches qui s'étaient réfugiées dans le camp retranché de Wheeler s'étaient déjà dispersées.

À peine Wheeler et ses compatriotes avaient-ils vu les cipayes quitter Kanpur par la route de Delhi qu'ils en avaient conclu qu'ils se rendaient dans cette ville. L'éventualité qu'ils s'arrêtent à Bithoor pour me proclamer roi ne semble pas leur être venue à l'esprit. La crise passée, la vigilance et l'inconfort du camp retranché ne leur parurent plus de mise. Un grand nombre d'officiels blancs avaient réinstallé leurs familles dans leurs bungalows, où ils avaient organisé leur propre sécurité, persuadés pouvoir résister à un assaut. Certains se vêtirent à l'indienne, prétendant passer incognito, d'autres louèrent des embarcations pour se rendre à Allahabad par voie fluviale. Il ne restait pas plus de deux cents hommes dans le Retranchement, lesquels se comportaient avec une insouciance suicidaire, convaincus que tout danger était passé.

Les conditions paraissant idéales pour une attaque surprise, nous tombâmes d'accord pour prendre le Retranchement d'assaut le lendemain matin.

C'est alors que je pris une initiative d'une abyssale stupidité ; je ne m'en explique plus très bien la logique aujourd'hui ; tout ce que je puis dire est que ma conscience m'avait alors dicté de le faire. J'envoyai un message secret à Wheeler pour l'informer que nous allions attaquer le lendemain à dix heures trente.

Je lui ai adressé ce mot parce que je le lui avais promis, refusant d'admettre que l'amour que je vouais à sa fille ait pu influencer mon jugement. Il me paraissait important de faire ce geste, et de le faire avant d'être prisonnier de mon rôle de chef du camp opposé. C'était une dernière concession à une amitié qui importait pour moi.

Hélas ! je baignais dans la plus naïve des illusions, illustrant en négatif la sagesse des préceptes de Manu qui veulent qu'en cas de guerre, l'ennemi soit détruit et éliminé le plus rapidement possible. En l'occurrence, le résultat n'avantagea aucun des deux camps. Un grand nombre de cipayes furent tués, bien plus qu'il n'était nécessaire ; quant à ceux que j'espérais sauver en les prévenant, ils périrent eux aussi, victimes de la fureur de la populace ou d'autres excès de l'hystérie collective.

Wheeler prit mon mot au sérieux. Il rappela tous ceux qui s'étaient éloignés du Retranchement ; il fit distribuer un fusil à chaque homme capable de porter une arme ; il fit étayer les murs de défense et transporter des stocks de vivres en provenance des réserves des cantines des officiers.

Toute la nuit, les clairons anglais sonnèrent le rappel. Une fois de plus, les hommes-chapeaux et leurs épouses durent se réfugier dans le Retranchement, furieux de devoir quitter le confort de leur bungalow.

Aucun d'eux ne s'attendait à y rester longtemps ; beaucoup négligèrent d'emporter des vêtements de rechange. Pire, certains commirent l'imprudence de ne pas répondre à l'appel de Wheeler.

Dans le Retranchement, les hommes blancs, y compris les non-combattants – musiciens, employés de bureau, commerçants, chefs de chantier, etc. –, comptaient environ cinq cents personnes ; leurs femmes et leurs enfants faisaient cinq cents personnes de plus. Aux Blancs, il fallait ajouter près de trois cents cipayes qui s'étaient ralliés à leurs maîtres, ainsi que trois cents serviteurs, ce qui faisait un total d'environ mille six cents personnes.

Du toit de l'une des baraques, nous pouvions observer presque tout ce qui se passait de l'autre côté du périmètre du Retranchement. Les logements consistaient en deux longs bâtiments de plain-pied, sans étage, dont un seul avait un toit de tuiles, l'autre étant couvert de chaume. Wheeler ne semblait pas avoir prévu que la fusillade nourrie à laquelle leur abri de fortune serait soumis risquait de réduire cette moitié de ses quartiers d'habitation en cendres. À moins qu'il n'ait cru, lui aussi, qu'ils ne seraient enfermés qu'un jour ou deux…

À dix heures trente, un silence de mort tomba sur le Retranchement, comme s'il n'y avait plus âme qui vive, ou que les occupants avaient fui par quelque souterrain secret. Scintillant de millions de fragments de silex, le mur d'enceinte, pas plus haut que l'épaule, nous renvoyait la lueur aveuglante du soleil. Kanpur, à qui nous tournions le dos, était noyé dans un épais nuage de fumée ; on entendait des cris perçants, des hurlements, des coups de feu : les Gudjars ravageaient la cité. Affolés, des hommes et des femmes, portant des enfants et des baluchons, sortaient des nuées opaques ; ils s'arrêtaient soudain, interdits, à la vue de troupes en formation de combat, prêtes à donner l'assaut ; leur chef, un homme jeune et basané, bizarrement vêtu – autrement dit, moi-même –, juché sur un éléphant, observait la scène, l'œil rivé à un télescope en cuivre.

Ai-je parlé de « troupes » ? Disons plutôt des primates ivres. Nos hommes se pavanaient, prenaient des poses indécentes, s'esclaffaient, juraient, se querellaient, se faisaient des farces d'une gaminerie grotesque. Il avait fallu les ramasser un par un dans les caniveaux : ils avaient passé la nuit à piller les bungalows de leurs officiers. Comme une bombe à retardement, ceux-ci y avaient entreposé des caisses de vin et de spiritueux importés d'Europe. Les cipayes s'étaient rués sur l'alcool comme des assoiffés sur de l'eau de source ; ils n'étaient plus que des loques humaines.

Wheeler avait pris soin de ramener toute son artillerie dans le Retranchement. Cependant, à l'aide de vieux affûts abandonnés dans les entrepôts et de quelques canons de parade qui ornaient les pelouses du mess des officiers, nous étions parvenus à réunir une batterie de neuf pièces. Mais, ne sachant comment nous en servir, quelques amateurs enthousiastes avaient décidé de se les approprier. Par chance, quelques boulets atterrirent à l'intérieur du Retranchement ; Tika Singh proclama fièrement qu'une brèche avait été faite dans un angle du mur d'enceinte.

Notre enthousiasme retomba à mesure que le jour avançait. L'un de nos canons explosa, les autres chauffèrent au rouge. Les manœuvres que nous avions réquisitionnés pour transporter l'eau du fleuve, distant de trois kilomètres, s'étaient évanouis dans la nature. Moi-même, bien que peu versé dans l'art militaire, je voyais bien que nos artilleurs improvisés n'avaient pas la moindre idée de ce qu'ils faisaient ; en tout cas, leurs pétards mouillés n'étaient pas de nature à décourager des hommes désespérés, nourris au lait de la guerre, et qui, grâce à la prévoyance de Hamlah, disposaient d'autant de fusils et de munitions qu'ils pouvaient utiliser.

À travers mon télescope, je vis l'un de nos cipayes s'effondrer sur place, puis un autre. Au bout d'une heure, une bonne cinquantaine de nos hommes étaient étendus dans la poussière. L'ardeur du soleil n'y était pour rien, la faute en revenant aux vapeurs de l'alcool. À midi, notre bombardement hasardeux cessa. Tantya et Tika Singh, après une fière et majestueuse chevauchée dans des directions opposées, se retrouvèrent pour se consulter. Ils vinrent me conseiller de renoncer à l'attaque.

Je donnai les ordres appropriés. L'attaque fut annulée. Le même soir, nous avons tenu une réunion pour définir nos futures stratégies.

– Affamons-les, dit Tantya. C'est le meilleur moyen.

– Ils mangeront leurs propres morts et ils survivront, déclara Azim du ton péremptoire de l'expert, comme s'il avait été élevé au sein d'une famille anglaise et que les mœurs de l'homme blanc n'avaient plus de secret pour lui.

– En revanche, la soif leur est insupportable, ajouta-t-il. Que leur eau s'épuise, et ils sortiront en implorant pitié.

– Si nous mettions le feu au toit de paille qui couvre l'un des deux bâtiments, dit Jwala Prasad, avec un bon sens tout militaire, nous réduirions leurs forces de moitié.

Je me trouvais en compagnie de trois individus d'une parfaite décence, des hommes qui ne manquaient jamais d'offrir une prière à leurs dieux ou de nourrir le pauvre hère affamé se présentant devant leur porte. Or, les voilà qui pesaient le plus calmement du monde les diverses possibilités de mieux anéantir leur prochain. Ils étaient les professionnels. Je savais d'ailleurs que c'était la manière dont auraient débattu les hommes blancs à notre place – non contents d'en débattre, ces derniers seraient même parvenus à une décision effective. Pour ma part, au risque de passer pour un amateur, ces pulsions inhumaines me donnaient la nausée ; aussi étais-je contraint de masquer mes hésitations derrière d'ineptes remarques. « La guerre commande de tuer », me répétais-je, en tentant d'apaiser ma mauvaise conscience avec les préceptes de Manu.

Ils discutèrent du stock de vivres dont disposait l'ennemi. Wheeler avait passé commande de grandes quantités de farine, de riz, de sucre, de vaches, de chèvres et de foin, mais ses fournisseurs habituels, tout en l'assurant de leur zèle énergique, ne lui avaient quasiment rien livré. En désespoir de cause, Wheeler s'était rabattu sur les cantines des mess de ses officiers, dont il ne tira pas grand-chose : surtout des liqueurs et des confiseries en boîte.

– Ils s'en repaissent, comme s'ils étaient en train de pique-niquer, vitupéra Tika Singh.

– De mes propres yeux, j'ai vu des soldats se cacher dans les coins avec des bouteilles et des friandises, ajouta Azim.

– Combien de temps pourront-ils tenir à coups de rhum et de chocolat ? demanda Tantya.

– Tant qu'ils auront de l'eau, ils tiendront, réitéra Azim. L'eau, voilà le secret ! Leur deuxième puits équivaut à lui seul à un millier de fusils supplémentaires, à une centaine de pièces de vingt-quatre ! C'est pourquoi Hamlah a choisi cet endroit : à cause des deux puits.

Mais deux jours plus tard, nous apprîmes que le second puits servait de sépulture collective. Il ne leur restait donc plus qu'un puits, d'où ils ne pouvaient puiser de l'eau qu'à la nuit tombée car, visible du toit des baraques voisines et à portée de nos fusils, il faisait une cible idéale. Chaque nuit, le moindre grincement de poulie provoquait une salve de la part de nos tireurs d'élite.

Chaque jour, nos espions nous ramenaient un compte rendu du sort pitoyable subi par les réfugiés du Retranchement. À les en croire, nombreux étaient les décès, surtout parmi les enfants ; de fait, les cadavres enveloppés dans des couvertures étaient de petite taille. Wheeler avait désigné un homme pour assumer la responsabilité de « capitaine du puits » : John McKillop, qui veillait sur le rationnement en eau. Celle-ci se réduisait à une tasse par jour. McKillop avait fait condamner un soldat au fouet, qui avait tiré de l'eau sans sa permission. Il avait aussi fait abattre tous les animaux parce qu'il n'y avait pas de quoi les abreuver.

Quelle part de véracité contenaient ces ragots ? Difficile à dire, mais, pour les animaux, la preuve sautait aux yeux : leurs cadavres s'amoncelaient, frémissant de mouches à viande ; la puanteur qui s'en dégageait se répandait partout autour du Retranchement.

Tantya nous ramena davantage de renseignements. L'eau était devenue tellement rare que les assiégés distribuaient aux enfants des bouts de vieilles outres à sucer et des morceaux de cuir à mâchonner pour apaiser leur faim.

C'est vers cette période qu'un bœuf gras et dodu s'aventura près du mur d'enceinte. Il tomba raide mort, abattu par une salve en provenance du Retranchement. Une douzaine de soldats blancs firent une sortie pour tenter de ramener leur proie. Nos tireurs d'élite aspergèrent aussitôt le groupe d'un feu nourri, tuant un homme et en blessant un autre au bras. Pendant ce temps, leurs camarades avaient réussi à couper une jambe du ruminant et à la traîner à l'intérieur. Le cadavre du soldat mort, qui gisait à côté du bœuf démembré, se mit rapidement à gonfler. Dans la soirée, ses camarades tentèrent une sortie. L'objectif en était-il de ramener son corps ou un autre gigot ? La question resta sans réponse car nos tirs les forcèrent à décamper.

La chaleur rôdait comme un tigre en liberté ; l'air nous brûlait les narines ; à midi, nos cipayes faisaient frire leurs œufs au soleil. Une chaîne humaine d'une centaine de porteurs nous ravitaillait en eau du fleuve. Combien de temps l'ennemi pouvait-il encore tenir avec un seul puits, dont ils devaient dérober l'eau à grand risque pendant les heures nocturnes ? Même dans le *tykhana* souterrain de Savda Kothi, aux ouvertures obstruées par d'épaisses nattes de jonc humidifiées en permanence par des servantes, le sommeil me fuyait. Combien de temps les assiégés pouvaient-ils endurer leur calvaire ?

La terrasse de la cuisine de la baraque la plus proche du Retranchement offrait un poste d'observation pratique et relativement sûr ; parfois, je m'installais à la place du sniper qui y montait la garde. Tapi avec mon fusil chargé derrière le parapet en maçonnerie, dans la position du chasseur qui surveille la piste de son gibier, j'observais tout ce qui se passait de l'autre côté du mur ; j'espérais secrètement qu'aucune cible ne se présenterait ; j'étais en effet un excellent tireur, ayant de nombreux tigres à mon tableau de chasse, sans compter les trophées de moult compétitions. Mes gardes du corps et quelques spectateurs grimpaient aux branches des arbres voisins dans l'attente d'un tir de ma part. De cette planque, un matin, je fus témoin d'une scène qui en disait long sur le triste sort de nos ennemis.

Un chien errant se présenta, la queue tire-bouchonnée, les oreilles déchiquetées par les rixes, la panse gonflée par la chair des cadavres, le pelage dévoré par une gale provoquée par l'abus de viande avariée. L'animal se dirigeait vers le mur du Retranchement, plus précisément vers l'endroit où gisait la carcasse noirâtre du bœuf mort, à côté du squelette du soldat blanc, nettoyé par les vautours. Pendant un moment, j'observais avec dégoût le chien qui déchiquetait à pleines dents le cartilage des articulations du bœuf ; il détourna soudain la gueule et planta ses crocs dans le crâne du soldat blanc ; lentement, mû par une sorte d'automatisme, je levai mon fusil et le mis en joue. J'attendis quelques secondes, la respiration suspendue, conscient que l'on me regardait, avant de presser la détente. Le chien bondit, roula sur lui-même et s'immobilisa, les jambes roides.

Au moment où je baissai le canon de mon arme, du coin de l'œil, je vis un soldat anglais au visage cramoisi sauter par-dessus le mur d'enceinte et s'approcher en boitillant du chien mort ; une douzaine de faces moustachues firent une soudaine apparition au-dessus de la ligne de faîte du mur. Le soldat souleva le chien et, le serrant contre sa poitrine comme un précieux butin, il se hâta de revenir se mettre à l'abri, encouragé par les voix éraillées de ses camarades.

J'en avais l'estomac retourné. S'ils en étaient réduits à manger du chien, combien de temps pourraient-ils encore tenir ?

Choqué en imagination davantage encore que par la scène dont j'avais été le témoin, je revins à Savda Kothi. Les faces réjouies de mes conseillers m'indiquèrent que quelque chose de particulièrement affreux était survenu dans le Retranchement.

George Wheeler, le fils du général, venait de mourir.

Une infinie tristesse s'empara de moi. C'était comme si je venais d'apprendre le décès d'un proche parent ; je m'étais pris d'une fraternelle affection pour ce jeune homme. Nous avions prévu qu'il s'installerait à Bithoor après la mise à la retraite de son père ; dans son cœur, il était plus proche de nous que de ceux de son camp.

Et voilà qu'il venait de mourir en combattant pour ceux contre lesquels il éprouvait une violente antipathie. Ne l'avaient-ils pas traité comme un hors-caste en raison de son sang mêlé ? Ne l'avaient-ils pas frappé d'ostracisme, méprisé ouvertement ? Alors qu'il était le fils d'un grand général, ne lui avaient-ils pas refusé un poste dans l'armée ? Maintenant qu'il était mort pour eux, l'avaient-ils enfin accepté comme l'un des leurs ? S'ils avaient disposé d'un puits supplémentaire, l'auraient-ils jeté avec « les autres », avec les « natifs du pays », ou les « élevés dans le pays » ?

La nouvelle nous avait été rapportée par deux servantes qui s'étaient enfuies du Retranchement.

– Elles nous ont fourni de précieux renseignements, me dit Tantya. Nous savons tout ce qui se passe dans leur camp. Ils refusent de partager l'eau et la nourriture avec les cipayes qui se sont ralliés à eux ; les rats sont devenus un mets recherché ; d'abord, ils mélangeaient de la farine et de l'eau comme substitut pour nourrir les enfants, mais à présent, il n'y a plus de farine, ni plus assez d'eau…

Tantya n'en finissait pas de cancaner. Je ne l'écoutais pas. Je songeais à la queue de billard de George Wheeler, dans le râtelier de mon salon ; je revoyais cette famille, avec laquelle j'avais partagé tant de moments de bonheur, et que le malheur frappait à présent : la jolie Janaki et ses deux amours de filles, Eliza et Emily, et la face rougeaude nimbée de cheveux blancs de leur père.

George montait la garde dans la tranchée extérieure de l'enceinte quand une de nos balles l'avait atteint. Transporté dans sa chambre, il saignait à profusion. Le docteur Cheke, après avoir extrait la balle de sa hanche et avoir pansé la plaie, l'avait déclaré hors de danger.

– Ils lui avaient donné à sucer une peau de citron séchée, me raconta Tantya. Pâle mais souriant, il essayait de se rasseoir. Son père et ses sœurs faisaient de leur mieux pour l'aider. Mais tout d'un coup, un de nos boulets l'a frappé, comme s'il lui était destiné. Une seconde auparavant, il était encore entier ; soudain, il n'est plus resté qu'un tronc sans tête. Les autres n'ont rien eu !

La nouvelle de la mort de George Wheeler fit l'effet d'un remontant sur le moral des cipayes. Ils s'en réjouirent, s'en vantèrent, se congratulèrent, s'échangèrent de grossières plaisanteries autour du sort pitoyable de leurs anciens maîtres, devenus leurs prisonniers. Mon état-major poursuivait sa routine. Prostré dans un silence hébété, je les entendais discuter de la meilleure manière d'intensifier les souffrances de l'ennemi et de hâter sa fin.

Ils tenaient une conversation fort animée sur la manière dont il fallait s'y prendre pour mettre le feu au toit de chaume. Apparemment, ils avaient trouvé l'oiseau rare capable de mettre nos canons en service.

Nous étions bien parvenus à rassembler une douzaine de pièces avec les affûts et les roues que les Britanniques avaient mis au rebut dans leur entrepôt, mais le problème était qu'aucun d'entre nous ne savait comment les pointer ni les armer. De toutes les techniques martiales, l'artillerie était la seule dont les Anglais s'étaient réservé l'exclusivité ; les Indiens n'étaient pas des experts du tir au canon. Aujourd'hui, mes conseillers venaient enfin de découvrir un homme de l'art, un certain Nane Nawab.

– Un *nawab* ? avais-je demandé, ce mot désignant en général un seigneur ou un roi.

– Il est apparenté aux souverains de Lucknow, m'expliqua Azim. Il est le fils de l'Aga Mir.

Aga Mir était l'un des ministres du royaume d'Oudh ; il avait la réputation d'être très riche.

– Mais que vient-il faire ici ? demandai-je.

– Quand les cipayes de Lucknow se sont mutinés, il se trouvait dans sa propriété de campagne. Ne pouvant les rejoindre, il est venu nous offrir ses services.

– S'y connaît-il vraiment en artillerie ?

– Il commandait une des batteries de l'artillerie du roi d'Oudh.

Nane Nawab me fut donc présenté. C'était un homme digne, de belle prestance, à la voix agréable.

– Combien de temps cela vous prendra-t-il pour mettre le feu au bâtiment au toit de chaume ? lui demanda Tika Singh.

– Ça dépend de l'état de vos canons, répondit-il.

– Le Maître offre dix mille roupies et un châle brodé de soie, lui offrit Azim.

– Pour moi, commander votre artillerie me suffira ; je ne demande que la possibilité de servir.

Je signai son ordre d'affectation. Ensuite, ils se mirent à discuter des détails de leur plan. Je hochais de temps en temps la tête en signe d'approbation.

Mes pensées intimes les auraient choqués. Ce n'était pas de la déloyauté. Je voulais sincèrement la victoire de notre camp, une victoire rapide et intégrale. Je voulais que tous les hommes blancs, ou presque, plient bagage, s'en retournent chez eux, et nous laissent en paix. Mais je ne souhaitais pas que les gens du Retranchement en particulier soient soumis à davantage de privations et de souffrances. Je songeais au chien galeux que j'avais tué. L'avaient-ils cuit en ragoût, et distribué à la ronde en portions congrues ?

Pourtant, je dois confesser que, dès l'éclatement de la révolte, j'ai cessé de désirer Eliza. J'allais jusqu'à m'interdire de demander de ses nouvelles. Les races avaient pris le dessus, ne laissant entre nous aucun terrain d'entente. Je me surprenais parfois à espérer qu'une balle perdue la tue d'un seul coup, lui épargnant les souffrances à venir. La présence d'Eliza dans le Retranchement n'a jamais influencé mes décisions. Je la tenais pour morte, comme si elle était sortie de mon existence. Mes sentiments pour elle étaient bien trop fragiles pour survivre à la haine qui s'était accumulée en nous. Les gens de mon camp m'avaient adopté comme une sorte de roi ; il m'était interdit d'être amoureux de la fille du roi ennemi.

Chapitre 14

En Inde, en été, on dort à la belle étoile, dans les jardins, dans les cours intérieures, sur les toits. Cette nuit-là, allongé sur la terrasse de Savda Kothi, je souffrais d'une terrible insomnie. L'orbe de la lune estivale – laquelle, je l'aurais juré, diffusait de la chaleur – m'apparaissait comme la margelle du puits de la mort ; autour du puits étaient rassemblés des hommes et des femmes aux visages pâles et tuméfiés ; ils attendaient leur tour de devoir sauter dedans. Quelque part, dans la pénombre gris-bleu, flottait la vision du chien galeux et du soldat au visage cramoisi et grimaçant qui l'avait emporté en le serrant contre sa poitrine comme une guenon qui protège son petit. Ce soldat, je l'aurais identifié parmi un millier d'autres soldats, tellement sa physionomie s'était inscrite de façon indélébile dans ma mémoire. Était-il un héros pour ses camarades ? Avait-il eu droit à une ration supplémentaire de ragoût ?

De temps à autre, je me faisais apporter de l'eau que je lampais goulûment sans étancher ma soif. Le châle noir dont j'avais couvert ma tête ne me coupait pas du monde. Devant mes yeux tournoyaient des braises rougeoyantes, lesquelles se changeaient parfois en cercles lumineux et concentriques, verts, bleus et jaunes, semblables à ceux qui ornent les plumes des paons. Demain, les miens allaient mettre le feu à la baraque au toit de chaume. Combien seront brûlés vifs ? Combien en réchapperont, le corps couvert de plaques livides de peau rose, sinistre souvenir de cette horrible épreuve ?

Les beuglements des clairons, ceux du camp ennemi et ceux de notre camp, annoncèrent l'approche inexorable d'une aube nouvelle. Je n'avais pas fermé l'œil de la nuit. Ce matin sentait le moisi, comme s'il avait plu à distance. Je me plongeais la tête dans une jarre d'eau fraîche pour m'éveiller. Les troupes du roi désigné pour présider au chaos m'attendaient, en battant la semelle.

J'expédiai ma *pooja*. Mes conseillers étaient déjà rassemblés au rez-de-chaussée : mes deux frères, Baba et Balarao, Tantya, Azim, Tika Singh et Hulas Singh, le maire de la ville. Il y avait des décisions urgentes à prendre.

Nos forces diminuaient en raison de trop nombreuses désertions. Pourrais-je faire une annonce accordant une augmentation de la solde et garantissant les pensions versées aux familles des disparus ?

J'en signai l'ordre.

– Mais où est l'argent pour ces dépenses ? questionnai-je.

– On va l'emprunter, me répondit Azim.

– Mais encore... qui va le prêter ?

Mes conseillers s'échangèrent des sourires de connivence.

– Hulas Singh a réquisitionné deux banquiers, finit par m'avouer Balarao.

Entrèrent les deux banquiers en question. On aurait dit des moutons dodus que l'on mène à l'abattoir. Avec des sourires obséquieux et de profonds soupirs, ils promirent de nous avancer un million de roupies.

Nos vivres se raréfiaient : les entrepôts de la ville avaient été pillés et incendiés. Le *kotwal*, ou commissaire de police, à qui incombait, sous les Britanniques, la responsabilité d'approvisionner la cité en nourriture, avait disparu. J'avais nommé trois *kotwals* en trois jours. Hulas Singh était le quatrième. C'est lui qui avait « réquisitionné » les banquiers. À présent, il nous présenta des fournisseurs qui, sans sourciller, promirent de nous livrer le nécessaire : combustibles, farines, souffre, plomb, salpêtre, et toutes sortes de provisions.

D'où tiraient-ils ce butin ? Je ne l'ai jamais su... Un roi n'a guère intérêt à connaître en détail comment ses ordres sont exécutés. Les boutiques et la plupart des maisons d'habitations avaient été bouclées ; la population avait pris le large. Quelle serait la prochaine maison à piller ? Quel père de famille allait être attaché au pilier de sa demeure et torturé jusqu'à ce qu'il dévoile la cachette du trésor familial ? Quelle épouse ou quelle fille allait se faire violer, ou kidnapper ? Personne ne voulait s'exposer au châtiment. La population d'une petite ville de garnison, accoutumée à une routine sécurisante, venait de se retrouver plongée dans le chaos de l'anarchie. L'anarchie est-elle toujours synonyme de désordre, de terreur imposée par des soldats ivres ou par des hordes de brigands? Les soi-disant «libérateurs» ne s'étaient-ils pas révélés ne valoir pas mieux que des bêtes sauvages?

Nous fîmes notre possible pour rétablir un semblant de normalité. J'imposai la loi martiale, sur le modèle britannique, et je désignai un tribunal pour rendre la justice. Tambours battant, les crieurs publics annoncèrent que les pilleurs seraient condamnés au fouet et les incendiaires fusillés. J'organisai des patrouilles pour sécuriser les rues, j'encourageai les commerçants à rouvrir boutique.

Comme à Delhi, les malheureux chrétiens de Kanpur étaient devenus des cibles favorites. L'assassinat d'un chrétien indien était considéré comme un acte de patriotisme, paré d'un prestige presque équivalent au meurtre d'un Blanc – mais tellement moins risqué! Le Blanc ripostait tandis que le Bengali chrétien se laissait faire. Pendant que les Gudjars se livraient au pillage et à la dévastation, les cipayes avaient concentré le plus gros de leur furie sur la communauté chrétienne. Comme on pouvait s'y attendre, les chrétiens bengalis nous en ont terriblement voulu, priant avec ferveur pour notre défaite.

– Vous verrez quand arriveront les colonnes britanniques! nous menaçaient-ils, avec un regard sombre.

Avec la meilleure bonne volonté du monde, il se révéla impossible de protéger les chrétiens de la fureur de la populace. Il eût même été vain de le tenter. Environ trois cents d'entre eux, qui vivaient dans l'enceinte d'une mission, furent extirpés de chez eux et massacrés. Près de Generalganj, des familles chrétiennes s'étaient barricadées dans une grande maison. Le feu fut mis à la demeure et ses occupants périrent, brûlés vifs ou suffoqués. Les joueurs de tambour et les musiciens qui composaient les fanfares des régiments britanniques étaient tous chrétiens. Certains d'entre eux s'étant réfugiés dans une église, une troupe de cipayes l'avait cernée. Les assiégés s'étaient empressés d'annoncer qu'ils préféraient apostasier. Une heure après, ils étaient tous musulmans.

– Une colonne britannique se dirige-t-elle vraiment sur nous? demandai-je à Hulas Singh.

– J'ai envoyé des espions à Bénarès. Nous le saurons bientôt. Dans le Retranchement, personne n'est au courant.

– Si cela se révélait exact, quand pensez-vous qu'ils arriveront?

– Cela dépendra des pluies. Prions pour que la mousson ne tarde pas trop, et que…

– Que quoi ?
– … qu'il n'y ait pas de défection dans nos rangs…
– Qu'est-ce qui vous fait croire qu'il pourrait y en avoir ?
– La rumeur court que les Britanniques ont envoyé une *lakh* de roupies à Nane Nawab pour qu'il se retourne contre vous et qu'il incite les musulmans à la désertion. Ils lui auraient promis qu'ils feraient de lui un véritable nabab quand leur règne sera rétabli.
– La « rumeur », dites-vous, mais d'où vient-elle ?
– C'est l'un de mes informateurs les plus efficaces qui me l'a rapportée : Nanak Chand.
– Nanak Chand ! grommelai-je, en me remémorant la visqueuse créature qui venait nous espionner à Bithoor et dont j'avais fait raser la moitié de la moustache. Mais c'est un agent des Britanniques !
– Il était l'un de leurs agents… mais je le trouve très fiable, me répondit Hulas Singh. En outre, c'est ce qu'ils ont toujours fait dans le passé, diviser nos deux communautés…
– Nane Nawab n'est pas une communauté. Cet homme m'a semblé parfaitement capable de penser par lui-même.
– Un homme capable de penser par lui-même peut nourrir de l'ambition, me répondit Hulas Singh, d'une voix qui se voulait mystérieuse. Cependant, un point plaide en sa faveur : il est tellement riche qu'une *lakh* de roupies ne représente pas grand-chose à ses yeux.
– Vous oubliez que son père, Aga Mir, a été victime des intrigues britanniques : c'est eux qui avaient forcé le roi à le renvoyer.

Hulas Singh haussa les épaules, indiquant par là soit qu'il n'était pas certain que la haine du père fût partagée par le fils, soit que la richesse de Nane Nawab ne prouvait pas qu'il dédaignerait une *lakh* de roupies. De toute façon, c'était une question sans réponse.

Je remerciai Hulas et convoquai Nizam Ali.

Nizam Ali était le *dafadar* du 2e régiment de cavalerie, dont le cheval avait été abattu par Cox au cours d'une patrouille.

Je l'avais promu au rang de chef d'escadron et lui avait ordonné de me ramener les familles blanches qui se cachaient à Kanpur et dans les environs. Sur le terrain, il s'était révélé comme l'un de mes officiers les plus loyaux et les plus sûrs ; ses années passées au service de la Compagnie lui avaient inculqué des qualités d'obéissance canine envers quiconque occupait une position d'autorité. Il avait fait du bon travail. Malheureusement, son excessive brutalité lui avait valu une réputation d'exterminateur de Blancs. Une semaine auparavant, il avait tué Edward Greenway, son ami Hollings et une douzaine d'autres hommes qui s'étaient barricadés dans la maison de campagne de Greenway, près de Najafgarh ; en revanche, il avait ramené à Kanpur Mme Greenway, ses filles et ses petits-enfants, ainsi que d'autres femmes et enfants qui s'étaient réfugiés dans la maison.

– Pourquoi avoir tué tous les hommes ? le réprimandai-je.

Il me lança un regard de reproche.

– Ils étaient tous morts quand nous avons pris la maison. Ils se sont battus jusqu'au dernier.

– Personne ne se bat « jusqu'au dernier ».

Il tenta de me convaincre.

– De toute façon, Malik, c'est ce qu'ils font à nos hommes. Ils ne font pas de prisonniers. Je les comprends, dans un sens : ça évite les complications. J'essaye d'accomplir la mission que Malik m'a confiée, je fais de mon mieux.

Il s'attendait à mon approbation, mais je la lui refusai, persistant dans ma réprobation. D'après un rapport qu'on m'avait fait, Greenway et ses amis s'étaient rendus ; Nizam Ali les avait alignés le dos à la berge et les avait abattus lui-même.

Je lui demandai si c'était vrai.

– *Hi-toba !* Qui colporte ces folles rumeurs ? Mes ennemis, sans doute, ceux qui me jalousent en raison de la confiance que me fait le Maître. Ce sont sans doute les mêmes qui racontent que les femmes blanches que j'ai ramenées sont destinées au harem de Malik.

Je tressaillis. C'était en effet ce qu'on racontait : que j'avais ordonné à Nizam Ali de tuer tous les hommes et de me ramener les femmes ; que pour chaque femme qu'il me ramenait, je lui donnais une poignée de pièces d'or. Nizam Ali avait ramené à Kanpur deux douzaines de femmes, devenues nos prisonnières. Elles ne firent jamais partie de mon harem pour la simple et bonne raison que seul un pervers sexuel aurait éprouvé du plaisir à coucher avec elles ; elles étaient, sans exception, vieilles, ridées et en état de choc.

Il est difficile de rester ferme en face d'un zèle excessif.

– D'accord, mais j'interdis qu'on abatte les hommes qui se rendent, lui ordonnai-je, pour sauver ma conscience.

– Jamais je ne ferais une chose pareille, Malik, protesta Nizam Ali sans sourciller. Jamais !

– C'est ce que nous verrons, lui fis-je, suggérant le peu de crédit que je prêtais à ses dénégations.

Que d'illusions je me faisais sur la nature humaine ! J'ignorais qu'outre une réputation de brutalité bestiale, cet homme se livrait au pillage systématique des demeures des Britanniques et que l'unique raison qui l'avait poussé à ramener ces femmes à Kanpur était qu'il n'y en avait pas une qui ait attisé sa perversité.

Dans mon ignorance, je le gratifiais d'un sourire encourageant, tandis qu'il se tenait au garde-à-vous, raide comme un hareng saur. Je me mis à penser à Nane Nawab. Les Anglais l'avaient-il infiltré chez nous comme une taupe pour soudoyer les musulmans ? Un autre musulman se tenait devant moi, qui ne possédait ni la dignité ni la bonne éducation de Nane Nawab, mais je croyais pouvoir au moins compter sur sa loyauté.

Haut de taille, le visage grêlé et cuivré, le nez en bec de corbeau, les paupières lourdes, des mains fines aux doigts griffus, des moustaches et une barbe soigneusement huilées, une mèche de coton imbibée de parfum coincée derrière l'oreille, Nizam Ali ressemblait à un personnage de théâtre. Il se courba avec onction.

– L'esclave a une faveur à demander, murmura-t-il.

– Laquelle ?

– Que Malik lui permette de conserver un butin de guerre qu'il a acquis en son nom...

Avais-je commis l'erreur d'apprécier davantage la servilité de cet homme que le comportement strictement professionnel de Nane Nawab ? Avais-je tenu l'esclave qui mendiait ma faveur en plus haute estime que celui qui m'avait simplement déclaré qu'il préférait un commandement à une importante somme d'argent ?

Sur le moment, je tentai de comprendre où Nizam Ali voulait en venir ; je finis par lui demander de s'expliquer. Il me conta qu'il avait pris la maison de John Bathgate, située au bord du fleuve, à Akbarpur.

– Elle s'appelle Imli-Kothi – la Maison des Tamariniers, me répondit-il. J'ai envoyé mes serviteurs pour la protéger, de façon à éviter que les Gudjars ne la pillent.

Je savais que Bathgate avait été tué et que ses serviteurs avaient fui. De fait, cette magnifique demeure, abritant de précieux trésors, aurait été pillée si personne n'avait monté la garde. Cependant, quel que soit mon désir de prouver ma reconnaissance à Nizam Ali pour les services qu'il me rendait, ce qu'il venait de faire n'en ressemblait pas moins à de la franche piraterie. Le nouveau maître tentait d'officialiser un cambriolage.

– Le cobra ne creuse jamais son propre trou, dis-je en citant un proverbe. Il s'approprie celui des autres.

L'allusion échappa à l'entendement de mon visiteur.

– Je ne comprends pas, Malik, marmonna-t-il. Si je ne m'étais pas hâté de l'occuper dès qu'elle a été… libérée, elle aurait été pillée et incendiée.

– C'est une façon de voir.

– Tout ce que je demande est de pouvoir un jour y accueillir mon Maître. On dit qu'elle contient de bien plus belles choses encore que la Résidence de Lucknow.

Sous couvert de me demander la permission, il m'informait qu'il s'était approprié Imli-Kothi. Cependant, parmi mes officiels, certains s'étaient installés à demeure dans les bungalows des Britanniques ; au moins, Nizam Ali me faisait part de l'acquisition.

– Un jour, peut-être, lui ai-je promis. Quand tout sera fini.

– Que vienne ce jour ! s'exclama-t-il. Ah ! recevoir Malik dans ma demeure…

Après le départ de Nizam Ali, Azim entra, porteur d'un paquet d'impressionnantes missives écrites sur du parchemin. Elles étaient adressées à tous les rois et empereurs à qui nous demandions de reconnaître notre gouvernement et de nous venir en aide. La plupart de ces souverains, je le découvris plus tard, n'existaient que dans notre imagination. C'est ainsi que je signais des missives destinées aux empereurs de Chine, de Russie, de France, et aux rois d'Espagne, de Rome, du Siam, de Kabul, de Kandahar et d'Iran. J'adressai aussi une supplique aux princes indiens que je connaissais personnellement ou dont j'avais entendu parler : au nizam d'Hyderabad, aux maharajas de Gwalior, d'Indore, de Lahore, de Kolhapur et de Jaipur.

Il faisait déjà sombre. Je me préparais à faire mes prières vespérales quand j'entendis un coup de canon. Sur le moment, j'ai cru que c'était celui qui indiquait le début du couvre-feu. Puis j'entendis le brouhaha excité des gardes postés à ma porte et je me précipitai au balcon pour voir ce qui se passait.

En direction de l'ouest, avec le ciel couleur abricot comme toile de fond, s'élevait à la verticale une ligne rose. Puis le rose tourna au gris sale, tandis qu'un panache de fumée commençait à monter du centre du Retranchement. Contrastant sur le blanc du mur d'enceinte du camp retranché, j'aperçus comme une forme noire qui voletait; je la pris d'abord pour un corbeau blessé; c'était en réalité la silhouette d'un cavalier qui se dirigeait vers moi au grand galop. Nos canons commencèrent alors à lâcher des bordées assourdissantes dont l'impact se concentrait sur la lueur rose qui servait de point de mire.

– Il l'a fait! Nane Nawab a réussi! hurlait le cavalier à mes gardes. Il a bourré un boulet de chiffons enflammés et de balles de soufre et il l'a envoyé sur le toit de chaume. Ils brûlent, ils sont en train de rôtir vivants!

Les cipayes lancèrent des hourras frénétiques: la baraque était en feu!

– Nana Sahib *ki jai*! Nana Sahib *ki jai*! hurlaient-ils.

Du moins, c'est ce que j'ai cru entendre. Mais je dus déchanter: ils n'acclamaient pas mon nom mais celui de Nane Nawab.

– Nane Nawab *ki jai*! Nane Nawab *ki jai*!

Un frisson me parcourut la colonne vertébrale: «*jai*» veut dire «victoire». D'ordinaire, cette acclamation est réservée au roi ou à la patrie, jamais à un commandant de batterie.

Le bâtiment au toit de chaume, nous l'apprîmes plus tard, abritait des dortoirs, un hôpital et le magasin de vivres. Les femmes, les enfants, les malades et les blessés s'abritaient sous les vérandas et dans les pièces donnant sur l'extérieur; les pièces intérieures servaient de dortoirs aux artilleurs et aux cipayes. Quand le toit s'enflamma, les personnes valides se précipitèrent pour aider à l'évacuation du bâtiment. Les femmes, les enfants et les patients en état de marcher furent sauvés des flammes. Mais une quarantaine d'invalides qui ne pouvaient quitter leur lit y laissèrent la vie. Quelques artilleurs et les cipayes qui s'étaient alités pour la nuit périrent carbonisés. La pharmacie et la réserve de conserves furent détruites.

La perte de la moitié de leur capacité d'hébergement ajouta un lourd fardeau à la misère des survivants. Ceux qui avaient l'habitude de s'abriter sous le toit de cette baraque pendant la journée ne pouvaient plus échapper à l'ardeur impitoyable du soleil. Forcés de passer leurs jours et leurs nuits à l'extérieur, beaucoup périrent d'insolation, ne pouvant pas trouver de l'ombrage.

Le lendemain matin, sur le champ de manœuvre de l'artillerie, une petite cérémonie militaire fut organisée durant laquelle j'offris à notre commandant de batterie le châle de victoire promis, ainsi qu'une bourse contenant dix mille roupies. Nane Nawab se présenta, portant un sabre d'apparat pendu à un ceinturon serti de pierres précieuses et caracolant sur un étalon drapé dans des brocarts rutilants. S'il cherchait à prouver que les récompenses du *peshwa* lui étaient indifférentes, il s'y prenait de façon fort éloquente, à moins qu'il n'ait tenté de persuader le *peshwa* qu'une *lakh* de roupies, dont on disait qu'elle lui avait été proposée par les Britanniques, ne pouvait guère le tenter de changer de bord.

C'était surprenant. En mettant le feu à leur camp, Nane Nawab avait démontré sans l'ombre d'un doute qu'il était un ennemi déclaré des Britanniques. Mais, par la même occasion, pour la plupart d'entre nous, plus particulièrement pour ses frères musulmans, il était devenu un héros. Je ne pouvais m'empêcher de repenser aux cris de victoire du soir précédent : « Nane Nawab *ki jai* ! Nane Nawab *ki jai* ! »

Le visage impavide, il accepta les présents que je lui tendais avec une parfaite courtoisie.

Chapitre 15

Nous avions incendié la baraque au toit de chaume le 13 juin. Le 17, une première fournée de cipayes quitta le Retranchement. Transis de peur, comme des souris à l'approche du chat-huant ou des cafards s'aventurant dans une colonie de fourmis-lions, ces misérables attendirent le noir complet pour sortir en catimini. Existe-t-il un sort plus dégradant que celui d'un traître rejeté par l'ennemi ? Reniant leur race et leur religion, ces cipayes étaient passés dans le camp des hommes blancs qui les traitaient en esclaves. Ces derniers venaient de les chasser car ils consommaient leur précieuse nourriture et buvaient leur eau ; ils ne leur faisaient de toute façon plus confiance.

Le premier groupe eut droit à d'humiliantes brimades. On leur rasa la tête, on leur peignit le visage de teinture ocre et on les fit parader à travers le bazar, montés sur des ânes en position inversée, le visage face à l'arrière ; le long du parcours, les gamins couraient derrière eux en leur lançant des pelletées de bouse de vache et les femmes les couvraient d'obscénités.

Mais comme le nombre de cipayes exclus du Retranchement croissait de jour en jour, il devenait impossible de maintenir le rythme de notre rétribution vengeresse. Nous nous contentâmes de les enfermer dans une étable, en distribuant à chacun d'eux une ration quotidienne d'une louche de lentilles et d'une demi-coque de noix de coco remplie d'eau ; c'était plus que ce qu'ils étaient accoutumés à recevoir dans le Retranchement.

Les cipayes exclus nous expliquèrent que Wheeler avait interdit la présence des indigènes à l'intérieur du camp retranché.

– Va-t-il renvoyer sa femme ? s'interrogea Tantya.

Ils nous apprirent aussi que le nombre de décès britanniques était supérieur à ce que nous avions cru. Hillersdon était mort, «les entrailles déchiquetées par un boulet»; son épouse enceinte aussi était morte; étaient décédés également M. et Mme Atkinson, qui évoquaient avec nostalgie la froidure des hivers de leurs Midlands natales et qui avaient projeté de cultiver des mangues en Angleterre; le major Lindsay et sa femme; le major Prout, sir George Parker, le capitaine Halliday, les lieutenants Jarvis, Eckford et Leveson. Le puits réservé aux sépultures n'y suffisait plus. John McKillop, le «capitaine du puits», s'était fait tuer en puisant de l'eau pour une dame en train d'accoucher; étaient morts également Henri Jacobi, l'horloger qui venait chaque lundi remonter et réparer les horloges de Bithoor, Cox, l'ex-officier responsable du déclenchement du conflit, le révérend Haycock et Gill, le maître d'école.

– Ils ont perdu près de deux cent cinquante personnes, me dit Hulas Singh qui tenait un registre, presque un tiers de leurs effectifs.

Cela représentait peut-être un tiers de leur total mais pas de leur capacité de combat. Les décès concernaient principalement les femmes et les enfants; la résolution des survivants, elle, avait décuplé; ils étaient comme des bêtes sauvages, anesthésiés par la douleur et, par conséquent, incapables de souffrir davantage.

Le 17 juin tomba également la première ondée de l'année, d'une faible intensité, tout juste bonne à fixer momentanément la poussière. Elle n'en annonçait pas moins l'imminence de la mousson et de ses trombes torrentielles. Les murs de terre du Retranchement allaient fondre; les canons qui le protégeaient allaient être noyés dans la boue. Nous attendîmes l'arrivée des pluies, les yeux tournés vers le ciel, le nez humant l'air en quête d'effluves chargés d'humidité.

Trois jours plus tard, Hulas Singh vint me trouver, porteur d'inquiétantes nouvelles. Ses espions revenaient d'Allahabad: le 9 juin, partie de Calcutta, une colonne britannique puissamment armée avait débarqué dans cette ville.

Ainsi, la rumeur qui circulait dans le bazar disait vrai. Les chrétiens bengalis disposaient-ils d'une source d'information secrète? À moins que leur neutralité objective ne leur ait permis de lire la situation plus clairement que nous, voire plus nettement que les assiégés du Retranchement, car nous savions que Wheeler et ses collègues ignoraient tout de l'approche d'une colonne de secours.

Si la colonne avait atteint Allahabad, cela signifiait que Bénarès était déjà tombée. Je tentai de calculer mentalement dans combien de temps elle parviendrait aux portes de Kanpur : environ deux semaines ? Mais les Britanniques, en dépit de leur équipement lourd qui comprenait des tentes doubles pour les *bibis* des officiers, et des caisses de vin et de munitions, se déplaçaient avec une rapidité stupéfiante. En réalité, ils allaient nous tomber dessus le 23.

Le 23 juin : jour du centenaire de Plassey. Depuis le temps que j'attendais cet événement sur lequel j'avais misé tous nos espoirs...

– Si la mousson se fait plus abondante, ils seront retenus jusqu'en octobre, dit Hulas Singh d'un ton songeur. Sinon, leur arrivée se fera n'importe quand à partir du 23...

Hulas devait partager mes pensées.

C'était incroyable, mais vrai : une poignée de soldats britanniques progressaient à travers les immensités d'un terrain présumé hostile sans rencontrer la moindre opposition. Sans l'aide indienne, ils n'auraient pu franchir un kilomètre. Des coolies indiens transportaient leur équipement, des bouviers indiens dirigeaient leurs chars à bœufs, des bateliers indiens manœuvraient leurs embarcations ; leurs cuisiniers, leurs porteurs d'eau, leurs balayeurs, leurs cireurs de bottes, leurs valets de chambre étaient tous indiens. Une désertion de masse de leurs serviteurs indiens aurait suffi à les paralyser, à les réduire à l'impuissance. À tout moment, le long de leur route, il eût été aisé de les fixer sur place, d'interdire leur progression : passages de gué, défilés entre deux monts, traversées de marais. Qu'est-ce qui prenait à mes compatriotes de les aider au lieu de les retenir ?

– Combien d'hommes, dans cette colonne ? m'enquerrai-je.

– Environ deux mille soldats blancs et autant de Sikhs.

– Des Sikhs ?

– Oui, du Pendjab...

– En êtes-vous sûr ?

– Avec les Sikhs, il est difficile de se tromper, fit-il en riant. On les reconnaît de loin à leur barbe et à leur turban...

Comment les Britanniques avaient-ils fait pour gagner les Sikhs à leur cause ? Il y avait à peine dix ans, ils leur livraient encore une guerre impitoyable ; les tuniques rouges se faisaient un honneur de collectionner les scalps des soldats sikhs, qu'ils envoyaient chez eux en souvenir. Quant aux Sikhs, « Chillianwala » était devenu l'un des mots favoris de leur vocabulaire : c'était le nom d'un village où ils avaient anéanti une colonne britannique.

Le fantôme d'un nain borgne, d'une laideur repoussante, à la barbe aussi pointue qu'une dague, m'apparut alors : Ranjit Singh, vénéré par les Sikhs comme Shivaji est vénéré des hindous. Comment les Sikhs ne voyaient-ils pas qu'ils insultaient la mémoire de Ranjit en combattant pour ceux qui les avaient asservis ?

– On raconte même qu'il y a des cipayes dans cette colonne ; on les appelle les « loyaux ». Et, bien sûr, tous ceux qui transportent leur train d'équipage appartiennent aussi à notre peuple.

La colère me submergea, à moins que ce ne fût la terreur que m'inspirait la colonne vengeresse ; ma tête se mit à bourdonner. Hulas Singh me disait quelque chose et je dus faire un effort titanesque pour me concentrer.

– Ce sont des monstres, dit-on…

– Qui ?

– Le commandant et son second… D'après les témoins, on n'a encore jamais vu pareille sauvagerie !

Dans une terre qui avait subi la terreur des invasions cataclysmiques de Mahmud de Ghazni, de Nadir Chah et d'Ala al-Din Khilji, une telle déclaration me parut exagérée.

– Oui… et, que font-ils ? demandai-je.

– Ils tuent pour le sport ; ils incendient pour le plaisir ; ils n'épargnent personne : vieillards, femmes, enfants, tout le monde y passe. Ils se déplacent en bandes, comme une partie de chasse, en quête de gens à tuer, de villages à brûler.

– Hum… comme nos Gudjars, en quelque sorte…

– Sauf que les Gudjars vous laissent tranquille une fois leur rançon payée ; pas ces hommes…

Dans toutes les guerres, des rumeurs circulent sur les atrocités de l'ennemi ; je ne prêtais donc guère d'attention aux témoignages des espions de Hulas Singh. Je convoquai mes autres conseillers pour discuter avec eux d'un futur plan d'action.

Si les pluies tombaient à temps, la colonne serait retardée pendant de longs mois ; nous aurions le loisir de terminer notre tâche ici ; ensuite, nous pourrions aller prêter main-forte à nos camarades de Lucknow, où la garnison britannique de sir Henry Lawrence, solidement barricadée dans la Résidence, tenait toujours. À la fin de la mousson, ayant brisé les principaux centres de résistance britannique, notre puissance de feu pourrait contrer l'habileté stratégique et la férocité de nos ennemis.

Le regard désespérément fixé sur un ciel chauffé à blanc, dénué du moindre cumulus, nous guettions les premiers signes de la mousson, priant avec ferveur pour que croulent les trombes d'eau qui noieraient notre gibier et retarderaient la colonne de secours. Chaque jour nous parvenaient de nouveaux rapports sur les épouvantes qui frappaient les villes et les villages traversés par la colonne infernale. L'illusion qu'il s'agissait de rumeurs dues à la panique n'était plus permise.

– Cette sauvagerie doit être calculée, dit Azim, visiblement choqué. Ils cherchent à terroriser la population entière.

– Au moins, cela ouvrira les yeux des cipayes qui ont retourné leur veste, commenta Tantya, sans grande conviction.

Hulas Singh nous détrompa.

– Sauf que ceux « qui ont retourné leur veste » se comportent de façon encore pire que leurs maîtres. S'ils ne les surpassent pas en sauvagerie, ils cessent vite de faire partie des « loyaux ». Les Sikhs chantaient en regardant leurs victimes en train de brûler vives.

Les noms du commandant de la colonne et de son second nous furent bientôt connus : Neill et Renaud, les cauchemars de nos cerveaux enfiévrés. Aujourd'hui encore, ma bouche se dessèche et mon ventre se rétracte à la simple évocation de ces deux monstres.

Et la honte m'envahit au souvenir de ma faiblesse initiale. En prévenant Wheeler, ne m'étais-je pas moi-même comporté comme un « loyal » cipaye ? Si les Blancs ne s'étaient pas réfugiés dans leur Retranchement bourré d'armes et de munitions, nos hommes les auraient débusqués dans leurs bungalows, comme l'avait fait Nizam Ali, qui avait systématiquement éliminé tous les négociants et les planteurs restés planqués dans leurs propriétés.

Nous apprîmes que le général Renaud prenait plaisir à tuer les villageois qui croisaient sa route uniquement parce qu'ils se détournaient au passage de sa colonne ; Neill lui avait donné l'ordre de massacrer tous les révoltés, de ne pas faire de prisonniers.

« Tuez-les tous ! Pas de prisonniers ! » avait-il insisté, avec l'intensité d'un gourou qui confie un mantra à son disciple.

Tous les matins, assis dans ma salle de prières, je quêtais le réconfort dans les paroles de nos sages d'antan : *Satyam-eva-jayate*, répétait le

Seigneur Krishna sur le champ de bataille, « seule la Vérité triomphe », ou bien *yato-dharma-stato-jaya*, « une juste cause l'emporte toujours ». Je psalmodiais ces mots en boucle, comme s'ils étaient dotés d'un pouvoir magique. Qui sait ? À force de les répéter, peut-être déclencheront-ils une conjonction d'étoiles et produiront-ils un miracle sur la terre.

Satyam-eva-jayate... Yato-dharma-stato-jaya...

À qui appartenait la « juste cause » dans ce conflit ? À nous, qui nous battions pour libérer notre mère patrie ? Ou bien à « eux », qui avaient fait de nous des esclaves, transformant notre terre en un business lucratif dont les actions étaient cotées à la Bourse de Londres ? À nous, les Résistants, les combattants de la Liberté ? Ou à cette bande de gredins rapaces et tenaces qui s'emparaient d'un sous-continent et qui l'exploitaient sans vergogne au seul profit de leurs actionnaires ? Qui détenait la vérité, la vérité qui seule triomphe ? Était-elle du côté des pirates et des marchands d'esclaves, ou du côté de leurs victimes ? Du côté des brigands, ou des honnêtes gens ?

Si un pouvoir étranger, Bonaparte par exemple, avait envahi la Grande-Bretagne, et si les Britanniques s'étaient soulevés pour libérer leur terre, ces mêmes Britanniques et leurs journalistes exhorteraient-ils les généraux français à incendier les villages anglais, à pendre comme des criminels les soldats anglais en uniforme ?

Satyam-eva-jayate... Yato-dharma-stato-jaya...

Combien de milliers de fois ne l'ai-je pas répétée, cette incantation, qui nous fut révélée par Dieu en personne ? Mais aucun éclair n'a jamais traversé le firmament. Les faits bruts se dressaient, inexorables, comme des blocs de granit insensibles aux assauts de la pensée. Bonaparte était mort. Plus personne ne menaçait la Grande-Bretagne. Les Anglais se révélaient les plus forts. Dans l'art de la guerre, ils étaient les professionnels, reléguant tous les autres au rang d'amateurs. C'était cela, la vérité. La philosophie de la Guîta apporte peut-être la consolation, mais pas la victoire. Si le droit et la justice ne possèdent pas des bataillons et des canons plus puissants encore que ceux de leurs ennemis, ils ne peuvent pas s'imposer ; la vérité ne peut pas triompher uniquement parce qu'elle est vraie ; elle doit disposer de ressources supérieures à celles du mensonge.

Comment pourrions-nous l'emporter quand les gens de notre propre peuple se rangeaient contre nous en nombre de plus en plus grand ? Ils choisissaient le camp des géants du mensonge. Ils se comportaient selon un nouveau code de conduite révélé par un nouveau dieu : *Tuez-les tous ! pas de prisonniers !*

Chapitre 16

L'assaut était prévu le matin du 23. La veille, les pandits avaient chanté des versets de la Guîta en aspergeant d'eau du Gange les cipayes hindous pour les protéger des balles ; quant aux cipayes musulmans, les mollahs leur avaient fait toucher le Coran.

Nous savions qu'il n'y avait pas plus de trois cents hommes valides dans le Retranchement. Nous étions au moins deux mille ; certes, les désertions avaient clairsemé nos rangs mais, quelques jours auparavant, les cipayes d'Azamgarh, une localité située à quelque cent soixante kilomètres à l'est de Kanpur, s'étaient joints à nous. Nous disposions donc de plus de troupes que jamais.

Mais ce nombre faisait-il notre force ? Il était permis d'en douter. Des rumeurs circulaient que les musulmans étaient sur le point de rejeter mon commandement. Les plaies béantes de notre histoire séparaient nos rangs, nous divisant inexorablement.

Le bruit courait en effet que les mollahs, tout en faisant toucher le Coran aux cipayes musulmans, leur avaient secrètement enjoint de rejeter un roi *kaffir*, de choisir leur propre roi, un musulman. Une délégation de cipayes avait même rendu visite à Nane Nawab au milieu de la nuit. Rien n'avait transpiré de leur entrevue, mais les cipayes hindous restaient sur leur garde par crainte d'une fourberie. Les regards se tournaient vers Nane Nawab : dirigerait-il ses canons vers nous pour nous prendre pour cible au lieu de viser l'ennemi ?

Ces rumeurs et l'assaut anticipé avaient troublé notre sommeil, cette nuit-là. À l'aube, l'attaque fut lancée. Il avait été prévu qu'elle aurait lieu en deux phases : d'abord, une charge de diversion de la cavalerie, suivie d'une attaque des deux ailes de l'infanterie, prenant l'ennemi en tenailles.

Comme prévu, la cavalerie s'élança. Mais nos lanciers ne bénéficièrent pas de la couverture prévue des deux ailes de l'infanterie. Les Britanniques pointèrent leurs pièces sur la ligne d'attaque, attendant que nos troupes ne soient plus qu'à un jet de pierre. Ils ouvrirent alors le feu avec toute la puissance concentrée de leurs canons et de leurs fusils. Notre ligne d'attaque se brisa, se flétrissant sur place comme du papier qui brûle. Les montures s'effondrèrent, roulèrent sur elles-mêmes, en ruant violemment et en poussant d'affreux hennissements. Privés de cavaliers, les chevaux non blessés s'éparpillèrent dans toutes les directions, ajoutant à la panique ; certains, devenus fous, galopèrent jusqu'au mur d'enceinte et bondirent à l'intérieur du Retranchement, à la grande joie des tuniques rouges dont les faces hilares nous narguaient.

Comme si elle participait à une bataille totalement différente, l'infanterie de Kanpur, composée en majorité d'hindous, attendit que la charge de la cavalerie se fût brisée pour se lancer dans l'action. Nos sections d'assaut avancèrent vers le Retranchement en s'abritant derrière des balles de coton qu'elles faisaient rouler devant elles. De nouveau, les Britanniques se retinrent de tirer ; quand nos fantassins furent à une centaine de mètres, l'ennemi lâcha une volée meurtrière. Les balles de coton s'enflammèrent, créant un nuage de fumée qui occulta la scène. C'était le moment prévu pour l'attaque de notre deuxième aile d'infanterie, formée par les troupes d'Azamgarh, composées en majorité de cipayes musulmans. Ceux-ci ne bronchèrent pas, contemplant la scène comme s'ils étaient de simples spectateurs ; je les entendis même qui applaudissaient et s'esclaffaient devant le spectacle, hilarant à leurs yeux, des balles de coton en feu et du désarroi de nos troupes qui refluaient en désordre.

C'est ainsi que nous avons célébré le centenaire de Plassey, par une plongée dans l'ignominie.

Une fois de plus, une poignée de soldats blancs venait de rosser un nombre très supérieur de soldats à la peau sombre. Dans le sillage du centenaire de notre défaite nationale, nous laissions une masse sanguinolente d'hommes et de chevaux blessés à mort, au milieu des flammes, des fumées opaques et des hurlements d'agonie.

Je convoquai un conseil de guerre et ordonnai la fin de l'attaque. Les clairons sonnèrent la retraite, mais les attaquants avaient déjà déserté la scène. Intact, dans une formation impeccable, le bataillon d'Azamgarh gardait toujours notre flanc. J'éperonnai mon cheval et me lançai dans leur direction. D'autres me suivirent, un peu hésitants. Un silence subit plana sur le champ de bataille.

Je n'avais pas la moindre idée de ce que j'allais faire. Que dire en effet à ces hommes qui venaient de nous trahir en pleine bataille ? Une réprimande risquait de mettre le feu aux poudres, de provoquer une bataille rangée entre nos troupes. Pouvais-je prétendre, en pareil moment, panser une plaie suppurante, vieille d'un millier d'années, datant de l'époque où ont déferlé sur nous les premières hordes musulmanes qui ont détruit nos temples ?

C'est alors que j'aperçus, venant de la direction opposée, derrière les balles de coton enflammées, un cavalier qui galopait vers moi. Inondé de son propre sang, son cheval courait de travers. « Nane Nawab... ! » Un murmure enfla, parcourant les rangs rouge vif de l'infanterie d'Azamgarh. Il surgit, en tournoyant comme un oiseau blessé, cravachant avec frénésie sa monture à l'agonie. Au moment où son cheval trébuchait, sur le point de s'effondrer, il bondit de sa selle comme un acrobate. Enlevant son turban, il le posa à terre, sur mon passage, et s'agenouilla, le front au sol. Cet homme, qui venait de combattre avec une vaillance admirable, que ses coreligionnaires avaient choisi comme leur roi, se plaçait à ma merci. Il implorait ma grâce pour les fautes commises au cours de l'attaque !

Je bondis à mon tour de ma monture. Courant vers Nane Nawab, je lui pris les mains pour l'aider à se relever et le tins serré contre moi. Puis, ramassant son turban, j'en nettoyai la poussière avec ma manche et le lui reposai sur la tête.

Nous nous faisions face, dans un silence écrasant, en attendant les premiers hourras.

– Nana Sahib *ki jai* ! Nane Nawab *ki jai* !

Le geste dramatique de Nane Nawab et ma réponse spontanée ont fait davantage pour panser les plaies dont souffraient nos troupes que tout ce que nous avons accompli par la suite. En tout cas, au cours des batailles suivantes, nous n'avons plus eu d'hésitations à déplorer dans aucun de nos rangs.

Le soir même, nous avons étudié de nouveaux plans d'attaque du Retranchement, fixant la nouvelle date au 27 juin. En attendant, nous fîmes tout ce qui était en notre pouvoir pour remédier à la méfiance mutuelle des hindous et des musulmans. Nane Nawab et Azim s'engagèrent à parler à tous les cipayes musulmans pris individuellement ;

mes deux frères, Baba et Balarao, promirent de leur côté de s'entretenir avec les cipayes hindous. Tous les quatre se mirent en route, bien déterminés à arracher à chaque cipaye, sur son livre saint, le serment d'emporter le Retranchement lors du prochain assaut ou de mourir.

– Nous attaquerons avec une furie telle que pas un seul ennemi ne survivra à l'assaut. Et pas un seul pieu ni une seule pierre ne restera debout, qui rappellera notre humiliation.

Sur cette résolution, nous nous sommes séparés pour la nuit.

Le spectacle d'hommes broyés par les armements de guerre modernes, réduits à des tas de chairs déchiquetées et calcinées, la vue de chevaux éviscérés, grimaçant de souffrance, ce genre de vision d'épouvante vous marque au fer rouge ; les cadavres éparpillés, les agonisants qui se tordent de douleur vous hantent la mémoire ; les doigts qui grattent désespérément le sol dans les spasmes des derniers instants ; les bouches grandes ouvertes, expression d'affreux tourments ; le sang giclant en jets bouillonnants, les plaies béantes, les corps contorsionnés dans des positions grotesques... Ce genre de scène efface tout le reste. Ces visions d'horreur se superposent à la beauté de nos dieux de bronze, couverts de fleurs, dans une salle de prières, voire à la majesté de la Mère des fleuves. Les hennissements d'agonie des chevaux, les gémissements désespérés des mourants sont comme des échardes d'acier qui vous restent enfoncées dans le crâne.

À tout cela, s'ajoutait le tourment d'une défaite infligée par un ennemi inférieur en nombre.

La capacité d'effacer de sa mémoire les horreurs inhérentes aux conflits armés est-elle la marque distinctive du guerrier ? Les Britanniques, c'est bien connu, l'avaient maîtrisée. C'est sans doute la raison qui leur a permis d'émerger comme une race de maîtres ; immunisés contre les horreurs de la guerre, ils étaient invincibles. Nombre de leurs soldats m'ont révélé que, dans la défaite comme dans la victoire, ils sont capables de rire et de plaisanter tout en comptant leurs morts ; une distribution de rhum aux hommes de troupe et de cognac aux officiers suffit à leur faire oublier leurs souffrances et à les préparer mentalement à affronter la bataille du lendemain.

J'avais l'impression que ma tête allait éclater. Dans la solitude de ma chambre, j'avais envie de hurler contre les murs, de déchirer de mes propres mains les rideaux et le dessus-de-lit. Étais-je en train de devenir fou ? La honte, le remords, l'autocritique étaient autant de démons qui me harcelaient. Impossible de fuir. Sur l'écran de mes paupières closes, je voyais des cercles concentriques de lueurs brûlantes qui s'élargissaient, comme quand un caillou tombe dans un lac. Si seulement je pouvais, par le miracle de la prière, effacer les événements de ce jour anniversaire de Plassey !

Satyam-eva-jayate, répétais-je, « seule triomphe la Vérité ! ». Nous ne pouvions pas perdre. Mais, en admettant que nous soit offerte l'ultime victoire – le départ définitif des Britanniques –, le tourment qui rongeait mon esprit en serait-il apaisé pour autant ?

Je me levai et commandai un palanquin. J'ordonnai aux porteurs de se rendre à une adresse du bazar de Golaghat : la maison d'Azijan.

« Quelques heures de miséricordieux oubli, offertes par les pieds d'une femme », voilà, à ma connaissance, la meilleure définition du massage de la côte du Malabar, appelé *malish*, qui vous procure une nuit de sommeil ininterrompu. Son apprentissage est réputé être aussi ardu que celui d'une danseuse de kathak. Tout ce que je puis en dire est que cette technique m'a toujours réussi : je ne manque jamais de m'endormir comme un nourrisson.

La plage est l'endroit idéal pour cette pratique ; en tout cas, c'est là où opèrent les masseuses du Malabar. Vous vous allongez, nu, sur des feuilles de bananier posées sur le sable. D'une branche, au-dessus de vous, pend une corde. La fille, nue elle aussi, répand de l'huile de noix de coco sur tout votre corps. Puis, pendue à la corde, elle vous malaxe le dos avec la plante des pieds. Au bout d'un moment, vous prenez conscience que ses mouvements sont rythmés, que la masseuse danse sur votre corps. La corde lui permet de contrôler la pression.

De temps à autre, elle s'arrête pour répandre de l'huile et vous aider à vous retourner. Parfois, ses pieds sont aussi fermes qu'un nœud de cordage, d'autres fois, aussi doux que des pétales de roses. Soudain, vous vous contractez : elle vient d'enfoncer le talon dans un centre névralgique. Le talon s'attarde, comme une mouche autour d'une plaie ouverte, écrasant, puis caressant le point noué, en alternance, avec un toucher d'une sensualité surprenante. La douleur disparaît, remplacée par un soulagement exquis ; le processus a été tellement délectable que vous espérez que ce même point sera de nouveau massé, savourant à l'avance le soulagement attendu. Les sons et les odeurs se répondent : la fille chantonne doucement tandis que ses pieds, imbibés d'huile, émettent d'agréables bruits de succion; l'huile chaude se mêle à votre transpiration, et à celle de la fille; une odeur âcre et enivrante vous environne. Au bout d'un moment, vous cessez de sentir la pression du massage; seule demeure une sensation de picotements, un peu comme si on vous fouettait avec un plumeau. Puis, un vide se fait, un état de non-être.

Mais le sommeil ne vous est pas encore permis. De nouveau, le talon fouille la zone autour du point sensible, provoquant une sensation exquise de douleur, suivie d'une sensation tout aussi délicieuse d'apaisement. Vous restez totalement conscient, dans un état proche de l'érection; en dépit de votre passivité, vous êtes devenu un participant volontaire de cette danse du sommeil. Un peu plus d'huile répandue; un petit coup de talon, et vous vous retournez docilement. Et la danse repart. Le processus se répète jusqu'à ce que les pieds de la danseuse-masseuse sentent que votre corps a atteint l'état requis d'abandon, propice à un sommeil prolongé. Avant qu'elle ne s'écarte, vous avez déjà perdu contact, avec elle et avec le monde. Elle s'accroupit à côté de vous, en brassant l'air avec une feuille de bananier pour écarter les insectes.

Ici, à Kanpur, la cour de la maison d'Azijan remplaçait la plage. Mais la fille, au corps de la teinte du charbon de bois mouillé, venait de la côte du Malabar, et c'était une experte. J'ai dû sombrer dans le sommeil moins d'une heure après le début de l'opération. À mon réveil, les *koels* lançaient leurs appels stridents: un chant en cascade dont l'écho n'en finit pas de se répercuter. Les traits tirés par le manque de sommeil, Azijan et la fille à la peau sombre étaient encore dans la cour. Avec le lever du jour, les fantômes de la veille revinrent me hanter. Mais j'avais obtenu une nuit de répit et mes idées s'étaient clarifiées. Je savais ce qui me restait à faire. Mon plan n'était peut-être pas le bon, mais il fallait faire un pas décisif et positif.

Je me soumis à contrecœur au rituel du bain brûlant que les deux femmes m'imposèrent. Le soleil brillait encore derrière les moignons calcinés des arbres du quartier résidentiel quand je regagnai Savda Kothi. J'envoyai quérir Azim.

– Va me chercher la vieille madame Greenway, lui ordonnai-je.

Depuis une bonne semaine, les Anglais avaient pris l'habitude de tirer à vue sur tout ce qui approchait du Retranchement. Mme Greenway était une femme blanche, vêtue à l'européenne. Elle se dirigerait au grand jour vers le mur d'enceinte. Par précaution, elle tiendrait dans les bras l'un de ses nombreux petits-enfants.

– Ils ne tireront pas sur une femme britannique qui porte un enfant, me dit-elle.

Pourtant, c'est bien ce qu'a failli faire l'une de leurs sentinelles. Mowbray Thomson, l'officier de garde sur cette portion du mur, ayant vu le fusil de l'un de ses hommes se lever, eut tout juste le temps d'en rabattre le canon quand il reconnut Mme Greenway.

Cette dernière lui remit ma lettre qui déclarait ce qui suit :

« Aux sujets de Sa Très Gracieuse Majesté la Reine Victoria : tous ceux qui ne sont pas directement associés aux actes délictueux de lord Dalhousie et qui sont prêts à baisser les armes pourront se rendre en toute sécurité à Allahabad. »

La distinction était délibérée. J'entendais montrer que je respectais la souveraine britannique, que je n'avais rien contre ses sujets, que notre querelle était dirigée spécifiquement contre les officiels de la Compagnie anglaise en Inde ; même dans leur cas, nous ne tirerions pas vengeance de ceux qui n'avaient pas personnellement participé aux actes de banditisme bureaucratique de Dalhousie. J'étais convaincu que peu de gens dans le Retranchement avaient une très haute opinion de Dalhousie, et qu'un nombre encore plus réduit oserait se vanter d'avoir participé à son vandalisme territorial.

J'avais également chargé Mme Greenway de communiquer à Wheeler de ma part, en toute discrétion, le message suivant : en tant qu'ami ne lui voulant que du bien, je l'implorais de saisir cette opportunité de pouvoir mettre ses gens en sécurité ; en effet, nos cipayes étaient tellement enragés par les récits des atrocités commises par Neill et Renaud qu'ils avaient juré de n'épargner personne quand ils pénétreraient dans son camp retranché.

L'humeur des cipayes devait ressembler à la mienne pendant la période qui avait précédé le soulèvement : explosive, désespérée ; on aurait dit qu'ils n'attendaient qu'un signal, un acte quelconque, isolé et malavisé, de la part de n'importe qui des deux camps.

Des fenêtres de la pièce la plus élevée de Savda Kothi, j'apercevais leurs quartiers, ainsi que le camp de tentes qui les entourait. Je passais la matinée et l'après-midi dans cette pièce, en changeant de fenêtre, pour tenter de voir un indice quelconque. À quoi pensaient-ils ? Que se disaient-ils ? La canicule les avait forcés à se réfugier à l'intérieur et les baraquements semblaient déserts, sans vie. Des grondements de tonnerre se firent entendre dans le lointain. Je priais pour que les pluies attendent la décision de Wheeler : pourvu qu'il se hâte à partir, avec ses hommes, leurs femmes et leurs enfants !

Tard dans l'après-midi, les cipayes sortirent de leurs quartiers et de leurs tentes, comme un flot de termites quittant leurs trous. Un changement n'affectait-il pas leur comportement, une sorte de nervosité, comme si quelque chose les avait perturbé ?

Dans la soirée, on m'informa du retour de Mme Greenway : Wheeler avait accepté ; il me demandait d'envoyer mes émissaires pour discuter des conditions le lendemain matin.

« Le lendemain matin ! » pestai-je. Pourquoi pas maintenant, cette nuit ? Mais je ne pouvais rien faire : quiconque prendrait nuitamment la direction du Retranchement se ferait tirer dessus sans sommation. Je ne pouvais même pas envoyer un message à Wheeler pour lui conseiller de ne pas s'attarder.

Tôt le lendemain, je déléguai Azim et Jwala Prasad. Les Britanniques avaient formé un comité de trois personnes chargées de négocier les conditions de leur reddition : deux militaires, les capitaines Moore et Whiting, et un civil, M. Roch, l'ancien vaguemestre. Ceux-ci pinaillèrent sans fin sur des détails anodins comme s'ils avaient tout le temps devant eux. Midi était déjà passé quand je pris enfin connaissance des propositions britanniques.

Après avoir évacué le Retranchement, ils se rendraient directement au bord du fleuve où les attendrait une flottille d'embarcations que nous devions garder prête pour leur périple. Nous devions aussi leur envoyer des chariots et des palanquins pour qu'ils puissent transférer leurs malades et leurs blessés à l'embarcadère. Chaque bateau devait contenir six moutons comme provision de viande fraîche pour le voyage. Nous devions leur accorder le droit de conserver leur arme individuelle, ainsi que soixante cartouches chacun.

– Ce n'est pas possible ! protestèrent mes conseillers. Qui nous dit qu'ils ne prendront que soixante cartouches ? Ils en prendront peut-être plusieurs centaines.

Je balayai leurs objections et acceptai ces conditions. Je n'exigeais qu'une chose de la part des Britanniques : qu'ils fassent diligence, qu'ils quittent au plus vite le Retranchement, si possible le soir même. De notre côté, nous nous lançâmes dans une quête frénétique des bateaux afin de les préparer pour le voyage.

Pour sept cent cinquante réfugiés, il nous fallait au moins cinquante bateaux. Ce nombre ne posait aucun problème en temps ordinaire ; dans les circonstances actuelles, il présentait des difficultés insurmontables. La plupart des barques avaient été détruites ou endommagées ; ce qu'il en restait avait été tiré au sec et dissimulé sous des tas de paille. Hulas Singh manda le plus éminent armateur de Kanpur, Budhoo, et lui commanda les bateaux. Sur le moment, Budhoo protesta vivement, jurant ses grands dieux qu'il lui serait impossible de réunir un aussi grand nombre d'embarcations en aussi peu de temps. Hulas Singh le menaça alors de le faire attacher aux roues d'un chariot qu'il ferait promener dans les rues. Budhoo s'empressa de promettre qu'il ferait de son mieux.

Dans l'heure qui suivit, les bateaux arrivèrent. On m'informa que leur état était déplorable. Toujours aussi débrouillard, Hulas Singh réquisitionna tous les charpentiers du coin et les mit au travail pour qu'ils les rendent navigables.

De retour du Retranchement, Azim me dit que mon insistance pour un prompt départ des Britanniques avait failli leur faire rompre les négociations. Ils s'étaient remis à pinailler. Ils avaient nommé un nouveau comité, chargé d'aller vérifier sur place si nous étions véritablement en train de préparer les embarcations. Si le comité revenait satisfait de nos préparatifs, alors ils évacueraient le Retranchement le lendemain matin.

– Oh, non ! Grands dieux ! m'exclamai-je, encore un comité !

Le « comité » voulait un éléphant pour les transporter à l'embarcadère, ajouta Azim, sous la protection d'une escorte montée.

Je lançai de nouveau un juron, mais je leur envoyai immédiatement et l'éléphant et l'escorte.

Ce comité était composé de quatre personnes : les capitaines Atholl et Turner, et les lieutenants Gould et Delafosse, ce même Delafosse qui avait été mon invité à Bithoor en même temps que les Wheeler et qui avait passé sa dernière nuit dans les bras d'Azijan.

On me rapporta ensuite que les membres du comité avaient inspecté chaque bateau et que leur état leur avait paru satisfaisant. Leur seule objection était qu'ils n'avaient pas de toit.

Cette nouvelle exigence m'irrita sur le moment mais, à la réflexion, elle me parut raisonnable. Leur voyage allait prendre au moins une bonne semaine ; dans des barques ouvertes, exposés à l'ardeur du soleil, il y aurait eu peu de survivants. Mais rares étaient nos bateaux qui avaient été conçus pour avoir un toit ; même sur ces derniers, le système de fixation avait été démonté en prévision de l'imminence de la mousson.

À ma requête, Hulas Singh entreprit de faire monter sur chaque bateau une toiture en paille avant le lendemain matin ; il envoya des gardes chargés de réquisitionner davantage de charpentiers et de fouiller la ville en quête de paille, de cordage et de bambou. Ses méthodes avaient dû impressionner favorablement le comité car, à leur retour, ils ont fait un rapport élogieux sur nos préparatifs.

Quelque chose comme un millier de travailleurs, fendeurs de bambous, charpentiers, forgerons, cordiers œuvrèrent toute la nuit pour préparer les bateaux. Pendant ce temps, je ne cessai de pester et de jurer. Je ne pouvais rien faire jusqu'au lendemain. Combien de fois, les années suivantes, ne me suis-je pas répété à moi-même : « Si Wheeler avait prêté l'oreille à mes cris d'alarme et avait commencé son exode le soir même, que se serait-il passé ? » J'aurais dû insister pour qu'ils s'en aillent, même sur des bateaux sans toit.

Il faisait déjà sombre quand je reçus la visite d'un envoyé du Retranchement. Il me présenta une sorte de traité que je devais signer. C'était un vieil homme, aux cheveux blancs, sales et emmêlés, au menton encroûté de salive séchée. À la lueur des chandelles, son visage avait la pâleur jaunâtre d'une coque d'arachide. Il ne portait pas de chaussures, ses pantalons étaient découpés aux genoux, une manche manquait à son veston. La tête penchée, il attendait en tremblant la fin de ma lecture du document qu'il m'avait tendu.

– Qu'on donne à manger à ce pauvre bougre, dis-je à Balarao en hindi.

Au moment où Balarao allait sortir, une phrase du traité attira mon attention.

– Qu'est-ce que c'est encore que cette histoire d'otages ! lui demandai-je.

– Ils veulent trois otages, m'expliqua Balarao un peu embarrassé. Mais seulement pour une nuit…

– Oh !… qu'à cela ne tienne ! Envoie Jwala Prasad qui y est déjà allé, et décide toi-même pour les deux autres.

Je fis venir de l'encre et une plume, et je signai les deux copies du traité. J'en remis un exemplaire à Balarao, pour l'envoyé.

– Fais donner à manger à cet homme, lui répétais-je.

– Vous ne me reconnaissez pas ? graillonna soudain le vieillard.

Interdit, je fixai la créature chancelante et dépenaillée : on aurait dit une grenouille tirée d'un bassin asséché.

– Le devrais-je ?

– Oui, coassa-t-il.

– Désolé, mais votre visage ne me dit rien.

Après avoir toussé pour s'éclaircir la voix, l'homme me cita un aphorisme en hindi :

– « Sa mère, sa patrie et son tuteur : trois choses qu'il ne faut jamais oublier ! »

– Crapaud Sahib ! m'exclamai-je.

– Crapaud Sahib, répéta-t-il après moi, les joues inondées de larmes.

Todd, ce dandy efféminé et prétentieux, aux bottes polies comme un miroir, aux cheveux gominés, s'était métamorphosé en ce pauvre hère dévasté. Je me levai d'un bond et le serrai dans mes bras. Je le fis s'asseoir à côté de moi et commandai qu'on lui apportât sur-le-champ un repas chaud avec une bouteille de bon vin.

Je lui serai toujours reconnaissant : de retour au Retranchement, Todd a raconté partout à la ronde que je l'avais traité avec une grande gentillesse.

Chapitre 17

« Les hommes-chapeaux s'en vont ! »

Ce cri avait quelque chose d'enivrant. Nous avions commis des erreurs, des maladresses, mais nous touchions au but : Kanpur serait bientôt libéré. Si nous pouvions en faire de même à Delhi, à Lucknow, à Bombay, à Calcutta, dans une douzaine d'autres centres importants, nous aurions gagné la guerre.

Le 27 juin, l'aube se leva, immobile, sans un souffle. Je m'en souviens encore. Nous étions un samedi. C'était mon jour de jeûne. C'était aussi le jour que nous avions fixé pour notre assaut final, pour vaincre ou mourir ! Par bonheur, nous avions atteint notre objectif sans recourir à la force.

Dès le lever du jour, seize éléphants, une douzaine de chars à bœufs et pas moins d'une centaine de palanquins avaient été mis à la disposition des occupants du Retranchement. J'avais même prêté mon éléphant personnel, Airawat, pour transporter Wheeler et sa famille. J'appris plus tard que, trop mal en point pour grimper dans le *howdah*, le général avait dû être porté en palanquin. Mais Janaki et ses filles ont fait le trajet sur le dos de mon éléphant.

« Les faces jaunes s'en vont ! » Dans les rues, tout le monde s'interpellait. Demain, il ne resterait plus un seul Anglais à Kanpur. Le droit l'avait emporté ; ceux qui nous avaient fait du tort s'en allaient. Le bien avait triomphé du mal. Assister au départ de nos anciens maîtres était quasiment le devoir de tous. C'était un spectacle à ne pas manquer. Les quartiers et le bazar se vidèrent. Les rues étaient noires de gens qui se dirigeaient vers l'embarcadère. Tout le monde avait revêtu ses habits de fête. Les tenues les plus chatoyantes étaient évidemment celles de nos cipayes, avec leurs uniformes rouge et bleu, leurs turbans à aigrettes et leurs boutons rutilants. Ils se pavanaient d'importance en vitupérant des ordres d'une voix sonore. C'était leur jour de gloire ; ils étaient victorieux ; ils étaient les héros.

Mais il y avait aussi d'autres cipayes, aux uniformes moins familiers. Ils se tenaient à l'écart, loin derrière la cohue, regroupés sur les hautes berges du fleuve. Ceux qui portaient des revers roux et vert appartenaient au 6e bataillon d'infanterie ; les revers jaune et noir au 37e d'infanterie. Le 6e venait d'Allahabad, le 37e de Bénarès.

Les colonnes infernales de Neill les avaient chassés de leurs casernes. Forcés de se rassembler au garde à vous sur la place d'arme, ils avaient été désarmés. Puis les fusiliers blancs avaient tiré sur eux à bout portant. Sur le moment, ils n'avaient rien compris de ce qui leur arrivait. Ensuite, ils s'étaient lancés dans une course éperdue. Beaucoup tombèrent, fauchés à mort ; d'autres, blessés, avaient été achevés sur place par leurs assaillants ; certains avaient survécu. De retour chez eux, ils avaient découvert ce qu'était devenu leur village : des ruines calcinées ; réduits à l'état de squelettes ou de cadavres déchiquetés par les charognards, les membres de leur famille pendaient aux plus hautes branches du figuier sacré du village.

Privée d'un exutoire, la haine, comme la passion, croît en se nourrissant d'elle-même ; ces hommes n'avaient pas eu l'occasion de donner vent à leur fureur. Ils avaient souffert sans pouvoir répliquer. Maintenant, venus à Kanpur dans l'espoir de participer à un assaut meurtrier et vengeur, ils découvraient qu'il ne leur restait plus qu'à être les témoins impuissants du départ en bon ordre de leurs victimes anticipées. Les cipayes de Kanpur avaient terminé le travail sans eux.

J'étais vaguement conscient de leur ressentiment. Pourtant, ce matin-là, je ne m'attendais pas à ce qu'il éclatât ; j'étais persuadé qu'eux aussi se réjouiraient de cette conclusion, partageraient notre fierté du travail accompli. Nous avions libéré Kanpur, nous avions contraint nos anciens maîtres à la reddition. Maintenant, avec tous les nouveaux cipayes qui venaient de nous joindre, nous allions pouvoir nous rendre à Lucknow et à Delhi, où nous attendaient mille et une occasions de tirer vengeance. En attendant, ne pouvaient-ils pas, eux aussi, profiter du réjouissant spectacle du départ humiliant de leurs ennemis derrière un drapeau blanc ?

Le *ghat* de Satichaura, où étaient amarrés les bateaux, avait jadis servi de lieu de crémation. Cent cinquante ans plus tôt, sur cette grève, le même jour, deux veuves s'étaient sacrifiées, brûlées vives sur le bûcher de leur époux. Depuis, ce lieu se nommait Satichaura, ou la «grève des satis». On avait construit un temple à leur mémoire, et des degrés en pierre pour faciliter l'accès au fleuve. Satichaura se trouvait à deux kilomètres du Retranchement et à cinq de Savda Kothi.

J'avais chargé Balarao, Tantya, Azim et Nane Nawab de la supervision des opérations. Je souhaitais investir cet événement de ce que je considérais comme le degré requis de solennité; j'avais également envoyé un message d'adieu personnel à Wheeler, en lui souhaitant «bon voyage». Tantya et mes conseillers s'étaient installés sur un tapis posé sur la plate-forme du temple de Hardeva, d'où ils bénéficiaient d'une vue dégagée sur les embarcations amarrées en contrebas. Les marches menant au fleuve étaient noires de monde: la population de Kanpur était venue assister à l'exode de ses maîtres.

Jusqu'au dernier moment, tout s'est fort bien passé, dans un esprit de tolérance, voire de bonne humeur. Soudain éclata un pandémonium: hurlements, cris de guerre, coups de feu, sifflements de balles. De leur promontoire, Tantya et ses compagnons n'ont rien vu de ce qui s'était passé; d'autant moins qu'eux-mêmes ont dû se mettre immédiatement à couvert pour échapper au feu nourri qui partait des bateaux.

Un peu déprimé, comme cela arrive généralement lorsqu'on vient d'atteindre un objectif important au prix de gros sacrifices, je faisais les cent pas le long de la véranda de Savda Kothi. C'est alors que j'entendis le grondement lointain de la foule, comme une sorte de bourdonnement croissant et décroissant, ponctué à intervalles par des tirs de fusils et de revolvers. Quelques minutes plus tard déboula une estafette à cheval en provenance du fleuve.

– Il y a une tuerie au fleuve! me cria le militaire. Les cipayes tirent sur les Blancs!

– Retourne immédiatement et ordonne-leur de ma part d'arrêter de tirer! hurlai-je à cet homme.

Puis je convoquai quatre ou cinq autres estafettes à cheval à qui j'ordonnai de transmettre un ordre identique.

– Allez trouver Tantya, Nane Nawab, Azim... Dites-leur à tous que c'est mon ordre. Les tirs doivent cesser immédiatement. Immédiatement!

Je hurlai de toute la puissance de ma voix.

Sitôt les estafettes parties, le sentiment de mon impuissance m'accabla. Qu'avais-je fait, pour quel piètre résultat? Et que pouvais-je faire à présent? Nos hommes étaient par trop désespérés et furieux pour obéir à mes ordres. À présent, ils étaient allés trop loin pour revenir en arrière. Ma tentative était vouée à l'échec. Mes instructions, je le pressentais, ne seraient pas respectées.

Secouant mon accablement, je décidai d'aller constater sur place ce qui se passait. Mon éléphant personnel n'étant toujours pas revenu, j'en pris un autre et me dirigeai vers les *ghats* le plus rapidement possible. Les rues étaient désertes. Un silence menaçant planait. À partir des lignes de l'infanterie, je pouvais entendre des tirs isolés de mousquet mais pas de salves nourries. Qu'est-ce que cela voulait dire? Que mes ordres avaient été suivis ou qu'il ne restait plus un seul Blanc vivant?

Tantya et les autres me virent arriver de loin. Ils accoururent en agitant les mains et en bredouillant des propos incohérents. Je finis par comprendre que les cipayes tiraient encore alors qu'il n'y avait plus de coups de feu en provenance des embarcations.

– Pourquoi continuent-ils à tirer si l'ennemi ne réplique pas? m'exclamai-je.

– Beaucoup d'hommes-chapeaux sont encore vivants, ils font semblant…

– Mais les Anglais ont cessé de tirer…

– Ils disent que tous doivent périr car leurs gens ont tué nos gens.

– «Ils»! hurlai-je, mais qui sont ces maudits «ils»?

– Les cipayes d'Allahabad et de Bénarès. Leurs officiers les plus anciens ont formé des comités…

– Mais ils ne peuvent pas continuer à tirer sur n'importe qui sans discrimination. Il y a des femmes et des enfants parmi les Britanniques. Ils ne nous ont fait aucun mal.

– C'est ce qu'on leur a dit.

– Et qu'ont-ils répondu?

– Qu'il n'y a aucun moyen de distinguer les hommes et les femmes à cette distance: ce sont tous les mêmes têtes branlantes.

– Sur lesquels ils n'arrêtent pas de tirer…

– Oui.

Je jurai à voix forte.

– Ordonnez-leur d'arrêter immédiatement de tirer. Dites-leur qu'on va emprisonner les survivants et qu'on les jugera.

Tantya et Balarao se regardèrent l'un l'autre en hésitant.

– Azim, vas-y ! Des musulmans écouteront mieux un musulman. Emmène Nane Nawab avec toi.

Les chefs des cipayes nouvellement arrivés avaient visiblement pris le commandement. Ils s'étaient regroupés sur la plate-forme du temple de Hardeva. Je suivis du regard Azim et Nane Nawab. Ils traversèrent la foule et parvinrent au temple. Mes envoyés furent accueillis avec courtoisie et invités à s'asseoir. Il y eut de nombreux hochements de tête et mouvements de mains désapprobateurs. Puis les membres du comité regardèrent dans ma direction avant de poursuivre la discussion. Après quelques minutes, Azim et Nane Nawab revinrent, le visage sombre.

– Ils sont d'accord pour cesser le feu, mais à une condition.

– Condition… ?

– Que tous les prisonniers mâles leur soient remis.

– Et qu'ont-ils l'intention d'en faire ?

– Les fusiller.

– Et ils appellent ça des conditions ?

– Ils sont d'accord pour épargner les femmes et les enfants.

– Mais c'est une condition inacceptable !

– C'est la seule concession qu'ils soient prêts à nous faire, me dit Nane Nawab.

Je sursautai en poussant un juron. Un coup de feu venait d'être tiré à une vingtaine de mètres. On entendit des cris : «*Maro ! Maro ! Sampko maro !*» – «Tuez, tuez les serpents !» Une salve s'ensuivit. Sur la plate-forme du temple, les hommes en uniformes me regardaient. Leur meurtrière détermination ne faisait aucun doute.

Je fermai les paupières en haussant les épaules. Rien de plus. Quand je rouvris les yeux, j'aperçus Azim et Nane Nawab qui couraient vers la plate-forme pour donner mon accord.

Je descendis de l'éléphant et me rendis sur la plus haute marche du *ghat.* Une écœurante odeur de soufre viciait l'air. La rive du fleuve était couverte de cendre grise. L'eau épaisse et huileuse avait pris la couleur verdâtre du jus de canne à sucre ; les bateaux ressemblaient à des épaves noircies lavées par la tempête. Certaines barques fumaient, d'autres étaient enchevêtrées les unes sur les autres. Une masse de corps humains cernait les embarcations; certains bougeaient encore, d'autres étaient figés dans des positions grotesques. Dans la boue, le sang avait une teinte pourpre; sur le sable, il était brun.

Les tirs avaient cessé. Des grognements et des chuchotements me parvenaient. Un par un, dans le fleuve, les hommes et les femmes se relevaient. Certains portaient un enfant. Ils me regardaient tous, conscients que c'était moi qui avais stoppé le carnage. Quelqu'un leva une main, comme pour me remercier. Sans doute croyaient-ils que je les avais sauvés d'une mort certaine et me témoignaient-ils leur reconnaissance. Je ne pus le supporter. Tous les regards étaient dirigés vers moi. Dans mon for intérieur, je les implorais: «Je suis navré, navré que cela se termine ainsi. Pardonnez-moi. Je n'ai pas pu sauver vos vies. J'ai négocié, gagné un court répit pour quelques-uns d'entre vous. Peut-être en ai-je sauvé certains. Je ne sais pas. Je suis navré.»

La sueur m'inondait, me voilant les yeux. Je me retournai. Les chefs des cipayes aussi me regardaient: ils attendaient mon départ. Lentement, je regagnai mon éléphant, plaçai un pied dans la boucle de sa trompe. Il me déposa gentiment dans le *howdah*.

Là s'arrêta mon intervention. Les tirs avaient cessé. Environ cent soixante-dix hommes et femmes, à demi morts, furent tirés du fleuve; certains souffraient de brûlures graves ou de blessures par balles. Une soixantaine étaient des hommes, le reste des femmes et des enfants. Tous les hommes furent ligotés, alignés le dos à la berge et fusillés. Les femmes et les enfants furent emmenés et emprisonnés dans une baraque. Une semaine plus tard, avec les femmes et les enfants capturés par Nizam Ali et enfermés dans une dépendance de Savda Kothi, ils furent tous conduits au Bibighar.

C'était un bâtiment vaste et confortable, construit sur le modèle d'un harem, avec des fenêtres à treillis donnant sur l'extérieur et une cour intérieure avec un puits central. On l'appelait Bibighar car il avait été construit par le capitaine Brandon pour abriter ses *bibis*, ou maîtresses indiennes.

Bibighar veut dire «nid d'amour»... Mais quel affreux souvenir ce nom n'évoque-t-il pas? Comme Waterloo, Panipat, Balaclava, il évoque l'extrême violence, l'ultime destruction. Bibighar: tes ruines serviront à jamais de pierre à aiguiser la haine raciale.

Au terme de mon enquête, il me fut impossible de me faire une idée claire et cohérente de ce qui s'était passé. Tout le monde s'accordait à dire que tout s'était déroulé sans le moindre incident jusqu'au moment d'embarquer. Personne en revanche ne put me dire comment et d'où la fusillade avait éclaté.

Les réfugiés progressaient vers la rive du Gange en une longue et lente procession désordonnée de chars à bœufs, d'éléphants, de palanquins, de civières de bambou, entourés de piétons hagards, crasseux, loqueteux, s'avançant en claudiquant sur leurs jambes squelettiques ou, au contraire, boursouflées.

– Comme des somnambules, me conta Balarao. Leurs têtes dodelinaient de part et d'autre avec des soubresauts nerveux.

Certains de nos cipayes allèrent prêter main-forte à leurs anciens maîtres ; ils leur parlaient, plaisantaient avec eux, en les aidant à porter leurs affaires et leur progéniture. Mais tous les cipayes n'étaient pas aussi amicaux, tant s'en fallait. Quelques-uns se tenaient à l'écart, l'air sombre, menaçant ; d'autres lançaient des quolibets.

En bas des marches, le major Vibbart, qui avait supervisé les préparatifs, avait attribué à chaque personne sa place dans une embarcation. Les bateaux dansaient gentiment sur l'eau ; leurs toitures de paille les faisaient ressembler à de flottantes meules de foin. Il y en avait quarante, alignés par paires en eau peu profonde. Les premiers embarqués furent les malades et les blessés, puis les femmes et les enfants. Enfin, ce fut le tour des hommes valides. Balarao et Azim reconnurent parmi eux certains officiers : Moore, Mowbray, Seppings, Glanville, Jenkins, Todd et Delafosse. Wheeler arriva en dernier, dans un palanquin porté par quatre cipayes. Il progressait lentement, plié en deux ; il avait vieilli ; il n'était plus que l'ombre du fringant Hamlah ; des touffes emmêlées de poils encroûtés lui sortaient des narines et des oreilles. Il fallut l'aider à se mettre debout. Il ne put avancer qu'un pied après l'autre en direction du dernier bateau ; il s'appuyait lourdement sur l'épaule de sa benjamine, Emily.

À neuf heures, tout le monde avait embarqué. Un murmure d'expectative parcourut la foule. Les bateliers attendaient le signal du départ que Vibbart devait donner.

C'est alors que quelqu'un fit feu. Nul ne put me dire d'où était parti le coup, de la rive ou du fleuve, de près ou de loin. Avant que l'écho ne se soit tu, quelqu'un hurla un ordre, à voix forte, mais pas assez claire. Peut-être était-ce Vibbart qui donnait le signal de départ.

À partir de là, la confusion fut totale, indescriptible. Ce ne fut plus que tirs isolés, hurlements, appels frénétiques, fumée, puis crépitements du feu.

Certains ont vu les bateliers se débarrasser de leurs rames et s'enfuir à toutes jambes vers le rivage. La panique se répandit. Les soldats anglais épaulèrent leurs fusils, sautèrent par-dessus bord et se mirent à tirer en direction des bateliers. Les bateaux s'agitèrent, chavirèrent, s'emmêlèrent les uns les autres. De plus en plus d'Anglais bondirent dans l'eau ; certains se mirent en position de tir et ouvrirent le feu, tandis que d'autres s'efforçaient de dégager les embarcations. Sur le *ghat*, la débâcle était générale.

– En quelques minutes, la foule s'était dispersée, me dit Nane Nawab, ne laissant derrière elle que quelques corps repliés sur eux-mêmes. C'est alors que j'ai vu, en haut des berges, accroupis derrière des buissons et des rochers, les cipayes en uniformes roux et vert qui visaient les hommes blancs avec leurs fusils.

Un bout d'étoupe enflammée de l'un des mousquets, qu'il soit britannique ou indien, avait dû se loger dans la paille du toit d'un bateau. En effet, d'un seul coup, une embarcation a pris feu ; le vent s'était levé ; l'incendie a gagné d'autres bateaux. Quand la fumée se fut épaissie, Tantya et Azim relevèrent la tête pour voir ce qui se passait. De la berge, les cipayes faisaient pleuvoir un feu d'enfer sur les embarcations. Ils visaient soigneusement leurs proies, tiraient, rechargeaient leur arme, se levaient, changeaient de position. Quelques cipayes couraient le long des berges, en criant : «*Deen ! Deen ! Sampko maro !*» – «Tuez ! tuez les serpents !». Ils tentaient de se maintenir à hauteur des quelques bateaux qui étaient parvenus à se dégager et qui dérivaient au gré du courant impétueux.

C'est tout ce que j'ai réussi à savoir. Je ne crois pas que les Britanniques aient tiré les premiers. Au pire, pris de panique, un soldat anonyme a peut-être fait feu sur un batelier en fuite. La responsabilité du premier tir devait incomber à l'un des cipayes de Bénarès ou d'Allahabad.

Sur les quarante bateaux, trois seulement ont pu s'enfuir. Des groupes de cipayes leur ont donné la chasse en courant le long des berges, faisant feu dans leur direction à chaque fois que le courant les mettait à portée de fusil. Deux des embarcations furent rattrapées le jour même ; leurs occupants furent ramenés à Kanpur ; les hommes ont été fusillés, les femmes et les enfants faits prisonniers. Le troisième bateau s'est ensablé sur un haut fond près de Surajpur ; ses occupants ont été tués sur place. Une douzaine d'hommes de cette embarcation avaient débarqué plus tôt en quête de provisions. Ils s'étaient abrités dans un petit temple pour y passer la nuit ; une patrouille de cipayes les a repérés. Ayant répandu de la paille autour du temple, ils y mirent le feu pour enfumer leurs victimes et tirer sur ceux qui sortaient. Tous périrent, sauf quatre.

Ces quatre hommes étaient les seuls survivants de sexe masculin de Satichaura. Deux d'entre eux étaient de simples soldats, Sullivan et Murphy ; les deux autres étaient des officiers, le capitaine Mowbray et le lieutenant Delafosse.

Wheeler n'était pas parmi les survivants ; aucune femme de sa famille ne faisait partie des prisonnières. Un ou deux cipayes m'ont juré avoir vu le bateau des Wheeler se transformer en brasier.

Chapitre 18

Les deux semaines suivantes ont laissé un trou dans ma mémoire : je ne puis démêler l'écheveau des événements.

La nuit qui suivit le drame de Satichaura, les pluies se mirent à tomber. Au petit matin, les trombes croulaient toujours, aussi drues. Ce jour-là, je pris résidence à l'hôtel Noor Mohamed. Savda Kothi se trouvait au milieu d'un vaste camp militaire insalubre où régnait une puanteur suffocante ; en outre, mon séjour m'avait convaincu que cette résidence était de mauvais augure. Le soir même, les femmes et les enfants britanniques qui étaient gardés prisonniers dans les communs de Savda Kothi furent transférés au Bibighar.

La victoire, si on peut parler de victoire, nous apporta de nouveaux alliés. Les rajas voisins vinrent se joindre à nous, avec de nouveaux contingents fraîchement recrutés. Des bandes de cipayes venus de garnisons éloignées continuaient d'arriver. Mais le nombre ne faisait pas notre force, irrémédiablement divisée de façon quasiment égale entre musulmans et hindous. Depuis l'arrivée des bataillons de Bénarès et d'Allahabad, le fossé séparant les deux communautés s'était de nouveau élargi, au point que les musulmans envisageaient de choisir un autre roi que Nane Nawab.

– Comme si les hindous accepteront d'obéir à un roi musulman ! s'exclama Hulas Singh, toujours aussi loyal.

– Et qu'en penseront l'empereur et la reine ? Cela m'étonnerait beaucoup qu'ils acceptent de reconnaître le premier venu uniquement parce qu'il est musulman, commenta Azim.

– Ces histoires de rois n'ont pas de sens, protestai-je. Je ne suis pas roi moi-même. Je ne suis que *peshwa*, une sorte de vice-roi.

C'était une échappatoire car la distinction avait toujours été purement théorique.

Cependant, nous tombâmes d'accord qu'il fallait insister sur ce point, faire savoir partout à la ronde que l'empereur de l'Inde était un musulman et que moi-même, un hindou, je n'étais que son représentant, chargé d'administrer une partie de son empire. Aussi avons-nous décidé de tenir un *durbar* à Bithoor, au cours duquel je serai officiellement désigné comme le *peshwa*. Après consultation de leur calendrier sacré, les *joshis* décrétèrent que le mardi suivant, le 30 juin, serait favorable.

J'y vis surtout une opportunité d'échapper aux problèmes de Kanpur, dont je décidai de m'éloigner pendant au moins une semaine. Pour me remplacer, je désignai un conseil des ministres, présidé par mon frère Baba, qui serait assisté par deux hindous et deux musulmans. Je suggérais les noms de Tika Singh et Hulas Singh, Nane Nawab et Nizam Ali.

C'est alors que j'appris la disparition de Nizam Ali.

– On ne l'a pas vu depuis plusieurs jours, ni d'ailleurs aucun homme de son escadron, m'informa Hulas Singh. Ils se sont tous envolés.

– Envolés ?

– Après s'être enrichis au passage, précisa Tika Singh.

– Ils mériteraient d'être fusillés pour désertion, prononça Tantya.

– On dit que Nizam Ali suivait le système britannique de partage du butin : on rassemble les pillages pour les répartir selon les grades.

– Donc, l'escadron tout entier s'est évanoui dans la nature ? demandais-je.

– Certains disent que Nizam Ali a enlevé une fille blanche... beaucoup l'ont vu s'enfuir à cheval avec elle.

– Où serait-il allé ? demanda Tantya.

Dans l'ignorance, ils secouèrent tous la tête.

– Je crois savoir où il se cache, leur dis-je en riant. À Akbarpur. Il s'est installé à Imli-kothi, la maison de John Bathgate.

Dieu sait que je m'étais accoutumé à entendre dire, à chacune de nos réunions, que nos troupes désertaient en grand nombre ; la plupart retournaient dans leurs villages pour y mettre leurs larcins à l'abri ; mais je ne m'attendais pas à ce que Nizam Ali nous abandonne. J'avais apprécié la dévotion avec laquelle il me servait et son départ à la sauvette, comme un renégat, au moment où j'allais en faire un membre de mon conseil des ministres, me déçut amèrement.

Nous tournâmes notre attention vers d'autres problèmes. Dès l'éclatement de la révolte, tous les services publics avaient cessé de fonctionner. Les cadres s'étaient réfugiés dans le Retranchement et les employés, en majorité des chrétiens bengalis, restaient claquemurés chez eux depuis des semaines.

– Faites une annonce publique pour appeler tous les fonctionnaires à reprendre leur travail sans crainte, ordonnais-je, nous ne leur ferons aucun mal.

– Puis-je parler franchement, Malik ? me demanda Hulas Singh.

– J'exige une franchise absolue, lui répondis-je.

J'ignorais qu'un dirigeant ne peut pas s'attendre à une honnêteté parfaite de la part de ses courtisans.

– Ce n'est pas de *nous* dont ils ont peur – ce n'est pas la raison de leur disparition. Ils ont peur de ce qui leur arrivera si les faces jaunes reviennent et découvrent qu'ils ont travaillé pour nous.

– Les Britanniques ne reviendront jamais ! vitupéra Tantya. Ceux qui craignent leur retour sont des rats, des défaitistes, qui méritent le fouet !

– En ce cas, nous allons devoir en fouetter des milliers, précisa Azim. Les fonctionnaires ne sont pas les seuls à garder leurs distances.

– Et qui d'autres ? demandai-je.

– Les citoyens ordinaires.

– Mais où se réfugient-ils ? Où diantre peuvent-ils aller ?

– Dans les villages les plus reculés. Ils s'y planquent pour éviter la vengeance des *sahibs*.

– Les lâches ! tempêta Tantya.

Apparemment, tout le monde fuyait Kanpur. La rumeur circulait que la cité avait été spécialement ciblée par les Britanniques qui avaient décidé de lui infliger un châtiment terrifiant.

– Vous disiez ? demandai-je à Hulas Singh.

– Les meilleures villas, au bord du fleuve, sont mises à la vente pour un millier de roupies.

Leur construction avait coûté au moins vingt fois ce montant. Il fallait arrêter net la panique. Après moult considérations, nous avons décidé de faire une annonce publique, en priant avec ferveur pour qu'elle se concrétise.

Le même soir, à tous les coins de rue, les crieurs publics battirent tambour en proclamant :

« Comme à Kanpur, les faces jaunes et les représentants de la race à l'esprit étroit se sont fait chasser de Poona et de Satara. Le règne de la Compagnie est terminé. La terre est retournée à Dieu ! »

En réalité, nous étions sans nouvelles de ces deux villes, Poona et Satara. Mais qui sait ? Il n'était pas impossible, après tout, que leurs citoyens fussent parvenus, comme nous, à en chasser la population blanche – que la terre soit effectivement retournée à Dieu.

À la lumière délavée de ce petit matin pluvieux, Bithoor se dressa devant moi comme une falaise rose orangé ou un château de légende surgi d'un mirage. En haut d'un mât, au sommet de la tour, flottait notre étendard safran. Mon peuple avait érigé des arches ornées de feuilles et de fleurs de manguiers, ainsi que de messages de bienvenue. Ses maisons repeintes donnaient au village un air pimpant ; avec des poudres colorées, les femmes avaient dessiné des arabesques sur le sol des rues et des ruelles. Vêtues de leur sari de noce, parées de leurs bijoux, devant le seuil de leurs maisonnettes, elles faisaient craquer leurs doigts contre leurs tempes pour bénir mon arrivée. Ce n'était pas mon entrée triomphale qu'elles saluaient, mais le retour à la liberté. Aucun conquérant étranger, aussi puissant fût-il, n'aurait été accueilli avec de telles marques de sympathie ; c'était spontané, venu du cœur. C'était profondément touchant.

Dans l'intervalle entre deux maisons, un coup d'œil sur le Gange fit apparaître, au loin, un panache de fumée, comme un village en feu. Le général Renaud dévastait-il déjà la région ?

Reconnaissant mon éléphant, les chiens se mirent à aboyer de joie avant même que les joueurs de *shehnai* ne lancent les premières notes du *bagesari*, mon raga favori. Ma fille, Gangamala, qui approchait de ses onze ans et qui se comportait de façon encore plus guindée que mes vieilles tantes, s'échappa d'un groupe de femmes et accourut à ma rencontre en levant son sari au-dessus de ses genoux osseux d'adolescente ; sans ralentir son allure, Airawat la prit dans sa trompe et la déposa sur mes genoux.

L'après-midi, on me nomma officiellement *peshwa*. Les prêtres chantèrent des mantras. J'étais assis sur le trône des *peshwas* que Bajirao avait fait refaire à Bithoor sur le modèle de celui qu'Elphinstone avait brûlé. Devant moi était posée la boîte en bois de rose contenant le pagne safran de saint Ramdas ; le peuple marathe l'avait adopté comme bannière ; ma famille était depuis toujours dépositaire de ce précieux héritage. Ma femme, Kashi, se tenait à mon côté ; dans son sari or et blanc, elle ressemblait à une princesse de conte de fées.

Nous avons d'abord rendu hommage à l'empereur, Bahadur Shah, *Ghazi* et *Padishah*. Il eut droit à un salut de cent un coups de canons. Un plateau rempli de pièces d'or, un sabre d'apparat et des robes de brocart furent expédiées à Delhi à l'intention du souverain. Ensuite, vingt et un coups de canons furent tirés en mon honneur, pour saluer le *peshwa*, vice-roi de l'empereur à Kanpur et Poona.

Cette nuit-là, je rêvais de Poona, la capitale de mes ancêtres, une cité que je n'avais jamais vue. Tôt levé, je fis un tour dans mon parc animalier. Les plus jeunes biches pointèrent l'oreille, agitèrent leur courte queue et bondirent dans la direction opposée ; mais la daine tachetée du Kanara, à mon sifflet, vint à ma rencontre, escortée de ses faons jumeaux, répliques de leur mère en miniature. Je venais de prendre l'un des faons dans mes bras, tandis que sa mère lui léchait le visage pour apaiser ses tremblements anxieux, quand j'entendis une toux discrète derrière moi. C'était Tantya Topi. Il avait l'air sombre.

– Des troubles ont éclaté à Kanpur, me confia-t-il à voix basse. Un boucher musulman a abattu une vache.

Un hindou devient incapable de penser de façon rationnelle dès lors qu'il s'agit d'une vache, un peu comme un Anglais dès lors qu'il s'agit d'un cheval. Dans un royaume hindou, la vache doit être protégée. L'une de mes premières législations avait d'ailleurs été d'interdire l'abattage des vaches. Tantya m'informa que mon frère Baba avait exigé que le coupable soit produit devant lui et l'avait condamné à avoir la main droite tranchée. Ce jugement avait provoqué la fureur des musulmans. Une réunion de protestation avait eu lieu dans la mosquée de la Perle.

Après avoir tempêté contre mon frère, je me mis en selle et partit au galop en direction du soleil levant. Les visages graves, Baba et les autres nous attendaient devant le porche. Les musulmans avaient-il déjà tiré vengeance, incendié un temple, assassiné un brahmane ?

En réalité, la tension s'était apaisée. Nane Nawab et Azim avaient fait le tour des dignitaires musulmans. Un *durbar* avait été décidé pour le lendemain matin afin que les chefs de la communauté musulmane puissent m'exprimer leurs griefs.

– Je refuse d'invalider mon interdiction de l'abattage des vaches, leur dis-je. Ne comptez pas sur moi pour ça.

– La revendication majeure des musulmans est que peu d'entre eux ont obtenu des postes ou des responsabilités de haut niveau. Si Malik pouvait offrir quelques promotions, ou des terrains à certains d'entre eux, à ceux qui méritent une récompense…

– Personne ne peut m'accuser de discrimination ! l'interrompis-je. C'est une chose qu'on ne peut pas me reprocher.

– Malik, il s'agit avant tout de faire un geste pour permettre aux plus éminents des musulmans de rester de notre côté, m'avoua Azim qui était lui-même musulman, en souriant.

– Les acheter vous voulez dire, céder au chantage ?

– En proie aux difficultés, même le dieu Hari a dû s'agenouiller, me rappela Tantya.

Nous tombâmes d'accord de nous concilier les dignitaires musulmans lors de l'assemblée du lendemain en leur offrant des présents sur la base d'une liste préparée par Azim et Nane Nawab. Une fois ce problème résolu à la satisfaction de tous, j'eus la sensation que ce n'était pas la raison essentielle pour laquelle mes conseillers m'avaient fait rappeler d'urgence. Ils se regardaient en effet les uns les autres, d'un air gêné, comme s'ils espéraient que j'aborderai moi-même le sujet délicat.

Le souffle me manqua soudain et ma bouche se dessécha.

– Y a-t-il un autre problème ? leur demandai-je, d'un ton le plus neutre possible.

– Il paraît que la colonne britannique ne serait plus qu'à quelques jours de marche, me révéla Azim.

– Tant mieux ! s'exclama Tantya. Le moment est venu de leur montrer ce qu'on a dans le ventre.

– Que convient-il de faire d'après vous ? leur demandai-je.

– Les prendre en embuscade avant qu'ils ne nous tombent dessus, en profitant des obstacles naturels le long de leur route.

Après avoir envisagé un certain nombre de tactiques, nous avons fini par prendre une décision. Cela fait, mes ministres parurent un peu moins déprimés.

– J'espère que les services publics fonctionnent de nouveau, leur dis-je pour changer de sujet.

Ils se regardèrent en hochant la tête.

– La cité se vide, murmura Hulas Singh.

– Quel est le prix de vente actuel d'une maison au bord de l'eau? lui demandai-je.

– Une centaine de roupies, mais personne n'est preneur…

Je compris alors pourquoi il était tellement essentiel et urgent de nous concilier la bonne volonté des musulmans, y compris par des lots de terrains. Le moment exigeait de former un front uni à n'importe quel prix. Nous nous étions vantés en proclamant que les faces jaunes ne reviendraient jamais. Maintenant, nous allions devoir ravaler nos prétentions et préparer nos soldats à affronter la colonne infernale.

Chapitre 19

Neill et Renaud : deux noms devenus aussi effrayants que ceux de nos mythologiques jumeaux mangeurs de lune, Ahi et Mahi. Leur politique avouée était d'inspirer la terreur. Ils choisissaient au hasard ce qu'ils appelaient des « villages coupables », qu'ils ceinturaient d'un cordon de troupes avant d'y mettre le feu. Les soldats tiraient sur ceux qui s'enfuyaient. Ils recrutaient des volontaires pour organiser des raids de pendaisons, de véritables chasses à courre lancées contre les « coupables », un terme qui incluait quiconque dont le comportement paraissait vaguement louche à l'un de leurs hommes ; de pauvres innocents étaient ainsi percés de lances pour avoir détourné le regard sur leur passage, ou au contraire pour les avoir regardé en face, ou pour avoir fait mine de fuir, ou pour leur avoir semblé un peu nerveux. Au fur et à mesure, ces parties de chasse prirent l'allure de compétitions acharnées au cours desquelles les lanciers rivalisaient d'adresse ; on ouvrait des paris dont le gagnant était celui qui perçait de sa lance le plus grand nombre de *pandies* possible un jour donné.

Des rapports sur ces actes de barbarie arrivaient tous les jours à Kanpur. D'un côté, ils inspiraient la terreur, ce qui était l'effet recherché, mais de l'autre, ils suscitaient aussi le dangereux désespoir propre à ceux qui n'ont plus rien à perdre. Ceux qui avaient perdu leurs femmes et leurs enfants dans la destruction d'un « village coupable », ou au cours d'autres « divertissements » de cette nature, ne rêvaient plus que d'une chose : se venger, quitte à tomber à leur tour victimes de la furie de l'homme blanc.

Dieu sait que mon contrôle sur le comportement des cipayes n'avait jamais été bien ferme. Cependant, avant que la campagne de terreur de l'ennemi n'ait pris de telles proportions, ils m'avaient plus ou moins obéi pour l'essentiel. Les Britanniques réfugiés dans le Retranchement exécutaient tous les prisonniers sans jugement. De mon côté, je n'avais véritablement ordonné aucune exécution. Quand les cipayes qui obéissaient à mes ordres apprirent le sort que les Anglais réservaient à leurs captifs, il devint de plus en plus difficile de calmer leur colère. La retenue devenait un signe d'impuissance. Les gamins des rues lançaient ouvertement des plaisanteries grivoises, mettant en doute la virilité des cipayes ; les femmes de Kanpur juraient à tout venant que la ville n'avait pas connu une seule grossesse depuis des mois. Un par un, au début, puis par groupes de plus en plus nombreux, mes propres cipayes rejoignaient leurs camarades des 6ᵉ et 37ᵉ bataillons de Bénarès et d'Allahabad, lesquels ne s'étaient toujours pas rangés sous mes ordres.

– Neill et Renaud se dirigent sur Kanpur, m'informa Azim. Il paraît qu'ils ont doublé leurs forces. Des troupes britanniques fraîches les ont rejoints, et davantage de Sikhs.

– Plus il y en aura, plus on en tuera ! déclara Tantya d'un ton martial en se caressant les moustaches.

Ils approchaient ; un instrument de vengeance semblable à une colonne de fourmis guerrières qu'il était impossible de détourner de son objectif ; le châtiment de Dieu. Terrorisée, la population fuyait devant eux, abandonnant en hâte labours et foyers.

Les astrologues avaient prédit que le 7 juillet serait un jour propice au lancement d'une campagne militaire. Ce jour-là, au moment précis indiqué, j'envoyai le général Jwala Prasad, à la tête de deux régiments de cavalerie et de trois d'infanterie, avec ordre d'intercepter la colonne britannique. Cinq jours plus tard, Jwala Prasad entra en contact avec l'ennemi, à quelques kilomètres de Fattepur, une agglomération située à plus de quatre-vingts kilomètres de Kanpur, sur la route d'Allahabad. « Fattepur » signifiant « Cité de la Victoire », le lieu parut idéal pour livrer bataille.

Persuadé que les troupes qui lui faisaient face n'étaient que l'avant-garde du général Renaud, Jwala Prasad se lança prématurément à l'attaque. Il ignorait que des renforts britanniques étaient venus grossir la colonne, laquelle avait été placée sous le commandement d'un véritable maître de guerre : Henry Havelock.

À cette estimation erronée s'ajouta le choc de découvrir que l'ennemi était en mesure de mitrailler copieusement nos troupes à distance, bien avant d'être à portée de nos propres mousquets.

L'explication, nous l'apprîmes vite à nos dépens, en était le nouveau fusil Enfield, d'une portée deux fois supérieure à celle de nos vieux Brown Bess. Ces mêmes cartouches que les cipayes avaient refusées les transformaient à présent en charpie à une distance trop grande pour qu'ils puissent répliquer.

Deux cents de nos hommes s'étaient déjà effondrés avant que Jwala Prasad ne décidât de sonner la retraite ; l'ennemi nous avait infligé ce carnage bien avant que nos cipayes aient été en mesure d'ouvrir le feu.

Cette bataille, la bataille de Fattepur, fut à l'origine de la légende de Havelock. Une légende amplement méritée. Ses exceptionnelles capacités de commandement faisaient de lui un remarquable tacticien. À ses yeux, une situation militaire était aussi limpide qu'une page imprimée. Audacieux, ingénieux, imaginatif, il était d'un proverbial sang-froid. Ah ! que n'aurions-nous pas accompli avec quelques Havelock dans notre camp ! Non seulement des Havelock, mais aussi de bons fusils et une quantité illimitée de cartouches propres, pour nous battre à armes égales !

Avant de faire retraite, nos hommes ont assisté au « nettoyage » d'un village « coupable ». Une minutie toute militaire, comprenant le viol systématique de toutes les femmes, présida à l'événement. Fattepur, pour l'unique raison que cette localité se trouvait à proximité de l'endroit choisi par nos troupes pour livrer bataille, avait été condamné à disparaître. Après l'avoir mis à sac, les troupes britanniques encerclèrent la localité, bloquant tous les accès, avant d'y mettre le feu. Ceux qui tentaient d'échapper au brasier étaient soit repoussés dans les flammes, soit, pour ceux qui avaient réussi à franchir le cordon, tués à coups de fusil. Horrifiés, nos cipayes jurèrent de se venger. Puisque c'est ainsi que l'homme blanc traitait les innocents, ils en feraient de même de leur côté.

Ainsi se termina la première bataille de Kanpur. Une bataille qui n'en fut pas une, mais un tir de foire sur des cibles qui ne pouvaient répliquer. Ainsi finit aussi un village nommé Fattepur.

Ce n'est que le 13 juillet, la nuit suivante, très tard, que je reçus un premier compte rendu de notre défaite. J'expédiais aussitôt Balarao, avec deux bataillons supplémentaires, pour prêter main-forte à Jwala Prasad, et je m'activais en vue de la défense de Kanpur.

Le lendemain, avec Tantya Topi, nous fîmes quantité d'allers et retours sur la route d'Allahabad, tentant de repérer le terrain, de choisir l'endroit le plus propice pour prendre position. Derrière nous, se dirigeant vers la direction opposée, s'alignait une interminable file de réfugiés. Une cité était en train de se vider de ses habitants, terrorisés à l'idée de subir le sort de Fattepur.

À une dizaine de kilomètres de Kanpur, près du village de Maharajpur, la route du cantonnement rejoint la grand-route de Delhi à Allahabad. Nous avons choisi de pointer nos derniers canons et de poster nos hommes de part et d'autre de la fourche formée par ces deux routes. Notre flanc gauche s'accoudait au fleuve, notre flanc droit s'appuyait sur un labyrinthe de murs de terre entourant un village dont je ne me rappelle plus le nom.

– Nous devons concentrer nos forces sur l'aile droite, décida Tantya. Notre Mère le Gange protégera notre aile gauche.

Le 15 juillet, à l'aube, Balarao réussit enfin à prendre contact avec les forces de Jwala Prasad, regroupées à proximité du village de Aung, à une cinquantaine de kilomètres de Kanpur. Presque simultanément, au lever de ce jour, Havelock, dont les troupes avaient fait une marche forcée toute la nuit, les rattrapa et ordonna l'assaut. Notre infanterie repoussa la première vague. Malheureusement, une fois de plus, les armes de l'ennemi, plus précises et plus puissantes, eurent raison du courage de nos cipayes qui tombaient comme des mouches. Au bout d'un moment, nos rangs s'éparpillèrent. Balarao et Jwala Prasad durent sonner la retraite pour se regrouper en arrière, à une dizaine de kilomètres, au bord de la rivière Pandu.

La Pandu est un modeste cours d'eau qui, sauf durant les quatre mois de mousson, se franchit aisément à gué. À présent, gonflée par les pluies, la rivière roulait un torrent impétueux d'eau brunâtre ; elle présentait donc un obstacle stratégique d'importance. Jwala Prasad et Balarao décidèrent que le seul pont qui la franchissait devait être défendu à tout prix ou, à défaut, détruit. À en juger par sa détermination à le capturer intact, Havelock avait deviné leurs intentions. Il simula une attaque frontale massive sur leur position avancée tout en lançant une section d'assaut contre leur flanc gauche. Surpris par cette double offensive, nos cipayes rompirent les rangs et se mirent à fuir vers le pont pour se mettre à couvert et reprendre position sur l'autre rive. Nos sapeurs chargés de démolir l'ouvrage attendaient impatiemment que nos dernières troupes l'aient franchi.

Trop tard ! Une charge hurlante et désespérée sur les talons de nos traînards permit aux Highlanders de Havelock de s'emparer du pont avant que nous ne l'ayons fait sauter.

Pendant qu'il supervisait le passage du pont en tentant de maintenir un minimum d'ordre malgré la panique, Balarao fut atteint par une balle qui lui traversa l'épaule. Tard dans la nuit, il fut ramené sur une civière à Maharajpur où Tantya et moi-même, anxieux, attendions des nouvelles de la bataille. Nous l'ignorions alors, mais ce fut durant cet engagement que le général Renaud fut blessé, lui aussi. La gangrène eut raison de lui au bout d'une semaine.

Le pont sur la rivière Pandu se trouvait à moins de quarante kilomètres de Kanpur et à environ vingt-cinq de notre position défensive de Maharajpur. Au fur et à mesure du retour des vaincus, Tantya et moi-même les affections à leur nouveau poste. La nuit durant, ils ne cessèrent d'arriver, épuisés, démoralisés. Nous leur avons donné à boire et à manger. Après les avoir réconfortés, nous les avons exhortés à affronter bravement le prochain combat.

Dans le sillage de notre arrière-garde, immunisée contre la faim, la soif et l'épuisement, survint l'irréversible colonne infernale. Deux victoires venaient de mettre les soldats britanniques en appétit.

J'ai déjà décrit nos positions : notre flanc gauche protégé par le fleuve et le droit accoudé à un muret en terre. Avec Tantya, j'avais inspecté les berges ; tourmenté, marécageux, le terrain, avions-nous décidé, n'autorisait pas le passage d'une force militaire. Aussi, prévoyant une attaque massive contre notre aile droite, avions-nous disposé nos canons en prévision de celle-ci, prenant soin de couvrir toutes les approches possibles.

Nous nous trompions. Comme s'il avait prévu ce qui l'attendait, Havelock négligea notre flanc droit. En revanche, il envoya une compagnie de Highlanders patauger en file indienne le long des berges, sur notre gauche, à travers crevasses et marais. Au lieu de les engloutir, notre Mère le Gange leur ouvrit grand les bras, les menant, soigneusement dissimulés, jusqu'à une faille de notre ligne défensive. Tout à coup, les tuniques rouges furent au milieu de nos troupes, hurlant et chargeant, baïonnette au canon. Alors, mais alors seulement, nous avons compris que nous étions attaqués par la gauche.

Havelock avait fait le pari audacieux de tout miser sur sa manœuvre désespérée. Pour s'infiltrer le long des berges, ses Highlanders avaient dû se débarrasser de tout leur équipement lourd. Si l'attaque avait avorté ou si, au point d'impact, notre défense avait été plus musclée, le gros de son infanterie, coupée de sa base arrière, se serait retrouvée privée de vivres et de munitions. Même les pièces de petit et moyen calibre avaient été laissées à l'arrière.

Mais le pari avait payé... payé, j'en suis convaincu, en partie grâce aux coolies indiens qui avaient formé une chaîne humaine pour transporter les fusils et les munitions nécessaires à l'attaque, y compris des vivres et des caisses de rhum.

La charge des Highlanders coupa nos lignes en deux, ce qui eut pour effet de me séparer de Tantya qui commandait notre flanc droit. Constatant notre déroute, ayant rassemblé nos dernières pièces de vingt-quatre et quelques-unes de plus petit calibre, j'ordonnai une canonnade à bout portant sur notre aile gauche. Quelques-uns de nos hommes tombèrent, fauchés par nos propres boulets, mais l'attaque britannique perdit de son élan; épuisés par leur effort titanesque, les soldats ennemis s'étendirent de tout leur long à même le sol, le souffle coupé; leurs officiers cavalaient en tous sens, en hurlant après eux, en leur ordonnant de se relever et de reprendre le combat « au nom de l'Angleterre ! ». Aucun d'eux ne remuait. Quelques bouteilles de rhum furent passées à la ronde, et le miracle se reproduisit : les Highlanders se relevèrent et repartirent gaillardement à l'assaut contre nos rares pièces qui persistaient encore à cracher le feu.

Un à un, nos canons se turent. Les obscénités et les jurons anglais couvrirent nos cris de guerre et les noms de nos dieux. La nuit tombée, notre déroute était consommée et nos troupes, dispersées.

La route de Kanpur était libre.

Le lendemain matin, le vendredi 17 juillet, les couleurs britanniques flottaient de nouveau sur la ville.

Mon récit des trois batailles de Kanpur omet l'événement le plus tristement célèbre de cette semaine, voire de toute la révolte : le massacre des femmes et des enfants britanniques retenus en captivité au Bibighar. Cette abomination eut lieu dans la soirée du 15 juillet. Je campais alors à Maharajpur, où j'organisais les préparatifs de la bataille à venir ; nos troupes fuyant la défaite du pont de la rivière Pandu commençaient d'affluer. Comme je le mentionnerai plus loin, les jours suivants furent chargés d'un si grand nombre d'incidents au cours desquels je me trouvais totalement coupé de Kanpur qu'il me fallut attendre une semaine avant d'apprendre les premières versions tronquées du massacre.

Avant d'entendre parler du Bibighar, j'avais appris que Havelock avait fait pendre Azijan.

– Ils n'épargnent même pas les femmes, avais-je fait remarquer à mon neveu Raosaheb. Même Nadir Shah ne tuait pas les femmes.

– Ils disent que c'est parce qu'elle nous a activement soutenus. Elle incitait les cipayes à la révolte.

– En ce cas, nous aurions dû tuer toutes les femmes blanches que nous détenions ! m'écriai-je. Après tout, ne se vantent-ils pas que leurs femmes combattent à côté de leurs hommes, comme des égales ?

J'ignorais alors que c'était précisément le crime que certains d'entre nous avaient commis : ils avaient massacré toutes les femmes et tous les enfants britanniques détenus au Bibighar.

Pendant la nuit du 15 juillet, Bibighar, le nid des amoureux, se transforma en un lieu d'épouvante : les cent soixante-dix femmes et enfants qui y étaient retenus prisonniers y furent assassinés. Les détails sur la manière dont les malheureuses ont trouvé la mort, égorgées ou hachées sur place par des bouchers professionnels parce que personne n'avait accepté d'accomplir l'horrible besogne, sur la manière dont les mortes et les blessées furent jetées pêle-mêle dans le même puits, sont peut-être vrais, ou peut-être faux. Mais, même en admettant que certains aient été exagérés, le fait demeure que pas une seule femme, pas un seul enfant n'a réchappé au massacre.

À Satichaura, certains régiments démobilisés de cipayes portent la responsabilité de la fusillade meurtrière. Mais ils n'ont rien à voir avec Bibighar. Ne serait-ce qu'en raison de ses superstitions religieuses, un soldat indien n'acceptera jamais de tuer de sang-froid des femmes ou des enfants en captivité, même si l'ordre lui en est donné par ses supérieurs. Il est donc permis de croire la rumeur qui veut que la tuerie ait été exécutée par des bouchers professionnels obéissant aux ordres d'une femme.

Mais quelle femme ? Beaucoup pensent qu'il pourrait s'agir de Hussainy Begum.

Ce nom évoque pour moi une créature de mauvais augure, décharnée, pliée en permanence sous le fardeau d'un panier de bouses dégoulinantes, la chevelure hirsute et embroussaillée. La dernière fois que je l'ai aperçue, elle poussait des cris sauvages et suraigus en se frappant la poitrine: on venait de lui apprendre que sa fille avait péri dans l'incendie de Daryaganj.

D'aucuns ont prétendu qu'elle avait été ma maîtresse, sur le principe que toute femme qui s'est rendu coupable d'un crime abominable à Kanpur avait obligatoirement fait partie de mes innombrables conquêtes. Non, Hussainy n'a jamais été ma maîtresse. Jeune, elle nettoyait les latrines du harem de Bajirao; à Kanpur, elle balayait l'étable des animaux de trait de l'artillerie.

Ce rebut de femme, ayant grandi dans le voisinage d'un harem bondé, comme un ver au bord d'une fosse à purin, témoin muet de répugnantes orgies, victime impuissante des assauts lubriques des valets d'écurie, cette femme, dont l'existence n'avait été qu'une longue suite d'humiliations sordides, aurait-elle trouvé un exutoire au venin accumulé pendant toute une vie?

Quand j'étais à Kanpur, j'avais souvent noté sa présence, un peu comme on remarque un épouvantail. Mais, par quelque bout que je l'examine, il m'est impossible de créditer cette créature de la moindre trace d'intelligence, encore moins de la capacité d'influencer des hommes à accomplir sa volonté, même en profitant de l'hystérie collective. À moins que la mort de sa fille n'ait provoqué l'éruption de quelque impulsion enfouie... Qui saurait le dire?

Je suppose que quelque chose comme cela avait dû se produire. Seule une combinaison de panique et de fureur pouvait avoir déclenché un tel drame. La panique et la rage étaient les serpents jumeaux engendrés par la sauvagerie gratuite de la colonne infernale de la Compagnie. Je ne connais personne à Kanpur – à commencer par moi-même, tenu pour un ami des Blancs, à qui il ne fallait pas se fier – qui aurait été capable de contrôler les hommes et les femmes dont les familles avaient péri lors des destructions systématiques de leurs villages. L'incendie de Fattepur, le 12 juillet, avait été la goutte d'eau qui avait fait déborder le vase. Trois jours plus tard, quelqu'un comme Hussainy Begum n'a certainement pas eu grand mal à convaincre des bouchers de pénétrer, armés de coutelas, dans le Bibighar.

Satichaura et le Bibighar se dressent comme des monuments de notre barbarie. «Honte sur vous!» s'écriera à jamais le monde. «C'est vous qui avez commis cela; cela veut dire que vous en êtes capables.»

Aussi longtemps que le soleil et la lune tourneront dans le firmament, nous aurons le nez plongé dans cette fange.

Oh ! on peut nous trouver des excuses, mais les excuses n'effacent pas les faits. Ils nous hanteront à jamais, comme des spectres, nous ricanant au nez et nous tourmentant.

Cependant, le point doit être noté que ces deux massacres ont été une forme de vengeance débridée contre la sauvagerie gratuite de la colonne infernale ; il faut les situer dans leur cadre, celui d'un tableau composite. Si Daryaganj et d'autres villages n'avaient pas été incendiés comme « villages coupables », Satichaura ne serait jamais arrivé ; et si Fattepur n'avait pas été anéanti dans le sillage d'une bataille, Bibighar ne serait sans doute jamais survenu.

Dans le sillage d'une défaite militaire éclate souvent une violence imprévisible ; l'exemple le plus marquant en est le massacre, par un bataillon britannique, de leurs infortunés serviteurs indiens, au pied des murailles de Delhi. Cet incident eut lieu vers la même époque. Les malheureux furent massacrés pour étancher une soif de destruction frustrée. Les défenseurs indiens de Delhi venaient de repousser une attaque britannique ; la furie vengeresse qui aurait dû s'abattre sur les citoyens de Delhi s'est retournée contre les serviteurs indiens du camp anglais : les porteurs d'eau, les balayeurs, les coolies, les valets, les cuisiniers, les cireurs de bottes, dont le troupeau compact faisait une cible idéale pour un abattage en règle.

Les Britanniques se sont d'ailleurs vengés de Bibighar, mesure pour mesure, dans les deux jours qui ont suivi le massacre. Promu général de brigade, Neill démontra qu'en matière de cruauté, il n'avait rien à envier à Hussainy Begum. Prenant en otage les citoyens les plus éminents et respectables de Kanpur, il les condamna à la potence. Mais, avant d'être livrés au bourreau, ils durent payer pour le crime du Bibighar en nettoyant de leur langue le sol souillé de la demeure.

Sous les ordres de Neill, cette tâche fut accomplie de la manière « la plus abjecte possible ». Les citoyens de Kanpur les plus instruits, nés dans les meilleures familles, dont il était impossible de concevoir qu'ils aient pu avoir la moindre responsabilité dans le crime de Bibighar, furent contraints de ramper à quatre pattes et de lécher jusqu'à la moindre trace de sang séché, d'urine et d'excréments. Ce même Neill transforma les anciens banians de Kanpur en ce qu'il appela, avec un humour macabre, des « jardins suspendus ». Leurs branches servaient de gibets et des éléphants faisaient office de trappes. Pour donner une leçon aux « indigènes », Neill interdit de détacher les cadavres. Ceux-ci restaient pendus aux branches ; dépecés par les charognards, leurs membres se détachaient du tronc et tombaient sur le sol, faisant les délices de hordes de chiens qui attendaient leur proie en aboyant d'impatience.

TROISIÈME PARTIE

L'exil

Chapitre 20

Les esprits des ténèbres dissimulaient ma honte. Les rues de Bithoor étaient désertes, les portes des maisons fermées. Cette nuit-là, aucune lampe n'était allumée.

De combien de temps disposais-je ? Mes ennemis allaient-ils se diriger sur Kanpur ou galoper à ma poursuite aux cris de « taïaut ! taïaut ! ». J'ignorais alors que mon initiative désespérée à Maharajpur avait brisé l'élan rageur de Havelock, que, ayant épuisé leurs dernières réserves d'énergie physique, les soldats aux tuniques rouges, étendus à même le sol et imbibés de rhum, s'étaient abandonnés au sommeil. Même l'appât du butin n'avait pu les inciter à faire un pas de plus.

– Dépêche-toi, dépêche-toi ! me répétais-je, il y a tant à faire...

Pourtant, aucune confusion ne me troublait l'esprit. J'agissais comme si, ayant tout prévu, j'exécutais un plan bien tracé.

J'exposai à mon neveu, Raosaheb, ce que j'avais l'intention de faire et lui ordonnai de tout préparer à cette fin ; malgré sa blessure, j'envoyai Balarao avec lui. Je recommandai à mon autre frère, Baba, de rassembler la plus grande quantité possible d'or familial. L'unique cachette qui nous vint à l'esprit fut le puits situé au fond de mon parc animalier. Il mesurait dix mètres de diamètre, une vingtaine de mètres de profondeur et il ne manquait jamais d'eau, d'autant plus que les pluies de la mousson l'avaient rempli au ras de la margelle. Dans ce puits sombrèrent les lourds chandeliers portugais coulés pour je ne sais quelle église, les jarres à vin mogholes que seul un homme fort pouvait transporter, des centaines de services de table utilisés par les *peshwas* pour leurs banquets de cérémonie, et cassettes sur cassettes remplies de pièces d'or.

Tandis que Baba rassemblait les objets de valeur, j'ouvris les deux coffres de notre chambre forte souterraine ; j'invitai alors Champa et Gangamala à les vider et à en empiler le contenu sur le tapis de ma chambre à coucher. Après avoir trié les bijoux les plus précieux, je les disposai sur un châle étendu à même le sol. Les deux piles, celle du tapis et celle du châle, se mirent à grossir. Je transférai la plus grosse, celle du tapis, dans un coffret en camphrier que je noyai dans le puits. Je me demande encore qui s'est approprié ce coffret. Il ne figure pas sur la liste des objets établie par les agents britanniques du butin.

Champa et Gangamala m'apportèrent les derniers ornements. Nous étions seuls, en famille : un homme, une femme, une enfant, assis autour de cet amoncellement de joyaux, comme des nomades autour d'un feu de camp. Sept générations de *peshwas* avaient amassé ce trésor. La flamme verte qui luisait comme le troisième œil de Shiva était une émeraude appelée Shiromani ; réputée comme étant la plus grosse du monde, de dimensions quelque peu disproportionnées, elle mesurait plus de sept centimètres et demi de long sur deux et demi de large. Mon ancêtre, Nana Sahib, dont j'avais hérité le nom, l'avait sertie sur une broche de turban. Le collier Naulakha avait la tête dressée comme un cobra sur lequel on aurait posé le pied ; il devait son nom au fait que le premier *peshwa*, Balaji, l'avait payé neuf *lakhs* de roupies. Depuis, on y avait ajouté un grand nombre de pierres d'aussi grande valeur ; à présent, dans cette Inde de la Compagnie anglaise qui ne cessait de s'appauvrir, il avait acquis la réputation de n'avoir pas de prix car personne n'était assez fortuné pour se l'offrir. Les deux larmes rouge vif qui ressemblaient aux cœurs ensanglantés de petits oiseaux étaient les rubis qui avaient servi au premier nizam à acheter la clémence du premier Bajirao après la victoire de Palkhed. Mon très illustre ancêtre avait profondément choqué sa famille et ses courtisans : il avait transformé ces pierres magnifiques en boucles d'oreilles pour les offrir à sa ravissante maîtresse, la belle Mastani. Les protestations indignées des ennemis – et des amis – de Bajirao avaient contraint Mastani à décliner le présent ; écœuré, Bajirao avait remisé les boucles d'oreilles dans son coffre-fort en déclarant que seule une femme dont la beauté égalerait celle de Mastani aurait le droit de les porter. Un siècle et demi plus tard, personne ne les avait encore réclamées. Même Gopika et Rama, les épouses aussi belles que vaniteuses de *peshwas* ultérieurs, n'avaient pas osé les revendiquer.

Quantité de diamants, d'émeraudes et de rubis scintillaient comme des lucioles, ornant des bracelets, des boucles de ceinturons, des anneaux ayant appartenu aux sept *peshwas*, à leurs femmes ou à leurs maîtresses ; à la lueur des chandelles, les grappes de perles ternies par la désuétude ressemblaient à des coulées de cire.

La pendule dans le hall du rez-de-chaussée se mit à carillonner. Une heure était déjà passée.

– S'il vous plaît, faisons vite ! me dit Champa.

Avec son visage exsangue et sa voix sèche, elle me fit penser à une sati qui s'apprête à monter sur le bûcher de son époux.

– Prends tout ce que tu veux pour toi et Ganga, lui dis-je, pour le cas où il faille vous cacher quelque part pendant un moment.

Sans un mot, Champa ramassa mes mules dans la ruelle de mon lit.

– C'est tout ce que je veux, me répondit-elle.

Mais ce n'était pas le moment de faire du sentiment. Les yeux fermés, je plongeai les deux mains dans le tas de pierreries et en donnai une pleine poignée à Champa et une autre à ma fille.

– Allez mettre ça de côté, leur ordonnai-je.

Elles m'obéirent. Je nouai le baluchon de bijoux et le soupesai : de la dimension d'un crâne humain, il était d'une légèreté surprenante.

Aujourd'hui, la grosse émeraude et les diamants du Naulakha ornent la couronne d'un roi. Je me suis séparé un à un des autres joyaux, soit pour survivre soit pour me tirer d'affaires ; une fois, j'ai dû sacrifier une améthyste aussi grosse qu'une amande pour convaincre un pêcheur de me faire traverser le Gange. Quant aux boucles d'oreilles en rubis, selon le vœu du premier Bajirao, c'est une femme aussi ravissante que Mastani qui les porte.

Je rouvris le baluchon au moment où Champa et ma fille revenaient. Il y avait d'autres objets que je souhaitais emporter. Le pagne jaune safran de Ramdas qui servait d'étendard à mes ancêtres marathes, les deux bouts d'écorce marqués de versets de la Gîta copiés par Bajirao Ier, qu'il portait constamment sur lui quand il livrait bataille, le simple anneau de corail offert comme porte-bonheur par Brahmendra Swami à Balaji Ier, les anneaux d'orteils en or portés par ma grand-mère, Anandi. Vénérés comme des objets de piété, ils n'avaient jamais quitté ma salle de prières.

Soudain, Champa sortit en courant et revint aussitôt en portant un sabre dont la lame était protégée par un fourreau en pourpre fanée. Elle posa l'arme à côté de l'étendard soigneusement replié.

– Non, pas « elle » ! Pas Jayanti ! protestai-je.

Les guerriers indiens considèrent leur sabre comme une femme, voire une déesse ; ils en parlent au féminin ; tous nos sabres célèbres portent un nom féminin. Par exemple, ce sabre s'appelait Jayanti, « la Victorieuse » ; après la Bhavani de Shivaji, c'était l'arme la plus prestigieuse du pays. Elle avait appartenu à Bajirao – le premier Bajirao – et aucun de ses successeurs, quelle qu'ait été leur vaillance, n'avait osé la fixer à son ceinturon. Comment l'oserais-je, moi, vaincu, pourchassé, un fiasco intégral, sans commettre un sacrilège ?

– Elle leur servira à égorger des vaches, me fit remarquer Champa.

– Enterrons-la quelque part où ils ne pourront la trouver.

– Une arme n'est pas faite pour être enterrée mais pour être utilisée.

Ce n'était pas une admonestation mais la voix de la raison, la raison sortant de la bouche d'une sati. D'un geste empreint d'humilité, je pris Jayanti, en portai la garde à mon front et la fixai à ma ceinture. Le baudrier m'allait parfaitement, comme s'il avait été taillé pour moi.

Je renouai le baluchon qui avait atteint la grosseur d'une petite citrouille sans s'être excessivement alourdi. Le tic-tac des horloges me rappela que le temps m'était compté. Le moment que j'appréhendais était venu.

Je serrai le corps fluet de ma fille contre ma poitrine en formulant une prière. Puis je la repoussai. D'une voix ferme, pour ne laisser aucun doute dans son esprit que j'avais des choses urgentes à accomplir, je lui ordonnai de se mettre au lit. C'était l'heure, pour cette enfant, de plonger dans le sommeil, après avoir pleuré toutes les larmes de son corps, afin de laisser son père disparaître sans faire d'histoires. Gangamala n'était pas ma fille légitime et Champa, sa mère, n'était que ma première concubine ; quel qu'ait été mon amour pour elles deux, je ne pouvais les autoriser à participer à un rituel que je voulais aussi convaincant que possible.

C'est pourquoi j'envoyai ma fille se mettre au lit et j'expliquai mon plan à sa mère. Il consistait à faire croire que j'avais opté pour ce que les hindous appellent le *jal-samadhi*, autrement dit que j'allais me noyer publiquement selon un rituel prévu par notre religion. Seuls les membres de ma famille pouvaient m'accompagner ; ils avaient le droit de m'assister et l'obligation d'accomplir les derniers rites mortuaires pour la paix de mon âme. Champa me comprit sans peine.

– Les Britanniques vont te garder en résidence surveillée, lui dis-je. Peut-être vous emmèneront-ils à Kanpur, toi et Ganga, et vous y retenir prisonnières pendant quelque temps. Mais ils ne te feront aucun mal, ne serait-ce que parce que tu n'es pas de ma famille.

– Pourquoi nous feraient-ils du mal ? me demanda Champa d'un ton assuré. Vous n'avez pas tué leurs femmes.

– Ni leurs hommes du reste, ajoutai-je amèrement.

Ni elle ni moi n'étions au courant du drame du Bibighar, survenu la nuit précédente.

– Les soldats se saouleront et vont probablement piller le palais, mais leurs officiers leur interdiront d'aller plus loin.

– Ils ne nous feront aucun mal, affirma Champa comme pour chercher à me rassurer. Maintenant, s'il vous plaît, dépêchez-vous !

– Dans quelques jours, j'espère trouver une autre occasion de les combattre. En attendant, je vais essayer de te faire parvenir un message. Tiens-toi prête à me rejoindre avec Ganga. J'enverrai Azim ou quelqu'un d'autre pour vous chercher.

– Je prierai pour qu'il en soit ainsi.

– Si vous parvenez à vous enfuir discrètement, nous serons de nouveau réunis dans une semaine.

– Rien ne pourra nous séparer, pas même la mort.

Les yeux secs, elle me regardait avec un sourire confiant. C'était comme si elle me transmettait son courage.

Je passai mon baluchon en bandoulière. Il me fallut un moment pour bien serrer les nœuds et fixer les lanières. Mes mains étaient maladroites et mes yeux s'embuaient. Comment faire pour affronter ce moment, pour me séparer de cette femme qui m'avait été plus chère qu'aucune autre femme ? Je tentai de me souvenir d'une prière adéquate, mais je n'en trouvai pas. Indécis, comme un animal qui quête un mot de pardon, je relevai les yeux.

Champa s'était éclipsée. Elle s'en était allée pour m'éviter un retard, pour me permettre de partir moi aussi sans faire de drame.

– Champa ! lui criai-je.

Pas de réponse. Soudain, je lui fus reconnaissant d'avoir levé un obstacle, de m'avoir épargné un instant douloureux.

Je dévalais l'escalier quatre à quatre quand, soudain, je fis brusquement halte, comme si un fil d'acier m'avait retenu, les pieds posés sur deux marches écartées l'une de l'autre. Un feulement terrifiant venait de se faire entendre, une sauvage expression d'angoisse et de colère : c'était Sheru, mon tigre préféré. Comme répondant à un signal, une puissante cacophonie s'ensuivit, poussée par toutes sortes d'animaux, ours, hyènes, chacals, singes, protestant à l'unisson. Les pensionnaires de mon zoo se plaignaient de ce que personne ne leur avait donné à manger et à boire ce jour-là.

Je lançai un juron et me retournai, prêt à sermonner d'importance la première personne qui viendrait à passer pour cette négligence criminelle, à la sommer de nourrir et d'abreuver immédiatement ces bêtes. Mais le temps de donner des ordres était passé. Je m'enfuis, les mains pressées contre les oreilles pour ne pas entendre les cris de reproche d'animaux familiers que j'avais aimés comme mes enfants.

Le chemin menant au *ghat* ne m'avait jamais paru aussi long. Je croisai quelques passants dans la rue qu'aucun lampadaire n'éclairait. Personne ne ricana, personne ne me maudit ; ils invoquaient leurs dieux, m'offraient leurs bénédictions. *« Har-har ! Shiva-Shiva ! »*, se lamentaient-ils. Certains, je l'aurais juré, sanglotaient.

Sur la plus haute marche du *ghat* se tenait Kashi, drapée dans un sari vert sombre, les bras ornés de bracelets de verre. Elle tenait un plateau avec cinq petites lampes à huile allumées. Elle le passa autour de ma tête, puis, de son index, me marqua le front d'un point rouge.

Elle accomplissait le rituel, un rituel prescrit pour la femme qui va devenir veuve à la suite du suicide de son époux. Sa dignité m'impressionna ; le flot de larmes sur ses joues me bouleversa.

Kashi jeta le plateau qui roula au bas des degrés. Elle se courba et brisa ses bracelets contre les pierres du débarcadère. Après avoir publiquement reconnu son veuvage, elle descendit les marches, les épaules secouées de sanglots, pour prendre place dans une embarcation qui nous attendait. Mes autres parentes s'y trouvaient déjà, avec Balarao, couvert de bandages, Baba et Raosahib.

Debout sur la dernière marche, j'offris une prière :

– Notre Mère le Gange, ton fils vient à toi. Bercé toute sa vie dans ton sein, il accomplit ta volonté en y mettant fin. Au cours de son dernier voyage dans notre monde, que peut-il souhaiter de plus que de partir dans l'autre monde avec tes bénédictions ?

– Nana Sahib se prépare au *jal-samadhi* ! murmura la petite foule qui s'était rassemblée sur les degrés du *ghat*. Sa vie prend fin par une offrande à notre Mère le Gange.

Mon intention ayant clairement marqué l'esprit des assistants, je grimpai dans le bateau. Les femmes commencèrent à se lamenter. Baba, d'une voix étranglée, dit adieu à la foule de ma part.

– Vaincus à Kanpur, nous avons été séparés de Tantya Topi et du reste de nos troupes. Maintenant, les visages jaunes marchent sur Bithoor. Mon frère, que vous avez chéri durant toutes ces années, a décidé de quitter notre monde pour apaiser leur colère. Il vous prie de lui donner vos bénédictions. Il part heureux, sachant qu'aucun mortel ne peut rêver de meilleure mort que d'offrir son corps à Ganga-mayi.

Nous prîmes le large. Une lamentation aiguë monta de la berge. Comme pour se joindre aux humains, les animaux de mon parc reprirent à l'unisson leur chœur déchirant.

Nous étions dix-neuf dans le bateau. Sous prétexte de l'alléger, Raosahib ordonna aux trois bateliers de nous laisser. Soulagés de ne pas avoir à tenir compagnie à un condamné, ils sautèrent par-dessus bord et pataugèrent dans l'eau en direction de la berge sans un regard en arrière. Nous avons alors allumé la bonne centaine de chandelles que nous avions emportées. Raosahib et Baba commencèrent à ramer. Nous progressions par à-coups. Les toits de Bithoor s'éloignèrent; les cris des animaux s'atténuèrent. Je dénouai mes sandales, enlevai mon turban et ma robe et les abandonnai au courant. Vêtu d'une courte tunique de pèlerin, serrant mon sabre et mon baluchon, je me laissai couler dans le fleuve et me mis à nager en direction de la berge, jusqu'à ce que mes pieds touchent le fond.

En me retournant, je vis la barque se fondre dans l'obscurité. Seul un chapelet de lumières vacillantes me permettait d'en distinguer les contours. Ayant repris mon souffle, je me mis à patauger dans les hauts fonds en m'orientant vers un point situé à environ huit cents mètres en amont du *ghat* de Bithoor. Arrivé sur le sable sec, j'enlevai ma tunique pour l'essorer.

Le bateau n'était plus qu'une lueur incertaine dérivant sur l'étendue aquatique plate et sombre. Il s'immobilisa. Toutes les lumières s'éteignirent et un ululement perçant s'éleva, comme pour pleurer un décès. Quelques secondes plus tard, je vis que la foule rassemblée sur les marches du *ghat* avait compris le message car des lampes s'allumèrent, comme autant de lucioles; puis, me parvinrent les cantiques rythmés du service des morts, auxquels des voix de plus en plus nombreuses se joignirent: « *Wasansi jeernani yatha vihaya*... De même que nous nous débarrassons de vêtements usagés, de même l'âme immortelle abandonne-t-elle ce corps... »

Mes dents s'entrechoquaient, mes genoux tremblaient. C'était ma mort que l'on pleurait. La tunique mouillée que j'avais enfilée de nouveau et qui me collait à la peau ne m'enveloppait-elle pas comme un suaire, paralysant mes mouvements ?

Quelque part retentit un coup de feu. L'écho s'en répandit sur les eaux silencieuses. Le pillage commençait. Je me mis à courir, en tentant de ne pas penser à la femme que j'aimais, à ma fille, si docile, qui m'avait obéi en se mettant au lit. Je me remémorais mes nombreux échecs pour m'encourager à avancer, en trébuchant dans le sable, en tombant, en me relevant. J'avais un long chemin à faire et pas une minute à perdre.

Il eût été naïf de croire que Havelock et Neill se laisseraient convaincre par ma ruse. Ils allaient se livrer à une enquête approfondie. Par principe, ils ne se fieront à aucun témoignage, sauf s'il s'agit de celui d'un Européen. Ensuite, quelqu'un leur apportera qui une sandale qui un turban, de quoi semer le doute. Ils attendront un ou deux jours, le temps pour le cadavre de remonter à la surface ; ils promettront une récompense à qui le découvrirait. Les Britanniques ne croiront à ma mort qu'après avoir vu mon corps. Pour eux, l'extinction des feux, les cris de deuil des pleureuses, les prêtres entonnant le service funèbre ne voudraient rien dire. Après un ou deux jours d'attente, ne voyant rien venir, ils pendront ceux qui leur auront affirmé que j'avais pris le *jal-samadhi* et ils se remettront en chasse.

Mon plan n'en était pas moins astucieux et pratique. Je gagnai en effet un répit d'au moins trois jours sans craindre de poursuite. Pour l'instant, je comptais me cacher chez Nizam Ali, à Akbarpur, d'où un bateau allait venir me prendre pour me faire traverser le fleuve. Ensuite, j'allais me rendre en un lieu nommé Chaurasi, où m'attendaient déjà les membres de ma famille. Là, je me reposerai quelques jours avant de décider de l'étape suivante. J'avais omis, il est vrai, de faire prévenir Nizam Ali que je serai son invité, mais c'était sans importance : chez lui, j'étais toujours assuré d'être le bienvenu. L'homme qui avait mérité la réputation d'exterminateur des Blancs n'allait pas me livrer à l'ennemi.

Tout n'est pas perdu, me répétais-je. Les dragons du mal ont atteint Kanpur, mais ils ne sont pas au bout de leurs peines. Tantya s'est échappé, avec le gros de nos troupes ; Mani, qui est maintenant la rani de Jhansi, poursuit la lutte avec une détermination féroce ; la bégum

Hazrat Mahal, la reine d'Oudh, a rassemblé une force considérable qui lui permet de harceler l'ennemi. La marée peut encore se retourner, aujourd'hui même, plût au Scindia. Je me joindrai à Mani ou à la Bégum et, un jour, je referai mon apparition à Kanpur, monté sur un étalon blanc. Ganga-mayi m'ouvrira grand les bras, à moi, son enfant qu'elle a si cruellement abandonné.

La demeure se dressait dans l'obscurité, ressemblant à quelque mausolée moghol, fantomatique, comme phosphorescente, ses contours obscurcis par un bosquet de vieux tamariniers. Le grand portail en fer forgé était fermé, mais un portillon latéral céda à ma poussée. Mes pieds nus crissèrent légèrement sur les graviers de l'allée centrale. Derrière la maison flottait le fleuve. À l'horizon, sur l'autre rive, une ligne orangée annonçait l'aube.

J'étais encore à une trentaine de pas du porche principal quand j'entendis un hurlement hystérique, comme aurait pu en pousser un animal sauvage mortellement blessé. J'étais à peine remis du sursaut de panique quand j'entendis crier en anglais :

– Oh ! non, je vous en prie... pitié, pas ça ! Non !

Je me mis à courir en direction de la porte d'entrée. Le porche était vide, la porte cadenassée. Connaissant bien le plan d'un bungalow anglais, je contournai la demeure en quête d'une porte de salle de bains qui ouvrirait sur l'extérieur pour laisser entrer les domestiques. J'en trouvai une et je m'y introduisis. Mes pieds nus courant sur les dalles du sol produisaient des flic-flac ressemblant à des battements de cœur amplifiés. Une silhouette enveloppée dans un couvre-lit se dressa sur un matelas posé à même le sol ; une voix adolescente lança un cri d'alarme. Je ne m'attardai pas, me dirigeant en hâte vers une pièce d'où partaient des gémissements ; je butai contre une porte cintrée close par des stores en roseaux. Dégainant mon sabre, je tranchai les cordelettes qui les retenaient.

Une corde se rompit net et l'un des stores s'écarta, créant une ouverture par laquelle je pus me glisser dans la pièce. Elle était grande, haute de plafond, sans mobilier, le sol en parquet ; ce devait être la salle à manger. La pâleur du petit matin qui filtrait à travers les lucarnes me fit penser à une brume de mousson ; une puanteur âcre de zoo négligé me monta aux narines, comme un mélange d'excréments, d'urines et de transpiration rance qui aurait macéré dans une pièce étroite hermétiquement close. Quelque chose remuait sur le sol, une forme grotesque, aux membres multiples, qui se tortillait et rampait sur place, dans la moiteur ambiante.

Très vite, la situation se clarifia. Sur le sol se trouvaient deux femmes, l'une penchée sur l'autre. Celle qui gisait sur le dos était nue ; écartelés, ses poignets et ses chevilles étaient ligotés à de gros clous enfoncés dans le plancher. À son côté, s'étendait une flaque sombre dont je compris vite qu'elle était produite par le sang qui s'écoulait en mince filet du centre d'une de ses paumes percée d'un long clou noir effilé comme une dague. Sa tortionnaire était quasiment assise sur elle. L'ample *shalwar-kamiz* noir dont cette créature était vêtue la faisait ressembler à un vautour obèse. Un pied posé sur le poignet de sa victime, elle se préparait à planter un autre clou au centre de la paume libre de sa victime à l'aide d'un maillet qu'elle tenait haut levé pour mieux viser.

– Oh ! non ! je vous en prie... je vous en supplie... non, je ferai tout ce que vous voudrez, tout... Oh ! noooooon...

Un hurlement à faire éclater les tympans se termina par un long gémissement. Avant que le cri ne se taise, mon sabre s'était abattu sur le dos gras et arqué de la sombre créature, la coupant en deux. Dans un ploc sonore, comme un fruit du jacquier fendu d'un coup de machette, les deux moitiés du corps roulèrent de part et d'autre de la victime ; des jets de sang noir en jaillirent, inondant mes chevilles.

J'examinai sans tarder la femme nue. Ses pupilles dilatées me fixaient sans ciller ; son corps se tortillait lentement, comme mû par quelque vigueur interne. Les mouvements cessèrent, les paupières se refermèrent. Avait-elle rendu l'âme ou s'était-elle évanouie ? Je l'ignorais, mais je l'avais reconnue : c'était Eliza Wheeler.

Un frottement de pieds nus et un sifflement d'alarme, suivis d'un hoquet guttural, me firent virevolter. Sous la voûte, dans l'ouverture que j'avais découpée à travers le rideau, deux visages me regardaient fixement : un gamin imberbe et une vieillarde ridée et édentée.

– *Hi-Allah !* vagit la vieille, la bouche grande ouverte.

Pendant un moment, muette de stupeur, elle ne produisit que des craquètements de lézard, puis, après une sorte d'aboiement, elle finit par terminer sa phrase.

– *Hi-Allah !* Il a tué la maîtresse, il l'a coupée en deux !

– *Toba !* s'exclama le garçon d'une voix suraiguë. Tu sais qui c'est ? Le roi ! Nana Sahib !

Pétrifiés, ils me regardaient fixement, comme si j'étais un spectre. Le sabre levé, je fis mine de les charger.

– *Jao !* leur criai-je. Allez-vous-en ! *Bhago ! Ekdum !* plus vite que ça !

La vieille glapit, le garçon se recroquevilla comme si je l'avais giflé, leurs faces ahuries s'éclipsèrent avec la célérité d'une araignée qui disparaît dans la fente d'un mur.

Chapitre 21

Rescapée de la fusillade de Satichaura, Eliza avait été tirée du fleuve avant d'être enlevée par Nizam Ali. Durant les trois semaines qu'elle venait de passer chez lui, elle avait souffert d'intolérables supplices. Après l'avoir convertie de force à l'islam, il l'avait épousée. Finalement, elle avait trouvé le moyen de le tuer. Pour le venger, la première épouse de Nizam Ali avait juré de la torturer à mort. C'est cette femme que j'avais sabrée.

– Je crois qu'elle avait l'esprit dérangé, me confia Eliza quelques semaines plus tard. Avec ce monstre, ils formaient davantage une équipe qu'un couple. Elle était d'ailleurs beaucoup plus âgée que lui. C'étaient des fanatiques religieux ; ils priaient plusieurs fois par jour. Au début, ils se sont contentés de m'enfermer. On m'apportait régulièrement à manger et à boire, et on me laissait tranquille. Un jour, un barbu est arrivé, qui s'est livré à une sorte de cérémonie. La femme m'a expliqué après coup que j'étais devenue musulmane.

La réflexion me vint qu'à sa place un homme aurait été circoncis.

– C'était une créature d'une abominable perversité. Elle était obsédée par l'idée qu'il fallait à toute force que son mari ait un enfant, ce qu'elle ne pouvait lui offrir. C'était elle qui gouvernait la maison. Les serviteurs la haïssaient. Le jour suivant, une autre cérémonie a eu lieu. La femme m'a alors m'informée que je venais d'être marié à son époux et que j'étais dorénavant sa sœur. La nuit suivante, l'enfer a commencé. Pendant que cette femme et la vieille préposée aux latrines me plaquaient au sol, l'homme m'a violée à plusieurs reprises. La nuit suivante, ç'a été la même chose, et ainsi de suite…

– Ne vous croyez pas obligée de tout me raconter, lui dis-je.

– Je dois bien expliquer comment je suis tombée enceinte… Je n'ai plus personne à qui me confier. Je vais devenir folle si je ne parle pas à quelqu'un.

Je lui avais déjà expliqué que sa famille avait péri à Satichaura. Je ne voyais pas un seul être vivant de sa connaissance qui puisse être encore à Kanpur. Je tentais pourtant de la rassurer.

– Ils seront heureux de vous savoir en vie, lui dis-je. Un grand nombre d'amis de votre père doivent être en ce moment à Kanpur.

Elle garda le silence un long moment.

– Il n'y a plus personne, finit-elle par me répondre, personne que je puisse appeler un ami. Pourquoi devrais-je retourner à Kanpur ? Pour qu'on me raille parce que je vais être mère, que l'on me montre du doigt parce que je porte un enfant conçu lors d'un viol, dont je ne sais même pas qui est le père ?

– Cela peut arriver à n'importe quelle femme.

– Oui, mais cela m'est arrivé à moi. Retourner signifie pour moi subir l'humiliation de la honte, devenir un objet de pitié.

– Ce genre de drame est vite oublié.

– Ces femmes n'oublient jamais. Elles n'ont jamais oublié qui avait été ma mère. Alors qu'elle était l'épouse d'un grand général, pour ces femmes, ma mère était toujours la maîtresse d'un brigand. Combien de fois ne l'ai-je pas entendu dire qu'à choisir, elle préférait son camp de Pindari ! Pourquoi devrais-je me présenter devant ces mêmes femmes, avec mon gros ventre, en mendiant leur acceptation ?

Son ventre n'était même pas gros. Je ne comprenais d'ailleurs pas comment elle avait la certitude d'être tombée enceinte après seulement six semaines avec Nazim Ali. Et que voulaient dire « ces mêmes femmes » alors que celles de Kanpur étaient toutes mortes ?

– Je suis sûr que, dès que tout sera rentré dans l'ordre, vous verrez les choses différemment, lui dis-je d'un ton rassurant. Je vais organiser votre retour aussitôt que vous en exprimerez le souhait. Vous déciderez du moment.

– Je ne partirai que si vous me renvoyez, me répondit-elle d'une voix égale, jamais de mon propre chef.

Dieu sait que je ne souhaitais pas son départ ! D'un autre côté, je ne voulais pas qu'elle reste avec moi uniquement parce qu'elle n'avait nulle part où aller. Surtout, je voulais lui laisser le choix.

J'aurais dû comprendre que les dés étaient jetés. Le sort nous avait réunis à un moment précis où tout semblait indiquer que la meilleure décision à prendre était de rester ensemble. Un homme vaincu et en fuite avait sauvé d'une mort affreuse une jeune femme déshonorée. Leurs passés respectifs s'étaient envolés en fumée. Comment mieux affronter les années qu'il leur restait à vivre autrement qu'en restant proches l'un de l'autre, qu'en se réconfortant mutuellement, qu'en échangeant chaleur et amitié, qu'en se tenant compagnie ?

C'était, comme je l'ai dit, la meilleure décision. Je la repoussais pour une question de principe : je ne voulais pas qu'Eliza acceptât la situation parce qu'elle y était contrainte.

Ses pensées étaient ailleurs. Ses yeux bleus fixaient quelque chose dans le lointain, comme si elle voyait au-delà des apparences. Son visage exprimait la même défiance, la même rébellion que Janaki.

– Mais vous avez tué votre violeur, lui fis-je remarquer. Cela, personne ne pourra l'oublier.

– Je l'ai tué, certes, mais seulement après des jours et des jours de calvaire. Chaque nuit, la même scène se répétait. Ces deux femmes qui juraient de façon obscène, qui m'exhortaient à me soumettre, qui me maintenaient au sol pendant qu'elles faisaient ma toilette intime afin de me préparer à mieux accueillir les assauts de l'homme qui me forçait comme un taureau furieux. Je hurlais, je hurlais de toute la force de mes poumons, en espérant qu'un passant m'entendrait, ou que les serviteurs interviendraient. J'ai cru devenir folle la fois où cette femme est entrée dans la chambre avec un fouet à la main. Je me suis alors souvenue de ce qu'avait fait ma mère en pareilles circonstances. Elle avait fait semblant de se soumettre et elle avait attendu que la chance lui sourie. Alors, j'ai dit oui, oui à tout. À partir de là, j'ai fait moi-même ma toilette. Plus tard, les deux femmes n'ont plus eu à me tenir. Elles se contentaient de regarder. C'était répugnant !

Rien qu'en l'écoutant, je frémissais de dégoût.

– Et lui, est-il tombé dans le panneau ?

– Oh ! pas la première nuit, ni même la seconde. Les femmes sont restées accroupies près de moi, prêtes à bondir. Mais on a fini par me laisser un peu tranquille, au point de pouvoir me rendre à la salle de bains sans être accompagnée. Une après-midi, dans la salle de bains, alors que j'étais seule, je me suis emparée de la dalle de pierre sur laquelle était posée une grosse cruche d'eau. Je me suis glissée sans bruit dans la chambre. À cause de la chaleur, il dormait à même le sol. Il ronflait, la bouche ouverte. J'ai levé la dalle aussi haut que je le pouvais et je l'ai laissé retomber de toute ma force sur... sa tête. Elle a éclaté comme une coquille d'œuf.

– Vous avez tué cet homme avec une pierre !

– Comme un cobra, en lui écrasant la tête.

Ses narines frémissaient. Ses yeux brillaient.

– Le bruit a été assez fort pour être entendu dans toute la maison. Lui aussi a émis un son, une sorte de « aaaaahhh... » sourd mais puissant. Tout le monde s'est précipité dans la chambre, son épouse, la femme des latrines, son fils, les serviteurs. Ils m'ont sauté dessus et m'ont immobilisée. Je riais comme une folle. Ensuite, l'épouse a ordonné qu'on me traîne dans la salle à manger et qu'on m'attache les poignets et les chevilles à des clous plantés dans le parquet.

Cela se passait trois jours avant que je ne la découvre.

– Ils ne m'ont rien donné à boire ni à manger. Une fois, l'épouse m'a uriné dans la bouche.

– Et les serviteurs, où se sont-ils envolés ?

– Ils sont aussitôt sortis pour enterrer l'homme, à cause de la canicule. Ensuite ils sont revenus. L'épouse s'en est prise violemment à eux. Ils lui ont répondu. Apparemment, ils voulaient partir car les Britanniques arrivaient. Une querelle a éclaté. Soudain, la femme s'est précipitée dans la salle à manger en hurlant. Ils l'ont suivie, lui ont déchiré les vêtements et l'ont violée à tour de rôle. Puis ils l'ont laissée pour s'acharner sur moi. Ensuite, ils ont mis à sac la maison en brisant tout ce qu'ils ne pouvaient emporter. Pendant ce temps, l'épouse leur lançait des insultes. Ils ont dû s'enfuir nuitamment. Après cela, il n'est plus resté que la femme des latrines et son fils.

– Et l'épouse ?

– Peut-être avait-elle perdu l'esprit, dit Eliza en haussant les épaules. Elle a enfilé ses vêtements de deuil et ne les a plus quittés. Elle allait et venait en marmonnant des prières, ou en gloussant doucement de rire. De temps en temps, elle s'arrêtait devant moi et me décrivait les tortures qu'elle allait me faire subir : me percer les yeux avec des aiguilles chauffées au rouge, mais seulement un œil après l'autre, m'enduire de miel et introduire une colonie de fourmis lions, me brûler au fer rouge, verser des cuillerées d'huile brûlante sur mes tétons. J'ai crié quelque chose comme « oh ! mon Dieu ! oh ! Christ ! », et l'exclamation lui a donné l'idée de me clouer les mains et les pieds au plancher. C'était d'autant plus tentant que j'étais déjà dans la position idéale. Avec l'autre femme, elles encourageaient cet affreux garçon à prendre des libertés avec moi. Quand je les ai suppliés de me donner à boire, elle m'a répondu que je n'avais qu'à ouvrir la bouche et elle s'est accroupie au-dessus de moi.

Tous ces détails me furent révélés par Eliza dans notre cachette du fort de Chaurasi, après qu'elle eut recouvré en partie la santé. Il ne faisait alors plus aucun doute qu'elle était enceinte. Mais, le matin où j'avais fait irruption dans sa vie, elle était quasiment inconsciente. Elle gémissait, marmonnait des propos incohérents ; par moments, son corps s'avachissait, s'arc-boutant violemment aussitôt après. Je lui donnai à boire, cuillerée par cuillerée, et l'éventai pour la faire dormir. Ensuite, après qu'elle se fut reposée, je l'ai transportée dans une autre pièce et je lui ai épongé le corps. Je lui enfilai quelques vêtements trouvés dans la maison et l'étendis sur le matelas dont se servait le garçon. Elle somnolait, puis se réveillait soudain en sursaut en poussant des cris rauques et étouffés.

J'allais régulièrement faire le guet à chaque porte en collant une oreille aux volets. Combien de temps nous restait-il avant l'arrivée des tuniques rouges ? Ne cernaient-ils pas déjà la maison ? N'aurais-je pas mieux fait de tuer aussi le garçon et la vieille ? N'étaient-ils pas, en ce moment même, en train de me dénoncer au commandant d'une patrouille anglaise ?

Les serviteurs avaient vidé la demeure de son mobilier, ne laissant que quelques meubles trop lourds pour être transportés, qu'ils avaient poussés dans les coins pour pouvoir rouler les tapis sur lesquels ils étaient posés. Des effluves d'odeur de chair putréfiée venaient de la pièce où gisaient les deux moitiés de cadavre. De gros insectes d'un vert brillant butaient en bourdonnant contre les vitres. La puanteur les attirait-elle ou bien avaient-ils d'autres moyens de repérer l'endroit où se décomposait un cadavre ?

Les heures s'écoulaient avec la lenteur désespérante d'un sablier rempli de molasse. La lumière du jour déclina enfin. Eliza avait réussi à s'asseoir, le dos appuyé contre le mur. Mais comme elle ne pouvait faire davantage, je la hissai sur mon dos en passant mes bras sous ses genoux et nous avons quitté la maison.

Après avoir déposé Eliza, je m'allongeai sur le sable. La présence à mon côté de cette femme dont la protection m'incombait me réconfortait étrangement. La ligne floue de la rive opposée s'estompa. L'obscurité nous enveloppait déjà quand j'entendis un clapotis de rames. Une barque m'apparut peu après. En dépit de la pénombre, je reconnus les deux silhouettes : celle d'Azim, grand et athlétique, et celle, plus trapue, de Waghu, mon garde du corps, aux puissantes épaules de lutteur professionnel. Tandis que la proue du bateau crissait en s'enfonçant dans le sable, je les vis qui fixaient du regard le fardeau inerte qui gisait à côté de moi. Sur un geste de ma part, Waghu bondit, souleva Eliza et la porta gentiment dans l'embarcation.

Kashi s'occupa d'Eliza. Elle lui cuisinait des mets délicats et l'encourageait à manger. Elle lui lavait les cheveux, lui changeait ses vêtements, lui nettoyait et lui pansait ses plaies. Elle la sermonnait, la dorlotait, lui chantait des chansons. Eliza, dont le seul souhait était qu'on la laissât mourir en paix, fut doucement ramenée à la vie.

Jusqu'à présent, je n'ai guère parlé de Kashi. Il n'y avait pas grand-chose à en dire. Nous étions mari et femme mais, au palais, elle n'était qu'un meuble rare et précieux que l'on sortait pour le montrer au public à certaines occasions. Mon adversité servit de terreau à son épanouissement. À la suite de je ne sais quel privilège que je ne me souviens pas lui avoir accordé, elle prit en charge ma maisonnée. Certes, je lui fus reconnaissant d'être devenue la maîtresse de maison d'un exilé, mais je dois avouer que je ne lui en ai jamais exprimé la moindre gratitude. Je la considérais comme un superbe serpent enfermé dans mon cabinet, comme une malédiction d'une beauté extraordinaire, à qui je devais à toute force interdire l'entrée de mon lit. Je ne pus jamais me résoudre à considérer Kashi comme ma femme. Elle transita directement du statut de malédiction à celui de déesse. Or, il est difficile de manifester de la tendresse pour une déesse. À la rigueur, on lui bâtit un joli sanctuaire, on lui passe des guirlandes de fleurs autour du cou, mais on ne couche pas avec.

Notre nouveau refuge, le village de Chaurasi, se trouvait à environ huit kilomètres du Gange et à une cinquantaine de Bithoor. Le lendemain de notre arrivée, je renvoyai Azim à Bithoor afin qu'il prenne contact avec Champa et qu'il organise son transfert et celui de Gangamala à Chaurasi. Trois jours après, il n'était toujours pas revenu.

Un sombre pressentiment m'envahit, l'impression que quelque chose de terrible leur était arrivé.

Trois jours après, j'appris le sac de Kanpur et le traitement que les Britanniques avaient réservé à Azijan. Les Anglais ayant décrété qu'elle faisait partie des «rebelles actifs», Neill l'avait condamnée à être pendue avec la première fournée d'otages. Son supérieur, Havelock, intervint. Les Britanniques savaient qu'Azijan avait été ma maîtresse et que je lui avait rendu visite lors de mon séjour à Kanpur. Havelock était en train d'étudier les comptes rendus sur mon suicide par noyade; il lui offrit donc la vie sauve si elle acceptait de collaborer à leur enquête. Pour toute réponse, Azijan lui lança au visage des obscénités de bordel et refusa tout net de coopérer. Havelock se résigna à entériner sa condamnation à mort. Azijan fut la première femme à être pendue à un banian de Kanpur.

Pendant quelques heures, la douleur causée par la perte des morts oblitéra l'anxiété suscitée par le sort des vivants. Mais, à mesure que le jour avançait, mes peurs revinrent au galop. Incapable de supporter plus longtemps l'incertitude, je chevauchai jusqu'au fleuve pour y attendre le retour d'Azim. Accroupi sur le sable, je marmonnais des prières quand passèrent des villageois. Ils me confirmèrent que Bithoor avait été pillé et ma demeure incendiée.

Quelque chose se brisa en moi. Je ne ressentais aucune douleur, seulement une formidable torpeur.

– Et Ganga? leur demandai-je d'une voix douce. Et Champa? Où s'en sont-elles allées?

Ils l'ignoraient. Ils avaient seulement recueilli les témoignages de quelques témoins qui avaient assisté à l'incendie du palais pendant que la soldatesque anglaise braillait de jubilation.

À la nuit tombée, Azim n'était toujours pas revenu. Je revins à Chaurasi. Tôt le lendemain, alors que je me préparais à retourner au bord du fleuve, je le vis arriver, l'air profondément abattu. Il portait un turban blanc, en signe de deuil.

Exprimer tout haut sa pire crainte produit parfois des miracles.

– Elles sont donc mortes? lui demandai-je.

Mes jambes se dérobèrent, m'obligeant à me rasseoir.

– Personne ne peut le certifier, Malik. Il y avait des femmes dans le *tykhana* quand le feu a été mis au *wada*, mais on ignore si Champabai ou Gangamala se trouvaient parmi elles.

– Alors pourquoi as-tu coiffé un turban blanc ?

Azim se tint coi et il baissa la tête.

– Qu'ont-ils fait des animaux ?

– La même chose qu'à ceux de Wajid Ali. Ils ont égorgé les biches pour leur viande, dépecé les tigres et les léopards pour leur fourrure, et abattu les éléphants pour leur ivoire. Ils n'en ont épargné aucun.

Comme un chien battu qui se réfugie en rampant dans un recoin familier, je m'enfuis à l'arrière de la maison où j'avais installé ma salle de prière, et je m'agenouillai.

Sans être mon épouse, Champa, ma maîtresse et la maîtresse de ma demeure, n'en était pas moins la femme qui m'avait été la plus proche. Un jour, elle m'avait dit que, bien que nous ne soyons pas mariés, elle considérait comme un devoir et un droit légitime de devenir ma sati s'il m'arrivait de mourir avant elle. Le plus sérieusement du monde, elle m'avait imploré de laisser des instructions à mes héritiers pour qu'ils ne lui interdisent pas de monter sur mon bûcher sous le prétexte que nous n'étions pas mariés. Je lui avais rappelé que ni elle ni ma femme légitime n'aurait le droit d'accomplir ce rite, les Britanniques en ayant interdit la pratique. J'étais loin de m'imaginer qu'elle l'accomplirait de mon vivant !

Et ma fille, le don du Gange, disparue, comme si le grand fleuve me l'avait reprise. Avait-elle péri elle aussi dans le *tykhana*, la cave du *wada*, quand les Anglais ont incendié le palais ou bien, comme me l'ont suggéré plusieurs personnes par la suite, les Gudjars l'avaient-ils kidnappée ? Je ne l'ai plus jamais revue. Combien de fois n'ai-je pas crié dans mes songes : « Où es-tu, Ganga ? » avant de m'éveiller en sursaut, transi mais baignant dans ma transpiration ?

Pour la première fois dans mon existence, j'ai caressé l'idée de me tuer. Je n'avais plus de raison de vivre, de cause à défendre, de personne à protéger. J'envisageai diverses manières de me supprimer avant d'opter pour la plus simple : me livrer. Les premiers soldats blancs qui se présenteraient allaient mettre fin à mes tourments.

J'étais donc décidé à mourir, mais pas comme un fugitif. J'allais revêtir mes robes de *peshwa*, dégainer le sabre de Bajirao Ier et barrer la route à mes ennemis. Je leur rirai au nez et je mourrai, avec le nom de Dieu sur mes lèvres. Au moins, ma façon d'en finir emplirait de fierté le cœur de mes compatriotes.

J'étais plongé dans une lourde sieste quand l'appel se fit entendre. Dehors, dans la rue, on entendait les bruits de pas d'une troupe en marche. Le cœur battant, je bondis du lit, enfilai mes robes, coiffai mon turban, bouclai mon ceinturon. Puis, sabre au clair, je fis irruption dans la rue et gagnai en courant la place du village en récitant le mantra Gayatri[1] pour me donner du courage.

Mais les troupes que je me préparais à affronter appartenaient au 43e bataillon indien d'infanterie. Ces cipayes en fuite transitaient par Oudh et se dirigeaient vers les jungles du Terai où ils espéraient pouvoir prendre le maquis. Dans mon désarroi, il me fallut un moment avant de saisir le comique de la situation. Je compris également à quel point les fugitifs avaient mal interprété mon geste théâtral.

En effet, ils se mirent tous à marcher au pas cadencé, en redressant la tête, les épaules dégagées. L'un d'eux aboya un ordre. La colonne fit halte et se figea dans un garde-à-vous impeccable. Les officiers me saluèrent d'un geste nerveux tandis que l'un d'eux claironna un retentissant : « Nana Sahib *ki jai* ! Victoire à Nana Sahib ! »

Des déserteurs et un roi en fuite venaient de se rencontrer. Nos hontes et nos échecs communs nous ramenaient de force dans le conflit. L'émotion était tellement forte que j'eus du mal à ne pas m'effondrer dans la poussière devant les cipayes au garde-à-vous.

Ensuite, il en vint de tous les coins d'Oudh, en groupes plus ou moins importants. Ils se répartirent d'eux-mêmes en escadrons et en compagnies, rétablissant une sorte d'ordre et de discipline. Nous décidâmes d'investir le fort voisin et d'y installer un vrai camp militaire. Un mât aux couleurs fut érigé. À la fin juillet, de fugitif, j'étais devenu le commandant d'une troupe de cinq mille hommes.

C'était exaltant de voir ces soldats se mobiliser pour une nouvelle campagne, d'autant plus qu'ils se mettaient sous mon commandement. Cela prouvait qu'ils avaient encore foi en notre cause, encore confiance en moi. Avec de tels hommes, il n'était plus possible de songer à en finir avec la vie.

J'appris de leur bouche que les Britanniques avaient mordu à ma ruse. Ils avaient même cru que j'avais tué tous les membres de ma famille ; ils se fondaient sur le témoignage d'un employé eurasien qui

---

1. *Gayatri mantra* : l'un des vers les plus sacrés du Rig-Veda, que les brahmanes répètent au moins une fois par jour. *(N.d.T.)*

se trouvait à Bithoor à ce moment-là ; il leur avait affirmé qu'il m'avait vu embarquer avec toute ma famille et qu'ensuite, tout le monde avait aperçu notre bateau qui coulait.

Avec des troupes de plusieurs milliers de soldats rassemblés sous ma bannière, il m'était impossible de me cacher davantage et je n'avais plus de raison de le faire. Nous avions récupéré nos forces et nous brûlions d'envie de reprendre l'offensive. Je fis traverser le fleuve à un bataillon pour qu'il établisse un camp en vue de Bithoor ; aucune patrouille britannique n'osa s'aventurer près de notre centre de commandement de Chaurasi.

Combien de fois, durant les mois qui suivirent, n'avons-nous pas senti souffler le vent de la victoire ? Mais le même et consternant scénario se répétait : au dernier moment, un incident survenait, et la victoire nous glissait entre les doigts. Petit à petit, je finis par croire que nous n'étions pas destinés à l'emporter, qu'en raison de quelque décret divin dont le mystère échappait à notre entendement, notre Mère l'Inde devait être prostituée par une race étrangère, que ses fils et ses filles, en expiation de quelque faute ancienne et oubliée, étaient condamnés à l'esclavage.

Azim avait une explication plus concrète.

– Leur nouveau fusil Enfield est en train de gagner la guerre pour eux, aimait-il à répéter.

De fait, ce fusil leur donnait une puissance de feu infiniment supérieure à la nôtre. À cet avantage, il fallait ajouter le contingent d'esprits pervers des cipayes prétendument « loyaux ».

Pourtant, en dépit de leur supériorité technique, les Britanniques faisaient preuve de nervosité, de manque d'assurance ; ils étaient à la frontière d'Oudh, le cœur du territoire ennemi. Ici, leur personne et leur comportement ne suscitaient que des sentiments de haine et d'horreur ; ici, les Anglais savaient que chaque Indien était leur ennemi mortel, qu'il n'y avait pas de cipayes « loyaux » ni d'autres cancrelats de la même espèce ; ici, ils ne pouvaient minimiser ni insulter notre révolte en la qualifiant de simple « mutinerie », car leurs adversaires ne comptaient pas uniquement leurs ex-cipayes. Hésitant à engager la bataille finale, leurs mouvements manifestaient une pusillanimité frisant une lâcheté dont ils auraient été les premiers à se gausser de la part de quiconque d'autre.

Chaque semaine qui suivit nous apporta son lot de réconfortants témoignages sur la nervosité de l'ennemi. Havelock, avec ses troupes, avait fait mine de venir en aide à Lucknow avant de juger plus prudent de battre en retraite sur Kanpur. Après s'être querellé avec Neill, il avait été supplanté par un autre général, Outram. Ensuite, Outram et Havelock ayant réussi à pénétrer dans Lucknow et à faire une percée jusqu'à la Résidence, les cipayes avaient aussitôt reformé le cercle, emprisonnant la force de secours avec les assiégés.

Le plus fort était que cette victoire à la Pyrrhus avait été obtenue grâce à la furie avec laquelle les Sikhs avaient donné l'assaut, rivalisant avec les Highlanders pour l'honneur d'être les premiers à pénétrer dans la Résidence au péril de leur vie. Mais, à présent, nous étions immunisés contre le spectacle de nos compatriotes prêts à verser leur sang pour participer au viol de notre Mère l'Inde.

– Une victoire, une seule, il nous suffirait d'une victoire ! répétait Azim avec ferveur, comme une incantation. Qu'Allah nous accorde juste une petite victoire, alors, la chance tournera.

Combien de fois n'avons-nous pas prié pour qu'elle nous soit octroyée, cette unique victoire qui nous permettrait d'inverser le courant de la guerre ; en effet, encore plus que la supériorité de l'armement de l'ennemi, jouait contre nous la navrante attitude mentale de nos compatriotes : l'intime conviction de l'invincibilité de l'homme blanc.

– Juste une victoire, répétait Azim comme une prière. Même accidentelle, à Kanpur, à Lucknow, à Delhi, n'importe où…

Alors, les troupes encore hésitantes se précipiteraient pour nous rejoindre, les cipayes dits « loyaux » déserteraient leurs maîtres dans la nuit qui suivrait ; alors les princes, qui n'attendaient qu'un signal venu des Cieux, s'encourageraient les uns les autres à prouver leur patriotisme.

La réapparition de Tantya Topi muscla notre espoir de victoire. De Maharajpur, il était allé se réfugier à Gwalior où, en mon nom, il avait supplié Jayaji Scindia de se déclarer ouvertement de notre côté. Jayaji l'avait repoussé et lui avait ordonné de ne plus se montrer devant lui. Pourtant, Tantya avait réussi à rallier à lui presque la moitié de l'armée des Scindia. Cet homme d'une habileté diabolique, ce Jayaji Scindia, avait-il manigancé en cachette cette défection en bon ordre ? On ne le saura jamais. C'est le genre d'aveu auquel un Scindia ne se livrera jamais. Mais cette manœuvre était typique de l'esprit tortueux de Jayaji et de sa stupéfiante capacité à jouer dans les deux camps.

Tantya était donc de retour, avec ses forces quasi intactes auxquelles il avait ajouté la moitié de l'armée des Scindia. Son contingent comptait maintenant six mille hommes qui campaient à Kalpi, à une soixantaine de kilomètres de Kanpur.

Kanpur tremblait. Les renforts ne cessaient d'arriver. Paniqués, les Britanniques tenaient réunions sur réunions, préparant fiévreusement leurs défenses, entreposant des vivres, rappelant leurs troupes parties en missions, fortifiant même un nouveau Retranchement. Leur prudence nous incitait à l'audace. Bientôt, le territoire à l'ouest de Nawabganj, qui faisait partie de Kanpur, tombait sous notre contrôle. Je traversais le Gange aussi souvent que je le désirais et je passais mes nuits à Bithoor. Je me rendis jusqu'à Kalpi pour voir Tantya.

Nous attendions que les Britanniques de Kanpur aient fait traverser le Gange à une partie de leurs forces pour porter secours à leurs compatriotes assiégés à Lucknow. C'est alors que nous avions prévu de reprendre Kanpur, certains que la victoire dont nous avions tant besoin ne nous échapperait point.

Mais les Britanniques se cramponnèrent à Kanpur, comme s'ils avaient oublié Lucknow. Cela ne nous dérangeait pas outre mesure. Car notre scénario de rechange prévoyait que Havelock et Outram n'auraient pas d'autre option que de se rendre, comme l'avait fait Wheeler. Alors, les cipayes de Lucknow se joindraient à nous. Ensemble, nous en aurions vite fini avec Kanpur.

Tout semblait se conjuguer pour nous l'accorder, cette victoire. Mais le sort en décida autrement. Vers la fin de septembre, nous parvinrent les premières rumeurs de la chute de Delhi. Soudain, autour de nous, se manifestèrent les signes de démoralisation, comme une sorte de paralysie. En entendant les Anglais de Kanpur célébrer bruyamment leur victoire en faisant sonner leurs cloches et en s'imbibant d'alcool, nous sûmes que la rumeur disait vrai. Une fois de plus, au choc s'ajouta le poison de la trahison : sur les onze mille hommes de troupes qui avaient donné l'assaut sur Delhi, huit mille étaient des cipayes « loyaux », nos frères de race et de religion.

Le dégoût m'envahissait : des esclaves prêtaient main-forte à leurs maîtres pour les aider à conquérir leur propre patrie et à aggraver leur servitude. Aucune nation ne saurait survivre à la déchéance de son peuple. Nous méritions le sort qui nous frappait.

Dans le sillage de cette catastrophe, la barbarie sauvagerie des vainqueurs faisait l'effet de piqûres d'épingle sur une plaie ouverte. Stupéfaits, nous apprîmes qu'un officier subalterne nommé Hodson était devenu un héros de guerre pour avoir supprimé de ses propres mains trois des enfants de l'empereur qui s'étaient rendus à lui. Hodson leur avait ordonné de se dévêtir ; une fois nus, il les avait fait monter sur un char à bœufs, puis il les avait tués ; ensuite, il les avait décapités ; enfin, il avait mis leurs têtes sur un plateau qu'il avait fait livrer à l'empereur. Metcalfe, l'ancien ambassadeur britannique à la cour moghole, s'était désigné lui-même juge et bourreau de la Compagnie. Afin de s'assurer que pas un seul descendant des Moghols ne survive, risquant de devenir un jour un point de ralliement, il les fit pourchasser et pendre par grappes. Les témoins de ces pendaisons m'ont affirmé qu'un rictus sardonique ne quittait pas les lèvres de Metcalfe et qu'il mâchonnait de plaisir un gros cigare noir en les voyant gigoter dans les affres de l'agonie.

Delhi conquise, les vainqueurs se dispersèrent pour incendier à loisir les villages alentour et s'amuser à percer de lances les *pandies*. Cela devint vite le sport favori de Hodson et de ses collègues. Ils prenaient pour cibles de simples paysans, des commerçants, qu'ils tuaient avec un élan juvénile. Ils n'étaient pas d'humeur à se satisfaire du pouvoir absolu. Les batailles livrées, les victoires remportées ne suffisaient pas à étancher leur soif de carnage. Il leur fallait châtier la population tout entière, détruire les foyers, violer les femmes.

Ces malheureuses étaient tirées de chez elles et traînées de force au milieu du bazar pour y assouvir la bestialité des troupes. Le mot « viol » acquit une dimension plurielle, une connotation collective. On ne prenait plus la peine de mentionner le viol d'une femme, mais celui de tout un village, d'une ville entière.

Chapitre 22

La mousson tirant à sa fin, le soleil refit son apparition, mais les soirées restaient fraîches. Une torpeur léthargique semblait s'être emparée des Britanniques. Les provocations quotidiennes de nos patrouilles ne leur faisaient aucun effet : ils ne quittaient pas Kanpur. Pendant ce temps, la maladie et la famine faisaient fondre à vue d'œil leur garnison de Lucknow. Nous reprenions espoir.

C'est alors que nous parvint la nouvelle que Jung Bahadur, le maharaja du Népal, nous avait déclaré la guerre, mettant ses régiments de Gurkhas à la disposition des Britanniques. Les fantassins gurkhas étaient déjà entrés en action, protégeant l'un des flancs de leur nouvel allié, à l'instar des Sikhs qui avaient assuré la couverture de la colonne britannique assiégeant Delhi.

– Nos ennemis ne vont pas tarder à reprendre l'offensive, nous prévenait un message de Tantya envoyé de Kalpi, ils sont sur le pied de guerre.

Comme pour lui donner raison, sir Colin Campbell, le remplaçant de Grant à la fonction de commandant en chef, débarqua à Kanpur afin d'y prendre personnellement les opérations en main. La semaine suivante, il traversait le Gange pour envahir Oudh et porter un coup fatal à la résistance des cipayes de Lucknow.

Le 17 novembre sera toujours considéré à Lucknow comme une journée de deuil. Ce que les Britanniques firent subir à la capitale d'Oudh équivaut à une centaine de Satichaura ; l'interdiction de le mentionner dans les livres d'histoire ne suffira pas à l'effacer de la mémoire des habitants ; un siècle d'une administration coloniale sans tache ne saurait le racheter. Ce fut comme si chaque soldat britannique assouvissait une vengeance personnelle contre tous les hommes, toutes les femmes, tous les enfants de la cité, voire contre les briques et le ciment. Une orgie de meurtres, de viols, de vandalisme se déchaîna sans rémission pendant des semaines et des semaines.

Dans cette atmosphère de désespoir suscité par l'entrée en guerre d'un nouvel ennemi népalais et par la chute, suivie du viol, d'une splendide cité, nous nous décidâmes enfin à attaquer Kanpur. Tout bien considéré, nous n'avons pas démérité. Nous avons forcé le général Wyndham, commandant la garnison, à se réfugier dans le nouveau Retranchement. Hormis ce camp fortifié, la cité nous appartint pendant une semaine. À part quelques pillages sporadiques et inévitables commis par des criminels locaux, nous avons su épargner à la population les carnages et les destructions inutiles.

Peu après, dans le sillage de sa victoire de Lucknow, alors que les Gurkhas verrouillaient le front nord, prévenant toute contre-attaque venant de cette direction, le commandant en chef revint en hâte à Kanpur pour secourir sa garnison assiégée. Le 6 décembre, après un bombardement qui dura toute la matinée, il donna l'assaut. La mitraille crachée par le dernier cri en matière d'armement eut raison de notre résistance opiniâtre. Nos lignes furent enfoncées. Une fois de plus, nous dûmes battre en retraite. Kanpur tomba pour la deuxième fois aux mains des Britanniques.

Sir Colin chargea personnellement l'un de ses subordonnés, le général Hope Grant, de raser Bithoor, avec la même application dont il avait fait montre pour éradiquer Lucknow. D'après lui, Stevenson, qui supervisait le premier sac de Bithoor, n'avait pas laissé derrière lui d'indices suffisants permettant de deviner que la localité avait reçu la visite d'une force militaire vengeresse.

Hope Grant fit preuve d'un zèle digne de son supérieur. Véritables engins de démolition, ses soldats éventrèrent, déterrèrent, renversèrent, brisèrent tout ce qui leur tombait sous la main, et incendièrent tout ce qui restait à brûler. Ils n'auraient pas laissé une seule pierre posée sur une autre, suggérant aux regards du visiteur qu'une coquette petite localité avait jadis existé en ce lieu, si une créature grotesque et difforme n'avait involontairement interrompu le processus de démolition. Comme un rat malade sorti d'un égout, son entrée en scène arrêta la soldatesque et évita à Bithoor de subir le sort de Lucknow. Elle m'accorda aussi trois semaines de répit qui me permirent de prendre la fuite.

Je veux parler de Nanak Chand, l'homme qui révéla aux Britanniques l'endroit où j'avais dissimulé mon or. Espion de la Compagnie, puis, brièvement, le nôtre, l'individu que j'avais personnellement humilié avait repris du service. Comme il avait tenu un agenda détaillé des événements, il proposa à ses nouveaux maîtres une information complète de ce qui s'était passé à Kanpur durant leur absence. Mais, à ce moment-là, ces derniers avaient d'autres chats à fouetter que de prêter l'oreille à ses cancans ou de lire son agenda. Ils avaient reniflé l'odeur de l'or. L'agenda de Nanak pouvait attendre.

La destruction cessa. Hope Grant déménagea ses tentes au milieu de ce qui avait été mon parc animalier et ordonna à ses ingénieurs de vider le puits. Quatre poulies tirant des seaux d'eau à la chaîne pendant douze jours le mirent à sec. Le treizième jour furent extraits les coffres et la vaisselle. Ensuite, une semaine ne fut pas de trop pour diviser le butin selon « l'usage établi ».

« L'usage établi » était le terme officiellement reconnu en Inde britannique. Chaque bataille, à dater de Plassey, en avait affermi l'usage, lequel s'ancrait à présent dans un fondement de règles intangibles et soigneusement détaillées qui en fixaient l'immuable modalité. Tandis que les commandants et les officiers emplissaient leurs poches, les hommes de troupe obtenaient tout juste de quoi s'offrir quelques bouteilles de rhum. Combien de riches propriétés, en Angleterre ou en Écosse, ne doivent-elles leur soudaine prospérité qu'à l'avidité des agents britanniques du butin ? Combien de pauvres paysannes et de femmes du peuple, en Inde, adossées de force contre un mur ou un tronc d'arbre, n'ont-elles pas subi les assauts lubriques de soldats anglais imbibés de rhum, victimes expiatoires offertes en sacrifice à « l'usage établi » ?

Ce n'est qu'à la mi-décembre, après que la dernière breloque eut été extraite du puits, pesée, revendiquée, attribuée et étiquetée, que se retirèrent les agents du butin. La destruction de Bithoor fut oubliée. Hope Grant, Mansfield, sir Colin en personne, plusieurs colonels, toute une bande de jeunes officiers ambitieux – comme Hodson, Grant et Gough –, tous soucieux de gagner du galon, se lancèrent à ma poursuite. Ma tête avait été mise à prix.

– Si seulement nous possédions de l'or en quantité illimitée, se lamentait Azim, nous pourrions en semer de temps en temps sur leur passage. Les Britanniques ne se mettraient jamais en campagne : ils tiendraient réunion sur réunion pour se disputer le partage du butin.

En tout cas, l'avidité proverbiale des Anglais nous laissa le temps de tirer des plans d'avenir. La révolte avait fait long feu, nous le savions. Il ne nous restait que la possibilité de harceler l'ennemi par le biais d'une tactique dite de «rats de montagne». Nous avons donc divisé nos troupes de rescapés en petits groupes indépendants de partisans; chacun pourrait opérer librement aussi longtemps que possible avant de s'évanouir dans la nature au Népal, le seul pays voisin où nous pouvions encore nous réfugier.

Avant de prendre le maquis pour poursuivre les opérations de guérilla, je décidai de me donner une meilleure mobilité en installant les femmes de mon entourage dans un refuge plus sûr. La reine Hazrat Mahal m'offrit son aide. Après la chute de Lucknow, elle s'était enfuie au fort de Baunda, dans lequel elle espérait pouvoir tenir un moment. Elle me proposa d'y accueillir nos femmes; quand elle ne pourrait plus tenir à Baunda, elle les emmènerait avec elle au Népal.

La nuit précédant notre départ pour Baunda, Kashi vient me trouver.

– Qu'allons-nous faire du nouveau-né? me demanda-t-elle. Eliza ne veut pas en entendre parler.

Je n'avais prêté aucune attention à ce problème. Mars était le mois prévu pour l'accouchement.

– La bégum Hazrat Mahal y pourvoira, lui répondis-je.

– Ne puis-je adopter l'enfant?

– Mais il a été conçu au cours d'un viol…

– Est-ce une raison pour sacrifier ce petit être? protesta-t-elle. Pour l'étouffer avant qu'il ne pousse son premier cri?

– Il existe de respectables maisons qui recueillent les enfants trouvés.

– C'est l'unique faveur que je vous aie jamais demandée, s'exclama-t-elle d'une voix brisée. Je vous en supplie! Permettez-moi d'adopter cet enfant. Je ne pourrai jamais avoir le mien… S'il vous plaît. Je ne vous demanderai plus jamais rien.

Kashi, que son union singulière avec moi avait condamnée à ne pas avoir d'enfant, me suppliait de lui accorder la faveur de pouvoir être mère. Ceux à qui l'on fait du tort doivent avoir quelque pouvoir sur nous car, de honte, je courbai la tête. Elle disait vrai: devenue mon épouse alors qu'elle n'était encore qu'une enfant, elle ne m'avait jamais rien demandé. Aujourd'hui, sa fierté ou son orgueil, peu importe, s'était brisé, et elle m'implorait, les larmes aux yeux.

– D'accord, lui répondis-je.
Comblée, elle se pencha et me toucha les pieds des deux mains.

J'étais un homme pourchassé, un hors-la-loi, dont la tête avait été mise à prix et dont le portrait était affiché, m'avait-on dit, sur les arbres et à tous les carrefours d'Oudh. Jusqu'à présent, j'avais couru un risque mineur car des milliers de partisans dévoués ne cessaient de m'entourer. Pour me capturer, les Britanniques auraient dû se risquer à un féroce combat.

Mais à présent, pour me rendre à Baunda et y mettre à l'abri les femmes de ma maisonnée, j'allais devoir m'aventurer en territoire hostile, entièrement contrôlé par les Britanniques, quadrillé en permanence par leurs patrouilles. Trois colonnes solidement armées campaient entre Chaurasi et Baunda que séparaient en gros cent soixante kilomètres. Ma seule chance était de m'infiltrer discrètement entre elles sans m'encombrer d'une escorte, laquelle ne me serait de toute façon que d'un piètre secours en cas de rencontre avec l'ennemi. Je décidai de réduire notre nombre au strict minimum : pour les femmes, Eliza, Kashi, ma sœur Kusuma, mes deux belles-sœurs, l'épouse de mon neveu Raosaheb et six servantes ; pour les hommes, outre moi-même, Azim, Waghu et une demi-douzaine de serviteurs.

Ce n'est qu'après notre départ que je me rendis compte de la vulnérabilité de notre groupe qui comptait plus de femmes que d'hommes. Chaque fois qu'un villageois nous apercevait, il se rapprochait de nous pour nous inspecter, ce qui nous valait de nous retrouver entourés d'une petite foule. Un ou deux quidams ne manquaient pas de me reconnaître ; la terreur se peignait aussitôt sur les visages. Certains se jetaient à mes pieds, d'autres, pris de panique, s'enfuyaient à toutes jambes ; certains nous apportaient à boire et à manger, d'autres nous offraient de l'argent, mais nul ne souhaitait nous voir nous attarder. Il suffisait qu'un village soit suspecté de nous avoir abrité pour être incendié, qu'un individu soit soupçonné de m'avoir aidé pour être pendu ou percé d'un coup de lance. Aussi nous imploraient-ils de partir au plus vite.

Dans le nombre, il y en avait toujours un ou deux qui se retiraient en catimini pour aller rapporter notre présence au poste britannique voisin. Heureusement, quand cela arrivait, les autres villageois nous prévenaient ; nous nous hâtions alors de traverser le Gange pour mettre le fleuve entre nous et nos poursuivants.

Le courage nous abandonnait. À tout moment, nous risquions de nous faire capturer. Nous sursautions au moindre bruit de sabots. Nous plongions de trou en trou quand les chiens aboyaient. La faim et la soif nous accompagnaient, la peur nous nouait l'estomac.

J'avais espéré faire l'aller et retour en une quinzaine de jours, mais nos innombrables détours nous prirent six semaines.

Pendant ce périple, je fis une découverte ahurissante : quelqu'un dominait de très haut les méchants individus qui hantaient mon imaginaire, les Renaud, les Neill, les Hodson. Ce quelqu'un était infiniment plus brutal, plus vindicatif, plus malveillant qu'eux. Or, ce quelqu'un, c'était moi, Nana Sahib !

À mon insu, j'étais devenu « le monstre du siècle » ; j'avais remplacé Napoléon Bonaparte comme cible de la haine d'une partie du monde. Azim, qui connaissait bien la région que nous traversions, n'hésitait pas à s'aventurer dans les villages des environs pour y récolter les cancans, ramasser les vieux journaux et les affiches distribuées par les officiels de la Compagnie. Leur lecture m'en apprit long sur moi-même. Je sus par exemple que les mères de famille anglaises utilisaient mon nom comme insulte, qu'elles avaient pris l'habitude de planter des épingles dans mon portrait soigneusement découpé dans les pages de l'*Illustrated London News*.

Depuis, je me suis fait à cette idée. Mais, sur le moment, j'éprouvais la sensation que mon esprit chavirait, que je perdais la raison. Il était si facile de croire ce qu'ils disaient à mon sujet, ne serait-ce que parce qu'un grand nombre de gens le répétaient constamment, si facile de me prendre pour un scélérat, pour un épouvantail inspirant la terreur au cœur des enfants ! Où me cacher, à présent que mes ennemis m'avaient gonflé comme une baudruche ? Où fuir des poursuivants qui s'étaient entraînés à me haïr ?

La lecture de quelques numéros de l'hebdomadaire de Calcutta, *Friend of India*, fut pour moi une révélation : non seulement ce magazine publiait en feuilleton *L'Agenda de la mutinerie* de Nanak Chand, mais il contenait aussi un courrier des lecteurs qui m'était spécialement dédié, dans lequel les abonnés pouvaient suggérer quel châtiment me convenait le mieux. La peine capitale en était bien entendu le fondement invariable, mais la manière dont je devais être torturé avant l'exécution donnait libre cours à l'imagination individuelle. Un certain Edward Harris proposait que l'on me déguise en fou du roi, avec un bonnet à clochettes, que l'on m'attache à l'envers sur le dos d'un chameau et que l'on me balade à travers le bazar de Kanpur pour que les gens puissent me couvrir d'insultes et de détritus avant que je ne sois abattu comme un chien enragé. S'agissait-il du même Edward Harris qui avait été à de nombreuses reprises mon invité à Bithoor? Quant à cette femme qui signait Sylvia et qui, j'avais de bonnes raisons de le croire, n'était autre que la Sylvia Bolten qui avait débarqué à Kanpur pour épouser Azim, elle suggérait aimablement que l'on m'enferme dans une cage métallique trop étroite pour pouvoir me tenir debout ou m'allonger, avant de m'exposer dans les principales villes de l'Inde, puis à Londres, afin que le public ait une chance de voir à quoi ressemblait le plus exécrable criminel du siècle.

« Taïaut, la meute ! terminait Sylvia. Et bonne chasse ! »

Les quelques extraits que je pus lire de *L'Agenda de la mutinerie* de Nanak Chand ne me firent pas regretter de l'avoir jadis humilié. Habilement truffé de faits incontestables, *L'Agenda* se parait d'une crédibilité absolue. Quêtant la confiance des Britanniques, Nanak écrivait exactement ce qu'ils souhaitaient lire. Ainsi, il se vantait d'avoir été celui qui avait révélé à Hope Grant où j'avais dissimulé mon trésor familial. De toute façon, il ne serait pas resté caché bien longtemps : les officiers de la Compagnie auraient fini par le découvrir sans son intervention tant ces gens sont habiles à renifler l'odeur de l'or avec le flair de grenouilles qui repèrent une source sous la roche. Mais le service qu'il avait rendu à ses maîtres avait permis à Nanak Chand de devenir l'homme de la situation : sa parole ne pouvait plus être mise en doute. Après tout, il résidait bien à Kanpur durant cette période.

Séparé de mes hommes, mon ego souffrait des acclamations délirantes avec lesquelles les Britanniques étaient partout accueillis par leurs anciens sujets ; l'empressement avec lequel on gobait les preuves de ma perfidie brisait le peu de confiance que j'avais en moi. Je perdais foi en moi-même. J'étais vaincu. Tout ce en quoi j'avais cru était par conséquent faux. Cette logique perverse embrumait ma vision ; le doute hantait mes songes comme une colonie de vautours planant autour d'une carcasse.

J'en vins à me demander si cette perversion des valeurs ne résultait pas de la magie noire. Quand des milliers de mères de famille plantent des aiguilles chaque soir dans votre portrait en prononçant des malédictions, comment ne pas tomber victime du mauvais sort ?

Heureusement, la religion d'un brahmane le protège contre la sorcellerie. Il me suffisait de joindre les mains et de réciter le mantra Gayatri, cette courte prière que l'on nous murmure à l'oreille lors de la cérémonie de remise du cordon sacré. Ces mots tirent leur pouvoir de l'inépuisable énergie du soleil ; leur force permet d'y voir clair dans les situations désespérées. Et, de fait, le voile se levait, les ombres s'étiolaient ; allongé sur le dos, aussi épuisé qu'au sortir d'une forte fièvre, mon esprit recouvrait sa limpidité. Je pouvais de nouveau penser à loisir.

La réponse me sauta alors aux yeux. La transformation de ma personne en un « monstre de férocité » résultait d'un acte délibéré. Notre révolte avait généré une abondance de héros britanniques, mais ils manquaient de larrons pour les contraster, et il leur en fallait un d'une dimension exceptionnelle, en proportion exacte de l'héroïsme qu'ils s'attribuaient. Quel eût été en effet le mérite des victoires d'un Havelock si elles n'avaient pas eu pour objectif la destruction d'un être monstrueux, d'un criminel d'envergure, en l'occurrence moi, Nana Sahib ?

Non contents d'amplifier les horreurs indéniables dont nous nous étions rendus coupables, ils les multipliaient en les exagérant ; une centaine de serviteurs zélés de la Compagnie étaient prêts à témoigner que j'étais responsable des atrocités qui s'étaient perpétrées à Kanpur. Et le nouvel épouvantail que j'étais devenu allait être connu du public grâce à la brosse d'un certain Beechy qui avait fait mon portrait. Cela me sidérait car je n'avais jamais posé pour un peintre nommé Beechy.

Nous devions être à mi-chemin entre Chaurasi et Baunda. Des battements secs et désagréables me tirèrent de ma sieste. Le soleil de l'après-midi éclaboussait notre petit groupe, tapi entre les piliers de pierre de quelque fort à l'abandon. Les regards étaient tournés vers Waghu. Le visage cramoisi, mon garde du corps soufflait à pleins poumons sur un feu de bûches humides, tentant de faire bouillir un peu d'eau pour y faire fondre les morceaux de cassonade qui nous servaient de ration de survie. Notre repas ne résumait souvent à un gobelet de cassonade fondue.

Tac-tac, tac-tac, tac-tac ! Les battements secs ne cessaient de se rapprocher, comme pour nous débusquer. Entre les hautes tiges des cannes à sucre émergea un crieur public de village. Vêtu d'une chemisette rouge sans manche, l'uniforme de sa profession, les membres maculés de sueur et de poussière, il frappait d'une main experte la peau tendue de son *dholak*. Debout, les jambes écartées, à quelques pas de notre groupe, il leva la tête en mugissant comme un taureau en rut défiant son rival.

– Une *lakh*... une *lakh* de roupies... cent mille roupies à celui qui livrera Dhondu Pant Nana Sahib de Bithoor aux autorités britanniques... ou à quiconque livrera des informations permettant son arrestation... cent mille roupies, une *lakh* de roupies !

Un dernier battement fort et sec sur le *dholak* ponctua la fin de la proclamation.

Le métier de crieur du village, battant tambour, chargé de faire les annonces officielles, était réservé, depuis des temps immémoriaux, aux *maangs*, une caste d'intouchables. La silhouette d'un noir de jais du crieur se dressait dans la lueur aveuglante de cet après-midi indien ; il surveillait du coin de l'œil notre groupe apeuré, son passeport pour la fortune. À pas mesurés, il se dirigea vers un pan de mur pour y apposer une affichette. Waghu ramassa subrepticement une grosse pierre, Azim passa tout aussi discrètement la main sous sa robe pour dégainer sa *jambia*, la dague courbe du musulman.

Le crieur public se retourna, inspecta les alentours, et s'avança lentement vers moi. Ayant déposé délicatement son précieux tambour sur une touffe d'herbe, il tomba à mes pieds, en haletant : « Malik ! Malik ! », les épaules secouées de sanglots.

La peur qui me bâillonnait le ventre provoqua une réaction involontaire de ma part : je fis un bond en arrière, comme pour éviter un coup. En le voyant se recroqueviller et se gifler le visage en geste de repentir, je compris la peine que je venais de lui faire.

– Je le sais, bégaya-t-il. Je n'ai pas le droit de vous polluer de mon toucher, moi, un misérable *maang*, le dernier des derniers. Pardonnez-moi, mais c'était trop d'émotion...

Entre-temps, je m'étais ressaisi. Lui prenant la main dans les miennes, je l'aidai à se relever.

– Ce n'est pas ce que tu crois, lui dis-je... C'est tout simplement que... le temps est fini de se prosterner à mes pieds. Tu ne veux tout de même pas révéler au monde entier qui je suis ! À moins que tu ne convoites la prime d'une *lakh* de roupies...

Il bondit en arrière, le regard défiant.

– Un chien enragé m'aurait-il mordu pour que je veuille trahir mon maître ? Mes fils me cracheraient au visage ; pour me faire honte, ma femme suspendrait son sari à l'entrée du village et se promènerait nue devant tout le monde.

– Mais d'autres que toi peuvent nous voir, quelqu'un de ton village, qui s'aventurerait par ici. S'il t'avait vu me toucher les pieds, il aurait compris. La tentation aurait été forte ; cent mille roupies, c'est beaucoup d'argent...

Il retira gentiment sa main ; son visage affichait un air incrédule ; il secoua la tête à plusieurs reprises en signe de dénégation.

– On dit à Lucknow, finit-il par avouer, que celui qui vous trahirait ne vivrait pas assez longtemps pour réclamer la prime.

Ce n'était pas l'indice de ma popularité, mais celui de la vague de haine antibritannique qui avait déferlé sur le pays. La cruauté implacable et l'ampleur collective de la vengeance des Anglais avaient tellement horrifié de gens que la révélation du *maang* devait être littéralement vraie. Celui qui me trahirait serait lapidé ; même son propre frère ne se porterait pas à son secours.

– Dire qu'il y a à peine six mois, vous étiez proclamé roi par ma bouche ! Quel bonheur de crier : « La terre est retournée à Dieu ; le pouvoir est retourné au *peshwa* ! »

Six mois à peine que la terre était retournée à Dieu ! Il ne l'avait pas conservée bien longtemps...

– Malik, j'espère que vous ne refuserez pas ce présent.

Il tira d'un gros sac qu'il portait en bandoulière une douzaine d'aubergines, grasses et luisantes, et un énorme melon, doré et odoriférant.

À la vue de ces somptueux présents, sans doute subtilisés en chemin dans quelque jardin potager, la salive me vint à la bouche. J'eus honte de ma faiblesse. Il y avait six mois à peine, j'étais encore roi et je distribuais des bracelets en or. Quelques mois auparavant, j'offrais de splendides soirées dansantes où l'on servait de la truite et du champagne. Aujourd'hui, je débordais de gratitude pour la charité d'un *maang* de village, le paria de la hiérarchie sociale hindoue.

Avait-il détecté une lueur dans mon regard ?

– J'en apporterai davantage, à la nuit tombée, chuchota-t-il.

– Nous serons partis, ce soir.

– Malik, vous êtes en sécurité ici. Personne n'est au courant, sauf moi.

– Les sahibs blancs sont sur nos traces et ce sont de bons chasseurs.

Son regard se voila ; il approuva d'un hochement de tête.

– Les dieux sont de leur côté…

Relativement protégé d'une trahison de la part de mon propre peuple, mon anxiété se reporta sur ce que « Sylvia » avait appelé « la meute » : ces bandes armées qui se livraient à la chasse à l'homme pour le plaisir. L'une d'elles pouvait à tout moment tomber sur notre petit groupe ; ils ne s'embarrasseraient pas de scrupules et ne me livreraient pas aux autorités. Je serais pendu à l'arbre le plus proche, voire dépecé vif, membre par membre. Ils se vantaient assez de leur justice instantanée. Les commandants de ces patrouilles se livraient, disait-on, à une féroce rivalité, se disputant l'honneur de posséder un jour mon crâne pour orner leur dessus de cheminée, ou pour l'utiliser comme cendrier.

Après le départ du crieur, j'allais jeter un coup d'œil sur l'affichette qu'il avait collée sur le mur de l'ancien fort. Un portrait surmontait un long texte. Un rire subit me monta du bas-ventre, aussi involontaire qu'un rot. Je me laissai glisser sur le sol d'hilarité et de soulagement. Le portrait en question ne me représentait pas. Il n'était même pas ressemblant. Plus amusant encore, je connaissais bien l'homme qu'il dépeignait. Les mères de famille anglaises plantaient leurs épingles dans le portrait de quelqu'un autre : leurs malédictions prenaient pour cible un inoffensif banquier de Meerut.

C'était donc ce portrait qui circulait dans toute l'Inde ! Cela expliquait pourquoi j'étais encore en vie. Bien entendu, quelqu'un qui m'avait bien connu ne s'y serait pas trompé, mais ils se faisaient rares ceux qui m'avaient bien connu et qui étaient encore en vie.

Plus tard, j'eus le fin mot de l'histoire. Ce portrait était bien l'œuvre du célèbre artiste peintre Beechy, mais celui qui avait posé pour lui s'appelait Ayodhya Prasad, un banquier de Meerut. Il avait fait présent de ce tableau à l'avocat du barreau londonien, John Lang, qu'il avait engagé pour plaider sa cause dans le procès qui l'opposait à la Compagnie. Les agents de cette dernière refusaient en effet de lui payer des factures d'un montant de plusieurs millions de roupies. John Lang avait remporté le procès. Parmi les nombreux présents dont l'avait comblé son client reconnaissant avant de quitter l'Angleterre figurait ce portrait.

John Lang me connaissait suffisamment bien pour ne pas s'être trompé de tableau. Il m'avait rendu visite à Bithoor à plusieurs reprises ; ses commentaires élogieux sur mes réceptions avaient même fait l'objet d'une publication. John Lang, un homme très cultivé, d'un humour primesautier, considérait les employés de la Compagnie comme des philistins ; il méprisait souverainement leur mercantilisme ; envoyer à l'*Illustrated London News* le portrait de son client en le faisant passer pour le mien représentait pour lui l'idée qu'il se faisait d'une farce désopilante *.

Ce portrait répondait à un besoin. Parmi les étendues sauvages des Indes mystérieuses venait de surgir une cible à la haine collective britannique. Le public voulait savoir à quoi ressemblait le monstre. Ayodhya Prasad, vêtu avec recherche et extravagance d'amples robes flottantes, coiffé d'un énorme turban à la rotondité parfaite, suçant de ses lèvres sensuelles la pipe de son houka, ses paupières lourdes retombant sur un regard concupiscent, correspondait idéalement à l'idée que se faisaient les Anglais d'un prince indien cruel et décadent. Manquait un sabre pour ajouter une touche martiale au portrait du fourbe : il n'avait suffi que de quelques minutes pour le peindre.

Mais revenons au moment où, hilare, je découvrais ce portrait pour la première fois. J'avais dû m'asseoir une minute ou deux, en tremblant de soulagement, avant de me relever pour l'examiner de plus près. Je lus la légende. Elle était écrite en deux langues : anglais et hindi. Ma description suivait l'annonce de la prime offerte.

« Nana est âgé de trente-deux ans. Il a les cheveux noirs, le teint couleur de froment, de grands yeux et un visage ovale. Il se serait, paraît-il, laissé pousser la barbe. Il mesure environ un mètre soixante-quinze. Il porte les cheveux très courts (en tout cas il en était ainsi), le peu qu'il garde pouvant être couvert par un couvre-chef de petite dimension. Il a le torse large et il est bien bâti. Il ne possède pas le nez crochu et les narines épatées, typiques des Marathes ; son nez est droit et bien proportionné. Une petite cicatrice, en forme de croissant de lune, marque son front. Sa dentition est régulière. Ses oreilles sont percées pour porter des anneaux. Un garde du corps à l'oreille coupée le suit partout. »

J'examinais Waghu : des boucles abondantes de cheveux dissimulaient son oreille mutilée. La légende ne mentionnait pas de femme blanche : ils ignoraient donc qu'Eliza m'accompagnait.

---

* Aussi curieux que cela puisse paraître, ce portrait est encore officiellement utilisé pour montrer au public moderne à quoi ressemblait Nana Sahib, comme par exemple dans l'ouvrage de Michael Edwardes, *Battles of the Indian Mutiny* (« Batailles de la mutinerie indienne »), publié en 1963. *(N.d.A.)*

Un villageois rencontré au hasard venait de m'apprendre que mon peuple n'était pas disposé à me trahir et le portrait de son affiche m'informait que les hommes blancs couraient après un autre homme. Comme je l'ai mentionné, le danger n'était pas tant les colonnes britanniques de l'armée régulière que les «meutes» de chasseurs de prime. Or, les journaux que nous ramassions et les visites mystérieuses d'Azim dans les villages nous avaient appris que ces bandes en maraude ne me cherchaient pas particulièrement. Persuadées que j'étais puissamment gardé, elles guettaient des proies plus faciles: riches demeures faciles à piller, gros banquiers terrorisés, prêts à verser une juteuse rançon, villages à incendier, fuyards à percer de lances. Les andains calcinés que nous croisions en chemin témoignaient du passage des parties de chasse britanniques. Sur la grand-route reliant Allahabad à Kalpi, il ne restait plus un seul arbre qui n'ait pas son pendu. Nous-mêmes, qui évitions les voies principales, tombions souvent sur le macabre spectacle de squelettes pendus aux branches.

L'avidité des Anglais et, surtout, leur soif de carnage me préservaient du danger. Cependant, on ne pouvait écarter la possibilité de rencontrer quelqu'un qui m'avait bien connu, ou qui avait connu Eliza. Ce serait notre fin.

C'est précisément ce qui arriva: le commandant d'une patrouille britannique qui nous rattrapa me connaissait bien; il connaissait aussi Eliza. Pourtant, l'heure de notre fin n'était pas arrivée.

Ce fut d'abord un mince filet de poussière s'élevant à l'horizon, puis les sons mats de chevaux lancés au grand galop, enfin une patrouille qui apparut sur la crête d'une colline voisine.

– Une douzaine de soldats, me chuchota Azim. Une seule tunique rouge. Le reste, des cipayes...

Nous les vîmes tirer sur les brides de leurs montures, les têtes orientées dans notre direction.

– L'officier blanc vient de descendre de cheval... il nous observe avec son télescope, s'il vous plaît, tournez la tête, ne montrez pas votre visage.

Le reflet du soleil sur le verre du télescope m'éblouit un moment.

– Je ne veux pas éveiller les soupçons, lui dis-je, le souffle court. De toute façon, celui qu'ils cherchent ressemble à Ayodhya Prasad.

Mais la peur s'était emparée de moi : même à distance, l'allure du cavalier me disait quelque chose. Lui faisais-je la même impression ?

L'officier remonta en selle. On l'entendit donner des ordres à ses hommes. Apparemment, il leur commandait de rester sur place tandis qu'il venait vérifier notre identité. Il était encore à une centaine de mètres de notre petit groupe quand je le reconnus enfin : c'était Michael Palmer !

Il arrivait au petit galop, tel un messager de la mort. D'instinct, je tentai de me calmer en récitant le mantra Gayatri. En vain. Mes pensées affolées s'éparpillaient en fragments incohérents. Arrivé à notre hauteur, Palmer descendit de cheval et s'adressa à moi de cette voix musicale qui le caractérisait.

Bien avant que j'aie pu enregistrer la teneur de ce qu'il me communiquait, les yeux commencèrent à me picoter.

Le don de la vie est capital ; il est la prérogative des dieux ; or, il était difficile d'imaginer une créature moins divine que ce sang-mêlé pâlichon, à l'esprit vif, méprisé à la fois par les deux races qui l'avaient rejeté. Pourtant, je ne rêvais pas. Le modeste service que je lui avais rendu jadis à Bithoor avait pris à ses yeux la dimension d'une dette démesurée qu'il était en train de me rembourser, déguisée sous une avalanche de mots orduriers.

– Merci, fut tout ce que je trouvais à lui dire.

Il me lança un juron sonore en me tendant sa flasque de cognac. Ensuite, sur le même ton qu'il aurait pris pour discuter de la pluie et du beau temps, il se mit à me décrire les mouvements des troupes britanniques et ce que je devais faire pour éviter d'être capturé.

– Hope Grant sait où vous vous cachez. Il se tient prêt à attaquer Chaurasi dès qu'il obtiendra confirmation que vous y serez.

– Merci.

– Ce Hope Grant est un bouledogue, évitez-le.

– Entendu ! Et sir Colin ?

– Foutaises ! Monsieur, vous n'y êtes pas ! Ce n'est plus « sir », mais « lord » qu'il faut dire. La reine l'a nommé « lord Clyde ». Mais ses hommes continuent à l'appeler le vieux Khabardari, le « Vieux Timoré »...

Une obscénité populaire en hindi ponctua sa phrase.

– Mais où patrouille-t-il ?

– Ne vous bilez pas à cause de ce bon vieux Khabardari. Pour s'emparer d'un clapier à lapin, il ouvre le feu avec des pièces de vingt-quatre avant de donner l'assaut. Vous l'entendrez venir à des kilomètres à la ronde, bombardant tout ce qui bouge alentour.

– Je m'en souviendrai.

– Le reste du temps, le « lord » campe à Bareli. En revanche, Hodson et Gough patrouillent le long du fleuve. Méfiez-vous ! Ils ont l'intention de diviser leurs forces en deux et de battre les deux rives du Gange simultanément.

Le nom de Hodson me donna des frissons. Mon palais se dessécha. Avant que j'aie pu libérer ma langue, Palmer avait déjà vidé le contenu de sa bourse dans mes mains. Puis il bondit en selle et s'éloigna au petit trot, avec l'élégance du cavalier accompli.

Pas une seule fois il ne tourna les yeux vers les autres membres de notre groupe. Il ne regarda même pas Eliza. Il avait pourtant abusé de sa crédulité, sachant qu'elle était amoureuse de lui, avant de l'abandonner pour épouser sa veuve de planteur.

Venait-il de payer sa dette à mon égard ou de rembourser Eliza ? Elle était restée à l'écart, la tête baissée, soit par honte de sa grossesse, à présent assez avancée pour être remarquée, soit par fierté, refusant de gratifier Michael Palmer du moindre regard de connivence indiquant qu'elle l'avait reconnu.

Six mois après Satichaura, les Britanniques avaient sûrement compté leurs morts. Eliza devait faire partie des rares pensionnaires du Retranchement dont ils n'avaient aucune trace. Tout ce qu'ils savaient d'elle se résumait à de vagues rumeurs à propos d'un Indien qui aurait été vu en train de l'emporter. Palmer l'avait repérée sans la dénoncer. En me laissant libre, il venait de sacrifier une prime de cent mille roupies. Certes, son mariage avec la veuve Bellamy avait fait de lui un homme riche, mais certainement pas au point de pouvoir renoncer d'un cœur léger à pareille somme.

Son argent serré au creux de mes paumes, j'adressais aux dieux une ardente prière pour qu'ils veuillent bien admettre Michael Palmer comme leur égal au sein de leur paradis, lui accorder la prospérité, le respect de tous, et une union féconde avec une multitude de femmes afin que les générations futures révèrent à jamais sa mémoire.

Chapitre 23

Les Anglais n'attendant que mon retour à Chaurasi pour attaquer le fort, je n'avais plus nulle part où me réfugier. Pour un chef de guérilla, c'était l'idéal, surtout pour un chef de guérilla qui n'avait plus à se préoccuper de ses *kabila*, les femmes de sa famille.

Après mon retour de Baunda, je passais rarement deux nuits consécutives au même endroit. Nos bandes armées se déplaçaient après la nuit tombée, comme des bandits, provoquant des ravages et semant la panique chez l'ennemi. En dépit de leurs trois puissantes colonnes lancées constamment à nos trousses, les Britanniques ne réussirent jamais à nous dénicher. Cette phase de la guerre me combla de bonheur ; je m'en souviendrai toujours avec une profonde tendresse, et non sans fierté ; contre des pertes minimes, nous provoquions un niveau croissant de colère et de nervosité dans les rangs de l'ennemi.

Mais le succès de nos nouvelles tactiques de harcèlement finit par être une source de problèmes. Des milliers de mutins en fuite se présentèrent à nous, voulant à toute force se joindre à notre mouvement. La plupart étant désarmés, ils ne nous étaient d'aucune utilité. N'ayant pas le cœur de les renvoyer, je leur fis rejoindre un camp que nous avions installé près de Kandakote, proche de la frontière népalaise. Je confiai la direction de ce camp à Balarao, qui s'était remis de sa blessure.

Pour l'instant, les Britanniques semblaient prendre la situation à la légère. Mais nous savions qu'ils n'abandonneraient pas aussi longtemps qu'ils n'auraient pas éradiqué toutes les poches de résistance. En attendant, des lueurs d'espoir faisaient de temps à autre une furtive apparition. Mon fidèle ami, le raja Beni Madhav, avait anéanti tout un escadron britannique ; les raids dévastateurs du Mollah fou couvraient de honte l'ennemi qui faisait figure d'amateur maladroit. Le Mollah m'envoya ses bénédictions, profitant du message pour me demander un peu de tabac à houka, que je me fis un plaisir de lui envoyer aussitôt en abondance.

Et puis, une étoile filante d'une brillance exceptionnelle traversa notre noir firmament. La compagne de mon enfance, Mani, devenue veuve et rani de Jhansi, avait joint ses forces à celles de Tantya Topi. Ensemble, ils avaient marché sur Gwalior pour contraindre le Scindia à se joindre à nous. Mais, avec son flair coutumier, Jayaji savait déjà de quel côté allait pencher la balance. Devançant Tantya et Mani, il avait pris la décision stupéfiante de s'enfuir de sa propre capitale pour se placer sous la protection de la garnison britannique la plus proche.

En bon joueur de billard, Jayaji Scindia prévoyait deux coups à l'avance. Il savait que les Britanniques n'allaient pas tarder à se mettre en quête de preuves leur permettant de déterminer qui leur était resté fidèle et qui les avait trahis ; or, jusqu'à présent, le comportement de Jayaji n'avait pas été dénué d'ambiguïté. Tournant la situation à son avantage, il saisit la chance de redorer son blason. Jouant l'homme terrorisé qui se précipite dans les bras d'un ami en criant « À l'aide ! », il plaida sa cause auprès des Anglais, disant que, dans sa fuite éperdue, il avait été contraint d'abandonner les femmes de sa suite à leur triste sort. Aucune femme de sa famille n'avait jamais couru le moindre danger. Après tout, elles étaient parmi les leurs.

À Gwalior, le 3 juin 1858, la rani de Jhansi et Tantya proclamèrent la renaissance de la Confédération marathe, laquelle, en mon absence, serait dirigée par mon neveu Raosaheb, qu'ils désignèrent comme *peshwa* par intérim.

Le beuglement des conques et le tonnerre des canons saluèrent l'intronisation du remplaçant du *peshwa*. Las ! nul à l'extérieur du fort de Gwalior ne prêta le moindre crédit à cette fanfare. Les citoyens de la ville regardaient tous vers le sud, où un nuage de poussière s'élevait à l'horizon. Il signalait l'approche d'une colonne britannique, une colonne dont le commandant, sir Hugh Rose, rêvait de victoires.

Sans attendre, sir Hugh donna l'assaut contre la capitale provisoire de la nouvelle Confédération marathe. La bataille fut perdue et Mani tuée au combat. Au moment où j'apprenais cette terrible nouvelle, on m'informa que le Mollah fou avait été assassiné par un petit raja désireux de prouver sa loyauté envers le camp victorieux et que Beni Madhav avait été mis en fuite par Hope Grant.

Tantya restait seul en lice, silhouette solitaire se découpant à l'horizon, le dernier éléphant mâle réchappé du feu de forêt, blessé à mort, mais barrissant encore en frappant le sol de sa trompe.

Tandis que je sortais de l'aventure avec une réputation ternie de pire gredin de la «mutinerie», Tantya Topi jouissait d'une renommée de héros de la «révolte».

Le bateau sombrait, même si le pavillon flottait encore au sommet du mât. Le Népal se dressait devant moi, limbes sombres et mystérieuses dont nul ne revenait jamais. Nous l'appelions «le Refuge des Dieux aveugles». Jadis, mes ancêtres et les rois du Népal s'échangeaient des éléphants, des châles, des sabres, les jours de nos fêtes communes. Le Népal n'était plus sous la coupe d'un roi mais de son Premier ministre, un Rana, Jung Bahadur, qui se parait du titre de roi des rois. Dix ans plus tôt, il avait massacré le plus gros de l'aristocratie du royaume au cours d'un rassemblement officiel, éliminant ainsi la plupart de ses rivaux; puis il avait déposé le roi en exercice et l'avait chassé du pays; ensuite, il avait installé sur le trône son héritier putatif, encore adolescent. Aujourd'hui, bien que l'enfant-roi ait atteint l'âge de la majorité, Jung Bahadur dirigeait le Népal comme si c'était sa propriété privée, et le monde le reconnaissait comme le maître absolu du pays. Durant notre révolte, il avait accordé son support aux Britanniques et envoyé des troupes pour nous exterminer. Quelle sera sa réaction quand je ferai mon apparition sur le pas de sa porte?

– Les Rana sont des Rajpouts, nous déclara fièrement Tika Singh qui en était un lui-même. Ils se proclament les descendants du clan de Chitor. Ils ne peuvent refuser l'asile à quelqu'un qui dépose son turban à leurs pieds. La tradition de Chitor l'interdit.

– Que pèse la tradition pour un usurpateur? questionna Azim. Cet homme a exilé son propre roi avec la reine. Combien de rivaux n'a-t-il pas fait assassiner? Il a même exilé son propre frère...

– La tradition est toujours plus précieuse à ceux qui en sont les moins dignes, répondit Tika Singh d'une voix grave. En outre, personne au Népal n'oserait provoquer la mort d'un brahmane. Jamais! C'est le pire des péchés. Il est écrit dans les *shastras* que quiconque tue un brahmane souffrira pendant quarante-deux générations en enfer.

Le fait que j'étais un brahmane, auquel s'ajoutait la certitude que si j'étais capturé par les Britanniques, ils me pendraient sans autre forme de procès, jouait donc en ma faveur, me garantissant un automatique droit d'asile au Népal. Aucune vache n'avait jamais été tuée au Népal, où règne une oligarchie véritablement hindoue ; le meurtre d'un brahmane, même par accident, était le pire des péchés qu'un homme pouvait y commettre.

– Au Népal, quand bien même un brahmane tuerait-il une vache, voire le roi en personne, qu'il ne pourrait pas davantage être exécuté, précisa Tika Singh.

Pourtant, les informations que j'avais collectées sur cet homme éveillaient ma méfiance. Brutal et calculateur, il s'était rangé du côté des intérêts britanniques en Inde. Adoptant leurs coutumes, il portait un costume de général anglais et il ne tarissait pas d'éloges à leur égard. Bravant la menace d'une excommunication, sans compter une inévitable révolution du palais, il s'était rendu en Angleterre ; de leur côté, les Anglais lui avaient réservé un accueil princier, comme s'il était le roi du Népal et non le Premier ministre. La reine Victoria lui avait accordé une audience privée et les grandes maisons d'Angleterre s'étaient mises en quatre pour le recevoir. Plus prosaïquement, pour le récompenser de leur être venu en aide pendant notre révolte, les Britanniques lui avaient fait don d'une partie du Teraï, la plaine qui borde les Himalaya, que le Népal rêvait de récupérer. Pourquoi un tel homme se risquerait-il à remettre en question l'alliance qui le liait au pouvoir militaire le plus puissant de la terre ? Pour porter secours à un fugitif ? Parce que ce fugitif était un brahmane ?

Azim restait dubitatif.

– C'est avant tout un pragmatique. Il est bien trop ambitieux pour se préoccuper de chevalerie ou de religion. Il calculera qui lui offre le meilleur prix, le *peshwa* ou les Britanniques ; si l'offre anglaise est plus avantageuse, il vous livrera à eux. Ne nous faisons pas d'illusion. Sauf bien entendu s'il peut profiter de la situation tout en sauvant la vie d'un brahmane.

En 1858, durant la mousson, j'établis mon camp à Bankee, un trou perdu niché au creux d'un coude de la rivière Rapti. Comment lord Clyde a-t-il fait pour découvrir cette cachette quasiment inaccessible ?

Mystère ! Heureusement, comme m'avait prévenu Michael Palmer, l'attaque du « Vieux Timoré » avait été précédée d'une canonnade assourdissante visant à détruire l'un de nos avant-postes. Avec l'aide de ma garde personnelle, j'eus tout le temps de charger nos éléphants de bât avec tout ce que nous souhaitions emporter. Quand les troupes britanniques firent irruption dans notre camp en poussant des cris de guerre à glacer le sang, nous étions déjà sur l'autre rive du fleuve. Ils mitraillèrent au hasard la direction que nous avions prise avant de piller notre camp.

Nous nous dirigeâmes vers notre camp de base de Kandakote. La première nouvelle que m'apprit Balarao à mon arrivée fut que le règne de la Compagnie avait pris fin. La reine Victoria avait placé l'Inde sous l'autorité de la Couronne. Il me tendit une copie de la proclamation officielle de la souveraine qu'on lui avait apportée.

Cette déclaration dégoulinait de mots pompeux et de bons sentiments, mais elle nous ne nous apportait rien de nouveau. L'Inde cessait d'être la propriété privée d'une compagnie marchande pour devenir colonie de l'Angleterre. Mais les hommes qui avaient pillé le pays au bénéfice de leur entreprise privée étaient les mêmes qui le gouvernaient à présent en tant que colonie. Canning conservait son titre de vice-roi ; selon les termes de la proclamation, les officiels de la Compagnie, civils comme militaires, se voyaient « confirmés dans leurs fonctions ». La sauce fade de la bonne conscience impériale recouvrait le même mercantilisme brutal et arrogant.

« Nous déplorons profondément les maux et les misères qui se sont abattus sur l'Inde en raison des actes inconsidérés d'individus ambitieux qui ont égaré leurs compatriotes et les ont encouragés à une rébellion ouverte. L'éradication de cette rébellion fut une manifestation de notre puissance. »

– Si je comprends bien, toute ambition nous est interdite, commenta Balarao. C'est un privilège réservé à ceux qui ont été désignés pour nous gouverner.

Nous ne nous faisions pas non plus d'illusion sur l'hypocrite souhait de la reine de traiter « avec clémence les offenses commises par ceux qui avaient été égarés » ; cette « clémence » ne s'appliquait pas à des gens comme moi. Les hommes qui devaient l'appliquer sur le terrain étaient les serviteurs de la Compagnie, ceux-là même contre lesquels nous avions pris les armes : les Hodson, les Cooper, les Metcalfe. Les narines pincées, les babines retroussées, ces gentlemen n'attendaient qu'une chose : une reddition des chefs indiens rebelles pour les faire écorcher vifs avant de les pendre. Les arbres qui bordaient les routes d'Oudh témoignaient de façon éloquente de leur interprétation du mot « clémence ».

Comme de juste, de son refuge du fort de Baunda, la reine Hazrat Mahal publia une contre-proclamation invitant ses anciens sujets à ne pas se laisser tromper par les promesses de la reine Victoria.

« C'est une coutume, chez les Britanniques, de ne jamais pardonner une faute, fût-elle insignifiante. Nul n'a jamais vu, même en rêve, un Anglais absoudre une offense. »

Galvanisé par cette audace intolérable, lord Clyde mobilisa de nouveau son artillerie lourde, cette fois-ci en direction de Baunda, le nid d'aigle de Hazrat Mahal. Comme pour prouver le sérieux de la déclaration de la reine Victoria, il envoya aussi un messager dire à Hazrat Mahal que, si elle se rendait, elle serait pardonnée et qu'elle se verrait même attribuer une généreuse pension. Les conseillers de la reine l'implorèrent d'accepter cette offre, mais sa haine pour ceux qui avaient usurpé le trône de son mari était trop vive et profonde pour l'inciter à accepter un compromis.

Voyant que ses courtisans n'aspiraient qu'à faire la paix aux conditions imposées par les Britanniques, et que les gardiens de son fort se rendraient à l'ennemi sans combattre, Hazrat Mahal s'enfuit de Baunda avec une centaine de fidèles combattants, emmenant avec elle son fils, Brijis Kadar, et les femmes de ma famille. Au début du mois de janvier, elle m'adressa un message pour m'indiquer qu'elle se terrait quelque part du côté de Bahraich, à une journée de marche de la frontière népalaise, à travers les collines.

Le 4 juillet 1859, Hope Grant attaqua Kandakote. Nos espions surveillaient ses mouvements. Ils nous avaient prévenus. Balarao et moi-même avions réparti nos deux ailes sur deux sommets qui dominaient un défilé où devait s'engager la colonne ennemie. Pendant que nous faisions pleuvoir un feu nourri sur l'avant-garde britannique, au centre, le gros de nos forces cédait du terrain le plus lentement possible. Au bout de deux heures, quand l'ennemi fit irruption dans ce qui avait été notre camp, nous avions eu le temps de l'abandonner. Furieux, Grant maudit notre lâcheté.

Tous les commandants de guérilla reçurent l'ordre de mener leurs troupes à Bahraich, où nous attendaient Hazrat et ses partisans. Balarao et moi-même les avons rejoints. À partir de là, tous ensemble, nous nous mîmes en route vers le Népal. Ainsi commença notre pèlerinage vers le « Refuge des Dieux aveugles ».

Le temps était venu de voir ce qu'allait faire le roi des rois.

Chapitre 24

Apparemment, nos plans n'avaient aucun secret pour les Népalais. Un officier gurkha vint à notre rencontre alors que nous gravissions la côte de Triveni Ghat. Il avait reçu l'ordre de nous mener, moi-même, la reine Hazrat Mahal et nos familles respectives, jusqu'à un pavillon de chasse situé à un kilomètre et demi. Le reste de notre suite allait devoir camper sur place, à l'endroit où nous étions.

Le pavillon était un édifice étroit et tout en hauteur, de la forme d'un livre posé sur la tranche. Au sommet de la tour, des ouvertures permettaient d'observer le gibier mais, pour l'instant, des stores de roseaux les occultaient. Après que la centaine de personnes qui constituaient notre cavalcade eut contourné à la file indienne cet édifice, on nous fit faire halte.

Notre regard restait rivé sur les stores de roseaux, sachant qu'ils dissimulaient la présence d'un homme devenu une légende vivante : Jung Bahadur. Une heure s'écoula avant qu'une créature simiesque, vêtue de l'uniforme le plus extravagant qu'il m'ait été donné de voir, taillé pour un homme beaucoup plus grand et corpulent que son porteur, ne sorte du pavillon. Il se dirigea vers moi et me gratifia d'un roide salut à l'anglaise. L'homme parlait un excellent hindi. Il se nommait, me dit-il, Balbhadra Singh, il était colonel et il avait reçu l'ordre de m'intimer un avis de la part de son souverain.

Je lus l'avis en question. Hazrat Mahal, son fils, Brijis Kadar, et sa suite étaient les bienvenus au Népal. Quant à nous, si l'idéal chevaleresque interdisait au gouvernement népalais de renvoyer mon épouse et les autres dames de ma famille, en revanche, moi-même, mes frères et mes partisans de sexe masculin allions devoir quitter sur-le-champ le pays, car « le Népal avait contracté par serment une alliance avec le gouvernement britannique ».

Jung Bahadur ne courait aucun risque à accepter Hazrat Mahal et son fils, les Britanniques leur ayant offert l'amnistie. Dès la lecture, la pensée m'avait effleuré que ce papier n'était pas celui qui avait été originellement écrit à mon intention. Certes, il ne comportait ni correction ni rature, mais l'encre en était encore toute fraîche. Plus tard, j'appris que des témoignages sur la beauté exceptionnelle de Kashi étaient arrivés à l'oreille attentive de Jung Bahadur. L'ayant observée à loisir avec ses jumelles, il avait décidé de la posséder. La mention des « autres dames de ma famille » n'était qu'un rajout destiné à sauver les apparences.

Je répondis sans attendre à Jung Bahadur. Vu les circonstances, peut-être ai-je été trop franc, trop brutal. Mais je voulais lui faire comprendre d'emblée que, bien que j'eusse grand besoin de son aide, je n'étais pas prêt pour autant à déposer mon turban à ses pieds.

Après lui avoir rappelé que les Britanniques avaient toujours fait preuve d'une perfidie constante envers leurs alliés et que leur règne visait à l'éradication de notre religion commune, je lui reprochais de s'être précipité à l'aide de ceux que ses ancêtres avaient si vaillamment combattus.

« Tandis que Votre Majesté serre dans ses bras de tels ennemis, elle rejette un proche de sa famille, le descendant des *peshwas* ! Votre inhospitalité dépasse toutes les mises en garde que j'avais reçues à votre propos. »

Le post-scriptum que j'ai ajouté m'aurait-il protégé d'un bannissement immédiat ? En effet, en toute innocence, j'y exprimais mon soulagement et ma gratitude, en remerciant Jung Bahadur d'avoir accepté d'accorder l'asile à Hazrat Mahal, à son fils, à mon épouse, Kashi, et « aux autres dames de ma famille ».

Plus tard, dans la soirée, Balbhadra revint me voir en catimini. Jung Bahadur, me chuchota-t-il en confidence, ne pouvait se permettre de me recevoir personnellement. Il fallait qu'il puisse prétendre n'avoir aucune idée de l'endroit où je me cachais. Hormis ce détail, Jung ne voyait pas pourquoi il devrait rompre avec les règles élémentaires de la courtoisie.

– Son Altesse la maharani campe avec nous, précisa Balbhadra. Elle serait ravie de faire la connaissance de la rani Kashi-bai, aussi lui a-t-elle adressée une pressante invitation à venir dîner avec elle.

Je m'empressai d'acquiescer. Sitôt Kashi partie sous bonne escorte vers le pavillon de chasse, Balbhadra se détendit. Il siffla une demi-bouteille de mon cognac avant de partager mon repas et de me tenir compagnie devant un houka. Je m'aperçus qu'il avait l'habitude déconcertante de changer de voix suivant le sujet de conversation ; son rire ressemblait à une enfilade de chuintements.

– Je suis chargé de… tout arranger, me confia-t-il. Mon maître doit continuer à feindre l'ignorance. Mais comment faire quand au moins vingt mille partisans de Votre Altesse pénètrent sur nos terres comme un… un nuage de sauterelles ?

– N'est-ce point la preuve éloquente de la terreur qu'inspirent vos grands amis les Britanniques ? lui rétorquai-je. Quand vingt mille malheureux préfèrent fuir leur foyer pour leur échapper…

Nous nous comportions comme des lutteurs engagés dans les préliminaires d'un combat, s'accroupissant, échangeant des gestes d'intimidation, prenant des postures martiales, bandant leurs muscles avant d'en venir aux mains. Notre joute dura une bonne partie de la nuit. Nous prenions tour à tour l'avantage, mais un compromis finit par se dégager. Nous tombâmes d'accord que si Jung Bahadur obtenait des Britanniques une amnistie générale pour mes partisans, je ne m'opposerai pas à leur retour en Inde. De son côté, Jung Bahadur fermerait les yeux sur ma présence au Népal pourvu que j'y réside sous un déguisement et que je ne mette pas les pieds dans la vallée de Katmandou.

Il était fort improbable que je veuille m'aventurer dans la vallée de Katmandou, mais la stipulation ne m'en mit pas moins mal à l'aise.

– Mais c'est là que ma femme résidera, non ?

Le rire de Balbhadra chuinta. Sa voix se mua en un chuchotis conspirateur.

– N'ayez crainte, le maharaja arrangera la venue d'une ou deux compagnes de l'âge approprié pour vous tenir compagnie…

– Ce n'est pas ce que je voulais dire, répondis-je d'une voix acide. Pourquoi ma femme et moi-même ne serions pas autorisés à vivre ensemble ?

Il me répondit avec une franchise confondante.

– Les autres femmes, sans problème !

– Mais pas Kashi-bai ?

– Non.

– Pour l'amour de Dieu, pourquoi pas elle ?

– Ça… mon maître ne m'a pas mis dans la confidence, me fit-il d'une voix à peine audible où perlait une pointe de sarcasme.

Un soupçon subit me fit tressaillir.

– La maharani est-elle réellement dans le pavillon ? demandai-je.

– Une chose est sûre, Son Altesse y était encore quand je lui ai apporté votre réponse…

– Vous voulez dire qu'elle n'y est plus ? que ce porc lubrique tient ma femme à sa merci ?

– Aucune femme ne pourrait tomber en de meilleures mains.

Bondissant sur mes pieds en lançant un juron, j'ordonnais à Balbhadra de sortir.

Il se leva et me salua d'un air consterné.

– Je ne comprends pas, marmonna-t-il. Tout le monde sait que Votre Altesse a abandonné sa femme, que Kashi-bai est encore vierge.

– Cela ne veut pas dire que je veuille la vendre à ce malappris.

Il haussa les épaules.

– Il faut voir les choses d'un point de vue rationnel. Je suis certain que mon maître sera prêt à faire… de généreuses concessions.

– Que votre maître aille se faire foutre !

– Que dois-je lui répondre ?

– Dites-lui qu'il n'est pas un gentleman. Dites-lui qu'il n'est qu'un valet de chambre des Britanniques dont il lèche les bottes. Dites-lui que, plutôt que d'accepter des conditions aussi insultantes, je préfère encore négocier avec les Anglais.

– Ça risque d'être difficile : ils ont annoncé publiquement leur ferme intention de pendre Votre Altesse.

Je levai une main menaçante en me précipitant vers lui. Il s'enfuit en courant.

Kashi ne sortit du pavillon qu'une heure plus tard. Au lieu de regagner sa tente pour y rejoindre les autres femmes, comme elle aurait normalement dû le faire, elle vint me rejoindre directement sous l'arbre où je m'étais réfugié. N'affichait-elle pas un air différent, son visage ne brillait-il pas d'un nouvel éclat, sa démarche n'était-elle pas plus sensuelle ? La jalousie me taraudait…

– Comment était ce dîner ? lui demandai-je, d'une voix qui s'efforçait de paraître indifférente.

– Hum… des mets curieux…

– Combien de convives ?
– Deux.
– Toi et son épouse, je suppose ?
– Non, moi et Jung Bahadur.
– Tiens donc ! À quoi ressemble-t-il ?
– À son portrait : un lion en uniforme.
– Qu'avait-il à te dire ?
– Ce qu'il vous a fait dire par l'intermédiaire de son envoyé.
– Il lui en a fallu, du temps, pour le dire…

Kashi ne répondit pas au sarcasme, mais elle n'eut pas l'air troublée.

– Ainsi, il t'a proposé d'emblée de devenir sa maîtresse ?
– Oui.
– Et que lui as-tu répondu ?

Pour toute réponse, le visage de Kashi s'empourpra ; une lueur s'alluma dans ses yeux.

– Garce ! ne pus-je m'empêcher de lui lancer.

Ma femme, à qui l'on avait enseigné à conserver un air hautain, tressaillit : c'était la première fois que je l'insultais.

– Grands dieux ! Depuis l'âge de douze ans, tu as été élevée comme une future princesse et le premier homme qui te demande de relever ton jupon…

– Il n'est pas le premier, interrompit calmement Kashi.

– Tu m'en diras tant !

– L'Anglais qui a couché avec Azijan, lui aussi me l'avait demandé. Mais, à l'époque, j'avais dis « non »…

– Dois-je en conclure que cette fois-ci, tu as dit « oui » ?

– À l'époque, je n'essayais pas de sauver la vie de mon époux. Et puis…

– Et puis ?

– Et puis je caressais encore l'espoir qu'un jour « vous » me le demanderiez.

– Tu fais honte à toutes les femmes de *peshwa* !

– Je n'ai jamais été une femme de *peshwa*. Je n'étais qu'une veuve-enfant.

– Oh ! démon femelle, pourquoi m'avoir fait ça ? me lamentai-je.

– Parce que c'est la meilleure chose qui puisse nous arriver, à vous, à moi, à nous tous. Quand allez-vous regarder la réalité en face ? Les Anglais veulent votre peau. Ici, vous jouez votre dernière chance.

Combien de temps allez-vous fuir comme un lapin? Et, quant à moi, je serai enfin libérée du veuvage, j'aurai enfin ce que je veux.

– Et que veux-tu?

– Je veux être une femme, pas une bizarrerie desséchée. Je veux vivre, aimer, connaître l'amour physique, ardent, libre, et les joies de la maternité. Je veux m'épanouir dans le luxe de la cour d'un grand roi, pas dans un ermitage. J'ai plus de vingt ans. À vos côtés, que puis-je espérer d'autre que mourir d'abstinence sexuelle avant d'avoir appris à vivre? Mais, par-dessus tout, je ne veux pas être responsable de la mort de mon époux. Ne voyez-vous pas, mon Seigneur, que je fais cela davantage pour vous que pour moi?

– Je devrais te tuer, lui dis-je.

– C'est parce que vous ne vouliez pas me tuer que vous m'avez acculée à cette extrémité. Me tuer maintenant ne vous servirait à rien. En me rejetant comme votre épouse, vous m'avez sauvé la vie. Dieu m'a accordé la possibilité de vous rendre à mon tour le même service en vous rejetant comme mon mari.

Elle avait été dressée à s'exprimer comme une reine. Il ne me restait plus qu'à serrer les poings, à fermer les yeux, et à lui crier de s'en aller. Mais le tintement de clochette de sa voix aérienne se fit de nouveau entendre, maîtrisée, dépassionnée:

– Permettez-moi de vous exprimer à quel point je vous suis reconnaissante d'avoir tout fait pour me laisser en vie.

Plus tard, dans la nuit, en repensant à tout cela calmement, j'en vins à la conclusion qu'en fait, je n'aurais pu souhaiter solution plus pratique à mon problème matrimonial. Après tout, je ne pouvais prétendre imposer à Kashi une ceinture de chasteté virtuelle pendant toute sa vie.

Tôt le lendemain, j'adressais un mot à Balbhadra en le priant de revenir me voir. Il arriva peu après le lever du soleil.

– Supposons..., lui dis-je, ce n'est qu'une supposition... supposons que j'accepte les conditions de votre maître... quel sera mon sort exactement?

– Comme je l'ai dit, si Votre Altesse part se cacher dans quelque lieu inaccessible, comme les jungles de notre Teraï, par exemple, il n'y a aucune raison que quiconque lui crée des ennuis.

– Sauf que les Britanniques ne tarderont pas à découvrir ma planque. Le Népal est un petit pays. Les gens bavardent. Ma tête a été mise à prix.

– Bien entendu que les Britanniques le sauront, très vite même. Mais le maharaja Jung Bahadur, lui, ne le saura pas. Au Népal, c'est cela qui compte.

Il cilla plusieurs fois avant d'ajouter :

– Le commissaire de Daang, le colonel Sidhiman, a reçu l'ordre de ne pas prêter la moindre attention à un groupe de *sadhus* de la secte des Mouni qui risque de venir s'établir dans son district dans le courant de la semaine...

– La secte des Mouni ?

– Hum... une secte vouée au silence. Ils n'adressent la parole à personne... Ah ! j'oubliais : ils ont des disciples de sexe féminin...

– Votre maharaja... pense à tout, n'est-ce pas ?

– La sagesse de Son Altesse est incommensurable.

– Mais c'est absurde, ne le voyez-vous pas ? Combien de temps Jung Bahadur pourra-t-il continuer à prétendre qu'il ne sait rien sur moi ? Dès qu'ils auront reniflé mes traces, les Britanniques enverront leurs espions pour vérifier *de visu*. Ils n'auront aucune difficulté à lui produire des preuves irréfutables.

Balbhadra me fixa une bonne minute avant d'ajouter une précision qui me glaça le sang.

– Pendant combien de temps ? Jusqu'à votre mort, mais après ? Avant un mois ou deux, un membre de votre entourage aura décédé. Il aura droit une crémation solennelle. Le maharaja Jung Bahadur veillera à ce que « vos » cendres, transportées en grande pompe dans une urne en or massif, soient immergées dans le Gange. Ensuite... vous vivrez heureux, sans souci.

J'avais déjà usé de ce stratagème. Mes ennemis n'allaient pas retomber dans le même panneau.

– Les Britanniques ne le croiront pas, protestai-je. Ils voudront des preuves, des indices convaincants.

– Au Népal, il n'existe pas de preuve plus convaincante que la parole du maharaja Jung Bahadur. Au Népal, si Son Altesse dit qu'un homme est mort, il est mort. Il n'y a pas d'autre preuve.

Ces mots me donnaient le frisson. Pendant un bon moment, nous nous sommes tus. Que restait-il à dire ?

– Donc, pour résumer, repris-je, je vais au Teraï et les femmes de ma famille vont à Katmandou. C'est bien cela ?

– Ah ! pardon, pas toutes les femmes. J'ai des instructions spéciales concernant la femme blanche. Elle ne doit pas aller à Katmandou.

– Pourquoi cela ?

– Tout à fait impensable. La seule femme blanche de Katmandou est Mme Ramsay, la femme du Résident britannique. Une de plus sera immédiatement remarquée. Le Résident nous fera des problèmes. Or, mon maître ne veut aucun problème avec les Anglais.

– Mais que dois-je faire avec elle ?

– Elle doit repartir, retourner chez les siens.

– Mais elle ne veut pas repartir. Je lui ai proposé cent fois de l'aider à retourner chez les siens, en vain.

– Alors, elle doit... disparaître. On peut arranger ça, me dit-il en faisant claquer ses doigts. Cette nuit, si vous êtes d'accord.

– Je vous préviens, lui répliquai-je, si quoi que ce soit arrive à mademoiselle... à la dame blanche, tout sera annulé.

Je me demandais si mon ton de voix avait été assez menaçant.

Il haussa les épaules.

– Je dois seulement veiller à ce qu'elle ne mette pas les pieds à Katmandou.

– Il reste un petit détail que je veux résoudre, lui dis-je.

– Oui ?

– Au sujet de ma sœur.

– Kusuma-bai ?

– Oui. Je suis inquiet pour elle. Elle ne fait plus partie de ma famille puisqu'elle est mariée. Son mari, le fils de Baba Apte, vit à Gwalior. Comme elle n'était encore qu'une enfant, elle était venue vivre à Bithoor et elle y est restée, prisonnière des événements.

– Et vous souhaiteriez qu'elle rejoigne son mari ?

– Je tiens beaucoup à ce qu'elle ne soit plus mêlée à tout ceci.

– Mais naturellement ! Oh, cela ne devrait pas poser de problème. Certainement.

Peut-être était-il préférable que Kusuma soit ce qu'elle était : une fille simple, rondelette, timide, autrement dit pas du tout du genre à titiller la libido d'un pervers comme Jung Bahadur. Nous avons immédiatement réglé les détails de son retour à Gwalior.

Bien sûr, ce soir-là, assis devant un feu sous le ciel étoilé du Teraï, j'ignorais qu'en organisant le retour de ma sœur cadette chez son époux, je faisais davantage que lui épargner les privations et les rigueurs de l'exil. Je me félicitais seulement d'avoir résolu un souci majeur sans les usuels marchandages. Je me préparais à indiquer que tout était réglé quand Balbhadra s'éclaircit la gorge, comme s'il avait quelque chose d'important à ajouter.

– Il vous en coûtera mille par jour.

M'aurait-il enfoncé le canon d'un pistolet dans les côtes que je n'aurais pas été davantage surpris.

– Mille quoi ? m'exclamai-je, d'une voix suraiguë.

– Mille roupies… par jour…

– Grand dieux, pourquoi ?

– Mais… pour le séjour de Votre Altesse au Népal ! Les Britanniques offrent une prime de cent mille roupies. Nous pourrions doubler les enchères…

– Mille roupies ! par jour ! croassai-je.

– Indépendamment du nombre de partisans qui resteront avec vous…

– Mais… où votre maharaja s'imagine-t-il que je vais trouver cet argent ?

– Son Altesse collectionne les joyaux… en connaisseur. Il paye toujours pour ce qu'il convoite… Et il paye généreusement…

– Pas pour les filles vierges ! ne pus-je m'empêcher de rétorquer. Les vierges, il se les approprie…

– Oh ! mais les diamants, c'est différent. Ils portent malheur. Au Népal, on peut enlever une femme mais on ne peut pas voler un diamant. Un voleur professionnel n'hésitera pas à s'emparer d'objets en or, mais il ne touchera jamais une pierre précieuse.

Je gardais le silence. Maintenant, je comprenais pourquoi ce gnome veillait avec tant de zèle au succès de nos négociations. Outre Kashi, quelque chose m'appartenait que Jung Bahadur convoitait et qu'un tabou singulier, ancré dans les traditions népalaises, lui interdisait de me dérober.

– On m'a chargé de vous faire une proposition pour le Naulakha.

– Personne au monde n'est assez riche pour s'offrir le Naulakha, lui dis-je, c'est bien connu.

– Le maharaja Jung Bahadur est un homme très fortuné, me dit-il d'une voix crissante qui me faisait l'effet d'un insecte rampant sous mon oreiller. En outre… en outre, le véritable prix d'un objet dépend beaucoup des circonstances, surtout quand le vendeur est tributaire de l'acheteur.

– D'autant plus que l'acheteur tient le pistolet en main…

– Oui, en effet, il faut aussi tenir compte de la main et du pistolet… Mais bien entendu, entre amis, n'est-ce pas, personne ne met personne en joue. Un marché n'est rien de plus qu'un marché. Pour le Naulakha, j'ai été autorisé à vous faire une offre qui vous assurera trois mois de résidence paisible dans notre beau Teraï : quatre-vingt-dix mille roupies…

J'étais trop furieux pour répondre. Ce démon perfide m'en offrait le dixième de ce que Balaji avait versé cent quarante ans auparavant. Depuis, avec les nombreux rajouts de ses successeurs, la valeur de ce fastueux collier avait considérablement augmenté. Aujourd'hui, il valait au bas mot cinq millions de roupies.

La voix de mon interlocuteur ressemblait maintenant au froissement d'un insecte rampant à travers un tapis d'herbes sèches.

– Que dois-je répondre à mon maître ?

– Je vais y réfléchir, lui répondis-je. Poursuivons notre entretien demain, voulez-vous ?

Il bondit sur ses pieds et se mit au garde-à-vous.

– Certainement, acquiesça-t-il. Je reviendrai vous voir demain. Demain sera plus propice.

Il me salua comme à la parade et s'en alla.

Assis sur place, accoudé sur un traversin, jetant un regard vide sur le tas de braises qui restait de notre feu de camp, j'essayais d'y voir clair dans ma situation. Un lourd sentiment de solitude m'accablait. J'étais un homme qui avait laissé son univers familier derrière lui et qui se préparait à se séparer de son précieux héritage au seul profit de quelques mois de répit en terre étrangère.

Ai-je somnolé un moment ? Je ne sais plus. Toujours est-il que, de l'autre côté du foyer, à la place de Balbhadra, cet émissaire du monde des démons, un visage angélique m'apparut, rappel d'un passé encore récent, un visage lisse et paisible, embelli par les épreuves. Je fixai ce visage, comme en transe. Je ne reconnus Eliza qu'après qu'elle eut ouvert la bouche pour parler.

– D'après Kashi, nous devons aller avec la bégum à Katmandou.

– Kashi doit en savoir plus que moi à ce sujet, lui répondis-je d'une voix amère. Pour autant que je sache, rien n'est décidé pour le moment. Le montant doit encore être déterminé.

Eliza me regardait droit dans les yeux. Le rougeoiement des braises jouait sur son visage.

– Je suis venu vous dire que je n'irai pas à Katmandou.

– Oh ! mais il n'est pas prévu que vous y alliez. Ils veulent vous renvoyer à Kanpur.

– Je n'irai pas non plus à Kanpur. Rien ne m'attend à Kanpur… ni ailleurs du reste… je n'ai plus personne au monde. Plus rien !

Elle secoua la tête, puis elle se concentra un moment, comme pour se donner du courage.

– Je veux rester ici, reprit-elle d'une voix sourde.

– Ici ? répétai-je sottement.

– Ici, ou… dans n'importe quel endroit où ils vous permettront de vivre.

– La seule vie qui me reste à vivre, lui fis-je remarquer en souriant, est celle d'un ermite, d'un *sadhu* qui a fait vœu de silence, de quelqu'un qui a abandonné le monde…

– Moi aussi, j'ai abandonné le monde ! À deux, on peut recréer un monde !

Après avoir longtemps hésité, je me forçai à lui demander :

– Pourquoi faites-vous ce choix ?… Parce que vous n'avez nulle part ailleurs où aller ?

Elle secoua vivement la tête.

– Non ! me répondit-elle, d'une voix limpide qui sonnait comme un défi. Parce que je ne veux aller nulle part ailleurs !

Une rafale souffla, ranimant les braises, soulevant un écran de fumée qui nous sépara. L'écran se dissipa. Le visage d'Eliza réapparut, la lueur des braises jouant sur ses joues. Au bord de ses paupières closes, des larmes coulaient.

Ma solitude me parut soudain plus légère.

Mon match de catch avec Balbhadra reprit le lendemain, dans l'après-midi, exactement où nous l'avions laissé. Il ne s'était pas trompé, le jour devait être propice. En effet, à la fin, nous étions d'accord sur tous les points, comme on dit.

J'avais décidé de ne pas discuter le montant exigé quotidiennement pour, en revanche, arracher à Jung Bahadur un meilleur prix pour les joyaux. De toute façon, il était clair que je n'allais recevoir aucun paiement. Les montants théoriques dus allaient être déduits des versements que j'étais censé faire.

Nous avons marchandé ferme. Lentement, le prix de mon collier montait, parfois de quelques centaines de roupies. Enfin, alors que nous frisions quatre cent mille roupies mais que, d'épuisement, j'étais sur le point de céder, Balbhadra monta la donne à quatre cent mille. Nous nous serrâmes la main pour conclure le contrat. Ensuite, Balbhadra, pantelant, dut s'allonger un moment sur le tapis. J'avais obtenu treize mois de survie. J'ignorais ce que Balbhadra avait obtenu.

Chapitre 25

On peut dire ce qu'on veut de Jung Bahadur, qu'il était égoïste, obstiné, vaniteux et impitoyable, mais il tenait parole. Quand il promettait de faire quelque chose, il le faisait. La difficulté était précisément d'obtenir sa promesse car il ne la donnait pas à la légère.

À peine me suis-je séparé du collier que les choses commencèrent à bouger. Kashi et son fils adoptif, le bébé d'Eliza, partirent pour Katmandou ; Kusuma les accompagna en attendant son transfert. Eliza fut autorisée à rester avec moi, ainsi que les femmes et les enfants de mes partisans. J'établis mon camp près de Butwal, dans le Teraï. Balarao, Baba et Azim s'activèrent pour nous construire des abris en vue de la mousson prochaine. Nous étions environ trois cents personnes, les autres ayant profité de l'amnistie générale obtenue par Jung Bahadur auprès des Britanniques pour retourner en Inde.

Le 20 avril 1859, de Butwal, j'envoyai ma « Lettre ouverte à la reine Victoria et à son gouvernement en Inde ». Après avoir expliqué que je n'étais pas responsable des massacres de Satichaura et du Bibighar, j'exprimais ma ferme résolution de poursuivre la lutte.

« Je tiens seulement à vous assurer que je ne suis pas un criminel. D'un autre côté, vous n'avez pas d'ennemi plus déterminé que moi. Aussi longtemps que je vivrai, je vous combattrai. »

J'en adressai une copie au représentant britannique le plus proche, un certain général Richardson, à Gorakhpur. Richardson devait être nouveau en Inde ; il ignorait visiblement tout des règles particulières de comportement de ses compatriotes de race blanche installés en Orient. Il s'empressa, par retour de courrier, de me répondre. Son courrier était accompagné d'une copie de la déclaration publique de la reine et d’une courtoise invitation à me rendre. En effet, disait sa missive, si, comme je l’affirmais, je n’avais tué aucune femme et aucun enfant, je n’avais rien à craindre.

– Vous seriez fou de vous rendre, me prévint Jung Bahadur, par l’intermédiaire de Balbhadra. En outre, vous ruineriez tous les plans que j’ai soigneusement dessinés pour votre avenir.

Je n’avais, bien entendu, aucune envie de me rendre. J’ ppris d’ailleurs que le même Richardson s’était fait sévèrement réprimander par ses supérieurs pour m’avoir promis l’amnistie à la condition que « je n’aie tué aucune femme ni aucun enfant ». Le nouveau gouverneur général d’Oudh fit une déclaration publique, proclamant que, quand bien même mon innocence viendrait-elle à être prouvée, je n’échapperais pas pour autant au châtiment en raison de « l’opiniâtreté de ma rébellion ». Il terminait en me déclarant « hors la loi ».

Était-ce la volonté des dieux de voir le noir parader à la place du blanc, le faux passer pour du vrai ? J’adressais une réponse indignée au général Hope Grant, qui menaçait encore Kandakote, dans laquelle je remettais en question le droit des Britanniques de me juger, dans la mesure où leur loi était injuste et leur *Pax Britannica* un mensonge imposé à mon peuple.

« Qu’est-ce qui vous autorise à occuper l’Inde ? Comment pouvons-nous accepter l’argument que vous autres, *Firanghis*, êtes les maîtres, et que nous autres, Indiens, sommes de vulgaires hors-la-loi dans notre propre pays ? »

Ce fut, en l’occurrence, ma dernière lettre aux autorités britanniques.

Durant le mois de juin, Balbhadra revint spécialement pour m’annoncer que Kusuma avait été envoyée à Gwalior ; peu après, une lettre me parvint écrite de la main de Baba Apte, le beau-père de Kusuma, pour m’informer que ma sœur était arrivée saine et sauve.

Le porteur de la lettre m’apprit aussi la nouvelle de la capture et de l’exécution de Tantya Topi. Le dernier tambour, dans la forêt sauvage, avait cessé de battre. Le silence de la défaite nous recouvrait comme un lourd catafalque.

Un complot, au Népal, avait-il été ourdi afin de me laisser dans l’ignorance des périls de la mousson dans le Teraï ? Jung Bahadur avait-il délibérément guidé mes pas dans ces jungles dans l’espoir que la saison des pluies le débarrasse d’une obligation embarrassante ?

Elle faillit y parvenir. D'octobre à avril, le Teraï ressemble à un paradis ; la mousson le transforme en antichambre de l'enfer. Le sol devient un marais spongieux, grouillant de crapauds et de sangsues ; l'air bourdonne d'insectes qui dégagent des puanteurs acides et miasmatiques. Pendant quatre longs mois, des millions de grenouilles coassent indéfiniment ; un manteau de brume enveloppe la région, créant des formes mystérieuses qui s'effilochent autour de vous comme des ectoplasmes. On jurerait que tous les oiseaux, tous les animaux, à l'exception d'un seul, ont soit émigré soit été frappés de mutisme. L'unique exception en est le rhinocéros, une créature de cauchemar, amalgame entre l'éléphant, la tortue et le sanglier. Ce monstre blindé, aveugle de naissance, patauge, somnole et copule à grands bruits dans un océan de boue gluante. Tout – les vêtements, les chaussures, le mobilier, l'écorce des arbres, les murs des maisons – se recouvre d'une couche de moisissure verdâtre ; au milieu du fracas interminable des ondées et du chœur indécent des grenouilles, la mort se faufile en traître sous la forme de la fièvre du Teraï ; elle fond sur vous, en chevauchant – comme le répètent avec insistance les Népalais – non pas un buffle, mais un rhinocéros.

La fièvre du Teraï répond à un cycle précis et immuable. On est d'abord pris de tremblements violents accompagnés d'une fièvre brûlante. Au troisième jour, on sombre dans le coma. Au cinquième, on décède.

Au début, mes hommes tombèrent un par un, puis deux par deux, ensuite par douzaines. À la fin du mois d'août, une cinquantaine étaient déjà morts et une vingtaine moribonds. Vers cette époque, le commissaire de Daang, Sidhiman, nous rendit visite pour s'enquérir de notre santé. Il parut déçu et contrarié de constater que mes frères et moi-même étions encore en vie.

Puis, le 19 septembre, Balarao attrapa la fièvre. Je ne quittai pas son chevet, priant incessamment. Le troisième jour, il perdit connaissance. Avant de s'évanouir, il pressait fortement ma main, ses yeux étaient baignés de larmes. Le sixième jour, il décéda.

Sidhiman assista à la crémation. Sa venue se révéla utile car j'étais trop abattu pour pouvoir organiser la céramonie. La mort de Balarao me paralysait, comme si on m'avait coupé un membre. C'est Sidhiman qui se chargea de recruter les prêtres et de superviser le rituel. Je me contentai d'allumer le bûcher en me demandant dans combien de temps nous allions y passer. Le brouillard nous enveloppait de tous les côtés comme un linceul.

Nous l'ignorions mais, la saison des pluies terminée, le fléau disparaît également, pour mieux revenir à la mousson suivante, et ainsi de suite.

Le treizième jour qui suivit la crémation, Sidhiman réapparut. Il prit les cendres de Balarao et les emporta à Katmandou, où Jung Bahadur en personne les reçut en grande pompe. Le souverain députa un groupe de prêtres chargés de les emporter dans une urne en or massif pour qu'elles soient dispersées dans le Gange, à Bénarès. Il adressa ensuite un courrier officiel au Résident britannique, le colonel Ramsay, l'informant que Nana Sahib de Bithoor, lequel, à l'insu de ses services secrets, s'était caché à Butwal, venait de succomber de la fièvre du Teraï. Sa mort datait du 23 septembre. Quant à lui, Jung Bahadur, il avait fait transporter les cendres de Nana Sahib à Bénarès où elles allaient être immergées dans le Gange.

« Au Népal, quand Jung Bahadur affirme qu'un homme est mort, il est mort », m'avait affirmé Balbhandra. Il disait vrai. J'avais cessé d'exister. Soudain, nous vécûmes dans l'isolement le plus complet. Un *sadhu*, un saint homme, était apparu au Népal, qui appartenait à la secte des silencieux. Ses disciples et lui-même avaient fait vœu de mutisme total pour le restant de leur vie. Pour mieux jouer son rôle de disciple principale, Eliza s'était rasé la tête ; elle vivait ouvertement avec moi. Le fait que, le 13 mars, elle donna naissance à une fille ne suscita aucun commérage pour la simple raison que notre droit à l'isolement était déjà reconnu. Les villageois nous observaient à distance, un peu comme si nous étions des animaux sauvages ; quand ils nous ravitaillaient, ils respectaient nos vœux de silence et n'adressaient la parole qu'à nos serviteurs. Je nommai ma fille Mani, en hommage à la compagne de mon enfance, la rani de Jhansi.

Le colonel Ramsay, que ses années passées au Népal avaient conditionné à ne jamais douter de la parole de Jung Bahadur, envoya un compte rendu de mon décès à lord Canning, lequel transmis la bonne nouvelle au gouvernement britannique.

J'allais plus tard découvrir qu'à Londres, sir Charles Wood, secrétaire d'État pour l'Inde, avait émis des doutes, priant le vice-roi de lui envoyer des informations plus probantes relatives à mon décès.

Le colonel Ramsey dut retourner voir Jung Bahadur. Après avoir reproché à son visiteur et à son gouvernement de douter de la parole d'un allié qui avait amplement démontré sa fidèle amitié, Jung Bahadur proposa d'engager un pari « sportif ». Balbhadra, qui assistait à la réunion, me raconta la suite.

– D'accord, dit Son Altesse au Résident, je suis prêt à autoriser l'entrée au Népal d'une force britannique chargée de traquer Nana Sahib. Mais si vos gens ne découvrent pas Nana dans les trois mois qui suivent leur entrée dans le pays, votre gouvernement devra me restituer la bande de terrains limitrophes à votre frontière actuelle et qu'on appelle à présent le « Teraï britannique ».

Ramsay jugea plus prudent de décliner un pari aussi risqué. Comme il l'a noté, « Jung Bahadur ne pouvait pas perdre un tel pari. Rien ne lui serait plus facile que de garder Nana ou n'importe qui d'autre hors de portée d'une troupe en déplacement ».

Les Britanniques n'en exprimèrent pas moins clairement leur scepticisme.

– Son épouse porte au front la marque des femmes mariées, fit remarquer le Ramsay à Jung Bahadur. Une femme de brahmane s'abstiendrait si elle était veuve.

– Je n'ai jamais rencontré cette dame, répondit avec un aplomb superbe Jung Bahadur, mais si, comme l'affirme Votre Excellence, elle défie nos coutumes, il ne m'appartient pas de la corriger.

Entre-temps, dans toute l'Inde, les officiels étaient encouragés à poursuivre les recherches dans chaque ville et village. Une description physique jointe à mon « portrait par Beechy » fut affichée dans tous les lieux publics. Des centaines de sans-abri furent arrêtés et conduits *manu militari* aux postes de police pour y être soumis à de douloureux interrogatoires. Cette méthode infaillible permit aux autorités britanniques en Inde de découvrir une quantité innombrable de Nana.

En 1862, un douanier zélé de Karachi alpagua deux suspects qui débarquaient d'un navire. Il les avait pris pour moi-même et Waghu. À l'issue d'un laborieux procès, pour la tenue duquel la paire, dûment menottée, fut transférée à Kanpur, il s'avéra que le « Nana » en question s'appelait en réalité Hirji, et que le « Waghu » qui l'accompagnait était son cousin. Les deux hommes venaient de Marwar, où ils exercent encore aujourd'hui la profession de joaillier.

Entre deux, un autre « Nana » avait été arrêté à Ajmer par l'adjoint du commissaire, le général Davidson, à l'issue d'un assaut brutal et sanglant lancé à minuit pétante contre une auberge de pèlerins. Lui aussi fut expédié à Kanpur. Là, le suspect fut inspecté des pieds à la tête par tous ceux qui se vantaient de m'avoir connu. Après avoir été examiné sous toutes les coutures, il se révéla que cet homme n'était autre que la personne qu'il affirmait être depuis le début : un vendeur de bracelets nommé Apparam.

Nullement découragés par ces bavures, les Britanniques poursuivaient leur quête avec leur ténacité proverbiale. La procédure engagée contre Apparam révéla que le gouvernement avait engagé les services de nombreux agents secrets à seule fin de retrouver ma trace. Vêtus en *sadhus*, ces fins limiers se mêlaient aux groupes de pèlerins pour espionner leurs conversations. Cette tactique permit de dénicher d'autres « Nana » tout aussi fantaisistes. Bien vite, je cessai de m'intéresser à ce qui se déroulait en Inde, laquelle commençait déjà à m'apparaître comme un pays étranger, presque une autre planète.

Jung Bahadur aimait à se vanter, disant qu'au Népal « un âne ne saurait péter sans que je vienne à l'apprendre ». Mis au courant des efforts des Britanniques pour me traquer, il interdit à tout étranger de se rendre dans les districts où nous campions. Après qu'un ou deux hommes, qui étaient peut-être du reste d'authentiques pèlerins, aient été abattus sur les sentiers de montagne avoisinant nos camps, les agents secrets britanniques ont dû saisir le message. Aucun réfugié politique n'a jamais reçu meilleure protection ; j'étais en effet devenu l'enjeu d'une affaire d'honneur. Le roi des rois en personne m'avait déclaré mort ; il lui incombait maintenant de veiller à ce qu'aucun espion britannique ne soit en mesure de prouver qu'il avait menti.

Mais nous n'avons jamais plus passé la saison des pluies dans le Teraï. D'avril à septembre, nous allions à Taklatore, sur la frontière tibétaine. Nous ne revenions à Butwal qu'au retour des grands froids. Transhumant au gré des saisons, nous vivions dans un monde à part, quasiment animal, comme une harde de cervidés. La nourriture et le sexe, le confort le plus primitif, la discipline du troupeau résumaient notre existence. Nous ajustions nos désirs aux moyens dont nous disposions pour les satisfaire. Notre capacité d'éprouver du plaisir dans les choses les plus simples de la vie s'affina ; l'horizon de nos pensées se rétrécit ; nos ambitions s'amenuisèrent, avant de disparaître sans nous inspirer de regret. Eliza et moi-même formions un couple symbolique, comme Rama et Sita en exil ; nous nous suffisions l'un à l'autre, n'ambitionnant rien de plus que ce que nous offrait notre environnement.

Je vivais dans une sorte de nirvana, libéré des tourments de la vie. J'avais une femme à aimer, une enfant qui m'appelait «Papa». À la tête de ce petit troupeau, je menai une vie plus riche, plus satisfaisante que si j'étais resté le maître révéré de mon palais de Bithoor, ou cet empereur éphémère et aléatoire qu'on appelait le *peshwa*.

Les saisons transitaient. De temps à autre, quand la mort frappait l'un des nôtres, le temps qui passait me revenait en mémoire. Je ressentais alors comme un vague malaise.

Au nirvana, penser au futur ne sert à rien. Seul compte l'instant présent.

«Papa!» Ce simple appel de ma fillette exigeait mon attention immédiate, éparpillant les soucis comme une envolée de moineaux.

Parfois, Balbhadra réapparaissait sur scène pour jouer son rôle de créancier. Je me débarrassai aussitôt de l'importun en lui vendant ce qu'il convoitait, obtenant ainsi deux ou trois mois de plus au paradis. Jamais pierres précieuses ne furent mises à meilleur usage.

Ce ne sont pas des réminiscences larmoyantes d'une période exceptionnelle de mon existence. J'ai véritablement vécu mon exil népalais comme un rêve éveillé.

C'est pourquoi, durant l'hiver 1871, quand me parvint un message de Jayaji Scindia, qui se souvenait apparemment de moi, m'invitant à venir vivre à Gwalior, je déclinai fermement son offre. L'été suivant, venu de Gwalior sous le prétexte d'un pèlerinage à Badrinath, Baba Apte me rendit visite pour m'expliquer ce que Jayaji avait en tête.

– Mon maître vous donne sa parole qu'aucun mal ne sera fait à Votre Altesse. Il exerce une grande influence sur le vice-roi. Le Résident britannique est son ami personnel. Il est assuré de pouvoir vous faire amnistier. Pour le cas où les Britanniques refusent de céder, un navire peut aisément être affrété pour vous faire passer dans n'importe quel pays où vous pourrez vivre libre…

– Mais je n'ai jamais été plus heureux, lui répondis-je.

– Il a mentionné quelque chose à propos de l'or… Il m'a chargé de vous dire qu'il pouvait vous être expédié n'importe où dans le monde…

– Que vaut l'or aux yeux d'un *sadhu*?

Baba Apte me regarda d'un air apitoyé.

– Aucun homme ne peut vivre heureux loin de son propre pays, de son propre peuple, marmonna-t-il.

Comment lui expliquer ce qui m'était arrivé ? Qu'un habitant du paradis ne pense plus en termes de peuple ou de pays ?

Peu après l'arrivée de Kashi à Katmandou, Jung Bahadur l'avait fait installer comme sa concubine favorite dans une maison voisine de son palais, le Thapatali. Il avait mis une équipe de domestiques à sa disposition et lui avait octroyé une rente des plus confortables. Au Népal, Kashi s'épanouit comme une belle plante transplantée dans un sol idéalement propice à sa croissance. Elle scandalisa la cour en prenant des amants. Soit dit en passant, je dois avouer que, dans mon nirvana, j'éprouvais une intense satisfaction à savoir que Kashi trompait Jung Bahadur. Le dévergondage de ma femme prenait l'odeur suave de la vengeance.

Nous n'avions jamais été mari et femme. Pourtant, une tendresse certaine s'était développée entre nous ; tendresse qui, de mon côté, n'a jamais dépassé le stade de l'affection que l'on éprouve pour un animal sauvage qui s'est égaré dans votre domaine et qui a décidé d'y prendre gîte. Le bel animal avait changé de refuge. Ne restait entre nous que le lien ténu noué par le rituel de notre mariage. Je n'éprouvais aucun regret. Je ne voulais à Kashi que du bien.

Le quatrième et dernier jour de la fête de Diwali, les épouses hindoues honorent leur mari. Elles revêtent leurs plus beaux saris de cérémonie, se parent de fleurs et de bijoux, puis, avec un plateau chargé de lampes à huile allumées, elles font des mouvements circulaires autour du visage de leur époux. Celui-ci dépose alors un cadeau d'anniversaire dans le plateau.

À Bithoor, tous les ans, Kashi accomplissait cette cérémonie. À ma grande surprise, elle avait continué cette pratique, ici, au Népal. Que cherchait-elle à prouver, que gagnait-elle par ces visites annuelles, je n'ai jamais cherché de le savoir ? Peut-être voulait-elle se convaincre que j'étais encore en vie, se persuader qu'elle pouvait continuer à se marquer le front de rouge, témoignage d'un mari encore vivant, satisfaire son goût prononcé pour les saris brodés d'or, les joyaux rutilants, que sais-je ? Au Népal, comme en Inde, les veuves ne sont autorisées à porter que des tenues ternes de coton écru ; aucun bijou, aucun ornement ne leur sont autorisés. Quoi qu'il en soit, je n'ai jamais déposé de présent dans le plateau aux lampes à huile.

Ses visites ne se faisaient même pas en cachette. Kashi m'apportait les salutations de Jung Bahadur, auxquelles s'ajoutaient parfois des messages trop privés pour être confiés à Balbhadra. Je ne lui posais aucune question sur sa vie à Katmandou, ni sur sa relation avec Jung, ni, un peu plus tard, sur sa liaison avec le peintre de la cour, Gaganraj, ni, plus tard encore, avec une demi-douzaine de puissants ranas qui complotaient la chute de Jung. Elle vivait sa vie. N'avais-je pas renoncé, il y avait des lustres, au droit d'en faire partie ? Je m'émerveille encore du fait surprenant que, dans un pays comme le Népal où les têtes tombent à chaque changement de régime, la favorite du roi des rois soit parvenue à conserver ses privilèges, les siens et ceux de son fils adoptif, sans s'attirer l'ire des concurrents, les potentiels rois des rois.

Tandis que le peintre Gaganraj immortalisait Kashi en la prenant comme modèle de ses portraits de déesses hindoues, les soldats gurkhas l'avaient adoptée comme sex-symbol de leurs chansons paillardes. Dans un groupe, l'un des soldats lance la question, les autres y répondent en rythme, en frappant dans leurs mains.

La *Chanson de Kashi* ressemblait à ceci :

> « Et la couleur de ses seins, ô la couleur de ses seins ?
> Comme du blé mûr, ô comme du blé bien mûr !
> Qui le bat, ce blé, ô qui le bat ?
> Ils le battent à tour de rôle, ô l'un après l'autre.
> Qui le bat les lundis, oui, les lundis ?
> Le roi des rois, ô le roi des rois.
> Et les mardis, oui, les mardis ?
> Le peintre des rois, ô le peintre des dieux.
> Les mercredis, oui, les mercredis ?
> Va savoir ! ô va savoir…
> Et qui est le père de son fils, oui, le père de notre capitaine ?
> Quelle question ! ô la question… »

Et ainsi de suite, la vulgarité gagnant en épaisseur à mesure que passaient à la ronde les gobelets d'arak. Le « fils » mentionné par les Gurkhas, autrement dit leur « capitaine », n'était pas le fils de Kashi mais celui d'Eliza. Kashi avait bien veillé sur lui, assurant son avenir. Âgé d'à peine seize ans, il était déjà capitaine dans l'armée népalaise.

Modèle de déesse ou mascotte de soldats ? Peu importait. Kashi avait marqué de son influence la cour du Népal. Elle travaillait dur pour conserver le sacro-saint droit de marquer son front de rouge, une marque que j'étais le seul à pouvoir l'autoriser à porter en m'obstinant à vivre. Par la suite, je découvris que Kashi avait été pour moi une aide beaucoup plus efficace encore que tous mes colliers et toutes mes émeraudes, que les Naulakha et les Shiromani.

Chapitre 26

Dans nos deux grandes épopées religieuses, le *Ramayana* et le *Mahabharata*, l'exil dans la forêt, *vanawasa*, que les héros doivent endurer s'étale sur quatorze ans. Curieusement, après quatorze années d'exil au Népal, des indices m'apparurent suggérant que j'arrivais au terme de mon séjour.

D'abord, Waghu décéda. Mordu dans son sommeil par un serpent venimeux, il ne s'est jamais réveillé. On imagine mal que quelqu'un d'aussi robuste puisse finir aussi rapidement. Waghu veillait sur ma personne depuis aussi loin que remontaient mes souvenirs ; il faisait partie intégrante de mon existence. Sa disparition brisa quelque chose en moi, laissant une plaie béante qui s'ouvre chaque fois que je repense à lui. La douleur de le perdre avait dû engourdir mon esprit, me rendant incapable de percevoir les avertissements suivants.

Ensuite, bien que mon crédit se fût écoulé, l'émissaire de Jung Bahadur ne s'est pas présenté pour m'acheter davantage de joyaux. Auparavant, les visites de Balbhadra étaient tellement régulières qu'elles faisaient office de calendrier. La rupture de cette routine indiquait que quelque chose n'allait pas.

Enfin, Azim tomba gravement malade. Il me confia alors son souhait de finir ses jours à La Mecque, mais, insista-t-il, « seulement si Malik y consent ». Dès que sa santé le lui permit, il nous quitta. Cet homme, qui ne partageait même pas ma religion, avait été plus proche de moi que mes propres frères. Il me fut impossible de sortir de ma salle de prière pour lui faire mes adieux : la peine est moins douloureuse quand on est seul à la porter.

Quelques jours après le départ d'Azim, la nouvelle nous parvint que Jung Bahadur entreprenait un voyage en Angleterre. Des centaines de coolies charriaient des montagnes de bagages jusqu'à la gare ferroviaire la plus proche ; une foule de prêtres campaient à Bénarès pour superviser l'envoi de jarres scellées d'eau du Gange au port de Bombay.

– Il doit être devenu fou, commentais-je.

Notre groupe comportait maintenant une douzaine de personne. Ma suite se réduisait à un cuisinier, un secrétaire, un prêtre et une poignée de serviteurs.

– L'approche de la destruction introduit la confusion dans les esprits, déclara le prêtre.

– Badri va en profiter pour s'emparer du trône, ajouta mon secrétaire avec conviction.

Lors du voyage précédent de Jung Bahadur en Angleterre, son frère, Badri Narsing, avait en effet profité de son absence pour prendre le pouvoir. Il s'était proclamé le Premier ministre. À son retour, Jung avait dû faire appel à l'armée et user de la force pour récupérer son poste. Il avait ensuite dégradé et exilé son frère. À présent, la rumeur disait que Badri était de retour au Népal et se cachait quelque part dans le Teraï, pas très loin de l'endroit où nous étions.

– Il paraît que c'est l'ancien roi Rajendra qui incite Badri, poursuivit le prêtre. Le roi complote pour récupérer son trône.

– Comment Jung Bahadur peut-il envisager de quitter le Népal en ce moment ? s'interrogea mon secrétaire. Il devra s'absenter au moins un an…

– Aujourd'hui, le voyage en Angleterre prend à peine deux mois, leur précisais-je, depuis qu'un canal relie les deux mers.

– Mais même pour quelques mois, une fois parti, il ne pourra plus revenir. Il court au suicide.

Quelques jours plus tard, j'appris que Jung Bahadur n'avait jamais envisagé le moindre voyage en Angleterre. Ses préparatifs spectaculaires, dont l'expédition au port de Bombay de milliers de jarres d'eau du Gange, n'étaient qu'un trompe-l'œil destiné à égarer ses adversaires. Le jour du départ, une annonce publique issue du Thapatali déclarait qu'en raison d'une chute de cheval qui avait grièvement blessé le maharaja, son voyage était annulé. En fait, il avait décidé de rester à Katmandou pour en finir avec ses ennemis.

Peu après, je découvrais que j'étais devenu un pion dans la partie d'échec qui opposait Jung Bahadur à Badri Narsing et au roi détrôné.

Le dénouement de mes quatorze années d'exil approchait. Les murs qui protégeaient mon nirvana n'allaient pas tarder à s'effondrer. J'allais bientôt être replongé de force dans le torrent de la vie.

Mon nouveau valet, peu accoutumé aux surprises, entra, l'air ahuri, marmonnant quelque chose à propos d'une « maharani ». De fait, derrière lui, surgit Kashi, les mains jointes, la tête baissée, comme si elle saluait l'idole d'un temple. L'apparition subite de cette femme à la beauté renversante me coupa le souffle. Je la contemplai sans le moindre désir, comme on examinerait une esclave mise à la vente, traits par traits, membres par membres. La femme, dit un proverbe népalais, est comme l'arbre à litchi, inutilisable après la trentaine. Pourtant, cette femme, à la trentaine largement dépassée, faisait mentir le proverbe : elle était encore la favorite du roi des rois, et la maîtresse de Gaganraj et de quelques grands officiers du palais royal.

Comme d'habitude, après l'avoir détaillée sous toutes les coutures, il me fut impossible de regarder Kashi dans les yeux.

– Comment va Son Altesse ? lui demandai-je. J'espère qu'il se remet de ses blessures...

– Il n'est pas blessé, me répondit ma visiteuse. Il n'a même pas fait de cheval, ce jour-là.

La peur me noua, comme à l'approche de mauvaises nouvelles.

– Mais..., protestai-je, des prières publiques ont eu lieu pour célébrer le fait qu'il avait réchappé à une mort certaine ; des sucreries ont été distribuées aux pauvres ; il a fait annuler son voyage...

– C'était de la frime ! Il n'a jamais projeté de partir. Il voulait les provoquer, les acculer, les obliger à sortir au grand jour, l'ancien roi et les autres, à réagir plutôt qu'à comploter.

– Et... comment ont-ils réagi ?

– Ils ont tué Balbhadra ; il est mort empoisonné deux jours après le prétendu accident.

La manœuvre de Jung avait donc marché. Le croyant cloué au lit, ils s'étaient débarrassés de son bras droit, Balbhadra. Les taureaux de combat se préparaient à s'encorner. Combien d'entre eux allaient laisser leur peau avant la fin du combat ? me demandai-je.

– Le maharaja m'a envoyée vous dire que votre présence au Népal menace sa position. Il est désolé, mais il ne peut plus vous offrir sa protection. C'est pourquoi il ne vous a plus acheté de bijoux.

J'aurais dû le deviner. L'un des aspects les plus curieux de la personnalité de cet homme étonnant était qu'il ne s'engageait jamais dans un contrat qu'il ne pouvait pas tenir.

– Mais, ai-je encore besoin de protection, après toutes ces années ?

– Ses ennemis vous ont pris pour cible. Ils veulent kidnapper Eliza ou votre fille. Ils ne les relâcheront qu'à la condition que vous déclariez ouvertement que vous êtes Nana Sahib. L'ancien roi contestera alors Jung Bahadur, le dénonçant publiquement comme un menteur. Badri n'aura plus qu'à vous livrer aux Britanniques en échange de la portion la plus grande du Teraï qu'ils seront prêts à céder. Il sera instantanément acclamé comme l'homme qui a su récupérer le territoire perdu du Népal.

La politique népalaise m'avait pris dans ses rets. Regagner la totalité du Teraï, dont les Britanniques s'étaient emparé, était le rêve de tout Népalais. Quant au meurtre et à l'enlèvement, ils faisaient partie des ingrédients habituels du marchandage politique.

– Qu'attend de moi Jung Bahadur ? lui demandai-je.

– Il m'a chargé de ramener Eliza et Mani à Katmandou. Elles seront gardées en toute sécurité dans le Thapatali. Plus tard, elles seront envoyées là où vous le souhaiterez.

L'époque où Jung Bahadur en personne interdisait formellement à Eliza l'entrée à Katmandou me revint en mémoire. Cette objection était donc levée. Peut-être ses espions lui avaient-ils certifié que personne n'irait prendre Eliza pour une Anglaise.

Mais une appréhension me saisit. J'avais déjà vécu cette situation : la séparation brutale d'avec ceux que j'aimais. Reverrai-je jamais Eliza et Mani ? La vision du Thapatali, un palais que je n'avais jamais contemplé, m'apparut ; les flammes le dévoraient ; autour du feu de joie s'esclaffaient et gambadaient des soldats à la face rougeaude.

Je me ressaisis, repoussant cette vision macabre.

– Vous disiez ? demandai-je à Kashi.

– Le maharaja vous prie de quitter immédiatement le Népal, sur l'heure.

La panique me saisit.

– Tout de suite ! Pourquoi cette hâte ?

– Un jour de plus pourrait avoir des conséquences fatales, insista Kashi, le souffle court. Ses ennemis sont aux abois.

Tiré brutalement de mon nirvana, je replongeais dans les méandres du *sansara*, la vie dans le monde. Mon premier regard sur le monde me montrait le spectacle d'une femme ravissante en pleurs.

Pourquoi Kashi pleurait-elle ? Qu'étais-je pour elle, pour cette femme que j'avais épousée sans l'aimer, et que je n'avais jamais honorée physiquement, me contentant de l'utiliser ? Pourquoi gaspillait-elle ses larmes ? L'annonce de sa mort m'aurait-elle affecté ? À peine. Pourtant, Kashi pleurait amèrement parce qu'elle se préparait à me dire adieu.

Ma peur panique céda devant un sentiment écrasant de honte. Je m'approchai d'elle, lui soulevai délicatement le menton et, pour la première fois de ma vie, je l'embrassai, chastement, comme une sœur.

– J'étais destinée à vous apporter de mauvaises nouvelles, s'excusa-t-elle. Pardonnez-moi.

Je séchai ses larmes avec un bout de son sari. Puis je me rendis dans la cour intérieure au dos de ma maison. Sous un pavé, je tirai une cassette en cuivre qui contenait mes derniers joyaux. J'en sortis les boucles d'oreilles de Mastani.

– J'ai un présent à vous faire, lui dis-je.

Son visage conserva son calme mais son regard s'éclaira. Comme une mendiante qui se prépare à recevoir l'aumône, elle écarta un pan de son sari. Quand elle vit ce que j'y laissais tomber, elle eut un mouvement de recul.

– Je ne puis accepter ! fit-elle dans un hoquet.

– Le privilège m'appartient de vous les offrir.

– Mais… j'en ai entendu parler… c'étaient celles de Mastani !

– Une femme aussi belle que vous.

Elle secouait la tête de part et d'autre. Les larmes lui inondaient les joues.

– Son amant voulait qu'elles ornent un visage aussi parfait que le vôtre, lui dis-je, une face aussi ravissante.

Kashi ferma les yeux. Un torrent coula de ses paupières.

– L'amant de Mastani vous aurait davantage méritée que moi, repris-je. Il n'aurait pas hésité, lui, à vous prendre pour femme, à braver des milliers de malédictions…

Elle rougit, j'en jurerais, elle rougit, tout en pleurant. Pour cacher son émoi, elle se courba et me toucha les pieds, en geste de gratitude, davantage pour les mots de tendresse que je venais de lui exprimer que pour les inestimables rubis que je lui offrais.

Je l'ai bénie, comme un père bénit sa fille.

Un homme qui a connu la défaite aussi souvent que moi tend à la ritualiser. C'est sans doute la raison qui m'a poussé à repartir seul dans mon pays, sans serviteur ni compagnon. Je voulais retrouver l'Inde comme un simple pèlerin descendu des Himalaya, transportant ses maigres possessions dans une couverture, avec quelques menues monnaies d'or dans sa besace de mendiant en cas d'urgence.

Je répartis de façon égale le reste de mon or et de mon argenterie entre mes serviteurs. Quant au sabre de Bajirao Ier, je l'offris en cadeau d'adieu à Jung Bahadur, assuré que, dans son palais, une place d'honneur lui serait réservée.

Il me restait quelques joyaux. J'en fis présent à Eliza.

– C'est tout ce qui me reste, lui dis-je. Mais certains sont de grande valeur. Ils vous permettront de vivre dans le confort. Il doit même y en avoir assez pour la dot de Mani.

Ma voix se brisa, me forçant à me taire.

C'est alors que le côté anglais d'Eliza vint à la rescousse : cette surprenante capacité de puiser le courage dans le fait de ne pas paraître affecté par l'adversité. Souriant bravement, elle mit les bijoux dans un sac de toile sans même les regarder.

– Je n'ai pas encore bouclé nos bagages, me dit-elle d'un ton léger en regagnant sa chambre.

Je me glissai dans ma salle de prière, plein de pitié pour moi-même, me lamentant sur un sort cruel qui me privait même de cette pauvre carapace d'ermite dans laquelle je m'étais enfermé ; après quatorze ans d'une existence sécurisante qui m'avait anesthésié et ramolli, j'étais de nouveau jeté en pâture aux loups. J'allais avoir quarante-neuf ans.

Comment pouvais-je, moi, un homme dont les prières n'avaient jamais été exaucées, entretenir encore la moindre illusion dans le pouvoir de la prière ? Je m'enfermais dans ma salle de *pooja* comme un autre se serait réfugié dans une taverne pour y noyer son chagrin dans l'alcool. Je n'invoquais pas mes dieux dans l'espoir qu'ils m'aidassent à résoudre mes problèmes ; en tant que brahmane, la prière était simplement devenue une manie.

Je ne savais trop quoi demander, du reste, quelle faveur précise implorer, quel malheur spécifique éviter ? Froids, indifférents, les dieux métalliques scintillaient de mille feux, projetant sur les murs de géométriques motifs lumineux. Les yeux clos, les mains jointes, je tentai en vain de me concentrer.

J'entendis approcher les pas d'Eliza.

– Je suis prête. Mani aussi, chuchota-t-elle.

Je me tus. Il n'y avait rien à dire. Un moment, nous restâmes côte à côte, en silence, un homme et une femme que le sort avait jetés dans les bras l'un de l'autre et que le même sort arrachait l'un à l'autre. Mani nous rejoignit, se plaçant à mon côté. Je leur pris les mains et nous avons marché jusqu'au palanquin qui les attendait. À peine furent-elles installées que je tournai les talons et courus me réfugier dans mon sanctuaire, ma tanière, mon issue de secours.

Comme je l'ai dit, j'avais perdu foi dans le pouvoir de la prière. Pourtant, ce jour-là, un dieu m'a entendu. En effet, tout ce à quoi j'aspirais sans être capable de l'exprimer me fut accordé.

Chapitre 27

Un fil invisible guidait mes pas. Je ne pouvais envisager de ne pas me rendre une dernière fois à Kanpur et à Bithoor, même au prix d'un détour de plusieurs centaines de kilomètres. Je pouvais d'autant moins l'éviter que ces deux villes se trouvaient sur mon chemin, celui qui me menait à Gwalior, ma destination. Aussi ai-je traversé le Gange à une quinzaine de kilomètres à l'est de Kanpur.

Mon retour dans ces lieux coïncidant avec l'anniversaire de la mort de mon père adoptif, l'occasion idéale s'offrait à moi de faire accomplir la cérémonie de commémoration, *sraddha*, au bord du Gange. La présence du fleuve multiplie les mérites de la *pooja*.

Je méprisais, il est vrai, ce père adoptif. Mais de même que je ne lui avais jamais manqué de respect durant sa vie, après sa mort, je n'avais jamais manqué d'accomplir les cérémonies pour le repos de son âme. Un fils a des devoirs. Je tenais les miens pour sacrés. Aussi longtemps que j'ai vécu à Bithoor, j'y accomplissais le *sraddha* de Bajirao avec une pompe digne du dernier des *peshwas*. Le son nasillard des *shehnais* résonnait dès l'aube et une flopée de prêtres, venus tout droit de Gaya et de Bénarès, entonnaient les prières. Je donnai onze vaches aux pauvres et nourris cent un brahmanes avant de rompre mon jeûne. Au Népal, ces largesses m'étaient interdites, mais je respectais le rituel fondamental. Le prêtre qui m'était attaché lisait la prière des morts, *sarvapitri* ; je lui servais sa nourriture et lui faisais l'aumône d'une pièce d'or ; de mon côté, j'observais le jeûne.

C'est pourquoi, le 28 janvier 1873, à l'aube, accroupi devant un *gangaputra*, un « fils du Gange », comme on appelle ces prêtres un peu particuliers, j'étais occupé à tremper des feuilles de *tulsi* dans un vase en cuivre contenant un mélange de lait et de miel, et à en asperger une noix de coco posée sur un petit monticule de riz. Pendant ce temps, le prêtre psalmodiait le *sarvapitri*.

Je me souviens de m'être émerveillé devant la compétence remarquable de ce religieux ; en effet, il connaissait si bien le service, pourtant extrêmement complexe, qu'il n'eut pas recours ne serait-ce qu'une seule fois à son livre.

Sous mes yeux, coulait notre Mère le Gange. Une fine couche de brouillard en voilait la surface, que les rayons du levant métamorphosaient en une vaste feuille de cuivre embouti ; derrière les étendues jaune vif des champs de moutarde surgirent les tours des temples du rivage, polies comme des pointes de lances.

– Votre nom ? me demanda le prêtre.

– Dhondu, lui répondis-je d'une voix distraite, l'âme exaltée par le spectacle du Gange au lever du soleil.

Après avoir introduit mon nom dans l'invocation, il me demanda le nom de mon père.

– Bajirao.

– *Kailasaprati jati Baji-sonurayam*..., entonna-t-il.

Il s'interrompit brusquement. Cette faille soudaine dans le rituel me donna le frisson, à moins que ce ne fût l'effet d'une bourrasque.

– Et... quel était le nom de son père ? me demanda le prêtre d'une voix nerveuse, plus du tout sanctifiée.

J'aurais dû prévoir le problème. Le rituel exige en effet que les noms de quatre générations successives de pères soient introduits dans l'invocation.

– Ce n'est pas nécessaire, répondis-je, d'une voix mal assurée.

– C'est nécessaire !

– Raghunath, dis-je en haussant les épaules, comme si cela importait peu.

– Et le père de ce Raghunat ?

– De nouveau Bajirao.

Il se jeta soudain à plat ventre, s'allongeant de tout son long sur le sable humide, les mains jointes, tendues vers le soleil et le fleuve.

– Ô Notre Sainte Mère le Gange ! s'exclama-t-il à voix basse, tu m'as apporté mon maître. On le disait mort depuis longtemps...

– Je ne suis plus le maître de personne, répliquais-je d'une voix tendue. Une roupie sera tout ce que je pourrai payer pour tes services.

Il ne m'écoutait pas. Sur le sable détrempé par la brume, son corps mince et souple était tendu comme un arc ; usé jusqu'à la corde, son châle flottait dans la brise matinale.

Nous parvînmes tant bien que mal à finir la *pooja*. Le prêtre, qui portait le nom de Kanshiram Pande, insista pour m'offrir l'hospitalité. Il me révéla fièrement que Mangal Pande, le premier Indien à avoir été fusillé pour rébellion par les Britanniques, était son cousin. Je n'en crus pas un mot. En effet, tous ceux qui portaient le nom de famille de Pande se vantaient de leurs liens de parenté avec Mangal Pande.

Il me reçut chez lui, derrière le *ghat* de Sirsaya. Il tira un *charpoy* devant sa véranda pour que je puisse me reposer. Dans la soirée, il me conta en détail ce qui s'était passé à Kanpur après ma fuite : les pillages, les incendies, la férocité gratuite, les scènes de carnage, pendant des semaines et des semaines, comme une sorte de carnaval barbare et hideux. Ma gorge se nouait ; la colère faisait danser des étincelles devant mes paupières fermées.

– Je vais vous montrer, m'offrit-il. Certains lieux sont interdits aux Indiens, on ne peut se rendre partout, vous risquez de vous faire remarquer, de vous trahir. Laissez-moi vous accompagner. Je jouis d'une certaine influence…

J'acceptai avec joie sa proposition. Sa voix monotone résonnait encore quand je m'endormis.

Ville sans passé, bâtarde anglaise abandonnée au bord du Gange, caserne transformée en cité, Kanpur venait d'entrer à la fois dans l'histoire et dans la géographie. Créée par et pour les Britanniques, Kanpur avait été témoin de leur humiliation et de leur vengeance.

Les Anglais avaient imposé une lourde amende à la municipalité ; avec les fonds récoltés, ils avaient créé un parc prétentieux, d'une vingtaine d'hectares, appelé le Jardin du Mémorial. Le Mémorial était dédié aux morts britanniques ; le Jardin, réservé aux Britanniques vivants. Les morts indiens n'avaient pas de mémorial ; les Indiens vivants n'avaient pas davantage de jardin ; ils n'avaient même pas le droit d'entrer dans le Jardin du Mémorial ; sauf les jardiniers et les hommes de peine qui, bien entendu, étaient tous indiens.

Kashiram Pande glissa quelques mots à l'oreille du propriétaire d'une échoppe de *paan*. En guise de sésame, l'homme lui expliqua que, si nous approchions du parc par le fleuve, nous tomberions sur un petit portail qui ne serait pas fermé à clef.

– Commençons par « le puits », chuchota Pande.

« Le puits » avait cessé d'être un simple trou creusé dans le sol : on l'avait comblé et couvert d'un piédestal. Sur le piédestal reposait une statue de marbre représentant un ange ; les ailes déployées, il ressemblait à une divinité hindoue ; un paravent de marbre dont le style s'apparentait à ceux des harems moghols l'entourait ; c'était, paraît-il, une donation de Lady Canning. Dans l'arche de l'enclos, se dressait une stèle d'un blanc immaculé portant l'inscription suivante :

CE MONUMENT EST DÉDIÉ AU SOUVENIR ÉTERNEL DE L'IMPORTANT
GROUPE DE CHRÉTIENS, COMPOSÉ SURTOUT DE FEMMES ET D'ENFANTS,
QUI, TOUT PRÈS D'ICI, CONNURENT UNE FIN CRUELLE DES MAINS
DES PARTISANS DU REBELLE DHONDU PANT DE BITHOOR, ET
QUI FURENT PRÉCIPITÉS, PÊLE-MÊLE, LES AGONISANTS AVEC LES MORTS,
DANS LE PUITS CI-DESSOUS,
LE QUINZIÈME JOUR DE JUILLET 1857.

Je n'étais pas responsable de ce carnage ; je ne l'avais jamais ordonné. Intérieurement, j'éprouvais un vague élan de reconnaissance pour celui qui avait composé le texte de l'inscription. Au moins, il s'était retenu de proclamer ce que d'aucuns affirmaient : que c'était moi qui avait ordonné le massacre.

Mais s'était-il retenu seulement ? Une colère sourde finit par me gagner à la vue de mon nom gravé dans le marbre froid. De façon indirecte, l'inscription pointait vers moi un doigt accusateur. Pourtant, en admettant que les assassins des femmes et des enfants aient compté parmi mes partisans, cela prouvait-il que je fusse mêlé à leur crime ?

Les Britanniques savaient que ces gredins ne faisaient pas partie de mes troupes. Sinon, ils auraient obéi à mes instructions, lesquelles interdisaient clairement de toucher aux femmes et aux enfants. La commission d'enquête instituée par les Anglais après leur retour à Kanpur a prouvé que je les avais bien données, ces instructions.

C'était cruel et pitoyable d'avoir apposé mon nom sur cette stèle, sous-entendant par là que ce crime pesait sur ma conscience. En suivant ce principe, le nom de la reine Victoria ne devrait-il pas figurer sur des milliers de monuments, en Inde, la désignant comme l'instigatrice des atrocités commises pas ses sujets dans notre malheureux pays ? Une plaque similaire, sur le site de Daryaganj, par exemple, offerte par quelque lady Canning indienne, aurait aussi bien pu proclamer au monde entier :

UN VILLAGE SE DRESSAIT EN CE LIEU.
LE DOUZIÈME JOUR DU MOIS DE JUIN 1857,
CE VILLAGE FUT INCENDIÉ PAR LES HOMMES DE L'ARMÉE
DE LA REINE VICTORIA.
LES HOMMES, LES FEMMES, LES ENFANTS QUI TENTAIENT DE FUIR
ONT TOUS PÉRI,
REPOUSSÉS DANS LES FLAMMES PAR LES SOLDATS.

En dépit des enquêtes approfondies, personne n'a été capable de prouver que je me trouvais ce jour-là aux alentours du Bibighar, voire simplement que je me trouvais à Kanpur le jour du massacre. En revanche, des centaines de témoins ont vu Hodson abattre comme des chiens les enfants innocents de l'empereur moghol, et des milliers de personnes ont assisté aux pendaisons publiques des autres princes, ordonnées par Metcalfe et Boyd, qui étaient présents.

Je ressentais aujourd'hui ce qu'avait dû éprouver il y a plus d'un siècle une autre victime des campagnes de calomnie orchestrées par les vautours de la Compagnie anglaise des Indes orientales : Siraj-ud-Dowla. Après avoir repris de haute lutte Calcutta des griffes des Anglais, le sultan avait ordonné que ses prisonniers britanniques fussent gardés en lieu sûr. Son capitaine de la garde avait déduit qu'il ne pouvait y avoir d'endroit plus sûr que la salle dans laquelle les Britanniques avaient eux-mêmes auparavant enfermé leurs prisonniers indiens. Pendant la nuit, quelques prisonniers anglais avaient péri de suffocation ; mais pas au nombre de cent trente-trois, contrairement aux affabulations de l'un des survivants, un dénommé Holwell. Ce même Holwell avait été dénoncé par ses propres compatriotes comme un fieffé menteur ; mais, soudain, son témoignage devint article de foi. Les Britanniques voulaient un monstre. Holwell en avait trouvé un : Siraj-ud-Dowla. En vérité, son seul crime était d'avoir trop mollement tenté d'expulser les marchands blancs du Bengale. C'est ainsi que le malheureux sultan est devenu le « Monstre du Trou Noir ».

Combien de gens savent que l'homme le mieux qualifié pour cette épithète est un Britannique du nom de Fredric Cooper, le préfet anglais d'Amritsar. Pendant notre révolte, dans un village nommé Ajnala, il avait fait enfermer ses prisonniers indiens dans un cubicule sans fenêtre ni aération. Le lendemain matin, on découvrit quarante-cinq cadavres de prisonniers morts de suffocation. Les exactions de ce Cooper totalisent environ cinq cents victimes, la plupart ayant été fusillées dix par dix, enchaînées les unes aux autres. Je n'ai jamais entendu un seul Britannique traiter ce Cooper de monstre. Au contraire, les Anglais le présentent comme le «Héros d'Ajnala».

Le drame du Bibighar exigeait un coupable. Trop d'index pointaient dans ma direction. Nana Sahib de Bithoor était donc devenu le «Monstre du Bibighar».

Je repensais à Siraj-ud-Dowla, dont le véritable crime fut d'avoir permis à un médiocre comme Clive de le vaincre à Plassey. Si Siraj l'avait emporté, il aurait eu droit à des monuments érigés en son honneur dans chaque village du Bengale; on chanterait des ballades à sa gloire; l'histoire aurait conservé son nom comme celui de l'homme qui avait sauvé sa patrie de l'esclavage.

– Allons, entendis-je murmurer. Il faut sortir discrètement avant qu'ils ne referment le portail.

Mon songe fut brutalement interrompu. Siraj-ud-Dowla s'évanouit. Le prêtre m'observait anxieusement.

– Ce n'est pas moi qui ai fait cela, lui dis-je, en montrant la stèle.

– Quelle importance? me répondit-il avec un haussement d'épaules. Ils ont fait bien pire.

Même le religieux ne croyait pas en mon innocence.

Silencieusement, comme des intouchables qui se seraient introduits par erreur dans la cour d'un temple, nous nous glissâmes au-dehors. Le portail était encore ouvert.

Au *ghat* de Satichaura, devenu le «Ghat des Martyrs de Satichaura», il n'y avait pas de stèle. Seulement une grosse croix de pierre sur laquelle était inscrit:

In Memoriam,
27 juin 1857.

Un calme étrange régnait sur cette scène de carnage et de folie meurtrière. Il faisait frais à l'ombre des grands arbres; les degrés de la berge ensoleillée étaient agréablement tièdes ; l'air embaumait du parfum épicé des fleurs de moutarde ; le fleuve charriait des eaux aux teintes chamarrées, comme les ailes d'un colvert ; sur les berges, les grues argentées ressemblaient à des pénitents plongés dans une méditation profonde. Les yeux clos, j'emplis mes poumons des fraîches senteurs hivernales.

Soudain, ce fut la canicule, impitoyable, suffocante. Un vent brûlant souffla, venu des étendues désertiques. Le vent qu'on appelle le *loo* ; mais un *loo* qui avait l'aspérité abrasive du Vent du Diable.

L'air s'imprégna d'odeurs âcres de soufre ; des braises et des cendres souillaient les berges ; les eaux s'alourdirent, ressemblant à de l'huile grasse et sombre ; des bateaux gisaient sur le flanc ; certains fumaient encore, d'autres s'entassaient les uns sur les autres.

Le silence possédait la qualité du calme qui suit la tempête. Des têtes, des visages blancs émergeaient ; quelqu'un leva un bras dans ma direction. « Je suis désolé ! répétais-je. Désolé, désolé, désolé... »

Les paupières serrées, les ongles enfoncés dans mes paumes, je forçai mon esprit à revenir à l'instant présent. Je tentais de me concentrer sur le spectre livide vêtu d'un *dhoti* immaculé dont les yeux papillotaient en surveillant anxieusement mon visage. Kashiram Pande, le prêtre qui me servait de guide, me fit une grimace qui se voulait rassurante.

– Rien à voir ici, murmura-t-il. Seulement une croix...

C'était ma terre, la terre de mon enfance. Mon âme était enchaînée à ce sol. Mon esprit allait le hanter à jamais. Où que j'aille, Kanpur ne sera jamais bien loin.

De nouveau, nous dûmes nous retirer discrètement. Un sentiment de honte m'habitait, la sensation de fouler une terre sacrée, de commettre un sacrilège en la piétinant. Mais ce sentiment d'être un intrus, de salir quelque chose par sa seule présence était inévitable, à Kanpur, où le plus gros de l'espace public avait été interdit aux Indiens, des panneaux indiquant qu'il s'agissait de lieux consacrés, des mémoriaux se dressant un peu partout.

Au milieu du site du Retranchement de Wheeler, un autre puits, également comblé, était surmonté d'une croix. Sourd aux conseils de prudence de mon guide, je m'approchais pour lire l'inscription :

DANS UN PUITS, SOUS CETTE CROIX, ONT ÉTÉ DÉPOSÉS PAR LES MAINS DE LEURS COMPAGNONS DE SOUFFRANCE LES CORPS D'HOMMES, DE FEMMES ET D'ENFANTS QUI ONT PÉRI DE MORT ATROCE DURANT LA DÉFENSE HÉROÏQUE DU RETRANCHEMENT DE WHEELER ASSIÉGÉ PAR NANA LE REBELLE.

Pour une fois, je revendiquais les termes de l'inscription. J'étais fier de porter le qualificatif dont elle me gratifiait : « rebelle » !

Je regrettais les morts, surtout celles des femmes et des enfants, mais c'étaient des victimes de guerre, inévitables dans un conflit armé. Ces infortunés avaient été pris entre deux feux.

Ensuite, nous nous promenâmes dans les ruines. Savda Kothi, où je tenais ma cour, avait été rasé. Pour en effacer toute trace, on avait labouré le terrain. L'hôtel Noor Mohamed, où je résidais les derniers jours, avait encore quelques pans de murs qui tenaient debout. Nous parcourûmes le bazar de Golaghat, nous hantâmes le Jardin des Pendus, où les branches des banians avaient été décorées de grappes de cadavres humains.

Il faisait bon sous ces banians, si anciens que, d'après la légende, le Seigneur Krishna se serait abrité sous leur feuillée.

– Savez-vous où ils ont pendu la pauvre Azijan ? demandai-je à mon guide.

Kashiram Pande l'ignorait.

Je parcourus l'espace libre protégé par des grillages autour duquel s'était dressé le Bibighar. Une pancarte indiquait qu'il s'agissait de la « Maison du Massacre ». Que l'on soit britannique ou indien, ce sanctuaire ne peut qu'inspirer la haine de l'autre race. Aux yeux des Anglais, dans ce lieu, les femmes et les enfants faits prisonniers à Kanpur avaient été mis à mort quelques heures seulement avant leur reconquête de la cité. Combien d'Anglais s'étaient tenus devant cette grille, jurant de tirer vengeance ? Combien d'autres allaient le faire, dans les années à venir ? Et qui pourrait les blâmer ?

Aux yeux des Indiens, la Maison du Massacre restera un sanctuaire devant lequel seront prononcées des prières de rancœur et des serments de vengeance, car ce mémorial rappelle tout autant les atrocités britanniques que les nôtres. Pour nous, le Bibighar est inséparable de ses causes et de ses effets ; Bibighar, Fattepur, Daryaganj sont tous connectés ; le massacre du 15 juillet n'avait été qu'un horrible coup de fouet en retour. Le monument élevé à la mémoire de ce crime abominable ne dénonce pas seulement les bouchers qui ont égorgé des femmes et des enfants britanniques, mais aussi Neill, Hodson et leurs subordonnés qui, après avoir provoqué ce crime, l'ont vengé avec une férocité tout aussi criminelle.

Ce sanctuaire dédié à la haine raciale me donnait la chair de poule. Je tentai d'imaginer à quoi ressemblait ce Neill, qui avait emmagasiné en lui-même tant de violence et de haine. Les citoyens britanniques de Calcutta lui avaient pourtant rendu un vibrant hommage, proclamant qu'il avait droit à une page dans les annales de l'histoire, qu'il était un honneur pour sa patrie.

– Ici, en Inde, son nom sera toujours synonyme d'épouvante, murmurai-je pour moi-même.

Mon guide avait dû deviner le cours de mes pensées.

– Il était l'homme le plus haï de tous, ce Neill Sahib, me dit-il.

– C'est moi le plus haï.

– Non. Contre lui, la haine subsiste encore.

Cette phrase fut prononcée d'un ton glacial, lourd de sous-entendus.

– Mais... il est mort ! Vous ne le saviez pas ? Il est décédé peu après la prise de Kanpur.

– Mais la vengeance court toujours, répondit le prêtre, d'une voix toujours aussi lugubre.

– Que voulez-vous dire par « court toujours » ?

– Je vous le dirai ce soir. Allons-nous-en. Il ne faut pas s'éterniser. Les Anglais aussi viennent ici... Ils y passent des heures.

Nous sommes retournés chez lui. Après le dîner, je l'informai que, le lendemain matin, j'avais prévu de me rendre à Bithoor.

– Voulez-vous que je vienne pour vous montrer ?

– Non, à Bithoor, je n'aurai pas besoin de guide.

– Comme vous voudrez.

Je lui rappelai ses paroles à propos de Neill.

– Pourquoi m'avoir dit que « la vengeance court toujours » ?

– Parce que Neill Sahib a forcé le *dafadar* Zaffar Ali à lécher le sang répandu sur le sol du Bibighar.

– Mais... j'ai bien connu ce Zaffar Ali... Il n'a pas combattu avec nous. Il était de leur côté, du côté des Britanniques, dans le Retranchement, avant d'en être chassé...

– Ils n'en ont pas tenu compte et l'ont inclus parmi les otages.

– Et ils l'ont pendu ?…

– Oh, non ! Ils l'ont brûlé vif. Parce qu'il était musulman. Avant de mourir, il a ordonné à son fils de venger sa mort en tuant le fils de Neill.

– Cela fait seize ans, maintenant. C'est de l'histoire ancienne, lui fis-je remarquer.

– Que représentent seize années ? rétorqua le brahmane.

Il pénétra dans une pièce attenante et en ressortit avec une feuille de papier chiffonnée.

– Lisez ceci, me dit-il. Il a écrit l'original avec son propre sang. On a fait circuler des copies.

C'était de l'urdu. L'encre en était délavée, barbouillée, mais le texte encore lisible.

« Ô Prophète Mohamad, prépare-toi à accueillir au paradis l'âme de ton esclave, Zaffar Ali. Son corps a été déchiqueté par le fouet. Il a dû lécher le sang répandu sur le sol du Bibighar. Avant que ce jour n'ait pris fin, il va périr par le feu. L'ordre en a été donné par le général Neill. Ô Prophète, le jour venu, donne la force à mon fils, Mahzar Ali de Rohtak, de tirer vengeance de cette injustice sur les descendants du général. »

Pendant un moment, nous nous tûmes. Au loin, un clairon sonna la garde de nuit.

– Ce n'est pas correct, marmonnai-je.

– Qu'est-ce qui n'est « pas correct » ? demanda Pande, d'un ton blessé.

– Un fils n'est pas l'héritier de la haine de son père.

– Une grande injustice doit être vengée, me dit Pande d'un ton sévère, en hochant la tête. Quel que soit le temps que cela prend.

– Mais le fils peut fort bien être un homme bon et paisible. Pourquoi lui imposer un cruel devoir ? De quel droit le lier au lit d'agonie de son père, le soumettre à ses délires ?

– « Ses délires » ? Mais ce sont les braises d'un feu sacré… Il faut les préserver, pour les ranimer, le jour venu…

D'un geste brusque, il m'arracha le papier des mains.

– Qu'auriez-vous fait si votre père vous avait laissé ceci comme dernières volontés ? me demanda-t-il, en agitant le papier.

Cette nuit-là, je ne pus fermer l'œil. Une ronde de pensées noires virevoltaient comme des chauves-souris dans ma tête ; les hideux fantômes de Kanpur dansaient devant mes paupières fermées. Les monuments m'apparaissaient, avec leurs stèles ; j'errais parmi les bâtiments en ruine, je me faufilais entre les sombres racines aériennes des banians, qui ressemblaient à des spectres moussus. Me parvenait le son du *thumrie* joué jadis par les filles d'Azijan. En arrière-plan, j'entendais des enfants blonds qui hurlaient, des enfants bruns qui hurlaient ; j'eus la vision d'Eliza enlevée par Nizam Ali, plaquée au sol par sa femme et sa servante, pendant qu'il la violait ; je vis le général Neill à cheval, traversant la ville au grand galop en brandissant une torche, boutant le feu à un temple, à une mosquée, à des demeures en riant, en riant, en riant…

En m'éveillant, je compris que, quel que soit le temps que cela prendrait, Mahzar Ali allait venter la braise sacrée jusqu'à ce qu'il ait honoré la volonté de son père *…

La Mère des fleuves coulait paisiblement devant les ruines, comme si rien ne s'était passé. Bithoor n'était plus. De l'ancien Bithoor, cette relique de royaume du *peshwa*, il ne restait pas grand-chose. Les ruines du palais se dressaient encore, comme un squelette d'éléphant posé sur un monticule, nettoyé par les vautours, mais tenant encore sur ses pattes. Des ronciers avaient envahi la galerie des glaces de Bajirao ; les embrasures de maçonnerie autour de ce qui avait été jadis des portes et des fenêtres étaient calcinées. Des fragments de miroirs brisés scintillaient entre les pierres et les éboulis.

Pendant un moment, assis sur la margelle du puits dans lequel j'avais jeté ma vaisselle en or, mon trésor de monnaies et quelques bijoux, je songeais. Combien y en avait-il ? Je ne saurais le dire. Bien davantage, en tout cas, infiniment plus même que ce qu'ont déclaré officiellement les agents britanniques du butin. Leur description mentionne par exemple un vase en or de vingt kilos, or ce vase faisait partie d'un ensemble de six. Ils ont omis les lourds chandeliers portugais et les jarres à vin mogholes. Ils ont prétendu n'avoir sorti du puits que huit coffres à munitions remplis de pièces d'or pour une valeur totale de trois millions et demi de roupies. Or Bajirao m'avait précisé

---

* Le fils du général Neill, A. H. S. Neill, s'est engagé dans la cavalerie indienne. En 1887, on lui confia le commandement du 2e Central India Horse, un régiment dans lequel servait aussi Mahzar Ali, le fils de Zaffar Ali. Le 14 mars 1887, devant le régiment rassemblé au grand complet pour une parade, Mahzar Ali a abattu le commandant. *(N.d.A.)*

que le trésor comportait trois millions et demi de pièces d'or, chacune valant des centaines de roupies... mais il faut dire que je n'avais jamais pris soin de les compter.

À Bithoor, il n'y avait ni jardin, ni mémorial interdit d'accès aux Indiens ou aux Blancs. Le moindre vestige qui aurait permis de se souvenir des *peshwas* avait été oblitéré. À présent, rendu à son état premier, celui qui précédait la venue des *peshwas*, Bithoor n'était plus qu'un insignifiant hameau de huttes rassemblées au bord du Gange. Le palais du *peshwa*, sa ménagerie, les écuries, les *ghats* sacrées, l'ensemble exquis de temples en marbre blanc dominant le fleuve, tout avait été rasé, réduit à l'état de gravats, comme si une gigantesque charrue avait labouré de long en large la moindre parcelle de terrain. Une perdrix cacaba dans les buissons d'épineux de la galerie des glaces. Cinquante horloges se dressaient jadis dans ce vaste hall, leur carillon résonnant l'un après l'autre, leur réglage horaire ayant été délibérément échelonné.

Je jetais un dernier regard sur ce qui restait de la demeure de mon enfance. J'en contemplais les ruines, en repoussant mentalement le souvenir de ce qui avait disparu, en me concentrant volontairement sur les gloussements du coq perdrix qui s'obstinait à cacaber à l'endroit précis où carillonnaient jadis les horloges. Un jour, peut-être, ici aussi, quelque généreux donateur fera-t-il ériger un mémorial, dont la stèle de marbre blanc rappellera à mes compatriotes la sanctification d'un lieu qui ne serait pas dédié au souvenir de ses anciens habitants, mais à la mémoire de celles qui y ont péri quand il est parti en flammes.

En dépit de la fermeté de ma résolution visant à interdire à mon imagination de vagabonder, je vis devant moi s'élever une arche, avec une stèle de marbre nue, dans l'attente du marbrier armé de son ciseau, prêt à graver l'inscription suivante :

DERRIÈRE CETTE ARCHE S'ÉLEVAIT LE SHANWAR-WADA,
LE PALAIS DU DERNIER DES *PESHWAS*.
LE 19 JUILLET 1857, LES BRITANNIQUES Y ONT MIS LE FEU ALORS QUE LES FEMMES QUI L'OCCUPAIENT ÉTAIENT ENCORE ENFERMÉES À L'INTÉRIEUR.

Mon inscription imaginaire n'avait pas le ton solennel de celles de Kanpur, mais elle était plus véridique. Les Anglais ont bien mis le feu au palais dans lequel Champa et les autres femmes ont brûlé vives.

Autour du palais incendié, j'imaginais les soldats blancs, leur havresac dégorgeant de butin, leurs trognes empourprées d'avoir abusé du vin de ma cave, se pavanant alentour, avec de grands éclats de rire, éructant d'obscènes onomatopées, comme si les hurlements des femmes et les cris des animaux en proie aux flammes réjouissaient leurs oreilles. Je voyais aussi leur commandant, le général Stevenson, à cheval sur l'un de mes rouans, horrifié par la scène qui se déroulait sous ses yeux, aussi incapable d'y mettre un terme que je l'avais été à Satichaura. Je n'avais jamais rencontré ce Stevenson, mais on m'a parlé de lui ; il semblerait que cet homme bon et généreux ait fait tout ce qui était en son pouvoir pour calmer les excès de ses soldats. Quoi qu'on dise, je ne crois pas qu'il savait qu'il y avait encore des femmes enfermées à l'intérieur de la maison quand ses hommes y ont mis le feu. Son commandant, lord Clyde, ne lui a-t-il pas reproché son manque d'ardeur à détruire Bithoor ?

« Bien fait pour elles ! bien fait pour elles ! bien fait pour elles ! » cria une voix stridulante et suraiguë d'écolière anglaise, interrompant brusquement ma rêverie. C'était le coq perdrix, lançant un défi à quelque imaginaire rival. Il n'y avait ni général Stevenson monté à cheval, ni mémorial en forme d'arche. De toute façon, les mémoriaux sont réservés aux vainqueurs.

Chapitre 28

Son visage semblait avoir été sculpté dans une bille de teck, sculpté d'une main malhabile, d'ailleurs, qui se serait contentée de fentes à la place des yeux et aurait laissé le menton pointer en avant à l'endroit où le bois formait un nœud. Il avait pris du poids ; ses lourdes épaules et son estomac dilaté rappelaient ceux d'un lutteur qui aurait cessé de s'exercer. Debout, sa silhouette faisait penser à celle d'un homme préhistorique dont on aurait exhumé le corps intact parmi les vestiges de quelque civilisation disparue.

Mais, pour l'instant, il était assis, le dos voûté, le front plissé. Ses lèvres remuaient, comme pour démêler un écheveau mental d'une grande complexité ou pour formuler des malédictions. Il était d'humeur sombre. Il avait tenté d'obtenir du Résident la promesse que, si je me rendais, les Britanniques me laisseraient vivre en paix quelque part dans un endroit retiré du pays.

Mais il avait subi un échec.

– Ils sont incapables d'oublier, lui dis-je. Et ne me dites pas que vous vous êtes laissé convaincre par la proclamation hypocrite de la reine Victoria. Personne n'y a prêté foi, hormis vous. En fait, quand le général Richardson m'a écrit au Népal pour m'inviter à me rendre, Jung Bahadur m'a prévenu de ne pas commettre cette folie.

Je mentionnais à dessein Jung Bahadur parce que Jayaji Scindia se vantait d'être encore plus malin que lui.

– Mais… au bout de seize ans…, se lamentait Jayaji. Et ils ne sont pas tous obsédés par la vengeance. Osborne lui-même me répète qu'il faut oublier le passé.

Le colonel Willoughby Osborne, le Résident britannique de Gwalior, était un ami des Scindia. Jayaji lui avait révélé que j'étais son invité à Gwalior. Osborne s'était précipité pour consulter le général Daly, commandant la garnison britannique. Ils avaient décidé d'un commun accord de contraindre Scindia à me livrer.

– Il m'est difficile d'imaginer un Jung Bahadur se laissant acculer à pareille situation, lui dis-je d'un ton sarcastique.

Scindia ne prêta pas attention à mon ironie.

– Le vice-roi, reprit-il, paraît déterminé à extraire le peu de jus qui reste encore à presser de cette maudite mutinerie...

Se moquait-il de moi ? En tout cas, il m'irritait.

– Je suis désolé d'entendre Votre Altesse parler de notre révolte en la qualifiant dédaigneusement de « mutinerie ».

Il haussa ses larges épaules.

– On prend vite l'habitude... de s'exprimer selon les termes convenus. Je ne dois surtout pas commettre d'impair. Je ne puis me permettre d'utiliser un autre vocabulaire que celui imposé par les Britanniques. N'oubliez pas, je suis leur allié le plus fidèle, celui en qui ils placent leur confiance. Même dans mon sommeil, je dois surveiller mon langage, mériter leur confiance.

Il se mit à rire, comme si quelque chose l'amusait.

– C'est tout le problème, poursuivit-il : les Britanniques ne doivent surtout pas douter de ma fidélité.

– Oh, le risque n'est pas bien grand, n'est-ce pas ? rétorquai-je.

Cet homme, coulé dans le moule de quelque dieu primitif, était-il immunisé contre le sarcasme ? Jayaji continuait à marmonner quelque chose en battant le sol de son pied nu. Puis, tournant son énorme charpente en direction de la porte, il appela : « *Aao !* Entre ! »

Quelqu'un entra. Sa présence contrastait violemment avec le marbre poli du sol, les riches motifs des tapis de prière de Kashan, les baies délicatement ouvragées, à travers lesquelles, comme un gladiateur géant déployant son torse massif, on apercevait la masse imposante du fort de Gwalior, dont les lourdes murailles abritaient une puissante garnison britannique. Sale et déchiré, le *dhoti* de l'individu lui recouvrait à peine les genoux ; sa chemise en charpie avait été taillée pour un homme beaucoup plus maigre que lui. De profondes rides labouraient une trogne qui n'avait pas senti le fil du rasoir depuis plus d'une semaine.

– Tourne-toi vers la fenêtre, lui commanda Jayaji.

Pendant deux minutes, il examina l'individu de la tête aux pieds, comme un acheteur examine un cheval. Puis il lui ordonna de sortir et d'aller revêtir des habits décents.

– Reviens dès que tu seras prêt !

Jayaji fit venir de l'encre, une plume et du papier. Il me dicta alors une lettre que j'étais présumé lui avoir adressée à mon arrivée :

« Me voici à Gwalior après de longues et cruelles souffrances. Vos ancêtres étaient les serviteurs fidèles et dévoués de mes ancêtres. C'est pourquoi, considérant que vous faites partie de ma famille, je dépose mon turban à vos pieds. Je suis seul, sans ami, et je m'en remets entièrement à vous. Je prie pour votre prospérité éternelle. »

– Personne ne croira que c'est moi qui l'ai écrite, lui dis-je après avoir signé la missive. Ce n'est pas du tout mon style.

– Quand leurs traducteurs auront fini de la charcuter, son style ressemblera à celui de tous les documents indiens traduits en anglais, commenta Scindia. Tout ce qu'ils verront, c'est votre signature. S'ils sont convaincus de son authenticité, le reste du document passera.

Il se rengorgea, visiblement satisfait.

– Dites-moi, lui demandai-je. Vous n'avez tout de même pas l'intention de montrer cette lettre au Résident ?

– Oh, mais oui ! Je la lui envoie sur-le-champ.

– Et… d'après vous, elle va les apitoyer ?

– Qui sait ? Il faut d'abord convaincre Osborne… Ah ! revoilà notre homme, propre et vêtu de neuf.

L'individu refit son apparition, rasé de près. Il portait une tunique blanche par-dessus un *dhoti* bordé de fils d'or ; il était coiffé du *pagri* rouge à glands des brahmanes de Poona. Il n'avait plus du tout l'allure d'un vagabond. Son visage reflétait une souffrance intérieure, comme si quelque maladie incurable le rongeait.

– Regardez bien cet homme, me dit Jayaji. À qui vous fait-il penser ?

– Je ne vois pas…

– Regardez plus attentivement. Ne porte-t-il pas une cicatrice sur le front ?

– Eh bien, oui, une petite entaille…

– Et les lobes de ses oreilles ?

– Qu'ont-ils de particulier ?

– Ils sont bien percés, n'est-ce pas ?

– Ils le sont, en effet.

– Il devait porter des *bhik-bali*, non ? Voyez ces marques…

– Maintenant que vous le dites, oui, ces marques peuvent avoir été provoquées par le port de boucles d'oreille masculines…

– Alors, maintenant, dites-moi, à qui vous fait-il penser ?

– Désolé, fis-je en secouant la tête, je ne vois vraiment pas. Qui est-ce, d'ailleurs ?

Scindia devait s'attendre à ma question car il agita les deux mains, comme s'il chassait un insecte.

– Demandez-le lui. Qui es-tu ? D'où viens-tu ? Allez-y !

Les paupières battantes, l'air embarrassé, l'homme au *pagri* rouge fixait nerveusement Scindia en remuant ses pieds calleux.

– Comment t'appelles-tu ? lui demandai-je.

Il se tourna vers moi, prit une profonde inspiration, comme pour passer un examen oral, et me répondit tout d'une traite :

– Je suis Dhondu Pant… on m'appelle aussi Nana Sahib… Nana Sahib de Bithoor.

Mes yeux se dessillèrent, me révélant où Scindia voulait en venir !

Il s'appelait Jamna Das. Jayaji l'avait déniché à Morar, dans un caravansérail, il y avait déjà des mois de cela.

Comme pour me laisser le temps de me remettre de mes émotions, l'attention de Scindia se concentrait sur son houka.

– Vous ne croyez tout de même pas qu'ils vont marcher dans la combine ? lui demandai-je, après le départ de Jamna Das.

Jayaji ferma les yeux en emplissant ses poumons de fumée. Il souffla la réponse en même temps que la fumée.

– Les Britanniques n'ont jamais douté de ma parole.

– Mais ils vont vite découvrir que cet homme n'est pas moi.

– Pas si vite que vous le pensez. Ils vont d'abord ouvrir une enquête. Cela prendra des années…

– Mais c'est tellement… infantile ! Ça ne marchera jamais !

– Avez-vous une vague idée du nombre de Nana qu'ils ont découverts jusqu'ici ?

– Quelque chose comme deux…

– J'en connais personnellement six, et il doit y en avoir beaucoup plus. Les six ont été transférés à Kanpur où ils ont moisi en prison pendant de longs mois. Tous se sont révélés des faux. Mais vous n'imaginez pas le nombre de gens qui ont juré leurs grands dieux que celui-ci ou celui-là était votre portrait tout craché.

– Mais, cette épave… qui va témoigner que c'est moi ?

– Qui va témoigner ? s'exclama Scindia. Tous ceux qui vous connaissent le plus intimement. Votre sœur Kusuma, pour commencer, votre beau-père, Baba Apte, moi-même, Jayaji Scindia…

– Mais ce malheureux n'est tout de même pas stupide au point de continuer à prétendre qu'il est moi quand il va s'apercevoir qu'il risque la pendaison ?

– La pendaison ! Mais il ne sera pas pendu dès lors qu'on découvrira qu'il n'est qu'un imposteur… Sa sécurité est garantie. Quelques mois en prison, rien de plus. Et il sait qu'il aura droit à une généreuse compensation. Bon, maintenant, je dois vous quitter. Des milliers de choses m'attendent.

– Depuis combien de temps le gardez-vous ?

– Six mois environ… J'en avais un autre, avant lui, mais il est mort.

Sa confiance en lui et son entrain contagieux m'arrachèrent un compliment.

– Je dois avouer que même Jung Bahadur n'aurait pas osé envisager à un plan aussi audacieux.

Scindia accueillit cet éloge avec une courbette aussi gracieuse que le lui permettait son ventre rebondi.

– Merci ! Vous avez exactement quatre heures pour entraîner votre doublure, ajouta-t-il. À vous de jouer !

– Quatre heures… ?

– Pas une de plus. Je reçois le Résident ici même à minuit pile. Le mystère de cette heure nocturne garantira le meilleur effet…

Jamna Das se révéla un meilleur élève que je ne l'avais prévu. Le colonel Osborne, Résident britannique, fut convoqué au palais à minuit pile pour en prendre livraison.

– Il a confessé tous vos crimes, me raconta Scindia. Il s'est livré à une description minutieuse et des plus convaincantes de tous vos déplacements au cours des seize dernières années.

Le lendemain, ma sœur Kusuma, hautaine, imposante, vivante incarnation d'une probité au-dessus de tout soupçon, identifia Jamna Das comme son frère, Dhondu Pant Nana Sahib ; en présence du Résident et du général Daly, elle versa de copieuses larmes en se lamentant sur son sort. Ensuite, ils firent entrer mon beau-père.

– Baba Apte a été encore plus shakespearien, me raconta Scindia en riant aux larmes. Le vieil homme a chaussé dignement sa paire de besicles, examiné soigneusement de haut en bas notre Jamna Das. Puis, d'une voix de tonnerre chargée d'émotion, l'index tendu vers lui, il s'est écrié : « Tu es... Nana ! »

Deux jours après, avait lieu la fête de Dassara. Dans la soirée, Jayaji Scindia passa me rendre visite. Il jubilait. Tout se déroulait à merveille. Drappé dans de magnifiques robes de cérémonie, couvert de bijoux et de rangées de perles, sa large poitrine arborait une rangée impressionnante de décorations britanniques. Il venait tout droit d'une réception officielle où il avait tenu un discours impressionnant.

– Que dites-vous de ceci ? me demanda-t-il, avant de poursuivre d'une voix de tribun, comme s'il se tenait sur une estrade face à un public : « Cet homme porte la lourde responsabilité de massacres d'envergure. Il est l'ennemi de notre gouvernement au même titre qu'il est l'ennemi du gouvernement britannique. Ne fut-il pas en effet le véritable instigateur de la mutinerie ? Par conséquent, j'ai considéré qu'il était de mon devoir, un devoir des plus sacrés, de le livrer aux mains du Résident de Gwalior. Ce qui fut fait le 22 octobre. »

– Et qu'ont-ils dit ?

– Ils m'ont applaudi à tout rompre, me répondit-il en récupérant sa voix normale. Le Résident m'a même félicité de la qualité de mon anglais. Et savez-vous ce qu'ils ont fait ? Vous ne le devinerez jamais. Le Résident a annoncé publiquement que le gouvernement britannique me faisait présent du temple que vous avez fait construire à Bénarès.

– N'en faites-vous pas... un peu trop ? Quand ils découvriront la supercherie, ils vous tomberont dessus et le coup qu'ils vous assèneront sera aussi écrasant qu'une patte d'éléphant.

Pour toute réponse, cet homme qui, d'ordinaire, était des plus circonspects, lança un mot d'une grossièreté surprenante accompagné d'un geste d'une choquante obscénité.

– Je vous tiendrai au courant de la suite, me promit-il. En attendant, le vice-roi nous envoie ici deux experts chargés d'identifier notre Nana Sahib : l'un d'eux était médecin à Kanpur et l'autre...

La panique s'empara de moi.

– Pas le docteur Tessider, tout de même !

– Parfaitement, Tessider, et… un autre, un certain colonel Mowbray Thomson, l'un des survivants du Retranchement. Après leur compte rendu au vice-roi, Jamna Das sera expédié à Kanpur.

– Écoutez, dis-je en m'efforçant de maîtriser mon anxiété. Ce Tessider était mon médecin personnel. Un docteur de famille connaît mieux son patient que la propre épouse de ce dernier. Jamais il ne me confondra avec ce pauvre bougre…

Pour toute réponse, Jayaji tendit un bras dans ma direction et me visa, comme s'il tenait un fusil.

– Vous voulez que je vous dise ? reprit-il d'un ton badin. Je parie avec vous que ce Tessider ne dira ni oui ni non… et qu'à la fin, le type sera emmené à Kanpur pour y être examiné en détail par d'autres experts… Vous faites le pari ?

Il me tendit sa paume grande ouverte.

J'éclatai d'un rire soulagé en secouant énergiquement la tête.

– Au Népal, personne ne se serait risqué à parier avec Jung Bahadur. À Gwalior, il faudrait que je sois devenu fou pour parier avec Jayaji Scindia. D'accord, cet homme ira à Kanpur !

– Allons, je vous accorde une cote en votre faveur, me dit Jayaji pour me tenter, une forte cote…

Il se mit à danser autour de moi, la paume tendue, en m'incitant à la toucher, à accepter le pari. Puis il se lança dans une gigue folle, en bondissant et en virevoltant, dans une explosion de joie animale. On aurait dit un éléphant en train de piétiner un moustique.

Ce fut ma dernière impression de Jayaji Scindia.

On me fit sortir de Gwalior avant l'arrivée de Tessider et de Mowbray Thomson. Plus tard, j'appris que Tessider avait répondu que Jamna Das n'était pas moi, que cet « individu anonyme, timide et modeste, n'avait rien à voir » avec l'homme dont il se souvenait comme étant Nana Sahib, « dans toute sa gloire, à Bithoor ». Mais Mowbray Thomson avait contré son témoignage. J'ignore quand et où ce Thomson m'avait jamais rencontré ; en tout cas, il n'avait pas mis les pieds chez moi. Or, après avoir examiné Jamna Das dans la tenue que je portais habituellement à Bithoor, il avait péremptoirement déclaré que le prisonnier en question était bien Nana Sahib.

Pendant que cette farce se déroulait à Gwalior, je faisais route vers Malvan, un port de mer au cœur du territoire marathe. J'y parvenais un mois plus tard. Là mouillait un boutre arabe, loué par un riche marchand musulman en vue d'un pèlerinage du *haaj*. À la coupée, vêtu d'une longue tunique, le capitaine m'accueillit avec une grande courtoisie. Je compris alors que ce riche marchand en partance pour La Mecque n'était autre que moi. De façon fort cérémonieuse, en communiquant par gestes puisque nous n'avions pas de langue commune, il m'invita à gagner ma cabine.

L'habitacle baignait dans la pénombre, en dépit d'une pâle clarté vespérale qui filtrait par deux petits hublots. Au fond, sur une banquette, serrées l'une contre l'autre, deux musulmanes étaient assises, drapées de la tête aux pieds dans leur *burka*. L'ouverture de la porte les avait visiblement apeurées. Quand j'entrai, les fentes de leur voile se tournèrent dans ma direction. L'une d'elles s'envola alors comme un oiseau et atterrit dans mes bras en criant: «Papa! Papa!»

Soudain, mes yeux s'embuèrent.

Au bout de quelques mois, alors que j'étais encore à La Mecque, je reçus par courrier deux coupures du *Times* de Londres. J'aurais parié que c'était Scindia qui me les avait envoyées. L'un des articles, daté du 30 novembre 1874, après avoir cité le général Daly déclarant qu'il y avait de fortes chances que «Scindia ait été trompé et que, s'il l'avait été, l'astuce était remarquable», se lamentait, précisant que «l'opinion publique se montrait chaque jour plus sceptique». L'autre article, daté du 5 décembre 1874, émanait du correspondant du *Times* à Calcutta: «Le gouvernement est à présent certain que le prisonnier n'est pas Nana Sahib. Scindia admet avoir été induit en erreur.»

Azim, qui se trouvait à La Mecque depuis plusieurs mois, m'a rejoint dès mon arrivée. Sans mot dire, il reprit auprès de moi ses fonctions de secrétaire. Hormis son caractère sacré, La Mecque ne présente pas beaucoup d'intérêt. En tout cas, si on n'est pas mulsuman, on n'a pas grand-chose à y faire. Heureusement, Azim se sentait déjà suffisamment sanctifié. D'autres cieux l'attiraient. Il s'était fait de nombreux amis, très influents, à la cour du chérif. Grâce à leur entremise, en payant pour le privilège au lieu de percevoir un salaire, je fus nommé ambassadeur attitré du chérif auprès du sultan de l'Empire ottoman.

C'est la raison pour laquelle j'écris ce récit de Constantinople. Ici, les saisons sont récurrentes et dociles. Ma chambre donne sur une forêt profonde, peuplée de sombres et mélancoliques cyprès qui ressemblent à des moniales obèses et endeuillées. Les quelques bouts d'océan bleu que j'entrevois à travers leurs branches appartiennent au Bosphore, un bras de mer bruyant, d'une ardeur juvénile. Ici, il fait tout le temps froid. L'été est une plaisanterie : en Turquie, quand vous dormez la fenêtre ouverte, c'est l'été. Même la qualité de la lumière diffère de la nôtre, comme si elle émanait d'un autre soleil, ou comme si une gaze avait été tendue contre le ciel.

Ici, aucun danger ne nous menace. Nos besoins sont couverts au-delà du nécessaire. Jayaji Scindia, qui a des intérêts financiers partout dans le monde, a passé contrat avec la maison de négoce de M. Soloman. Contre le chargement d'or de mon éléphant, que j'avais confié à Scindia en 1856, je dispose d'un crédit illimité.

Ce monde pâle et froid n'est pas le mien. Les couleurs vives de ma terre natale et le profond silence du Gange me seront toujours plus familiers que cet environnement. Pourtant, la nostalgie d'un retour en Inde ne me tourmente pas. J'ai traversé le Gange pour la dernière fois. Les braises que j'ai emmenées avec moi me suffisent, dans cette oasis où j'ai fait halte. Elles ne serviront pas à allumer un autre feu sacré. Mais elles me tiendront au chaud le restant de la nuit.

Glossaire

Atta : farine de froment.

Baba : terme familier et affectueux désignant, selon le contexte, soit un enfant, soit une personne âgée et respectée.

Bahadur : un brave, un homme d'honneur.

Bhang : boisson narcotique à base de feuilles de cannabis.

Bourka : voile porté par les musulmanes orthodoxes.

Chapati : galette plate de farine complète sans levain, cuite sur un poêlon ; compose l'essentiel d'un repas rustique dans l'Inde du Nord.

Charpoy : lit de cordes à armature de bambou.

Dafadar : grade de sous-officier indigène de la cavalerie indo-britannique correspondant à celui de sergent.

Deshmukhi : droit de suzeraineté.

Dewan : ministre, secrétaire d'État.

Dholak : instrument de percussion fait d'une peau tendue sur l'embouchure d'une jarre en terre cuite.

Dhoti : long pagne de fine cotonnade, blanche ou écrue, enroulé autour des jambes.

Durbar : grande assemblée, solennelle et publique, à caractère officiel et laïc, présidée par le souverain.

Firanghi : litt. « Franc » ; terme arabe datant des croisades, adopté en Inde du Nord, avec une connotation péjorative, pour désigner les étrangers européens (on disait aussi *Angrezi* ou *Gora*).

Ghat : berges aménagées, suite de quais et de degrés permettant d'accéder aux eaux d'un fleuve ou d'une étendue d'eau dans le but d'y accomplir ses ablutions ou ses bains rituels, ou, le cas échéant, de laver son linge.

Ghazi : chef de la guerre sainte.
Gora : homme blanc.
Guddi : trône.
Hakeem : médecin musulman traditionnel.
Haaj : pèlerinage à La Mecque.
Howdah : siège d'osier à plusieurs places, muni souvent d'une ombrelle, fixé sur le dos d'un éléphant.
Joshi : astrologue, savant.
Kaffir : païen, en l'occurrence hindou.
Karboosa : melon.
Koel : du sanskrit *kokila*, coucou d'Asie, *scolopacea.*
Kurta : tunique indienne descendant jusqu'aux genoux, portée généralement par-dessus un pyjama.
Lakh : unité de mesure du sous-continent valant cent mille.
Maghmela : la *mela* du mois de *magh* ; *mela* = foire, grand rassemblement, à caractère laïc ou religieux, se déroulant parfois sur les rives ou aux confluents des fleuves sacrés de l'hindouisme ; *magh* = onzième mois du calendrier hindou (janvier-février).
Malik : maître, chef, en urdu.
Malish : masseuse.
Mahout : soigneur et conducteur d'éléphant.
Paan : masticatoire composé d'une feuille de bétel roulée sur un mélange de noix d'arec broyée, de chaux vive, de tabac, et d'épices diverses ; pris généralement après les repas.
Padishah : empereur.
Pandy (pl. *pandies*) : terme anglais péjoratif désignant un cipaye ayant pris part à la mutinerie (dérivé de « Pande », nom de famille très répandu chez les cipayes bengalis).
Peshwa : Premier ministre héréditaire de la Confédération marathe fondée en 1667 par Shivaji ; par tradition, un brahmane.
Pooja : prière, invocation, offrande rituelle adressées à une divinité hindoue, dans un temple, dans un sanctuaire privé ou en plein air, dans la nature.
Saddhu : renonçant, ascète, en général itinérant, qui mendie sa nourriture, séjourne dans les temples et autres lieux saints, passe son temps en prières ou méditations, et pratique diverses austérités.
Sahib (fém. *memsahib*) : terme de respect réservée à toute personne, indienne ou étrangère, ayant autorité. Pendant la période coloniale, le terme désignait souvent les Britanniques.

Sircar : gouvernement, autorité, représentant de l'État.

Sowar : simple soldat, cavalier ou fantassin.

Subedar : sous-officier indigène dans l'armée indo-britannique, commandant un escadron de cavalerie ou un bataillon d'infanterie indigènes, le grade le plus élevé accessible aux Indiens.

Shareef: gentilhomme, gentleman.

Shehnai : instrument (Inde du Nord) à anche double proche du hautbois, sonné en général lors des fêtes ou pour annoncer les heureux événements : naissance d'un fils, mariage, anniversaires.

Sloka : strophe de deux vers qui forme la principale unité de versification des Veda et des autres grands textes sanskrits classiques.

Tandav, ou *tandava* : style de danse indienne, vigoureux et rapide, associé à Shiva ; termine souvent un récital de danse.

Toba-toba ! ou *Hi-toba !* : exclamation, « Ciel ! Bonté divine ! Jamais de la vie ! Que me dites-vous là ? »

Tulsi : *ocinum sanctum,* basilique du sous-continent, plante sacrée de l'hindouisme.

Wada : palais, manoir, demeure imposante.

Table des matières

Impression réalisée sur CAMERON
par BRODARD ET TAUPIN
La Flèche

pour le compte des Éditions du Rocher
en janvier 2006

Dépôt légal : janvier 2006
N° d'impression : 33556

Imprimé en France